Fiorella Turolli

Fra' Elia von den Aposteln Gottes
das Mysterium des Lichts

Fiorella Turolli

FRA' ELIA
VON DEN APOSTELN GOTTES
DAS MYSTERIUM DES LICHTS

Aus dem Evangelium nach Matthäus 11, 25-30

In jener Zeit sprach Jesus: „Ich preise dich, Vater, Herr des Himmels und der Erde, weil du all das den Weisen und Klugen verborgen, den Einfältigen aber offenbart hast. Ja, Vater, so hat es dir gefallen."

EDITION CHRISTLICHE MYSTIK

Bibliografische Informationen der Deutschen Bibliothek
Die Deutsche Bibliothek verzeichnet diese Publikation in der Deutschen Nationalbibliografie; detaillierte bibliografische
Daten sind im Internet über **http://dnb.ddb.de** abrufbar.

Fiorella Turolli
Fra' Elia – von den Aposteln Gottes
Das Mysterium des Lichts
1. Auflage 2005

Titel der italienischen Originalausgabe
Fra' Elia degli Apostoli di Dio
Il mistero della Luce

Übersetzung: Ingrid Malzahn
Titelbild: EDIZIONI SEGNO
Umschlaggestaltung und Layout: Maria Anna Schmitt
Lektorat: Silja Lückehe
Satz und Litho: Xpresentation, Boppard
Druck: FINIDR r.s.o., Czech Republik

ISBN 3-931723-28-3

Aus dem Buch des Propheten Jesaja (50, 4-7):

„Gott, der Herr, gab mir die Zunge eines Jüngers,
damit ich verstehe, die Müden zu stärken durch ein
aufmunterndes Wort.
Jeden Morgen weckt er mein Ohr, damit ich auf ihn höre
wie ein Jünger.
Gott, der Herr, hat mir das Ohr geöffnet.
Ich aber wehrte mich nicht und wich nicht zurück.
Ich hielt meinen Rücken denen hin, die mich schlugen,
und denen, die mir den Bart ausrissen, meine Wangen.
Mein Gesicht verbarg ich nicht vor Schmähungen und Speichel.
Doch Gott, der Herr, wird mir helfen; darum werde ich nicht
in Schande enden.
Deshalb mache ich mein Gesicht hart wie einen Kiesel;
ich weiß, dass ich nicht in Schande gerate."

Wenn das schon einmal geschah,
warum sollte es nicht noch einmal geschehen?

Inhaltsverzeichnis

Anmerkung der Autorin

Viele haben über Fra' Elia von den Aposteln Gottes geschrieben und unter all diesen ragen die Berichte dreier Spezialisten heraus, jeder berühmt auf seinem Gebiet. Sie haben so wunderbar „ihre eigene Wahrheit" über diesen großen Charismatiker zum Ausdruck gebracht, dass ich mich entschlossen habe, alle drei Berichte als Vorwort für dieses Buch auszuwählen. So werden wir alle das Vergnügen haben, die Meinung eines Theologen, eines Wissenschaftlers und eines Laien zu lesen, drei unterschiedliche Ansichten, die jedoch alle zu dem gleichen Schluss gelangen, Fra' Elia als einen von Gott gesandten Menschen zu definieren.
Viel Freude bei der Lektüre!

Fiorella Turolli

Vorwort Nr. 1

Bericht über Fra' Elia von den Aposteln Gottes von Pater Massimo Fatato Fusarelli

Geistlicher der Allerheiligsten Dreifaltigkeit – Lehrauftrag für dogmatische Christologie über die Glaubenswahrheit der Kirche in Bezug auf unseren Herrn.

Autor der Werke: Der wahre Jesus – Begegnung mit Gott – Der Tod ist nur ein Übergang – Maria in seinem Herzen – Warum ich glaube, dass Jesus wahrer Mensch und wahrer Gott ist (die letzten zwei sind noch in Vorbereitung).

Ich halte es für angemessen, mein Zeugnis über Fra' Elia von den Aposteln Gottes zu geben, den ich seit zwei Jahren persönlich kenne und dessen Werdegang ich verfolge, auch bewirkt durch das Buch von Frau Fiorella Turolli *Un Angelo con le stigmate s'è fermato a casa mia* (Fra' Elia, der Engel mit den Wundmalen Christi). Es ist gut, in dieser schwierigen Zeit Klarheit über die wirklichen Charismen einiger auserwählter Seelen zu schaffen, die Gott berufen hat, mit ihren Gnadengaben den immensen Reichtum und die Vielfalt unserer Mutter Kirche zu bereichern und zu stärken.

Ich halte es für nützlich, mit einer Erklärung im Hinblick auf das zahlreiche Vorhandensein von Stigmatisierten zu beginnen, deren Zahl in letzter Zeit immer mehr zuzunehmen scheint und aus denen unser viel geliebter Pater Pio von Pietrelcina herausragt. Man darf auch nicht all jene demütigen Personen vergessen, die solche Gnadengaben im

Verborgenen tragen, sogar in materiell nicht sichtbarer Form. Wenn der Herr eine Seele ruft, um mit ihr seine Passion zu teilen, so tut er das niemals auf ihren Wunsch hin, noch um ihr besondere spirituelle Wohltaten zu erweisen. Er allein bereitet so eine Seele auf einen solchen Dienst vor und er manifestiert sich in ihr in dem für ihn geeignetsten Augenblick. Wenn die dafür auserwählte Person die Gnadengaben erhält, wie es mit Fra' Elia und vor ihm mit dem Hl. Franziskus geschah, so bleibt diese erschüttert und verwirrt zurück, betrachtet sich selbst dieser Prüfung unwürdig und kämpft mit sich selbst, bevor sie allmählich anfängt, in heiterer Gelassenheit den Willen Gottes zu begreifen und zu akzeptieren, zu verstehen als innigste Kenntnis der Liebe und des Leidens unseres Herrn Christus, zum Heil so vieler Seelen.

Nun entspricht die Typologie der Stigmata und des Geistes von Fra' Elia nicht so sehr der von Pater Pio gelebten, sondern er tritt eher in die Fußstapfen des Hl. Franziskus. Nicht nur, weil der Herr ihn als einfachen Mönch gewollt hat, und nicht als Priester (er hält sich für nicht würdig), genau wie der Hl. Franziskus, und nicht so sehr wegen der Position der Wundmale, die sich NICHT WIE BEI PATER PIO AUF DEN HAND- UND FUßFLÄCHEN befinden, sondern an den HAND- und FUßGELENKEN WIE BEIM HL. FRANZISKUS UND WIE AUF DEM HEILIGEN GRABTUCH VON TURIN. Dies ist DIE WIRKLICHKEITSGETREUE POSITION bei der Kreuzigung, welche das Gewicht des ans Kreuz geschlagenen Körpers zu tragen erlaubt. Vor allem aber, weil solche Personen das Mysterium der Heiligen Messe leben, die ja glorreiche Darbringung, Opfer, Tod und Auferstehung für die Seelen ist, in ihrer eigenen Person vereint mit Christus. So sieht Fra' Elia jeden Freitag, wie sich seine Wundmale öffnen, und die großen Schmerzen werden von ihm augenblicklich sublimiert durch die Liebe, welche die eigenen Schmerzen überwindet, um den armen und verschlossenen Seelen zu helfen, die Jesus erwählt und ins Licht ruft. Den blutigsten und intensivsten Aspekt der Passion, den Tod und die Auferstehung, erlebt Fra' Elia in jeder Karwoche, der eine ausgedehnte Fastenzeit von vierzig Tagen vorausgeht.

Es ist auch notwendig, zwischen Stigmatisierten und Stigmatisierten zu unterscheiden. So wie es auch unterschiedliche Stätten christlicher Verehrung gibt – man denke nur an die großen christlichen Basiliken von Lourdes, Fatima, Guadalupe, die alle Welt kennt, und daneben an die wunderschönen kleinen Heiligtümer, welche nur auf nationaler oder regionaler Ebene bekannt sind, dem Herrn jedoch gleich lieb und teuer sind. Und genauso haben auch nicht alle Stigmatisierten gleichermaßen am Leben Jesu teil. Das Leid einiger dient vielleicht dazu, nur ein paar Seelen zu retten, das anderer nützt schon mehreren, und wiederum andere helfen damit einer riesigen Zahl. Das Warum all dessen kennt nur Gott allein, es untersteht seinem Willen.

Wie aber soll man die Authentizität und die Größe der kirchlichen Tragweite solcher Gaben verstehen und als solche anerkennen? Beziehen wir uns auf Jesus, so war es dieselbe Kirche, die zu ihrer Zeit einen mächtigen Messias erwartete, fähig, das Böse mit aller Gewalt zu bekämpfen, neue oberste Gesetze im Hinblick auf den Einen Gott zu erlassen, und sofort neue Gesetze einzuführen. Tatsache ist, dass diese Kirche einen Sohn Gottes nicht akzeptieren konnte, der in einer ihren Erwartungen entgegengesetzten Weise auftrat, das heißt, jemand mit grösster Demut, der sich hauptsächlich der Armen und Kranken in Geist und Körper annahm und sich darüber hinaus noch dem Vater gleich erklärte, der Mensch geworden ist, um erkannt zu werden und uns zu erlösen. Und Er sprach: Wenn ihr meinen Worten nicht glaubt, dann schaut auf die Werke, die ich tue und die nur von Gott kommen können. Und um von uns aufgenommen und als Gott von Gott erkannt zu werden, hat er sich auf das Zeugnis von Gott Vater und auf seine eigene Transfiguration bezogen, mit der er beweist, dass Gott selbst in ihm lebt.

Was also die mehr oder weniger authentischen Charismen stigmatisierter Personen betrifft, ist es nötig, sie mit demselben Maß zu bewerten, das heißt, sich die Fakten anzuschauen. Und die Werke, die sie tun. Der Herr wirkt durch sie mit Hilfe von Wundern, Bekehrungen, Heilungen, Exorzismen und anderer außergewöhnlicher Phänomene, die bei denen, die diese Gnaden empfangen, ein großes Gefühl des Friedens, der Ruhe, der Freude und des Wohlbefindens hinterlassen. Es ist gut zu wissen, dass auch der Teufel ein paar Wunder wirken kann, jedoch VERJAGT ER NIE SICH SELBST (das heißt, er nimmt keine Exorzismen vor), er bekehrt keine Herzen und bringt niemals Frieden, Ruhe und Freude mit sich, sondern entgegengesetzte Gefühle, die nicht der Linie von Reinheit und Heiligkeit folgen.

Auch der Umfang und die Allgemeingültigkeit dieser Gaben stehen in enger Beziehung mit den Wundmalen, den Gnaden, den Bekehrungen, den Heilungen, welche der Herr durch sie, die Stigmatisierten, bewirkt.

Bewertet man im Hinblick auf Fra' Elia die unzähligen Gnaden, Bekehrungen, Heilungen, Exorzismen, welche aufgrund seiner Fürsprache in so kurzer Zeit erfolgt sind, so kann man leicht erahnen, DASS GOTT IHN IN DER GANZEN WELT FÜR DIE HEILIGE MUTTER KIRCHE IN IHREN DIENST NEHMEN WILL.

Und Jesus möchte nicht, dass wir uns Urteile anmaßen und erwarten, dass solche Gnadengaben nur temporärer Natur sind, wie es bei ihm durch die Kirche geschah, sondern im Gegenteil, ER FORDERT UNS AUF, ZU GLAUBEN, DIE FAKTEN MIT DER HAND ZU BERÜHREN, mit allen authentischen Charismatikern zusammenzuarbeiten, die er uns gesandt hat, um unser Bewusstsein wachzurütteln, zum Wohl aller seiner Erwählten. Jesus spricht: Wenn ihr die Jahreszeiten erkennen könnt, wieso gelingt es euch dann nicht, die Zeichen dieser Zeit zu erkennen? Urteilt doch selbst: Ein jeder Baum, der gesund ist, kann keine schlechten Früchte tragen, so wie ein schlechter Baum keine guten Früchte hervorbringen kann. Bleibt vereint und liebt einander, um meinem Vater Ehre zu erweisen. Daran wird man erkennen, dass ihr meine Brüder seid...

Vorwort Nr. 2

Bericht von Prof. Marco Margnelli

Marco Margnelli, Facharzt für Chirurgie, spezialisiert auf Neurophysiologie, war fünfzehn Jahre lang Forscher für

Neurophysiologie im Nationalen Forschungsrat (CNR). Seit Jahren studiert er veränderte Bewusstseinszustände, indem er experimentelle Forschungen in hypnagogen (zum Schlaf führenden) Zuständen durchführt, im Traumzustand, in durch psychotrope (auf die Psyche wirkende) Drogen induzierten Bewusstseinszuständen und in hypnotischer Trance.

Er hat sich eingehend mit mystischen Ekstasen befasst, indem er zahlreiche Episoden direkt beobachten konnte, darunter auch die der Seher von Medjugorje. Auch für das Phänomen der Stigmata interessiert er sich und konnte an fünf Trägern solcher mystischen Wunden direkte Studien durchführen.

Heute ist er Direktor des Zentrums für Studien und Erforschung der Psychophysiologie von Bewusstseinsstadien, Präsident der Italienischen Gesellschaft für das Studium von Bewusstseinszuständen, Autor von über hundert wissenschaftlichen Publikationen und Autor von fünf Büchern, von denen zwei bei Edizione Segno erschienen sind: „Studien über Stigmatisierte“ und „Studien über Ekstasen“.

Die Ekstase der Passion zählt zu einer speziellen Kategorie der ekstatischen Erfahrung, die ausschließlich von jenen erlebt wird, die an ihrem Körper die Zeichen der Kreuzigung tragen, das heißt, von Stigmatisierten. Es handelt sich dabei nicht um einen Bewusstseinszustand, der sich von der Ekstase an sich unterscheidet, sondern um eine Ekstase, in der eine spezifische Erfahrung durchlebt wird, ein wenig so, als würde es sich um einen Traum handeln, einen Traum, der sich von anderen weniger durch die Form, sondern mehr durch seinen Inhalt unterscheidet. Es ist eine mystische Erfahrung, die gewöhnlich nur einmal im Jahr gemacht wird, und zwar in der Karwoche, und ungefähr drei Tage lang dauert.

Nach dem Bericht der Evangelien hat Jesus am Gründonnerstag mit den Aposteln das Abendmahl gefeiert und sich danach auf den Ölberg begeben, wo er wahrscheinlich in eine Ekstase fiel („Er geriet in Todesangst und betete noch inständiger", Lk 22, 44 „Und er betete in seiner Angst noch inständiger, und sein Schweiß war wie Blut, das auf die Erde tropfte."), während er Blut schwitzte. Am Abend wurde er ergriffen und zum Haus des Hohepriesters geführt, wo er die Nacht verbrachte, verspottet und misshandelt von seinen Bewachern. Nachdem ihm der Hohepriester, die Ältesten und Schriftgelehrten einen kurzen Prozess gemacht hatten, wurde er am Freitagmorgen vor Pilatus geführt und angeklagt, das Volk aufzuwiegeln und es davon abzuhalten, Steuern an Rom zu zahlen, und zu behaupten, er sei der König der Juden. Pilatus, der von der Schuld Jesu nicht überzeugt und der Meinung war, dies sei ein Fall für die jüdischen Behörden, schickte ihn zu Herodes. Dieser, seinerseits wenig von seiner Schuld und noch weniger von den Anschuldigern überzeugt, reichte den Fall an Pilatus zurück. Beide fürchteten, dass eine Verurteilung Christi einen Volksaufstand herbeiführen könnte; deshalb weigerte sich Pilatus erneut, ihn zum Tode zu verurteilen. Stattdessen bot er ihnen an, ihn körperlich zu züchtigen und dann freizulassen. An diesem Punkt war es die Menge, die sich in den Urteilsspruch einmischte, indem sie lauthals verlangte, Jesus zu kreuzigen. Pilatus, erneut in Panik wegen der Möglichkeit eines Tumultes, gab nach. Man schritt sofort zur Geißelung und Dornenkrönung, um Jesus danach zur Richtstätte zu führen und zu richten.

Die Ekstasen der Passion bestehen demnach darin, diese Ereignisse wahrheitsgetreu nachzuerleben, sich dabei so in Christus hineinversetzend, dass auf dem Körper derer, die das erleben, die Zeichen der Geißelung erscheinen, der Dornen oder Knieverletzungen, ausgelöst durch den Fall aufs Steinpflaster auf dem Weg zur Richtstätte. Jeder einzelne Moment der Passion ist also für jeden außenstehenden Beobachter erkennbar, sei es in Bezug auf die Mimik und den Gesichtsausdruck, die Stellung, welche die Glieder oder der Körper des Ekstatikers einnehmen, oder die Schreie, die sie ausstoßen, oder manchmal auch die Worte, die sie von sich geben. Der Donnerstag ist durch Blutschwitzen gekennzeichnet, durch Angst und Tränenausbrüche, manchmal mit Tränen reinen Bluts. Die Freitage sind natürlich von Momenten großer Dramatik gekennzeichnet, von Schmerzensschreien, körperlichen Spasmen, von sprunghaftem Puls, unregelmäßiger Atmung und schwankendem Blutdruck. Leiden, welche die Intensität des Schmerzes verraten, der mit der Geißelung und der Dornenkrönung einhergeht. Einer der dramatischsten Momente ist der Punkt, an dem die Nägel eingeschlagen werden, nicht nur, weil der Ekstatiker Klageschreie ausstößt und sich vor Schmerzen krümmt, sondern auch, weil sich die Wundmale mit Blut füllen, das in einem Schwall hervorzusprudeln beginnt. Gegen drei Uhr am Nachmittag schließlich, nach einem schmerzlichen Todeskampf, stirbt Jesus und der/die Stigmatisierte in seinem Erleben zusammen mit ihm, wobei sein Körper, sein Gesichtsausdruck, sein Schreien und Wehklagen exakt den Augenblick des Todes abbildet. Die Todeszeichen sind beindruckend und echt. Im Allgemeinen sind die Zeugen tief betroffen von dem Blick, der von Todesangst/Ungläubigkeit/Furcht sich flüchtig verschleiert, um dann in den Frieden ewigen Schlafes überzuwechseln.

In der Geschichte der Stigmatisierung existieren verschiedene (allerdings nicht sehr zahlreiche) Zeugnisse dieser außergewöhnlichen mystischen Ereignisse, sowohl von Theologen als auch von Medizinern. Wir erinnern uns an jene von Louise Lateau, an denen die Ärzte Warlomont und Lefebvre teilnahmen, jene von Therese Neumann, von denen uns wertvolle Filmdokumente geblieben sind, oder jene von Elena Aiello, dokumentiert durch eindrucksvolle Fotografien.

Elia, den ich seit zwei Jahren beobachte, erlebt diese Ereignisse jährlich. Ich habe ihn, neben anderen Untersuchungen, auch den Tests nach Rohrschach und MMPI (Untersuchungen, die zur Beurteilung der mentalen Gesundheit dienen) unterzogen. Dabei wurden keinerlei krankhafte Ergebnisse, insbesondere keinerlei Symptom für Hysterie, festgestellt. Elia weist permanente Stigmata auf, vier an den Handgelenken, an jenen Stellen, an welchen tatsächlich die Nägel bei den zur Kreuzigung Verurteilten gesetzt wurden. Sie bestehen aus zwei Wunden auf der Oberseite sowie zwei Wunden auf der Unterseite des Handgelenks. Die Verletzungen sind länglich, quer zur Gliedachse angeordnet und sind auf der Oberseite ungefähr zwei, auf der Unterseite einen Zentimeter lang. Zwei weitere Stigmata befinden sich an den Knöcheln (nicht an den Füßen), auch diese länglich, aber im Gegensatz zu denen an den Handgelenken verlaufen sie vertikal, also parallel zur Beinachse. Sie sind etwa anderthalb Zentimeter lang. Die Verletzungen sowohl an den oberen als auch an den unteren Gliedmaßen sind nicht tief und ähneln Abschürfungen auf der Haut. Auf der rechten Brustseite, knapp unterhalb der Brustwarze, befindet sich eine horizontale, längliche, ungefähr fünf Zentimeter lange Wunde, die leicht ausgefranst erscheint, jedoch wie die anderen von geringer Tiefe ist. Diese Stigmata verschwinden nie und bluten und schmerzen jeden Freitag. Jedes Jahr während der Karwoche durchlebt Elia in Ekstase die Passion. In diesem Jahr hat er mir erlaubt, an dem Ereignis teilzunehmen.

Am Gründonnerstag, dem 17. April 2003, habe ich mich zusammen mit einem Fernsehteam zu dem Hotel begeben, wo der Stigmatisierte untergebracht war. Es war ein Hotel in Rom für Geistliche. Beim Durchschreiten des Ganges, der zu dem Zimmer führte, in dem Elia lag, nahm man einen sehr starken Rosenduft wahr, dessen Intensität fast unangenehm wurde und sich im Zimmer noch verstärkte, auch wenn man sich nach etwa zehn Minuten daran zu gewöhnen begann und ihn fast nicht mehr wahrnahm. Wie ich später feststellte, drang dieser Duft in die Kleidung ein, sodass ihn am Abend auch meine Verwandten riechen konnten. Elia war bereits am Vormittag in einen schwer einzuordnenden Bewusstseinszustand verfallen, in welchem er zu schwitzen und ein Gemisch aus Gewebeflüssigkeit und Blut abzusondern begann, während er den Beginn des Leidensweges durchlebte. Augenscheinlich hatte er Phasen der Ekstase, während derer er den Kontakt zur Wirklichkeit verlor und die Ereignisse erlebte, welche dem letzten Abendmahl und der Ekstase von Jesus im Olivengarten vorangingen. Diese Phasen wechselten mit Perioden vollkommenen Bewusstseins, während derer der Stigmatisierte die Uhrzeit kontrollierte, Anweisungen erteilte und sich mit den Anwesenden unterhielt. Die Stigmata waren verbunden und bluteten nicht. Der Schweiß aus Gewebeflüssigkeit und Blut floss reichlich, sowohl vom Kopf als auch von der Brust, und befleckte sowohl die Wäsche und das Leintuch als auch ein zum Abdecken des Polsters verwendetes Handtuch. Elia trug ein Hemd aus Baumwolle und die vom Blut/Schweiß stammenden Flecken hörten in Gürtelhöhe auf. Mit Hilfe eines Psycho-Galvanometers, welches Sofortwerte der Leitfähigkeit der Haut liefert, konnte ich feststellen, dass während der Phasen augenscheinlicher Ekstase sowohl der Tastsinn als auch die Schmerzempfindlichkeit verschwunden waren. Die Pupillen waren glasig und reagierten normal auf Licht. Durch den Einsatz eines Elektrostimulators, dessen Elektroden an der Vorderseite des rechten Unterarms angebracht waren, habe ich auch festgestellt, dass die Muskeln sowohl während der vermuteten Phasen von Ekstase als auch während normaler Bewusstseinsperioden erregbar waren, allerdings war die für eine Reaktion erforderliche Stromstärke während der Ekstasephasen dreimal höher als während der normalen Bewusstseinsperioden.

Am folgenden Tag, Karfreitag, 18. April, habe ich Elia von 11 Uhr morgens bis 17 Uhr abends beobachtet.

Die wesentlichste Änderung gegenüber dem Vortag war das Auftreten von Zeichen der Dornenkrone und der Geißelung. Was erstere betrifft, handelte es sich um vertikale Wunden, die vom Haaransatz kranzförmig nach unten verliefen. Sie waren oberflächlich und ähnelten Abschürfungen. Sie bluteten nicht, waren aber sehr schmerzhaft, denn sobald ich versuchte, die Haare wegzuschieben, um sie besser zu sehen, protestierte Elia lautstark. Die Zeichen der Geißelung bestanden dagegen aus roten Striemen an den seitlichen Flächen des Rückens, in schräger Richtung von der rückwärtigen Achsel-Linie in Richtung Rückenmitte, circa 30 bis 35 Zentimeter lang, sehr oberflächlich und nicht blutend.

Während der Morgenstunden war der Bewusstseinszustand des Stigmatisierten dem des Vortages sehr ähnlich. Ich habe die Sensibilität, die muskuläre Erregbarkeit und die Funktion der Pupillen kontrolliert, mit den gleichen Ergebnissen wie am Donnerstag. Als der Stigmatisierte sich in einer Ekstasephase zu befinden schien, habe ich ihn gerufen: „Elia, ich bin Marco, kannst du mich hören?“ Er hat sich ganz langsam zu mir gedreht, hat mich intensiv angesehen und nach ungefähr 15 Sekunden mit dem Kopf genickt.

Gegen Mittag hat er alle Anwesenden (sechs Personen) gebeten, den Raum zu verlassen und ihn alleine zu lassen, er würde uns zu gegebener Zeit zurückrufen. Nach dem Essen haben wir an der Zimmertür gewartet; gegen 14:30 Uhr sind wir durch Hilferufe gerufen worden, in offensichtlicher Panik herausgeschrieen. Kaum waren wir eingetreten, begann der Stigmatisierte zu rufen: „Marco, hilf mir! Marco, hilf mir!“, wobei er sich an mich wandte. Ich habe mich auf die Bettkante gesetzt und ihm das Herz abgehört, das wie verrückt schlug, während seine Atmung heftiger wurde und sein Gesichtsausdruck starke Leiden ausdrückte. Da ich nicht wusste, was sonst zu tun wäre, habe ich seine Hände gefasst und sie ganz fest gehalten, bis er zu röcheln begann, ganz steif wurde und den Rücken durchbog, leichenblass im Gesicht wurde und zu atmen aufhörte. Mir wurde klar, dass er den Tod Christi erlebt hatte. Tatsächlich war die Gesichtsfarbe kurze Zeit später wieder normal, die Atmung war wieder da und auch der Pulsschlag normalisierte sich. Es war ungefähr drei Uhr nachmittags und von diesem Augenblick an blieb Elia bewusstlos, mit geschlossenen Augen, als ob er schlafen würde. Ich habe erneut den Tastsinn und das Schmerzempfinden kontrolliert, die beide vorhanden waren, auch die Reizbarkeit der Muskeln war normal; ich habe auch die Reaktivität der Pupillen kontrolliert, diese war gegeben. Ich habe verschiedene Fotos der Zeichen der Dornenkrone gemacht, die nur einmal im Jahr, während der Osterwoche, erscheinen, sowie der Geißelung, die sich auch nur zu Ostern bilden.

Am nächsten Tag, Samstag der 19., bin ich vormittags in das Hotel zurückgegangen und habe Elia in guter Verfassung gefunden, frisch rasiert und guter Dinge. Er hatte die Verbände der Stigmata abgemacht, diese erschienen frisch und trocken. Die Zeichen der Dornenkrone waren stark verblasst und von einer Kruste bedeckt, auf dem Weg der Heilung (man hat mir gesagt, dass sie nach drei Tagen verschwinden). Auch die roten Striemen der Geißelung waren verblasst und nur noch schwer erkennbar. Der intensive Rosengeruch der Vortage war verschwunden. Es wurde mir versichert, dass der Stigmatisierte sowohl Donnerstag wie Freitag nichts gegessen hatte, er hatte nur einige Löffelchen Tee zu sich genommen und weder Stuhlgang gehabt noch Wasser gelassen. Ich habe alle Wundmale fotografiert und habe mich nach einer kurzen Unterhaltung entfernt.

Nach allem, was ich verstanden habe, hat Elia die Ereignisse des Leidensweges wiedergelebt, entsprechend dem Bericht des Lukasevangeliums. Am Donnerstag nach dem Abendmahl begibt sich Jesus in den Olivengarten, wo er die Angst des Wissens um seine kurz bevorstehende Verurteilung und seinen Tod erlebt („Vater, wenn du willst, nimm diesen Kelch von mir! Aber nicht mein, sondern dein Wille soll geschehen“, nach Lk 22, 42).

Er wird von einem Engel getröstet („Dann erschien ihm ein Engel vom Himmels, und gab ihm (neue) Kraft“, Lk 22, 43) und tatsächlich behauptete Elia in Augenblicken vollen Bewusstseins am Donnerstag, den 17. nachmittags, um sich herum verschiedene Engel zu sehen. Dann, fährt Lukas fort, fiel Jesus in Ekstase (was, wie weiter oben gesehen, der Evangelist als „Agonie“ definiert, während der er Blut schwitzte („Sein Schweiß wurde wie Blutstropfen, die auf die Erde fielen“, Lukas 22, 44), und wie wir gesehen haben, lag Elia in Laken, die mit Blutserum getränkt waren, er hatte ein mit rötlichen Flecken übersätes Hemd an und weinte blutige Tränen. Am Vormittag des 18. April, Karfreitag, erschienen auf der Stirn von Elia die Zeichen der Dornenkrone und auf dem Rücken die Striemen der Geißelung. Damit entfernt sich Elia von der Chronik des Leidensweges bei Lukas, welche diese Ereignisse nicht berichtet, und folgt der Erzählung von Johannes, 19,1 und 2: „Darauf ließ Pilatus Jesus geißeln. Die Soldaten flochten einen Kranz aus Dornen; den setzten sie ihm auf und legten ihm einen purpurroten Mantel um.“ Am späten Vormittag kommt Elia aus der Ekstase und bittet die Anwesenden, ihn alleine zu lassen. Ich konnte daher nicht verstehen, welchen Teil des Leidensweges er im Begriff stand zu durchleben, noch warum er keine Zeugen wollte. Gegen halb drei nachmittags, als er uns mit lauter Stimme zurückrief und mich um Hilfe bat, war es völlig klar, dass er die Agonie von Jesus durchlebte und, wenig später, als ich ihm die Hände drückte, seinen Tod erlebte.

Als Wissenschaftler, der sich seit Jahren für das Phänomen der Stigmatisierung interessiert und es untersucht, war es für mich ein großes Glück und Privileg, während der Ekstase von Elia anwesend sein zu können. Es ist meine Gewohnheit, meine Rolle als Wissenschaftler von jeder emotionalen oder ideologischen Anteilnahme freizuhalten. Auch bei dieser Gelegenheit habe ich mich daher bemüht, aus dem Erlebten nur die Elemente mit wissenschaftlichem Wert zu berücksichtigen. Ich muss allerdings zugeben, dass mein fester Wille schwand, als mir klar wurde, dass es so war, als ob ich die Hände des sterbenden Jesus in meinen Händen hielte, während ich die Hände von Elia festhielt, und da konnte ich ein intensives Gefühl nicht vermeiden. Ich danke Elia, mir dieses Privileg gewährt zu haben und mir damit gezeigt zu haben, wie sehr er mich schätzt.

Vorwort Nr. 3

Bericht des Schriftstellers Vincenzo Speziale

Wissenschaftler und Verfasser zahlreicher Bücher, darunter: „Gott schreibt an Mussolini"; „Der Rauch Satans und die Ankunft des Antichrist"; „Bevor es zu spät ist".

Bruder Elia, der neue Hl. Franziskus des dritten Jahrtausends

Ich habe immer geglaubt, dass der Heilige Padre Pio da Pietrelcina, wie auch die Selige Madre Elena Aiello, Teresa Musco und viele andere, ob stigmatisiert oder auch nicht, verstorben oder noch am Leben (verteilt in alle Winkel dieser Erde, und diese Liste wäre sehr lang), wie Natuzza Evolo, Bruno Cornacchiola und viele, viele andere, zu jener Gruppe von Personen gehören, die von Gott auserwählt und unter die Menschen geschickt worden sind, um uns zum Glauben zurückzuführen und uns in diesem Glauben zu stärken, zu unterstützen und zu bestätigen.

Lucia aus Fatima hat am 22. Mai 1958 einen Brief geschrieben, in dem sie unter anderem sagt: „Die Mutter Gottes sagte mir, dass, nachdem alle anderen Mittel von den Menschen verachtet worden sind, sie uns mit Zittern den letzten Rettungsanker bietet: die Heilige Jung-Frau selbst, ihre vielen Erscheinungen, ihre Tränen, Botschaften von Sehern, die in alle Teile der Welt verstreut sind ..."

Manchmal begegnet man Menschen, die nichtssagend erscheinen, sie scheinen zerbrechlich und nichts Besonderes darzustellen, insgesamt absolutes Mittelmaß.

Sie besitzen keine Bildung, können kaum den Anschein eines logischen Gesprächs vortäuschen, wenn sie nicht sogar sehr große

Schwierigkeiten haben, sich überhaupt auszudrücken. Und dennoch, sobald sie von Gott sprechen, verwandeln sie sich, als ob unsichtbar etwas wie ein Damm aufbrechen würde und alles mitreißt, was sich im Umkreis befindet. Wir wissen, dass viele Seher und Mystiker keinerlei Ausbildung durchlaufen haben, Teresa Musco war nie in der Schule, aber sie konnte lesen und schreiben, weil schon von Kindheit an die Heilige Jungfrau Maria ihre Lehrerin gewesen ist. Natuzza Evolo, die kaum die Grundschule geschafft hat, aber dennoch ... sie sagt uns, dass ihr alles von ihrem Schutzengel eingegeben wird.

Am 26. und 27.Oktober 2002 war ich zu einem Gebetstreffen in die Kirche von Collegarola, in der nächsten Umgebung von Modena, eingeladen worden. Als geladener Gast kam ein Mann von kleiner Statur, ein kaum angedeutetes Bärtchen im rundlichen Gesicht, mit zwei lebhaften und beobachtenden Äuglein: Fra' Elia von den Aposteln Gottes. Wir begegnen uns fast in der Tür der Sakristei, wir sehen uns an. Ich bleibe nicht einmal stehen, sondern gehe weiter, er grüßt mich und fragt, wie es geht. Ich antworte mit einem Lächeln, berauschender Duft umgibt mich, der mich an „bekannte Düfte“ erinnert. Ich sage, dass es gut geht, und entferne mich. Ich hole mir einen Kaffee, komme zurück und wechsle ein paar Worte mit der Person, die das Treffen organisiert hat. Fra' Elia befindet sich drinnen in einem Zimmer, um die Personen zu empfangen, die ihn sprechen wollen, draußen stehen viele Menschen. Ich halte mich mitten unter ihnen auf, stelle keine Fragen, ich höre zu und jedes Mal, wenn die Tür aufgeht, kommt ein Rosenduft heraus, der einem das Gefühl gibt, ein bisschen im Paradies zu sein.

Um 16:30 Uhr beginnt die Hl. Messe. Die Kirche ist mit Menschen gefüllt. Ich folge aufmerksam der Predigt von Fra' Elia, registriere alles und verliere kein Wort, aber während er spricht, erreichen uns Duftwellen, sie kommen stoßweise. Gedanklich durchlaufe ich das Leben von Teresa Musco und beginne, Analogien zu erarbeiten. Ich beobachte aufmerksam die Hände von Fra' Elia, sie sind von ganz dünnen, elastischen Handschuhen umhüllt. Manchmal bewegt er sich ruckweise, als ob ihn die Füße schmerzen würden, ab und zu verzieht er wie im Schmerz fast unmerklich das Gesicht. Vor meinem geistigen Auge sehe ich das Bild der Seligen Schwester Elena Aiello, als sie während der Karwoche Blut aus den Wunden der Hände, der Füße, des Brustkorbs und des Kopfes in Strömen vergoss.

Aber die einfachen Worte dieses kleinen Mönches erschüttern mich und führen mich in die Wirklichkeit zurück. Die Wirklichkeit jenes Augenblicks, eines besonderen Augenblicks, da Fra' Elia spricht, aber die Worte von Gott kommen. Sobald er spricht, ist er gottbegnadet, die Liebe Gottes strömt aus all seinen Poren, sie ist ein rauschender Fluss. Das Thema ist immer dasselbe: Liebe und Verzeihung, kindliches Vertrauen in Gott und brüderliches Vertrauen in Jesus.

In meinen Gedanken erscheint die Weissagung von Fatima, die dem zehnjährigen Mädchen Lucia von der Gottesmutter offenbart wurde... viele Sehende über die ganze Welt verteilt, es kann nicht anders sein. Außerdem hat der Weise Gamaliel sich gegenüber allen, die das entstehende Christentum bekämpfen wollten, wie folgt geäußert: „Wenn all dieses von Gott kommt, ist es sinnlos, es zu bekämpfen, da sich niemand gegen Gott stellen kann. Wenn es dagegen nicht von Gott kommt, wird sich alles auflösen..." Wie viele falsche Erscheinungen und wie viele falsche Propheten haben sich wie Schnee in der Sonne aufgelöst? Es kann nicht anders sein.

Ich bin überzeugt, dass Fra' Elia Teil des besonderen Versprechens ist, dass er jener neue Hl. Franziskus ist, von Gott gewollt, um sich den negativen Handlungen des Dämons entgegenzustellen, um uns einfachen Gläubigen zu noch mehr Glauben zu verhelfen, oder besser, um uns zu jenem lebendigen Glauben zu verhelfen, den die ersten Christen hatten. Ich habe kein Marktbuden-Phänomen gesehen, ich habe gesehen, was ich in jeder Kirche sehen möchte, in jeder Pfarre, was ich aber meist leider nicht sehe. Ich habe einen demütigen Menschen gesehen, voller Liebe für Jesus und Maria. Ich habe diese Seine Liebe vor dem heiligen Tabernakel leuchten gesehen, auch im heiligen Augenblick der Wandlung. Ich habe gesehen, was ich in unseren Kirchen nicht sehen kann, einen Strom von Liebe. Der gekreuzigte Jesus segnet durch die Hände des Priesters und verteilt seine unermessliche Barmherzigkeit und Fra' Elia und die anwesenden Engel frohlocken darüber. Und wer aufmerksam war und wer sein Herz Gott geöffnet hat, hat es gefühlt und gesehen ...

Die Großmut dieser einfachen und demütigen Menschen, von Gott geliebt, macht sie zu Blitzableitern für diese arme, verstockte Menschheit. Wie viele Buben erhalten ein paar Schläge auf den Po für ihre Streiche? Heutzutage fast keiner mehr. Dagegen erhalten diese durch die Liebe Gottes großzügigen Menschen so viele Schläge, aber wirklich viele, durch den Teufel, dass diejenigen, die seine Anwesenheit verleugnen, vor Schreck sterben würden, wenn sie nur seinen Geruch bemerkten. Wie viele Leiden, wie viele Demütigungen, wie viel Einsamkeit, wie viel Bitterkeit erdulden diese unsere Brüder! Sie haben keine Schuld, außer jener, den Willen Gottes bejaht zu haben, zu unserem Heil. Sie haben gesagt: „Ja, Vater, nimm mein Leben, schenke mir alle Leiden, alle Krankheiten, die du willst, aber rette ihre Seelen". Ich meine, so stehen die Dinge.

Es ist sinnlos, es verbergen zu wollen. Heute gibt es keine Evangelisierung mehr, wie sehr sich auch die Kommunikationsmittel entwickelt haben. Tatsächlich hat sich eine Prophezeiung voll bewahrheitet, die lautet: „Der Teufel will die geweihten Seelen in Besitz nehmen, er arbeitet, um sie zu verderben, um die anderen zur vollkommenen Unbußfertigkeit zu führen, er verwendet alle Listen, selbst durch Vortäuschung einer Modernisierung des religiösen Lebens! Daraus entsteht Sterilität des inneren Lebens und Kälte bei den Laien in Bezug auf Verzicht an den Freuden und auf die vollkommene Verehrung Gottes." (Lucia, 22. Mai 1958).

Dann mögen die Fra' Elia nur kommen, sie mögen nur kommen, da sie in ihrer Einfachheit klar sind, weiß ist weiß und schwarz ist schwarz. Und heute, da die Konfusion praktisch regiert, ist viel Klarheit notwendig, besonders was das Wort Gottes betrifft. Sein Hauptaugenmerk war immer die Rettung unserer armen Seelen. Der gekreuzigte Christus ist der Weg zu dieser Rettung; die Mittel, die uns Gott zur Verfügung stellt, sind vielfältig. Es ist unsere Aufgabe, sie aufzunehmen und zu nutzen. Wie viele Gnaden sind durch die Hände unseres Heiligen Padre Pio gegangen, verteilt an jene, die bittend zu ihm gekommen sind. Doch wie viele Tränen, Leiden, nicht genau identifizierte Krankheiten, geistige Kämpfe und Kämpfe, die nur mit dem heiligen Rosenkranz in Händen geführt wurden, sowie eine bereits vergessene Tugend, der Gehorsam (das waren die charakterisierenden Elemente seines Lebens) hat es ihn gekostet, diese Gnaden zu erhalten. Auch der Heilige Padre Pio wollte keine sichtbaren Stigmata, aber die Pläne Gottes sind unsichtbar und undurchschaubar und er beschließt, was zu tun ist. Hände und Füße durchbohrt, die Brust verwundet zu haben, die 365 Tage im Jahr bluten, ist eine Qual. Es schmerzt, stellt ein unbeschreibliches Leiden dar und wurde dennoch mit heldenhafter Aufgabe seiner selbst aus Liebe zu den Seelen ertragen.

Sich der Fürsorge eines geistigen Leiters zu übergeben, auf sich selbst nicht zu vertrauen, das eigene Leben in die Hände jenes eifersüchtigen Gottes zu legen, der unsere Seelen will, weil sie teuer bezahlt wurden, diese Vorstellung ist so klar und drängend in diesen unseren Brüdern, dass wir nur die Pflicht fühlen, uns zu bedanken und ihnen verpflichtet zu sein, auch wenn wir eine Rüge für unser nicht gerade christliches Benehmen von ihnen erhielten. Ja, dankbar Gott gegenüber, der sie uns geschenkt hat, und dankbar ihnen, die an unserer Stelle leiden.

Ich glaube, dass Fra' Elia all dieses ist, ein leidender Mensch, der Ja gesagt hat zu den Plänen Gottes zur Rettung der Seelen. Seine Demut, seine Leiden, seine Gebete sind ein Anstoß nicht nur für uns Laien, vor allem für die Priester, für alle, aber insbesondere für jene, die sich in ihrer wundervollen und einzigartigen Mission verirrt haben.

Ich danke Gott, dass er mir die Gelegenheit gegeben hat, diesen seinen demütigen Sohn kennen zu lernen, und ich danke Fra' Elia für alles, was er mir in diesen zwei Tagen des Gebets gegeben hat, und vertraue ihn nicht nur dem Heiligen Padre Pio an, sondern auch dem herrlichen Apostel und Wundarzt San Vincenzo Ferreri, damit er sein Apostolat voll realisieren kann, immer im Willen Gottes und zu seiner größeren Ehre, indem er sich von der Liebe der allerheiligsten Mutter Gottes lenken lässt, um seine Friedenspläne für die ganze Menschheit verwirklichen zu können.

Mons. PAOLO MARIA HNILICA S.J.
Titularbischof von Rusado

Via Monte Santo, 14
06195 Rom-Italien

Rom 05/09/2002

S.E. Mons. Paolo Maria Hnilica

Ich Monsignore Paolo Maria Hnilica möchte auf (den Diakon) Fra' Elia von den Aposteln Gotte aufmerksam machen, weil er mit seiner religiösen Familie an verwahrlosten und sich in schwieriger Lage befindlichen Jugendlichen Werke der Nächstenliebe verübt, um diese im Glauben und in menschlichen Werten heranzubilden, damit sie wieder in die Welt und ins soziale Leben eingegliedert werden und eine Arbeit finden können.

Um das zu verwirklichen, benötigt er ein Haus oder eine ähnliche dauerhafte Bleibe, und ich bitte alle bischöflichen, religiösen und gesellschaftlichen Autoritäten, ihn dabei zu unterstützen.

Von dem was ich vom Zeugnis seines früheren franziskanischen Priors, von Priestern und von dem Arzt, der ihn betreut, Dr. Marco Margnelli, über ihn weiß, und wegen seiner Werke der Nächstenliebe und der Gnaden, die Gott ihm gewährt, halte ich Bruder Elia für ein wertvolles Geschenk der göttlichen Barmherzigkeit, sowohl für die heilige Mutter Kirche, als auch die Gesellschaft.

Ich danke von Herzen für dieses Werk der Barmherzigkeit, der barmherzige Vater wird es Ihnen reichlich lohnen und ich erbitte für alle seinen Segen.

Ihr Bruder in Christus
S.E. Mons. Paolo Maria Hnilica

Freitag, 22. März 2002

Seit drei Tagen hatte ich Elia nicht mehr gesehen. Praktisch seit unserer Rückkehr aus Spinea. Wenn er sich in Bergamo befindet, vergeht gewöhnlich kein Tag, an dem wir uns nicht sehen, auch wenn es nur für einen liebevollen, kurzen Gruß ist, zwischen der einen oder anderen Verpflichtung. Aber in dieser Woche, trotz meiner wiederholten Einladungen und erklärten Bereitschaft, ihn zu besuchen (ich wusste, dass es ihm nicht gut ging angesichts der nahenden drei furchtbaren Tage seiner Passion), antwortete er mir immer ausweichend und brachte tausend banale Gründe als Entschuldigung vor, die mich wenig überzeugten. Sehr seltsam! Ich erinnere mich, dass ich an diesem Donnerstag besonders hartnäckig war.

„Fra' Elia, ich muss den Artikel über dich an den Verleger schikken. Ich brauche dein Okay ... und ich habe dir Post zu übergeben."

„Mach dir keine Gedanken ..., erhol dich ... Mein Zuhause ist ein einziges Chaos."

Und ohne mir Zeit für eine Antwort zu lassen, legte er den Hörer auf. An diesem Punkt wurde mir klar, dass Elia irgendetwas vor mir verbarg. Ich wartete keine Sekunde und eilte zu ihm. Der Frühling hatte kaum begonnen, aber das Wetter an diesem Abend erinnerte mich an einen lauen Sommerabend im Glanz des Sonnenuntergangs.

Kapriolen der Natur!, dachte ich, während ich schweißtriefend die Treppe zu seiner Wohnung hochlief. Ich klingelte und schon stand ich vor ihm; verdutzt starrte er mich mit seinen blitzenden Augen an. Er war in ein weißes Trikotleibchen gekleidet und in Shorts. Er sagte kein Wort und kehrte mir den Rücken, verschwand in Richtung seines Schlafzimmers, offensichtlich um sich etwas in Ordnung zu bringen.

Doch ich lief hinter ihm her und zwang ihn, sich umzudrehen. Was ich sah, verblüffte mich. Ein Auge mit einem dunklen Veilchen und tiefe blaue Ringe markierten sein abgemagertes Gesicht, das durch den leicht unrasierten Bart noch leidender wirkte. Sein rechter Arm war übersät mit blauen Flecken und wirkte angeschwollen und verprügelt – und er hinkte merklich. Mir krampfte sich das Herz zusammen, ihn in diesem Zustand zu sehen, während wir beide, verlegen wegen der gegenseitigen Überraschung, unfähig waren, unsere Gefühle auszudrücken.

„Deshalb wolltest du also nicht, dass ich komme!“, rief ich aus, worauf er gesenkten Blicks resigniert seine Arme ausbreitete. Auf seiner Stirn waren bereits zahlreiche kleine, senkrechte Wunden zu sehen, drei bis vier Zentimeter lang, die unregelmäßig seinen Kopf umrundeten, während die rundlichen Wundmale an seinen Handgelenken und am Fußspann ein duftendes Serum absonderten. Seiner ganzen Person entströmte Rosenduft.

„Seit wann bist du so reserviert?“, erkundigte ich mich alarmiert.

„Es passiert jetzt fast jede Nacht ... Schau ...“, und während er sprach, führte er mich in sein Schlafzimmer. Der Schrank war verschoben, die Tür zersplittert.

„Und was machst du? Kannst du nicht weglaufen?“, schrie ich aufgeregt.

„Aber nein!“, antwortete er mir mit einem schwachen Lächeln. „Ich lasse sie wüten ..., ich habe keine Angst! Meine Verteidigung ist das Gebet. Trotz seiner Wut und seiner Kraft gelingt es ihm nicht, mich zu vernichten. Gott erlaubt es ihm nicht. Am Ende zieht er geschlagen ab.“

„Bis zum nächsten Mal!“, fügte ich hinzu.

Ich blieb gerade so lange bei ihm, bis er meinen Artikel für das *Magazin Il Segno del soprannaturale* (Zeichen des Übernatürlichen) freigegeben und unsere nächste Reise nach Trevi in Umbrien bestätigt hatte, wo wir im Kloster von San Martino die Osterwoche mit Pater Oronzo verbringen wollten.

In meinem ersten Buch *Un angelo con le stigmate s'è fermato a casa mia* (Der Engel mit den Wundmalen Christi) habe ich ein Pseudonym benutzt: Pater Oronzo wurde zu Pater Maurizio. Doch inzwischen habe ich von ihm die Erlaubnis, seinen wahren Namen zu benutzen. „Ich habe nichts zu verbergen, du kannst ruhig meinen richtigen Namen nennen.“ Pater Oronzo ist seit über zwölf Jahren Fra' Elias Freund, Vertrauter und Pater Spiritual, und zwar seit er als Novize die Stigmata in einem kleinen lombardischen Kloster erhielt.

Wie würden die Ostertage diesmal verlaufen? Wie würde sich seine Passion abspielen? Noch nicht einmal er selbst wusste es, obwohl sein Engel ihm versichert hatte, dass er ihn nicht verlassen würde. „Das ist das letzte Jahr, in dem du im Bett liegen bleiben musst. Aber die Wundmale Christi wirst du immer tragen“, hatte ihm Lechitiel im letzten Jahr gesagt und deshalb hatte Elia geglaubt, dass er auch die Zeit des Fastens nicht mehr einhalten müsste. Doch wenige Tage vor Aschermittwoch begann er sich unwohl zu fühlen ... Ich erinnere mich, dass er Probleme mit der Verdauung hatte und sein Kopf sich so schwer anfühlte, dass er dachte, er hätte sich eine Grippe eingefangen. Ich beobachtete ihn voller Zweifel und wartete ab. Am ersten Tag der Fastenzeit kochte er sich Pasta in Butter, doch kaum hatte er den ersten Bissen geschluckt, wurde er von heftigem Brechreiz geplagt.

Er rief mich sofort an: „Ich muss mir eine böse Grippe eingefangen haben, stell dir vor, ich musste mich sogar übergeben!"

„Welcher Tag ist heute, Fra' Elia?"

„Es ist der 14. Februar, warum?"

„War gestern nicht Aschermittwoch?"

Ein paar Augenblicke der Stille.

„Du hast Recht ..., die Fastenzeit hat begonnen."

Und von dem Tag bis zum Ende der Ostertage ernährte Fra' Elia sich nur noch von Wasser, Tee und Gemüsebrühe. Genauso wie jedes Jahr um diese Zeit. Am selben Abend vor dem Schlafengehen, immer noch beunruhigt, Elia derart leidend gesehen zu haben, wollte ich mich noch einmal vergewissern, ob ihm nichts fehlte und rief ihn deshalb an.

Es war 21.00 Uhr. Seine Stimme, obwohl sie von einem ohrenbetäubenden Lärm übertönt wurde, klang heiter.

„Was ist los?", erkundigte ich mich höchst beunruhigt.

„Er tobt wieder herum! Ich gehe jetzt ins Wohnzimmer ..."

Und während Fra' Elia sich mit seinem Handy dorthin auf den Weg machte, hörte ich bei mir daheim ununterbrochen ein fürchterliches Knallen, als ob Türen mit unerhörter Schnelligkeit zugeschlagen würden, und dazu seine klägliche Stimme, welche murmelte: „Madonna ..., Madonna ..."

„Hast du keine Angst?", schrie ich.

„Nein."

„Lauf weg!"

„Nein, er darf nicht andauernd gewinnen!"

Gebet von Fra' Elia

Wie oft habe ich dich, o Herr, im Gehen
und Beten angerufen! Kannst du mich hören?
Herr, ich bin allein, Schritt für Schritt,
Gebet für Gebet.
Herr, wo bist du? Ich bin allein.
Und ich sehe nicht, was ich sehen möchte.
Du nennst mich beim Namen.
Du hältst meine Hand.
Du schenkst mir Freude.
Was möchtest du, das ich für dich tue?
Herr, ich bin nichts.
Alle bitten mich um Gebete,
Wunder und Gnaden. Ich vermag das nicht,
nur Du kannst es.

ANTWORT

Ich habe dich nie enttäuscht.
Und ich werde dich nie enttäuschen.
Weil durch mein Herz
und durch meine Liebe
wird der Vater die Gnade geben
an diejenigen, die sie annehmen.
Ohne Unterschied.
Und du, mein Sohn, wirst
immer an meiner Seite sein.

Und was du erbittest, wird für mich, für dich
und für die anderen sein.
Der Friede sei mit dir.

Samstag, 23. März 2002 – nachmittags

Heute Nacht hat mir mein Engel gesagt: „In Jerusalem gibt es drei Engel, die vor Liebe und Bitten für Berufungen brennen. Jesus ist sehr verbittert, dass auf seiner Erde das größte Übel der Menschheit existiert: der Hass. Ein Hass, der seit Jahrtausenden in ihren Herzen verwurzelt ist ... Jesus wurde damals nicht verstanden, als er sagte, weint nicht für mich, da ich in Kürze zur Rechten des Vaters sitzen werde, aber weint für eure Kinder und eure Kindeskinder und nochmals für deren Kinder, welche die Liebe nicht kennen werden ...“

Palmsonntag, 24. März 2002

Gualtiero und ich haben den Sonntag auf dem Land verbracht, mit Kindern und Enkeln. Wir kehrten zur Zeit des Abendessens zurück und ich begab mich sofort ins Studio, um die letzten Dinge vor der Abreise nach Trevi zu prüfen. Eine intensive Geruchswelle berauschte mich für einige Sekunden. Ich drehte mich um und machte ein paar Schritte, aber der Geruch verschwand. Ich lächelte. Ich verstand, dass, wie so oft, der Geist von Fra' Elia an mir vorbeigegangen war. Ich wartete eine halbe Stunde und wie erwartet kam sein Anruf pünktlich wie jeden Abend.

„Ich habe mit Vater Oronzo gesprochen, er kann es kaum erwarten, uns zu sehen.“

„Fra' Elia, vor kurzem habe ich deinen Duft wahrgenommen ...“

„Genau. Dann hast du dich umgedreht und der Duft ist verschwunden.“

„Genauso war es, danke Fra' Elia, für deinen immerwährenden Schutz!“

„Wie ich dir schon gesagt habe, du wirst nie allein sein. Vergiss es nicht!“

Dankbar und glücklich schaltete ich das Licht aus und kehrte mit meinen Gedanken zum Osterfest des Vorjahres zurück. Es war erst ein Jahr vergangen seit jenen schmerzhaften Ereignissen, die mein Leben völlig verändert haben. Drei Tage lang war mir die Gnade geschenkt, bei der Passion Christi oder eher bei der Passion von Elia anwesend zu sein. Elia, der wie Christus blutete, stöhnte, betete und wie er zu sterben schien, um am dritten Tag glorreich aufzuerstehen.

Wie viele unglaubliche Zufälle und unerklärliche Geschehnisse haben sich seither ereignet, wie viele mühevolle Stufen haben wir gemeinsam erklommen! Wie viele kostbare Erfahrungen sind uns geschenkt worden. Alles Dinge, die den jungen Mann Elia in Fra' Elia von den Aposteln Gottes transformiert haben. Nach dem Urteil von Experten ist er der interessanteste Charismatiker unserer Zeit. Mir ist bewusst, dass ich ungehörigerweise den Ausdruck „gemeinsam" benutzt habe, da es allein Fra' Elia ist, der den richtigen Weg sieht und auswählt und mich an der Leine führt, wobei er mir erlaubt, mit an seiner Seite zu sein. Heute frage ich mich nicht einmal mehr nach dem Warum. Seit er mir im Januar jenes zärtliche und liebevolle Gedicht gewidmet hat, hat mein Herz Ruhe gefunden. Ich lebe für den Tag, im Bewusstsein, dass auch mich allein der Herr von Tag zu Tag richtig zu führen weiß.

Dienstag, 15. Januar 2002
13.30 Uhr im Wohnzimmer meines Hauses

Ciao Fiorella!
Du, die du so vieles im Leben tun willst,
hast den Ruf des Lichtes erwidert,
obwohl du nicht wusstest,
obwohl du nicht erkanntest,
wer und wie es sein würde.
Doch du hast mich erwartet!
Auch du kannst erfahren,
wie der Weg für jeden von uns ist
im irdischen Leben!
Durch was wird er bewirkt, Fiorella?
Opfer, Liebe, Geduld und Aufrichtigkeit
Und durch viele andere Dinge.
Deshalb schwinge Dich empor,
damit du, Fiorella, durch die Liebe Gottes
hier mitten unter uns bist.

Und Gott hat Dich erwählt,
nicht menschlicher Wille,
sondern der Wille Gottes.
Fiorella, mach dein Herz frei,
schenke es Gott!
Denn Gott lebt in dir!

Gleich nach Ostern 2001 verliefen meine Tage wieder hektisch zwischen dem Krankenhaus von Bergamo, in dem mein Ehemann auf seine Operation wartete, und der Firma, die meinen maximalen Einsatz erforderte, sowie den Nachmittagen, die ich dem Schreiben meines ersten Buches *Un angelo con le stigmate s'è fermato a casa mia* (Der Engel mit den Wundmalen Christi) widmete, welches mein Verleger unbedingt bis Ende Mai fertig haben wollte. Viel freie Zeit blieb mir nicht. Abends kam ich todmüde nach Hause, manchmal schaute ich noch kurz bei Elia vorbei, der mir ein warmes Essen vorsetzte. Indessen telefonierte Elia (noch war er nicht Fra' Elia) überall herum, wo sich irgendeine Möglichkeit bot, sein Haus für Jugendliche in Not zu finden, das er bald finden würde, wie sein Engel ihm versicherte. Das Haus, das ihm im vergangenen Jahr in Venetien zugesagt worden war, über das ich in meinem ersten Buch *Der Engel mit den Wundmalen Christi* berichtet habe, hatte sich ganz unerwartet verflüchtigt. Doch Elia war weder niedergeschlagen noch desillusioniert, weil er nie sein Vertrauen verlor und sich immer wieder vorsagte: „Hilf dir selbst, dann hilft dir Gott“, während er gleichzeitig sein gewohntes Leben weiterführte, indem er sich überall dorthin begab, wo er gebraucht wurde. Im Mai schließlich wurde Gualtiero operiert, und noch vor den Sommerferien, nach einer sehr langen Rehabilitation, kam er endlich wieder nach Hause.

In dieser Zeit begab Elia sich häufig auch zu einer unserer Freundinnen nach Verona, weil sie viele Freunde hatte, die Hilfe benötigten, wie sie betonte. Und ihre Freunde brachten wieder andere Freunde mit ihren Leiden, Prüfungen und Krankheiten, sodass Elia fast eine Woche im Monat in Verona verbrachte.

Eines Abends rief mich meine Freundin aus Verona an: „Fiorella, heute sind zwei Wunder geschehen!“

„Was sagst du mir da? Habe ich dich recht verstanden?“

„Ja, zwei Wunder", fuhr sie mit vor lauter Überschwang ganz aufgeregter Stimme fort.

„Seltsam, ich habe vor kurzem erst mit ihm telefoniert, doch er hat nichts erwähnt."

„Du weißt doch, wie er ist ..., er redet nicht gern über sein gutes Verhältnis zu den Kranken. Aber wie auch immer, ich erzähle es dir ... Heute suchte ihn ein Junge auf, der seit acht Jahren unbeweglich in einem Rollstuhl saß und sich auf eigenen Füßen daraus erhoben hat. Und dann war da noch ein Arzt mit seiner an Alzheimer erkrankten Mutter. Auch sie hat wie durch ein Wunder wieder angefangen zu sprechen, und zwar so, dass der Arzt selbst laut ausrief, es sei ein Wunder!"

Glücklich hörte ich ihr zu, darauf hoffend, dass Elia mich bei seiner Rückkehr über diese außergewöhnlichen Ereignisse auf dem Laufenden halten würde. Ich wusste bereits von vielen Heilungen, die sich nach dem Auflegen seiner Hände ereignet hatten, aber es war das erste Mal, dass ich so sensationelle Fakten hörte, ohne dass er direkt eingegriffen hatte. In jedem Fall war ich unfähig, auf seine Rückkehr zu warten und rief ihn daher sofort an. Er begrüßte mich mit einer so freudigen Stimme, dass mir schien, er stünde direkt vor mir.

„Elia, was ist heute passiert?"

„Du wirst es mir nicht glauben, aber es fanden zwei außergewöhnliche Heilungen statt!"

Er gab mir rasch einen kurzen Überblick. „Morgen, wenn ich zurückkomme, erzähle ich dir mehr. Gute Nacht."

Und so kam es, dass er am nächsten Nachmittag freudestrahlend bei mir ankam, bereit für seinen Bericht, den ich mit seinen eigenen Worten wiedergeben möchte:

„Irgendwann sah ich einen Jungen im Rollstuhl hereinfahren, bis zum Hals in ein Korsett gezwängt. Weil ich mich hilflos fühlte, rief ich meinen Engel an: ‚Was kann ich für ihn tun?' ‚Sag ihm, er soll aufstehen', und ich folgte der Anweisung. ‚Ich kann nicht', antwortete mir der Junge. Nun forderte Lechitiel mich auf, ihm zu helfen und ihn an den Rollstuhl gelehnt aufzurichten. ‚Jetzt stütze mit deinen Händen seine Wirbelsäule ab', sagte der Engel weiter und ich tat es. ‚Sag ihm, er soll gehen.' Und ich sagte: ‚Geh.' ‚Ich schaffe es nicht', gab der Junge alarmiert zurück, währenddessen er jedoch ohne meine Hilfe auf seinen Füßen stehen blieb. ‚Sag ihm jetzt, er soll sein

Hemd aufmachen und sich das Korsett aufhaken', schlug Lechitiel mir weiter vor und ich führte seine Anweisung aus. Der Junge öffnete langsam die Knöpfe seines Hemds, während er sagte: ‚Ich habe Angst' und ich ihn mit lauter kleinen Kreuzzeichen segnete und für ihn betete. Dann sagte er: ‚Ich fühle mich ganz leicht.'

‚Versuch, die Schuhe aufzuschnüren.' ‚Ich kann nicht.' ‚Wenn du gehen willst, schnür dir die Schuhe auf', beharrte ich. Und er tat es. Er kniete nieder, stand wieder auf und umarmte mich, während er von einem heftigen Weinkrampf geschüttelt wurde. Wie versteinert sagte ich zu ihm: ‚Sagen wir Gott gemeinsam Dank.' Dann ging er auf seinen eigenen Füßen fort."

Heute geht es ihm gut und er arbeitet.

„Kurz darauf kam ein Arzt, der eine alte Frau stützte, die offensichtlich recht schwach und unsicher war. ‚Das ist meine Mutter', erklärte er mir, ‚sie leidet an Alzheimer. Ich habe sie hierher gebracht, weil sie seit Tagen versucht zu sprechen, aber es gelingt ihr nicht. Wahrscheinlich will sie mir etwas Wichtiges sagen ...' Ich ließ sie neben mir Platz nehmen und schaute die Frau an, die unverständliche Töne vor sich hinmurmelte, während der Doktor mir die Hand drückte und mich anflehte, für seine Mutter eine Gnade zu erwirken. ‚Hören sie das, Fra' Elia? Ich verstehe kein Wort!' ‚Ich aber schon', und während ich diese Worte von mir gab, brach der Mediziner in Tränen aus. In diesem Augenblick drehte seine Mutter sich zu ihm hin und sagte: ‚Warum weinst du? Du solltest dich freuen, dass ich geheilt bin.' An diesem Punkt schnellte der Arzt von seinem Stuhl hoch, rannte auf die Straße hinaus und rief: ‚Ein Wunder ist geschehen!'"

Und es war ausgerechnet in Verona, wo Elia Anna und Giandamiano kennen lernte, ein sympathisches Ehepaar, sie in einem freien Beruf tätig, er Zahnarzt. Beide haben sich seitdem Elias Sache verschrieben, und zwar mit dem Glauben, der bekanntlich Berge versetzt. Auch Gian ist durch Elias Fürsprache geheilt worden.

Gians Zeugnis:
Verona, 5. Mai 2002

Seit einiger Zeit litt ich unter einem beharrlichen Tränenfluss meiner Augen, gepaart mit dem Bedürfnis, häufig eine Sonnenbrille tragen zu wollen. Darum entschloss ich mich, einen Augenarzt aufzusuchen. Ruhig unterzog ich mich der Untersuchung, im Glauben, ich hätte eine Bindehautentzündung oder eine Allergie. Während ich die freundliche Augenoptikerin Frederica beobachtete, ihren Gesichtsausdruck und ihre Armbewegungen, während sie mich untersuchte, begann ich zu ahnen, dass da etwas nicht stimmte. Und in der Tat, der Arzt, den ich konsultierte, stellte die Diagnose: **fortgeschrittenes Glaukom am linken Auge.** Er entschied, mich nach vier Tagen intensiver Therapie wieder zu untersuchen, überzeugt, mich mit an Sicherheit grenzender Wahrscheinlichkeit operieren zu müssen. Was für furchtbare Tage das gewesen sind! Doch ein glückliches Schicksal hat mich mit Fra' Elia von den Aposteln Gottes bekannt gemacht, an den ich mich wie ein verängstigtes Kind wandte. Er hörte mir still zu und während er mich mit seinen Augen, die mich zu durchdringen schienen, intensiv anblickte, sagte er liebevoll: „Mach dir keine Sorgen, bete aus ganzem Herzen, mach all das, was du tun sollst und habe Vertrauen!"

Im Glauben an Christus und im Vertrauen auf Fra' Elia tat ich wie befohlen. Gleichzeitig war ich selbst erstaunt über mich, wie innig ich zu beten verstand. Der Tag des Besuchs beim Arzt kam. Auf alles vorbereitet, machte ich mich beunruhigt auf den Weg ins Krankenhaus, wobei ich dauernd an Fra' Elias Worte dachte: „Bleib ganz ruhig; vor allem aber wirst du dich an diesen Tag erinnern müssen." Unglaublich, unglaublich, die Nachuntersuchung ergab, **dass an dem Auge nichts mehr zu finden war!"**

* * *

Bald darauf hatte ich die Gelegenheit, Anna und Gian (wie Elia sie liebevoll nennt) während ihres Besuchs in Bergamo in meinem Haus bei einem fröhlichen Frühstück mit Elia persönlich kennen zu lernen. Anna schlug uns mit der typischen Logik ihres Berufs vor, eine Gesellschaft oder Stiftung zu gründen, mit dem alleinigen Ziel, Elia zu helfen und ihn zu unterstützen, sein Segen bringendes Haus für Familien zu finden.

Elia, der von sich aus von Geld nie etwas hatte wissen wollen und nach dem Verlassen des Klosters stets für seinen Lebensunterhalt gearbeitet hat, ohne im geringsten daran zu denken, seine Charismen dafür zu nutzen, kam Annas Idee wie ein Geschenk des Himmels vor.

„So könnte die Stiftung sich um materielle Belange kümmern und ich mich um die Seelen!“, rief er aus. Er schien wirklich erleichtert durch ihre Worte, auch weil er jedes Jahr seine Gelübde der Armut, Keuschheit und des Gehorsams erneuert hatte. Deshalb konnte er gar nicht fassen, dass er sich auf diese Weise vollkommen an seine Regeln würde halten können, während sich eine offizielle und seiner Arbeit gewidmete Stiftung um alles andere kümmerte, inklusive der Spendengelder. Folglich waren alle einverstanden.

Wir beauftragten Anna mit der Aufgabe zu prüfen, wie man am besten vorging, und jeder von uns wollte sich im passenden Bekanntenkreis informieren, ob eine Gesellschaft oder eine Stiftung vorzuziehen war. Aber ich muss gestehen, dass uns, wie immer, auch bei diesem Vorhaben die göttliche Vorsehung zu Hilfe kam. Infolge glücklicher Umstände entschieden wir uns für eine Stiftung, die offiziell am 20. September 2001 in Verona gegründet wurde.

Und so wurde die *Stiftung von Fra' Elia von den Aposteln Gottes* aus der Taufe gehoben, bestimmt dafür, sich exklusiv den Zielen sozialer Solidarität zu widmen, im Besonderen:

a) Förderung der Unterstützung aller Personen, besonders der wirtschaftlich Schwächsten, die irgendwie der Hilfe bedurften, der Jungen und Alten, Gesunden und Kranken an Geist und Körper.

b) Förderung jeder Art von religiöser Aktivität in Erziehung und Kultur, im sozialen Bereich und in der Fürsorge, in Sport und Erholung.

c) Die Stiftung darf keinerlei Aktivitäten entwickeln, die den Statuten der Wohltätigkeit widersprechen.

Aber Elia wurde schon vor diesem 20. September zum Apostel Gottes, und zwar, als die göttliche Vorsehung Menschen seinen Weg kreuzen ließ, die sich Gott bereits angelobt hatten und die gleichen Ideen mit ihm teilten, die gleiche Berufung: Das heißt, Pilger zu sein für die Welt und in der Welt, mit dem Ziel, zu evangelisieren und die verlorenen Schafe wieder in die Herde des Herrn zurückzuführen, jene, die sonst verloren wären. Sie trafen einander, verstanden sich und entschlossen sich, ihr Leben in einer neuen religiösen Gemeinschaft zu vereinigen, die sich „von den Aposteln Gottes“ nennen sollte. Sie entschlossen sich, in Brüderlichkeit zu leben, sobald es ihnen möglich sein würde, und sich in der Zwischenzeit den Randgruppen zu widmen, den Einsamsten, den Zukurzgekommenen. Besonders wollten sie sich um Jugendliche in Schwierigkeiten kümmern, die sich an einem Scheideweg ihres Lebens befanden, ohne Vorbilder, ohne Führung, ohne Ziele und sehr oft auch ohne Liebe. Fra' Elia ist nämlich davon überzeugt, dass, wer Liebe empfängt, auch Liebe geben kann, und dass, wer innerhalb seiner primären Bedürfnisse aufwachsen darf, sich auch in einen heiteren und selbstsicheren Menschen verwandeln wird.

„Aber wie soll ich das alles nur bewerkstelligen, ohne ein Haus?“, fragte er den Herrn.

„Mach dir keine Sorgen ... Das Haus wird da sein ... Hast du Angst?“

„Wenn du an meiner Seite bist, nein.“

Und Er lächelnd: „Lasse für den Augenblick deine zukünftigen Mitbrüder in ihren Klöstern oder Häusern, wo sie jetzt wohnen ... Später vereinigt ihr euch wie die neuen Apostel ... In der Zwischenzeit werde ich dich überallhin begleiten, wohin man dich ruft ... Du wirst ein Seelenfänger sein, für die verlorenen Seelen, von welchen es sehr viele gibt, zu viele, draußen in der Welt.“

Dort saß ich, um den Wellen des Meeres zuzuschauen,
die meine Vergangenheit ausradierten
und meine Gegenwart aufheiterten.
Eine ferne Stimme flüsterte in meinem Herzen:
Schreibe in den Sand, was du siehst,
ritze in dein Herz, was du empfängst.
Herr, wenn ich nur von meiner Liebe zu dir sprechen könnte,
wie groß sie ist, nur du allein weißt es.
Die Aufgabe ist groß,
die Arbeiter wenig.
Nur du kannst mir raten,
nur du kannst mir helfen.
„Aber wovor hast du Angst?“

Herr, ich fühle mich so klein wie ein Kind,
ich habe keine Kraft mehr, noch die Fähigkeit.
„Aber wenn ich dich bis jetzt getragen habe,
dich geführt und in den Armen gewiegt habe,
und dir mein Manna gab,
wo liegt das Problem?"
Das Problem sind jene um mich herum,
weil sie mich um Gnaden bitten,
und ich keine Gnaden schenken kann, nur Gebete!
Nur du kannst es!
Herr, ich bitte dich, greif du ein!
„Ich sehe sie, ich beobachte sie und beschütze sie.
Ich bin es und nicht du,
ich, der mit meinem Vater Gnaden und Wunder schenken wird,
weil du für sie bittest.
Ich habe dich auserwählt.
Es liegt in ihrer Verantwortung und in deiner
und sie leben in mir.
Geh, sprich von mir,
darüber, dass ich mit ihnen bin,
auch in ihren Schwierigkeiten.
Wenn sie auch nur ein Fünkchen Vertrauen in mich hätten,
wenn sie sich nur in Stille und Sammlung vor meinen Vater
begeben und ihr Herz öffnen würden, könnte ich als Gnade und
Liebe in sie eintreten.
Das ist es, worum sie mich bitten."

Es war zwischen April und Juli 2001, als Elia, immer noch zweifelnd wie er vorgehen sollte, auch wenn seine Berufung jetzt klar und unwiderruflich war, seinen Ex-Prior aus der Noviziatszeit aufsuchte, mit dem er immer eine aufrichtig ergebene Vater-Sohn-Beziehung aufrechterhalten hatte, um von ihm einen letzten Rat zu erbitten.

„Die Regel drückt sich ganz klar aus", sagte ihm Pater Giuliano (Pseudonym). „Es reicht, zu dritt zu sein, im Gefolge eines Priesters, und die religiöse Familie steht! Natürlich benötigt man noch die schriftliche Zustimmung des Diözesanbischofs ... Ist dir das alles klar?"

„Aber ich habe noch kein passendes Haus."

„Das macht nichts, versammelt euch in deinem Haus! ... Es ist Zeit zu handeln, Elia."

„Mein Heim ist zu klein ..., ich habe nicht genügend Platz."

„Dann tu nichts, bevor es nicht möglich ist ... Das ist dein Weg!"

Der Zuspruch des Priors ermutigte Elia und endlich begriff er, dass die Zeit des Zauderns vorüber und der Moment gekommen war, das Projekt, das der Herr für ihn vorgesehen hatte, zu verwirklichen.

In dieser Nacht schaute er ihn erneut. Er zeigte sich ihm in seiner ganzen Majestät und Pracht. Wieder einmal nahm er ihn an der Hand und führte ihn mit Leichtigkeit in die unendlichen Weiten des Raums zwischen Sternen und Ozeanen.

„Hast du noch Angst?"

„Nein."

„Willst auch du einer meiner Apostel sein?"

„Ja."

Nun bat er ihn mit einer weit ausholenden Geste, sich umzudrehen, und Elia sah hinter sich eine große Menschenmenge, die ihm schweigend folgte. Danach verschwand alles wieder.

Am nächsten Nachmittag rief er seine zukünftigen Mitbrüder an und bat sie noch um ein wenig Geduld, da der Herr sie erst in dem für ihn geeignetsten Augenblick in dem Haus zusammenrufen würde, welches er selbst für sie bestimmte. Danach entschloss er sich, sozusagen als einen ersten Schritt, sein Gewand anzuziehen, das seinerzeit von Msgr. A. in Pisa geweiht worden war und das ihn als Fra' Elia von den Aposteln Gottes ausweisen würde: Weiß mit grünen Borten, die Farbe der Kirche und der Hoffnung, die Tugend der Erleuchteten.

2. August 2001
Tag der Abreise von Fra' Elia nach Apulien, ins Haus seiner Eltern

Am Abend davor hatte Elia mich angerufen: „Morgen werde ich in meiner Kutte reisen. Meine Eltern sollen die Ersten sein, die mich in meinem neuen Gewand sehen."

Ich bemerkte einen Anflug von Traurigkeit in seiner Stimme, und auch mir schlug das Herz bis zum Hals. Damals verstand ich noch nicht, warum. Heute weiß ich, dass ich in diesem Augenblick ahnte, dass Elia im Begriff war, sich von seiner Vergangenheit zu lösen, um schließlich in eine neue Dimension einzutreten, eine von Gott gewollte.

Der junge Mann Elia, den ich beinahe exklusiv als „meinen Engel" für mich hatte haben dürfen, verlebte seinen letzten Tag. Mich tröstete der Gedanke, dass ich auch in Zukunft noch das Privileg haben würde, ihn als Apostel Gottes zu sehen ..., und so schlief ich letztlich mit einem Knoten im Hals ein.

Ich hatte mich um sieben Uhr mit Elia verabredet, um ihn zum Flughafen zu begleiten. Ich kam pünktlich an und wurde schon von einer intensiven Duftwolke eingehüllt, noch bevor ich durch den Hauseingang trat. Er erwartete mich bereits oben auf der Treppe, in seinem weißen Gewand mit den grünen Borten, die Arme ausgebreitet, gleichsam als Zeichen seiner Resignation. Seine leuchtenden Augen stachen im Halbschatten hervor wie zwei Sterne und jagten mir einen gehörigen Schrecken ein. Ich blieb wie versteinert stehen. Sein Gesicht war verschwollen und gerötet und auf seiner Stirn war ein beunruhigendes Muster sichtbar: ein Geflecht von kleinen, blutenden Wunden, die an eine Dornenkrone denken ließen. Von meiner Position aus konnte ich auf dem Rücken seiner Füße zwei große, rundliche Wundmale sehen, als wollten sie mich daran erinnern, dass er ein von Gott gezeichneter Mensch war.

„Wie kann ich in dem Zustand verreisen?"

Sogleich riss ich mich zusammen und sagte: „Mach dir keine Sorgen ..., die kühle Luft der Klimaanlage wird dir Erleichterung verschaffen. Lass uns gehen, deine Eltern warten auf dich."

Und auf der kurzen Strecke Autobahn, mit der Klimaanlage auf höchster Stufe, schien Elias Gesicht sich in der Tat wieder zu normalisieren.

Die Schwellung schwächte sich ab und meine Anspannung, wie so oft durch heftige Gefühle hervorgerufen, verflog wie durch Zauberhand. Da Ferienzeit war, war der Flughafen überfüllt und keiner nahm Notiz von uns, sodass Elia in Ruhe abreisen konnte, um für eine kurze Zeit bei seiner Familie ein wenig Frieden zu finden.

11. September 2001

Fra' Elia befand sich in Verona im Haus von Anna und Gian, die ihm freundlicherweise ein kleines Appartement unter ihrer Wohnung als Sitz für die zukünftige Stiftung zur Verfügung gestellt hatten, die am 20. September offiziell starten sollte. Während des Frühstücks erzählte er ihnen einen Traum: „Heute Nacht war ich an einem mir unbekannten Ort. Überall war Staub und ein großes Durcheinander, die Menschen rannten laut schreiend davon, und zwar in einer Art und Weise, dass ich an ein Erdbeben dachte ... Am Boden lagen riesige Mengen von Schutt und Trümmern und ich stand herum und es tat mit Leid, dass ich nichts tun konnte."

Am gleichen Tag ereignete sich in New York die furchtbare Tragödie mit den beiden Zwillingstürmen (Anschlag auf das World Trade Center) und Anna rief mich kurz darauf an und erzählte mir von Elias Traum.

Inzwischen näherte sich der Erscheinungstag meines ersten Buches. Während Elia seine Tage damit verbrachte, sich vollkommen den anderen zu widmen, versuchten mein Verleger und ich, eine bestmögliche Präsentation für die Presse zu organisieren, in der Hoffnung, dass auch Elia an dem Ereignis teilnehmen würde.

„Warum muss ich da auch dabei sein?", Fragte er mich fast ärgerlich.

„Um den Menschen zu zeigen, dass du wirklich existierst. Ich könnte das Ganze ja auch erfunden haben, meinst du nicht auch?"

Elia schüttelte resigniert den Kopf. „In Ordnung, ich werde kommen, aber ich bleibe in einem anderen Raum, um zu beten. Du bist die Autorin und du wirst alle Fragen über mich beantworten müssen. Ich möchte nicht fotografiert werden, ich möchte nicht in

Erscheinung treten und ich möchte keine Rede halten. Ich bin nicht Miss Italien!"

Entmutigt rief ich Piero Mantero an, den Verleger: „Er wird kommen, aber zwinge ihn nicht zu einer Rede. Du weißt, wie er ist. Er wurde noch nie mit einer großen Menschenmenge konfrontiert. Es ist nicht sein Ding, er ist kein Redner ..."

„Ich verstehe, trotzdem ist es gut, wenn er dabei ist."

Indessen kam Elia mir immer ruheloser vor. Seine zukünftigen Mitbrüder waren begierig, sich um ihn zu scharen, und noch immer war kein passendes Haus in Sicht. Aber sie wussten, die Zeit war noch nicht reif dafür.

Eines schönen Tages jedoch sagte Elia strahlend zu mir: „Lechitiel hat mir gesagt, dass um Weihnachten herum eine Möglichkeit bestehen würde, eine Wahl zu treffen ... Ich sehe diverse Gemeinden am Horizont, die mich erwarten."

Und mit wahrhaft glücklicher Miene wechselte er das Thema. Anfang Oktober war das Buch fertig gedruckt und Piero verschickte eine Kopie an alle italienischen Medien, inklusive der Redaktion, welche die Sendung „Miracoli" (Wunder) im Fernsehen macht. Um präzise zu sein, an seinen Freund, den Moderator Dr. Piero Vigorelli, mit dem er seit Jahren eng zusammenarbeitete.

Einige Tage später rief mich die bekannte Psychologin und Fachjournalistin Anna Maria Turi an. Sie stellte sich als wissenschaftliche Beraterin der Redaktion vor und fragte, ob Fra' Elia für ein Treffen zur Verfügung stünde. Im Bewusstsein, dass Fra' Elia bis zu jenem Zeitpunkt jede Art von Interview stets abgelehnt hatte, versuchte ich ihr so höflich wie möglich mit einem „ich glaube kaum" zu antworten, bemüht, sie über seinen eher scheuen Charakter aufzuklären.

„Ich versichere ihnen jedoch, dass wirklich wunderbare Dinge, wie unerklärliche Heilungen, geschehen sind, und vor allem auch Bekehrungen, deren Zeugnisse leicht überprüfbar sind ... Wir könnten diese Personen einladen, an der Sendung teilzunehmen. Und auch ich könnte über einige interessante Episoden berichten."

„Aber das ist doch nicht dasselbe!", gab die Journalistin trocken zurück. Dann fügte sie hinzu: „Stimmt es, dass ihm nach seiner letzten Passion die Stigmen verblieben sind?"

„Ja, es ist wahr ..., sie verändern sich von einem Tag zum anderen. Jeden Donnerstag, gleich nach Mitternacht, schwellen sie an, die Haut platzt auf und ein duftendes Serum tritt aus, solange, bis sich die Wundmale bilden, die dann feuerrot bluten. Auch die Wunde an seiner Brust öffnet sich, Blutstropfen sickern daraus hervor ... Gelegentlich schwillt auch sein Gesicht merklich an, während gleichzeitig rötliche Striemen oder winzige Höcker auf der ganzen Stirn erscheinen, ein anderes Mal wieder zeigen sie sich weniger ... Und die Schulter scheint ausgerenkt zu sein, etwas, das ihm stechende Schmerzen verursacht."

Vom anderen Ende der Leitung war noch nicht einmal ein Atemzug zu hören.

„Hallo, hallo ..."

„Ja, ich bin noch da, fahren Sie fort ..."

„Am Samstag trocknen die Wunden, behalten ihre Maße, Form und Farbe, glühender Kohle gleich, und die Verletzung hört auf zu bluten. Am Sonntag schließen sich alle Wundmale, auch die Brustwunde, wobei sie identische Krusten bilden, welche zwischen Montag und Dienstag abfallen und an ihrer Stelle einen winzigen roten Strich hinterlassen. Gegen Mittwoch und Donnerstag geht es Fra' Elia besser, auch wenn die Schmerzen immer gegenwärtig sind.

Ein tiefer Atemzug ... „Frau Turolli ... Ich verstehe, dass Fra' Elia sich nicht vorführen lassen will, doch die Menschen müssen informiert werden ..., wenn sie mir erlauben darauf zu bestehen. Auch weil Prof. Marco Margnelli und der Direktor von Edizioni Segno, Mantero, uns versichert haben, dass es sich um einen wirklich interessanten Fall handelt. Und wenn Gott uns ein so außerordentliches Wesen wie Fra' Elia gesandt hat, hat er sicher auch etwas mit ihm vor."

Ihre Worte überzeugten mich.

Doch bevor ich überhaupt noch die Zeit fand zu antworten, fuhr Anna Maria Turi fort: „Sie müssen verstehen, wenn sich ein Team von fünf Leuten nach Rom begibt, um einen Knüller zu landen, muss auch die Hauptperson vorgestellt werden, und nicht nur die Journalistin, die diese entdeckt hat ..." Die freundliche und schmeichelnde Stimme unterbrach sich und ich wandte ein: „Sie haben Recht, Signora, aber ich kenne Fra' Elia und weiß, wenn er eine fest gefügte Meinung hat, ist er unbeugsam."

Im Übrigen war auch ich überzeugt, dass Fra' Elia der ganzen Welt bekannt gemacht werden sollte, vielleicht auch, weil ich intuitiv fühlte, dass der Herr es eilig hatte ..., und Elia und ich hatten einander schließlich nicht gesucht. Die göttliche Vorsehung hatte uns zusammengeführt und durch erstaunliche Umstände zu dem Verleger Piero Mantero geführt, und all das hatte wiederum Konsequenzen gehabt. Wenn die Eile des Herrrn sich durch eine Fernsehsendung kundtun wollte, dann sollte es so sein!

Schnell schob ich diese Gedanken beiseite und fuhr fort: „Anna Maria, darf ich du sagen? Mir ist da eine Idee gekommen ... Wir vereinbaren einen Termin für euren Besuch, ich werde Elia informieren und die Personen bitten, welche durch seine Fürsprache Gnaden erfahren haben, in mein Haus zu einem Interview zu kommen ... Ich verspreche nichts, doch glaube ich, dass es seinem Freund Curzio gelingen könnte, seine Neugierde zu wecken und ihn zu überreden, uns bei den Filmaufnahmen behilflich zu sein. Den Rest müsst ihr dann selbst machen. Selbstverständlich werde ich ihm sagen, dass ich die Hauptperson in diesem Film sein werde."

„In Ordnung, riskieren wir es. Ich verlasse mich auf dich! ... Ruf auch den Arzt an, der ihm während der letzten Passion beigestanden hat. Ersuche ihn zu kommen, es ist wichtig, auch die Stimme der Wissenschaft zu hören! ... Ich kann auch das Datum schon festlegen. Wir werden am 10. Oktober abends eintreffen und am 11. wieder abreisen." Einen Moment später vernahm ich das Klicken des aufgelegten Hörers. Wie elektrisiert rief ich sofort Curzio an und weihte ihn in alles ein.

„Ich möchte Elia nichts vortäuschen. Sie kommen wegen mir, wollen aber auch Elia sehen ..., das ist klar ... Lassen wir es darauf ankommen ..."

Ich rief auch Elia an, der sofort eine Falle witterte. In der ehrlichen Überzeugung, nichts Unrechtes zu tun, insistierte ich und bat ihn, mich dabei zu unterstützen und zu kontrollieren, ob mein Interview auch korrekt abliefe.

„Ich möchte nichts falsch machen ... Bring doch auch Curzio mit."

Alles lief wie geplant, sogar noch besser. Die Truppe traf am Nachmittag ein, und nachdem sie mein Haus besichtigt hatten, entschieden sie, die Innenaufnahmen im Keller zu machen, der am besten geeignete Ort, um das Refektorium eines Klosters zu simulieren. Während die Kameraleute die Lampen installierten und die Szene vorbereiteten, stimmte ich mit Anna Maria Turi und der Regisseurin mein ausgedehntes Interview ab. Ich war höchst aufgeregt ... Mir scheint, dass es ein Mittwoch oder Donnerstag war, und ich war mir immer noch nicht sicher, ob es möglich sein würde, ihnen Fra' Elias Wundmale zu zeigen ... Ich zählte sehr auf die Hilfe Curzios, aber wer wusste, was alles noch dazwischenkommen konnte!

Es war mitten in der Aufzeichnung, als ich jenseits der Scheinwerfer zwei blitzende Augenpaare entdeckte, die mich im Dunkeln fixierten. Ich hatte die beiden nicht eintreten hören und alles lief ruhig weiter nach Drehbuch. Niemand bemerkte sie und auch ich unterbrach mich nicht. Ich beantwortete alle Fragen bis zum Schluss spontan und innerlich ruhig, zur vollen Zufriedenheit meiner Interviewer. Am Ende dachte ich: Nun ist auch das geschafft!

Ich stand auf und begrüßte Fra' Elia, der sich argwöhnisch nicht aus der Diele wegrührte. Curzio stand stumm neben ihm. Die beiden Herren, die mir bis zu dem Moment gegenüber gesessen hatten, standen rasch auf und gingen zu ihm hin. Unser aller Augen richteten sich auf seine Handgelenke, die mit einer elastischen Binde umwickelt waren, und auf seinen Fußrücken, wo seine Kutte die zwei kleinen rötlichen Wundmale nicht hatte verdecken können. Die Herren sahen sie genauso, wie sie sie hatten sehen wollen. Ein Seufzer der Erleichterung entschlüpfte mir. „Dank sei Gott!"

„Guten Tag, Fra' Elia, danke, dass Sie gekommen sind. Ich bin Anna Maria Turi und das hier ist unsere Regisseurin Elena Vasaio ... Ich habe durch Dr. Margnelli von ihnen erfahren."

Wie durch ein Wunder löste sich bei uns allen die Anspannung und machte einem Gefühl unglaublichen Friedens Platz. Elia nahm allen die Befangenheit, während einer ganz zwanglos begann, seine Geschichte vor der Kamera zu erzählen wie ein erfahrener Schauspieler. Er redete über eine Stunde lang, während Curzio und ich uns verblüfft anschauten und es uns fast die Sprache verschlug. Es war genauso, wie es sein sollte! Der Abend endete glücklich zu vorgerückter Stunde. Für den nächsten Morgen waren Besucher aus Verona und aus Sarnico vorgesehen, angesehene Personen, die Fra' Elia mit ihren Zeugnissen helfen wollten.

11. Oktober 2001

Es war ein klarer und sonniger Tag, beinahe sommerlich. Die Kameraleute waren früh aufgestanden, um ein paar Ansichten von der noch leeren Stadt zu drehen und dann wie vereinbart um 9.00 Uhr wieder in mein Haus zurückzukehren. Fra' Elia hatte seinen Bericht schon am Abend zuvor beendet, doch er gesellte sich ebenfalls noch einmal zu uns, um die von weitem angereisten Gäste zu begrüßen. Auch Dr. Giorgio Corvi traf ein, der als Fra' Elias Arzt seine Beobachtungen aufzeichnen ließ. Danach begaben wir uns alle zur Piazza Vecchia auf der Suche nach einer Kirche. Man konnte nie wissen ..., es hätte für die Fotomontage nützlich sein können.

In Gedanken versunken ging Fra' Elia vor uns her, während die Kameraleute ihm in etwa zehn Metern Abstand mit der Filmkamera folgten. Als er bei der ersten Kirche angekommen war, trat Fra' Elia, ohne Vorwarnung, für ein Gebet ein. Ich wartete draußen mit Anna Maria Turi auf ihn, während ihm die Regisseurin und ein Kameramann folgten und in einem geringen Abstand anhielten. Die Aufnahmen, die ihnen dabei gelangen, waren ausgezeichnet und wenige Monate später konnten alle sie während der Sendung „Miracoli" (Wunder) am 19. April 2002 im Fernsehen bewundern.

Gegen Mittag waren alle Aufnahmen termingerecht beendet, aber niemand hatte Lust, ins Alltagsleben zurückzukehren. Als Elia das bemerkte, sagte er mit einem beinah gewinnenden Ausdruck, der seinem liebenswürdigsten Lächeln entsprang: „Gehen wir in das Haus von Fiorella ... Wenn ihr einverstanden seid, könnte ich etwas für euch kochen."

Niemand ließ sich zweimal bitten und in wenigen Minuten fanden sich alle wieder in meiner Küche ein, wo wir uns wie alte Freunde gemeinsam zu schaffen machten. Elia rannte in die Garage und holte die Stühle, die schon vor einem Monat weggepackt worden waren, in den Garten zurück. Dann schleppte er den Gartentisch an, der in einer Ecke unter der Pergola mit den gestreiften Glyzinien abgestellt worden war, wobei er jedem von uns Aufträge erteilte. Mir zuzwinkernd rief er aus: „Das ist eine Familie, wie sie es sein sollte!"

Wie in einer Familie, in der jeder Hand anzulegen weiß, holte ich die in Öl eingelegten Auberginen von Elias Mutter aus dem Kühlschrank, die Regisseurin deckte den Tisch, Anna Maria machte sich an einer Dose Thunfisch zu schaffen, einer der Kameraleute entkorkte die Weinflasche, ein anderer holte uns Mineralwasser, und Elia bereitete am Herd eine köstliche Pastasoße für uns zu.

Und zu all dem erwärmte uns eine herrliche Sonne.

„Macht die Fernsehkamera aus", tönte Elia auf einmal, „damit ich euch meine Wundmale zeigen kann."

Und ohne sich bitten zu lassen, nahm er ganz unbefangen seine Verbände von den Handgelenken ab und zeigte allen das, was sie hatten sehen wollen.

„Danke, danke, Fra' Elia."

Man konnte die Freude und Rührung aller förmlich mit den Händen greifen.

„Heute ist auch noch mein Geburtstag ...", fügte Anna Maria beinahe unterwürfig hinzu. „Und er wird für immer einer der glücklichsten in meinem ganzen Leben sein."

„Dann werde ich dir jetzt ein Geschenk machen", erwiderte Fra' Elia prompt und tat ganz mysteriös. „Geh zu dem Waschbecken dort ... Öffne den Wasserhahn und fülle ein Glas ..."

Anna führte die Anweisung aus, etwas zögerlich, während ich mich neben sie stellte. Sofort quoll aus dem Wasser ein lieblicher Rosenduft hervor.

„Trink", befahl Fra' Elia ihr.

„Das Wasser kommt mir vor wie Rosenöl ..., es ist parfümiert!", rief Anna verblüfft aus.

„Es ist für dich ..., mein Geschenk."

Jeder von uns durfte den Duft kosten und sich an diesem unglaublichen Tag erfreuen. Als das Staunen vorüber war und ich dachte, dass jetzt alle aufbrechen würden, gestand Anna Maria uns, dass sie früh am Morgen mit Prof. Margnelli in Rom telefoniert hatte, um ihn zu informieren, dass sie endlich den Knüller gefunden hatte, auf den sie schon so lange wartete, nämlich einem wahren, authentischen, außergewöhnlichen Mystiker begegnet zu sein, wie sie noch nie einen kennen gelernt hatte. Als Prof. Margnelli klar wurde, dass die Truppe sich in Bergamo befand, stellte er Anna Maria ein paar Fragen, weil er sofort überzeugt war, dass es sich um Elia handeln musste, den jungen Stigmatisierten, den er vor sechs oder sieben Jahren einmal untersucht hatte. Und damals war es ihm nicht gelungen, ihn wieder aufzuspüren ... „Ich reise sofort ab", hatte er ihr gesagt, und das bedeutete, dass er jetzt jeden Augenblick in Bergamo eintreffen musste.

Vor sieben Jahren, kurz nachdem Elia das Kloster verlassen und die Erfahrung gemacht hatte, dass zahlreiche Menschen sich nach der Berührung mit seinen Händen geheilt fühlten, hatte er beschlossen, sich von Prof. Margnelli untersuchen zu lassen, der als einer der erfahrensten Experten auf diesem Gebiet galt. Aus diesem Grund begab er sich ins „Zentrum für Studien und die Erforschung der Psychophysiologie von Bewusstseinszuständen“ in Mailand, nicht um seine Stigmen öffentlich zu machen, sondern um herauszufinden, ob er sich in Zukunft seinen Lebensunterhalt vielleicht durch den Beruf eines Pranatherapeuten verdienen könnte.

Nachdem er sich der elektrografischen Untersuchung seiner Hände nach Kirlian unterzogen hatte, ließ ihn der Professor allein, mit der Bitte, ein paar Minuten auf ihn zu warten. Er wollte kontrollieren, ob die Fotos etwas geworden waren. Als er zurückkam, war Elia bereits gegangen und hatte seine Adresse hinterlassen, für den Fall, dass der Professor ihn noch einmal sehen wollte. Der Professor beeilte sich, ihn über das Außergewöhnliche seiner Hände zu informieren, aber Elia blieb verschwunden und so blieb dem Professor nichts anderes übrig, als ihm den Befund zuzuschicken, der unter anderem Folgendes besagte: „ ... gut dargestellt ist auch die Bedingung der Luminiszenz, welche im Allgemeinen spirituelle und/oder parapsychologische Fähigkeiten anzeigt. Die leuchtende rötliche Strahlung, ausgehend von der Mitte seiner rechten Handfläche, ist sehr ungewöhnlich, da sie an einen Stigmatisierten erinnert. Während ich im Lauf der Jahre hunderte solcher Fotos gemacht habe, ist es mir nur ein einziges Mal gelungen, ein Zeichen dieser Art sehen zu können, und zwar bei einer jungen Frau, die kurz darauf die mystischen Stigmata erhielt. Auch auf der linken Hand kann man ein Areal rötlich leuchtender Strahlung beobachten ... Beide Hände strahlen bioplasmatisches Blau aus. In dieser Grundfarbe stellen sich die feinsten Granula der oben beschriebenen Strahlung dar. Nehmen wir an, dass das die Farbe der bioplasmatischen Fähigkeit mit maximaler therapeutischer Wirkung ist, so scheint es, als würde die ganze Handfläche ‚pranische Energie‘ ausstrahlen. Schlussfolgerung: Die heutige Untersuchung zeigt optimale pranatherapeutische Fähigkeiten, zum Teil entwickelt, zum Teil noch in Evolution.“

Gegen 16.00 Uhr an diesem wunderbaren 11. Oktober traf Prof. Margnelli in unserem Haus ein, begleitet von seiner Frau. Er umarmte Fra' Elia. Er erinnerte sich bestens an ihn, und zwar so gut, dass er sogar die Kirlian-Fotos von seinen Händen mitgebracht hatte.

„Wie stelle ich es bloß an, dir auf den Fersen zu bleiben, jetzt, wo ich dich wieder gefunden habe? Ich bin erst kürzlich nach Rom umgezogen. Wir wohnen zu weit auseinander. Du solltest auch nach Rom kommen."

Elia lächelte und ließ sich gutwillig noch einmal von ihm untersuchen...

Nach der Aufzeichnung von *Miracoli* (Wunder) nahm ich mein gewohntes Leben wieder auf, und Fra' Elia das seine, wobei wir jedoch auch Momente großer spiritueller Freude miteinander teilten. Wir hörten jeden Tag voneinander, da wir jeden Tag irgendeine Neuigkeit zu besprechen hatten, darunter auch die Frage, wie wir all die Bitten der vielen Menschen, die Elia sehen wollten, zufrieden stellen konnten. Und so kam es, dass ich ihn häufig nach Mailand in das Haus von Freunden begleitete, wo sich eine Gruppe von Leuten um ihn scharte, die ihm zuhören oder ihm ihre Probleme vortragen wollten. Es gelang uns nie, vor Mitternacht zurückzukehren. Fra' Elia begab sich auch oft nach Verona, zum Sitz seiner Stiftung, wo Leute aus ganz Italien zu ihm kamen. Ich fragte mich, wie das alles möglich war, wenn man bedenkt, dass das Buch über ihn noch gar nicht ausgeliefert war. Doch wie man weiß, sind die Wege des Herrn unergründlich!

Die Präsentation des Buches war für den 10. November im Firmensitz von Edizioni Segno geplant, in Feletto Umberto, und für den 11. November in Spinea (fünf Kilometer von Venedig) in einer großen Halle, die schon seit Jahren für charismatische Treffen genutzt wird.

Wenige Tage davor rief mich eine mir unbekannte Stimme an: „Guten Tag, Frau Calligaris!"

„Wer spricht?"

„Ist das nicht das Haus Calligaris?"

Im gleichen Augenblick hörte ich ein kaum wahrnehmbares Lachen.

„Elia!"

„Ah ..., du hast mich also erkannt. Ich wollte dir nur sagen, dass ich endlich meinen Freund Carlo aufgespürt habe, du weißt schon, der Junge, der mit mir zusammen im Kloster war und es dann verließ? Am Sonntag, den 28. Oktober, wird er mich besuchen kommen."

„Wollt ihr zu mir zum Mittagessen kommen?", fragte ich ihn.

„In Ordnung."

Und so kam es, dass an einem zauberhaften Sonntag im Oktober mein Haus vom Gelächter der beiden jungen Männer erhellt wurde. Ich erinnere mich, dass ich Kaninchen auf dem Grill vorbereitet hatte, mit unserer traditionellen Polenta. Man unterhielt sich bei Tisch über ihre gemeinsam verbrachte Zeit, auch über Carlos Berufung, die sich nie verflüchtigt hatte, und zwischen Vertraulichkeiten und lustigen Anekdoten rückte auch das Projekt des so sehnlich herbeigewünschten Familien-Hauses ins Rampenlicht.

„Ihr habt also noch keinen Ort gefunden, wo ihr euch niederlassen könnt?!", sagte Carlo.

„Es ist nicht leicht", erwiderte ich, „und solange Elia noch nicht bekannter ist, wird es unmöglich sein, jemanden zu finden, der genug Vertrauen in ihn hat, um ihm für den Anfang ein passendes Haus zu überlassen. Und er hat nicht das Geld, eines zu kaufen, und seine Stiftung ist gerade erst aus der Taufe gehoben worden", fügte ich hinzu.

„Ihr könnt ja in mein Haus kommen!", entschlüpfte es Carlo leichthin. „Ich lebe mit meiner Mutter in einem Kloster aus dem 17. Jahrhundert, aber wir bewohnen nur einen Teil davon. Mein einziger Bruder ist verheiratet und lebt in Mailand. Es muss alles renoviert werden ..., warum schaut ihr es euch nicht an?"

Elia und ich blickten uns ungläubig an und nach einigen Minuten der Verblüffung und einer Reihe sachbezogener Fragen kamen wir überein, das Haus über Allerheiligen zu besuchen. Es handelte sich um nur wenige Kilometer, an der Grenze von der Lombardei zu Piemont gelegen.

Doch ausgerechnet an dem Morgen kam ich kaum vom Bett hoch. Ein gräßlicher Schmerz schoss meine Wirbelsäule entlang und hinderte mich an jeder Bewegung. Ich hatte das Gefühl, unter einer Steinpresse zerquetscht worden zu sein! Als Elia gut gelaunt unser Haus betrat, konnte ich vor Schmerz kaum atmen. Gualtiero schaute mich verzagt an, während ich mit schmerzverzogener Grimasse an die Wand gelehnt dastand und versuchte mich aufzurichten.

„Was ist das Problem?“, erkundigte sich Elia.

„Fiorella muss zu Hause bleiben, sie kann sich nicht bewegen“, verkündete ihm mein Ehemann.

„Wo tut es dir weh?“

Entlang der ganzen Wirbelsäule ...“, stammelte ich.

Elia strich kurz darüber, wie mir schien, mit einer Hand, währenddessen ich immer noch auf meinen Beinen stand, an die Mauer gestützt.

Ein paar Sekunden später drehte ich mich ungläubig um. Die Schmerzen waren verschwunden.

„Geht es dir auch wirklich gut?“, fragte mein Ehemann mich wiederholt, während Elia vor sich hinlächelte.

„Ich bin noch ein wenig steif, aber der Schmerz ist weg ..., lass uns gehen!“

Und so machten wir uns auf den Weg zu dem Kloster. Noch vor Mittag erreichten wir den Ort. Nachdem wir ein winziges, hübsches Dorf, das unbewohnt schien, durchquert hatten, kamen wir zu einer kleinen Piazza, wo uns ein imposantes Gebäude aus dem 17. Jahrhundert anzeigte, dass wir am Ziel angekommen waren.

Wir zogen an der Glocke. Carlo empfing uns voller Wärme und führte uns sofort zu seiner Mutter, die uns im Hauptflügel erwartete. Wir durchquerten einen alten Kreuzgang mit einem Brunnen in der Mitte, während hinter den Dächern die Kronen schattiger Bäume hervorlugten, die auf das Vorhandensein eines Parks schließen ließen. Nach den üblichen Floskeln teilte Carlos Mutter uns sofort mit, dass auch ihr anderer Sohn einer Vermietung des Gebäudes an Fra' Elia für 15 bis 20 Jahre zustimmte, wenn er im Gegenzug für eine komplette Renovierung sorgen würde. In der Praxis handelte es sich um ein zinsloses Darlehen. Wir besichtigten jedes Stockwerk, jedes Zimmer. Mir kam alles wunderbar und realisierbar vor. Ich entdeckte sogar einen kleinen Turm, in dem ich und Gualtiero hätten wohnen können. Seltsamerweise war Elia jedoch ungewohnt ernst. Er sprach kaum, sagte nur, dass er darüber nachdenken wolle und sich über das weitere Vorgehen informieren müsste. Wie lange im Voraus er seine Antwort geben müsste? Noch nicht einmal eine Einladung zum Mittagessen nahm er an. Also nahmen wir einen Bissen in einer nahe gelegenen Trattoria ein.

„Was ist es, das dir nicht passt?“, erkundigte ich mich bei ihm.

„Seltsam“, erwiderte er, „ich habe kein Herzklopfen gespürt.“

„Hat es dir nicht gefallen?“

„Es ist sehr schön, doch da gibt es Schwierigkeiten.“

Ich dagegen war voller Begeisterung, sei es, weil Carlos Mutter mir äußerst entgegenkommend vorgekommen war und mir sogar schien, als wolle Carlo sich Fra’ Elia als Mitbruder anbieten, sei es, weil es den Anschein hatte, dass die Signora uns sogar ihre Wohnung überlassen und getrennt in zwei kleinen Zimmern neben der Pforte wohnen wollte ... Nun, wir würden ja sehen!

Sonntag, 4. November

Unser Freund Gianpaolo, der Maler, der den Buchdeckel des ersten Buches entworfen hatte, lud uns zu einem Mittagessen in sein Landhaus ein. Da Elia ausnahmsweise einmal Zeit hatte, nahm er die Einladung gutmütig an. Wie üblich fanden wir dort eine große Zahl von Menschen vor, die ihn erwarteten, unter ihnen auch einen passionierten Studenten des Übersinnlichen, der sofort mit Elia ein interessantes und kompliziertes Gespräch begann, sodass alle stumm und fasziniert zuhörten. Elia klärte einige seiner Konzepte, entwirrte die Fäden und gab ihm anhand wunderbarer Gleichnisse Erklärungen. Sein Gesprächspartner schien zwar etwas ungläubig, war aber von so viel Eloquenz fasziniert.

Unter den Gästen befand sich auch ein Kind von zehn Jahren, Mauro, der aufmerksam an Elias Lippen hing, um nicht ein einziges Wort zu verpassen. Sobald es sich ergab, näherte sich das Kind Elia und fragte: „Wann wirst du in dein Kloster gehen?“

„Bald.“

„Kann ich dich besuchen kommen?“

„Selbstverständlich.“

Die Mutter, in Sorge, das Kind könnte Elia stören, griff ins Gespräch ein: „Wenn du brav bist, werde ich dich zu Fra’ Elia begleiten, wenn er uns einlädt.“

„Nein, ich möchte alleine hingehen ..., ich möchte einige Zeit der Meditation in seinem Kloster verbringen, ohne dich.“

Elia lächelte ihn an und versprach ihm, ihn einzuladen, sobald es möglich sein würde. Es ist in der Tat so, dass das reine Herz eines Kindes ein „gutes Kraut“ noch vor den Erwachsenen zu erkennen weiß!

9. November Abreise nach Feletto Umberto zur Präsentation meines Buches

„Werde ich in der Öffentlichkeit sprechen können? Hoffen wir, dass die Journalisten mir Fragen stellen, damit ich nicht den Faden im Gespräch verliere.“

„Hör auf damit“, schalt Elia mich, während er den Wagen lenkte. „Du wirst sehen, alles läuft bestens!“

Es war leicht für ihn, mich zu beruhigen, weil er sich ja in ein Büro verkriechen wollte, während er es mir überließ, mich dem Publikum zu stellen! Wie viele Leute wohl kommen würden? Besser nicht darüber nachdenken. Es war das erste Mal, dass ich mit Elia für zwei aufeinander folgende Tage verreiste. Wir würden die Gäste von Piero Mantero und seiner Familie sein und das tröstete mich. Doch abgesehen von der Tatsache, dass ich bereits etwas TV-Erfahrung als Expertin für Heilpflanzen hatte, habe ich noch nie länger als fünf Minuten in Folge gesprochen, während ich hier mindestens dreißig Minuten lang durchhalten musste. Heilige Madonna, steh mir bei!

Als wir ankamen, war es bereits dunkel ..., leider, denn da es ein Donnerstag war, ging es Elia nicht gut. Doch wie immer bemühte er sich, seine Schmerzen zu verbergen. Unser Verleger erwartete uns bereits angespannt. Was von dem Augenblick an geschah, möchte ich Piero Mantero selbst erzählen lassen, der die Chronik dieser Tage in seinem Magazin *Il Segno del soprannaturale* (Zeichen des Übernatürlichen) Dezemberausgabe publiziert hat:

„Am Donnerstagabend, den 9. November, trafen Fra’ Elia und Fiorella Turolli pünktlich in der Via Fermi 80 in Feletto Umberto ein. Beiden lag ihr erster öffentlicher Auftritt sehr am Herzen. Ich beruhigte sie, inzwischen sind wir Freunde und sie können sich zur Familie gehörig fühlen.

Fra' Elia hat Schmerzen, ich bemerke, dass seine Wunden an Händen und Füßen bandagiert sind, da leicht offen. Hin und wieder sikkert mit Blut vermischtes Serum daraus hervor.

Ich gehe mit ihnen zum Abendessen. Bevor wir zu Bett gehen, begeben wir uns noch in unsere kleine, aber heimelige (so sagt man wenigstens) Oase ‚Unserer Jungfrau von Segno', genau das Richtige für Charismatiker, für alle Instrumente Gottes, die eine Mission zu erfüllen haben. Mein Interesse intuitiv erahnend, zeigt Fra' Elia mir seine Wundmale. Am nächsten Morgen sind sie unglaublicherweise wieder verschlossen, wie vernarbt. Ein Mysterium im Mysterium!

Am Samstagmorgen beginnt die Prozession der Menge, die ihn sehen will. Die Kunde hat sich weit mehr als angenommen verbreitet und ich fange an, mir Sorgen zu machen. Unser Empfangssaal fasst cirka 150 Personen ... Ich habe Angst mir vorzustellen, was alles passieren könnte. Der Artikel einer befreundeten Journalistin im Wochenblatt *Il Friul* hat alle Schleusen geöffnet und so ergießt sich ein Strom von Menschen in den Saal, um diesen jungen Stigmatisierten willkommen zu heißen, der viele an niemand Geringeren als Pater Pio erinnert. Obwohl auch er aus Apulien stammt, nenne ich ihn den Fratel Cosimo des Nordens, aber mir ist bewusst, dass Fra' Elia Fra' Elia ist und man Vergleiche der Zeit, die nach uns kommt, überlassen sollte.

Die Präsentation von Fiorellas Buch verläuft in einer Atmosphäre, die man, wenn ich das sagen darf, als beinahe überirdisch bezeichnen kann. Fiorella erzählt von ihrer ungewöhnlichen Begegnung mit Fra' Elia, einem jungen Mann wie viele andere ... Wenigstens auf den ersten Blick, mit dem Charakter eines Sohnes seiner Zeit, nicht gewohnt, Kompromisse zu schließen, ganz einer guten Sache verschrieben, aber auch bereit, im Verborgenen zu leben, wenn es der Wille des Herrn sein sollte. (Aber der Wille des Herrn hat es wohl anders gefügt ...) Mit dieser seiner PREMIERE lässt sich bereits erahnen, dass die Seelen das Bedürfnis nach jemandem haben, der hören kann, um mit Weisheit reden zu können. Der eine mehr, der andere weniger. Damit wir nicht den ersten Stein werfen können, Opfer des Stolzes, die wir nun einmal sind, welcher oft einem Affront Gottes nahe kommt, unseres Vaters und Schöpfers.

Während Fiorella, von mir eilig vorgestellt, tosenden Applaus erhält, entströmt Fra' Elia die ganze Zeit ein sehr intensiver Duft, der auch entfernte Ecken erreicht, wo er körperlich gar nicht anwesend ist. Die Leute beginnen ihn wahrzunehmen und meine herrenlosen Katzen auch. Birbo, der kleinste in der Gruppe, fühlt sich zu Fra' Elia in einer Weise hingezogen, die einen nur staunen lässt. Vielleicht, weil Tiere auch Ultraschallwellen empfangen können?

Etwas Denkwürdiges geschieht. Fra' Elia betet im Zimmer nebenan, doch alle reklamieren ihn für sich. Da entschließt er sich, mit den Anwesenden kurz ein Gebet zu sprechen, und dann, da es nicht möglich ist, jeden einzeln zu empfangen, außer die augenscheinlich schweren Fälle, schlägt er eine gemeinschaftliche Segnung vor, die allen zugute kommt. Alle Fragen jetzt nach dem Buch *Un angelo con le stigmate s'è fermato a casa mia* (Ein Engel mit den Wundmalen Christi) und das positive Echo verbreitet sich.

Das Bild auf dem Deckel des Buches, das auch das Symbol der Stiftung ist, ist Elia von den Engeln eingegeben worden: Es ist eine Taube mit ausgebreiteten Schwingen, im Auge Gottes, in einem blauen Feld.

Eine Frau, eine alte Freundin der Autorin, ungläubig, schreit so laut, dass alle sie verstehen können: „Dein Buch hat mein ganzes Leben verändert!"

Und das ist erst der Anfang! Das Interesse wächst ... Am Sonntag werden wir in Spinea erwartet, in der Nähe von Venedig. Dort wird das erste charismatische Treffen stattfinden, die offizielle „Taufe" des Bruders mit den Wundmalen Christi.

Seine erhobenen Hände, die mir von der Liebe Gottes durchbohrt erscheinen, erschüttern den Ort des Gebets. Fra' Elia beginnt seine charismatische Mission, als hätte er sich immer schon darauf vorbereitet, sich ähnlichen Situationen zu stellen, und erstaunt Fiorella und mich sehr! Ein Glück, dass er sich nicht dafür geeignet hielt, eine Rede zu halten! Während ich ihn beobachte, denke ich, dass der Herr Charismen dieses Typs immer dann hervorbringt, wenn sie am meisten benötigt werden ..."

Gerührt lese ich diesen Artikel von Piero, während ich uns drei an jenem Donnerstagabend wieder am Tisch der Pizzeria sitzen sehe, beunruhigt und nicht wissend, was alles passieren würde.

„Wer wird uns denn in Spinea beherbergen?", erkundige ich mich.
„Mach dir keine Sorgen", beruhigte mich Piero. „Ihr werdet von meinem Freund Ugo aufgenommen, in sein herrliches Haus ... Und ihr werdet dort auch köstlich verpflegt werden", fügte er, gleichsam um mich zu trösten, noch hinzu.

„Wer ist dieser Ugo?"

„Er ist ein Mensch mit einem großen Herzen, der sich dem Guten widmet. Seit Jahren beherbergt er in seinem Haus die größten Charismatiker, die nach Italien kommen."

Ich hörte stumm zu und grübelte darüber nach, ob Fra' Elia sich inmitten all dieser Leute wohlfühlen würde ... Würde man auch ihn zu den großen Charismatikern zählen? ... Ein flüchtiger Schauer lief mir über den Rücken.

Elia beendete inzwischen zerstreut sein Abendessen, ohne eine Frage zu stellen.

„Wie wird der Tag ablaufen?"

„Am Sonntagmorgen wird es private Gespräche mit Fra' Elia geben, die schon im Voraus vereinbart wurden und dann am Nachmittag mit der Heiligen Messe enden, gefeiert von Pater Saverio und Pater Michele, zwei Priestern, die, wie ich behaupte, schon immer an der vordersten Front gekämpft haben ... Davor musst du natürlich dein Buch präsentieren ..., zahlreiche Journalisten werden anwesend sein."

„Heilige Madonna!", seufzte ich.

Wie schon am Vortag sehe ich mir noch einmal den Film unserer ersten Begegnung mit unseren wunderbaren Gastgebern an, die uns in der Folge zu teuren Mitbrüdern wurden:

Ugo, liebenswürdig und lächelnd, erwartete uns feierlich an der Seite von Mariucca und Luciano, seinen Hausnachbarn und unermüdlichen Mitarbeitern, für die ich sofort die berühmte Liebe auf den ersten Blick verspürte, schon bald gefolgt von einem grandiosen Feeling, Wertschätzung, Enthusiasmus, enger Zusammenarbeit und unsäglichen Emotionen. Was kann ich noch alles von Piero und seiner liebenswerten Familie sagen, von Patricia, mit ihren Kindern Cristina und Miriam, und von Pater Saverio und Pater Michele, mittlerweile meine beiden unersetzlichen spirituellen Führer? Und von Maisi, die uns auf allen unseren Reisen mit ihren Büchern folgt, bei jedem Wetter, und mit der ich Herzklopfen und Ängste, lange

Stunden in Gluthitze und Eiseskälte vor Kirchen geteilt habe, während Elia drinnen die Gläubigen empfing? Sie waren die ersten, die uns ihr Vertrauen geschenkt haben, die glaubten, ohne zu sehen.

Spinea, 11. November

Vom ersten Augenblick seiner Ankunft an war ein Klima der Erwartung zu spüren, wie ein Prüfsiegel für diesen Bruder, der bis jetzt in der Stille gelebt hatte und sich nun zum ersten Mal einer so großen Menschenmenge für ein Gebetstreffen gegenübergestellt sah. Und in der Tat ließen ungewöhnliche Ereignisse nicht lange auf sich warten. Gleich nach der Messe, die mit besonderer Hingabe von Pater Saverio gefeiert wurde und während der Fra' Elia über sein Lieblingsthema, die Werte der christlichen Familie, sprechen konnte, bedeutete er mir, an den Altar zu kommen. Sichtlich beunruhigt bat er mich, folgende Botschaft übers Mikrofon zu verkünden: „Ihr vielen Menschen hier, bewegt euch nicht ... Fra' Elia wird sich jetzt in eure Mitte begeben, behindert nicht seinen Weg ... Er weiß, was zu tun ist ..."

Und bevor ich noch meinen Satz zu Ende gesprochen hatte, stand Fra' Elia schon reglos mitten in der Menge, gefolgt von dem verdutzten Priester, der mit ihm am Altar zelebriert hatte, und einem genauso erstaunten Diakon. Plötzlich hielt Fra' Elia vor einer Frau, die allem Anschein nach ganz ruhig wirkte und segnete sie.

Augenblicklich war ein Geschrei zu hören, gefolgt von einer eiskalten männlichen Stimme, die schrie: „Du ekelst mich an ..., wie übler Gestank! Ich verspreche dir, dich umzubringen! ... Hau ab!" Dann griff die Frau Elia wie eine unmenschliche Furie an, wobei sie versuchte, ihn zu kratzen, und grünlichen Schleim absonderte. Nur mit großer Mühe hielten die Ordnungskräfte sie zurück. Fra' Elia ließ sich nicht aus der Fassung bringen, sondern drückte ihr mit ruhigem Sachverstand sein Kreuz an den Hals. Weder sah er etwas, noch hörte er die vulgären Schimpfworte, die aus jenem verdammten Mund kamen, noch bemerkte er, wie sie im Zorn seine Schulter anspuckte. In tiefer Konzentration sah er vor sich nur einen leuchtenden Kreis aus Licht, vielleicht die Reflektion der Heiligen Hostie, die er vorher zu sich genommen hatte. Der Kampf mit der Frau war hart und aufreibend, doch am Ende beruhigte sie sich und brach erschöpft zusammen.

Elia setzte ruhig seinen Weg fort, verströmte dabei einen lieblichen Rosenduft, den alle wahrnehmen konnten, während ein Chor aus Gebeten sich zum Himmel erhob, ihn unterstützend und Dank sagend. Dann hörte man noch einmal einen dumpfen Schlag, gefolgt von einem Schrei. Ein weiterer aufreibender Kampf und dann der grandiose Sieg über das Böse. Und danach, einem nach dem anderen, war es auch den anderen Opfern von Dämonen unmöglich, Elia zu ertragen, bis zu guter Letzt alle befreit waren, aus Liebe und zur Ehre Gottes.

Als er seinen Gang durch die Menge beendet hatte, kehrte Fra' Elia zum Altar zurück und begann ein wunderschönes Gebet des Lobpreises und des Dankes. Dabei flehte er um Gnaden und um Heilungen für alle Anwesenden. Ich erinnere mich an seine Worte voller Glauben und Liebe: „Jesus, beschütze diese deine Kinder, welche dich lieben, hilf ihnen, erbarme dich ihrer Leiden, befreie sie von allem Bösen ..." Dann wandte er sich allen Anwesenden zu und sagte: „Jesus ist hier, mitten unter euch, er streicht euch zart über den Rücken ... Spürt ihr den warmen Schauer? Empfangt seine Zärtlichkeit mit Freude ... Einige von euch werden geheilt werden ..."

Und genauso war es. Augenblicklich spürten ein paar Leute, wie ihre Schmerzen verschwanden, doch in diesem Moment hatten sie noch nicht den Mut, es zu bezeugen, weil sie dachten, es sei unmöglich und ihr plötzliches Wohlbefinden beruhe nur auf Suggestion. Als sie später wieder daheim waren, riefen sie mich an, und auch noch die Tage danach, um mir zu versichern, dass sie beim nächsten Mal Zeugnis ablegen würden ... und genauso geschah es auch.

Doch das Schönste war, dass alle den Wunsch hatten, sich von Fra' Elia berühren zu lassen, wenn auch nur durch ein kleines Kreuzzeichen auf ihrer Stirn. Alle reihten sich ordentlich in eine Schlange ein, um an ihm vorbeizudefilieren oder ihm Fotos ihrer Lieben zu zeigen oder ein Zettelchen zuzustecken ... Fra' Elia blieb stundenlang bei ihnen und jeder bekam seinen persönlichen Segen und Worte des Trostes.

Es war schwierig, ihn der Menge zu entreißen, die immer noch nicht fassen konnte, was sie gesehen und miterlebt hatte. Wer wollte ihn nicht alles anfassen, ihm die Hände drücken, es schaffen, ihn zu küssen, während er verwundert über all die Verehrung den Rückzug antrat. „Schaut nicht auf mich, sondern auf IHN!“, rief er plötzlich aus und deutete auf das Kruzifix.

Mir gelang es weder, Piero auf der anderen Seite der Halle zu begrüßen, noch zu Fra’ Elia durchzukommen (seit heute nenne ich ihn immer Fra’ Elia), eingekeilt in der Menschenmenge, die nicht weggehen wollte. Ich war benommen, überwältigt, berauscht ... Ein ganzes Gewirr einleuchtender Gedanken schoss mir durch den Kopf. Würde Fra’ Elia der gleiche junge Mann bleiben, den ich am Vortag hierher begleitet hatte, nach allem, was geschehen war? Was würde sein Schicksal sein? Wie würde er in Zukunft dieses Leben ertragen können? Ganz sicher fühlte er sich ausgelaugt! Und ich? Was würde aus mir werden? Und so weiter.

Während ich noch in diese unheilvollen Gedanken verstrickt war, hörte ich seine gewohnte Stimme mit heller Freude sagen: „Fio, besorge uns eine Flasche Wasser und lass uns gehen!“

Ich blickte hoch und sah ihn ein paar Schritte entfernt, wie er mich lächelnd beobachtete. Ich erkannte ihn kaum, so sehr strahlte er Licht und Heiterkeit aus. Ich sprang auf, eilte zur Sakristei, holte das Wasser ..., hatte gerade noch Zeit, Mariucca und Ugo zu begrüßen, und schon bahnten wir uns einen Weg durch die bewegungslose Menge zu unserem Wagen.

Es war bereits spät, doch die Nacht war klar und ohne Nebel. Ich setzte mich neben ihn und wagte nicht, ein Wort zu sagen. Ich sah ihn wie in einer anderen Dimension. Er war es, der das Eis brach.

„Nun, wie ist es gelaufen?“

Sein Gesichtsausdruck war so glücklich wie niemals zuvor und er schien nicht die Bohne müde zu sein. Er war wieder genau derselbe junge Mann wie zuvor.

„Elia, ich kann nicht glauben, was ich gesehen habe ... Wie hast du es angestellt, unter all den vielen Menschen diese gestörten Personen ausfindig zu machen?“

„Ich sah vom Altar aus hinter ihnen ein Feuer!“, lautete seine Antwort.

Verdutzt verstummte ich zunächst.

„Und all die Leute, die dir die Hand küssen wollten ... Lass sie mich wenigstens auch küssen.“

Und schon schickte ich mich an, ihm einen Kuss auf die rechte

Fra' Elia von den Aposteln Gottes

Fra' Elias Passion, mystisch wiedererlebt im Jahr 2003

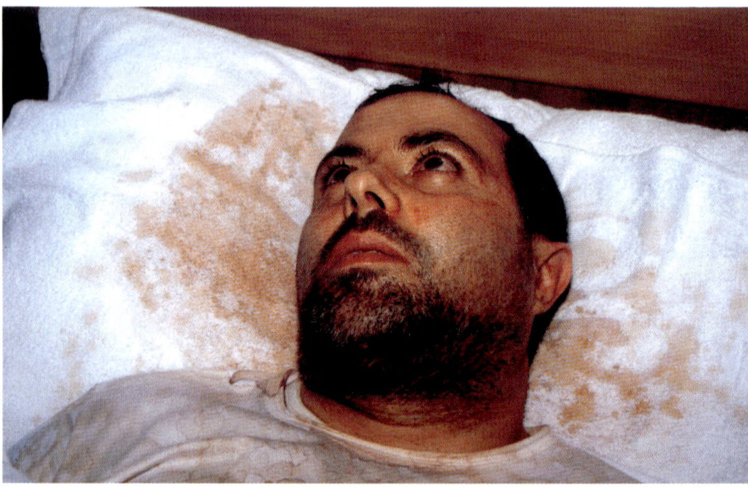

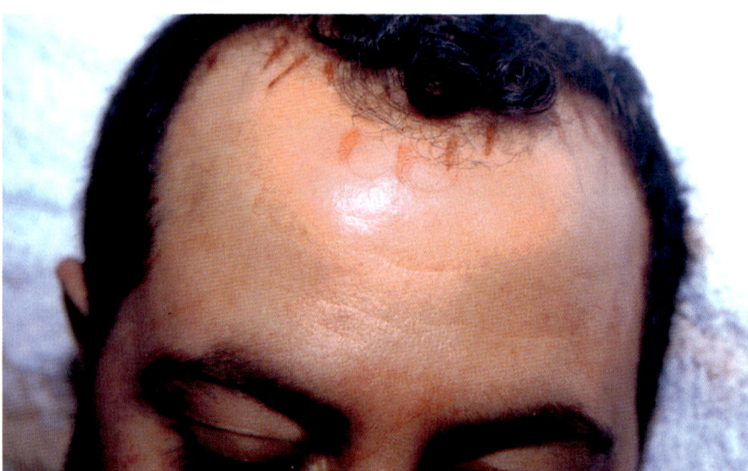

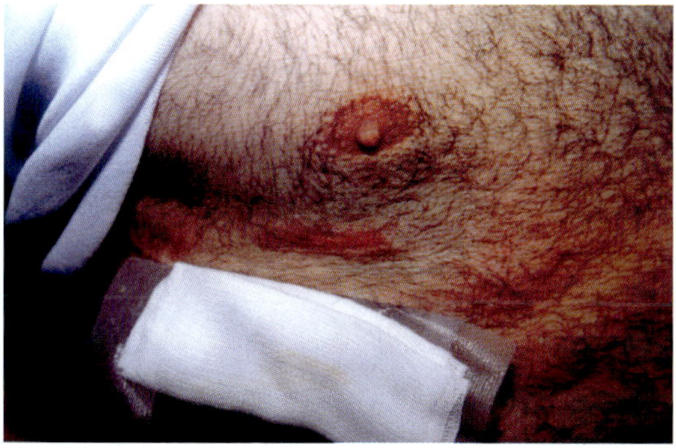

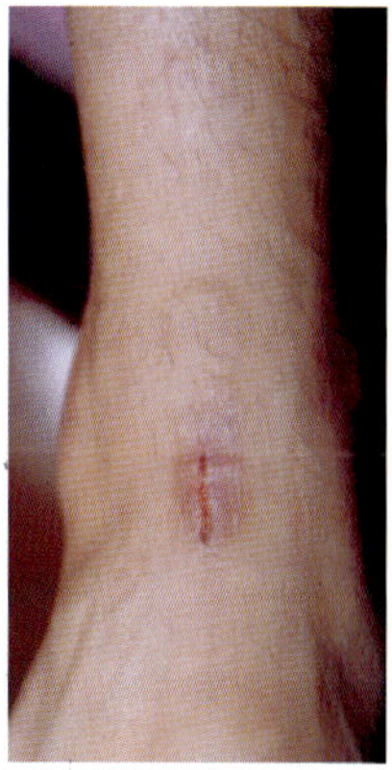

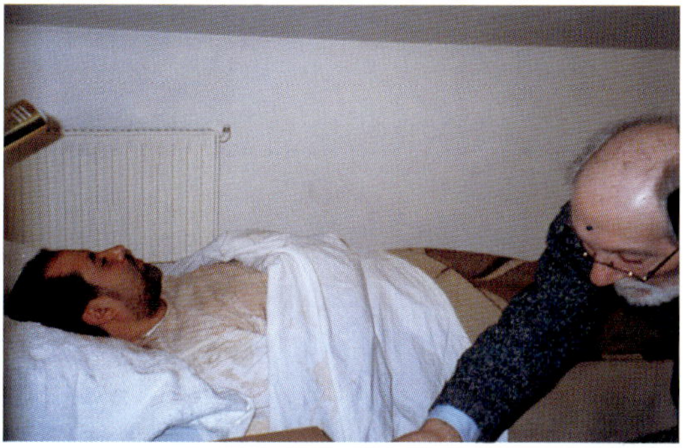

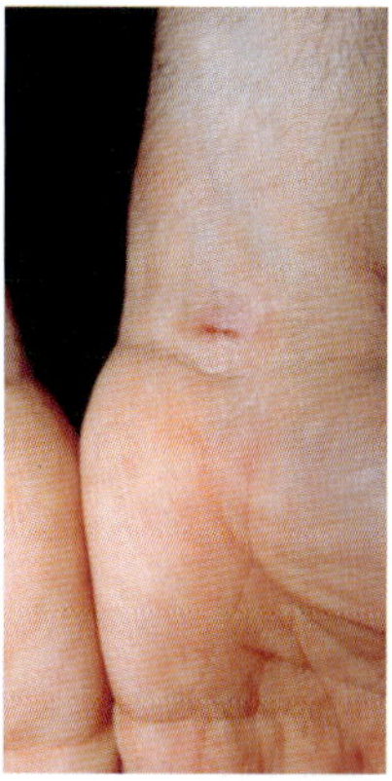

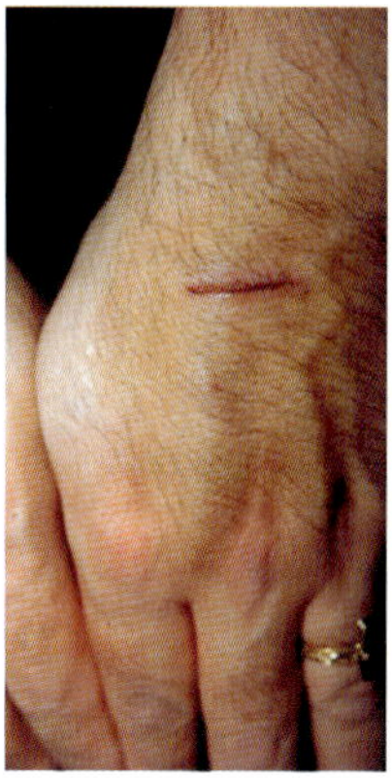

Fotos auf beiden Seiten mit freundlicher Genehmigung von Prof. Marco Margnelli

Die traumaturgische Fähigkeit (griech.: die Fähigkeit Wunder zu bewirken), verbunden mit Gebeten, ist derart, dass das Böse sich in schwarze Rinnsale auflöst, dunkle Flecken, die vom Kopf austreten und dann weiter unten aus dem ganzen Körper, wobei sie sich im Wasser lösen und auf der Tunika sichtbare gelbliche Spuren hinterlassen.

Endlich...

... am 25.Juni 2003, unterzeichnet Fra' Elia den Vertragsentwurf für den Kauf des Klosters San Francesco in Calvi dell'Umbria, exakt 10 km von der Ausfahrt Magliano Sabina, an der Autostrada del Sole, entfernt, genau in der Mitte unserer Halbinsel und sehr leicht sowohl vom Norden, als auch vom Süden, zu erreichen. Lob sei Gott! Wie der Bischof von Assisi so weise vorhergesagt hat: „Wenn du wirklich von Gott gesandt bist, dann musst du alles ganz allein bewerkstelligen". Und in der Tat, so geschah es. Alles, was ihm davor von den Menschen vorgeschlagen worden war, führte zu keinem guten Ende, weil – wie Gott es seinerzeit bestimmt hat – nur Er ihn im günstigen Augenblick auf die am besten geeignete Wohnstatt hinweisen und zu ihr hinführen würde... Die großen Renovierungsarbeiten würde man später in Angriff nehmen müssen ... die Formation der jungen Brüder ... der Schwestern ... ihrer Unterkunft ... den Lebensunterhalt ... die üblichen Schwierigkeiten und Hindernisse ... aber das war unwichtig. Jemand, sehr viel größer als der Mensch und alle Wissenschaft, ist seit ewiger Zeit an seiner Seite und ich bin sicher, dass er ihm auch in diesem seinem neuen Leben beistehen wird. In seinem wahren Leben, das jetzt beginnt. Segne ihn Herr ... nun hängt es vor allem von Dir ab.

Fiorella Turolli

Fra' Elia während der Erneuerung seiner Gelübde ...

Ein wichtiges Dokument:
Das Christus-Foto von Fra' Elia und sein Original-Negativ.

Der mysteriöse Grund für die Entstehung dieses Fotos ist, um in Millionen von Wohnungen Eingang finden.

Einige Momente der Evangelisierung…

1.

2.

3.

Von oben nach unten
und von links nach rechts:

1. Bei der Eucharistischen Anbetung, heute notwendiger denn je, um in der Stille das Wort Gottes wieder zu vernehmen…
2. Fra' Elia mit „seinem" Jesus…
3. Fra' Elia mit Jugendlichen in Malta, mit Fiorella und Pater Oronzo…
4. Das Volk Gottes lauscht aufmerksam der Katechese…
5. Fra' Elia mit seinen Eltern…

4.

5.

Einige Bilder der Begegnung zwischen Pater Amorth und Fra' Elia

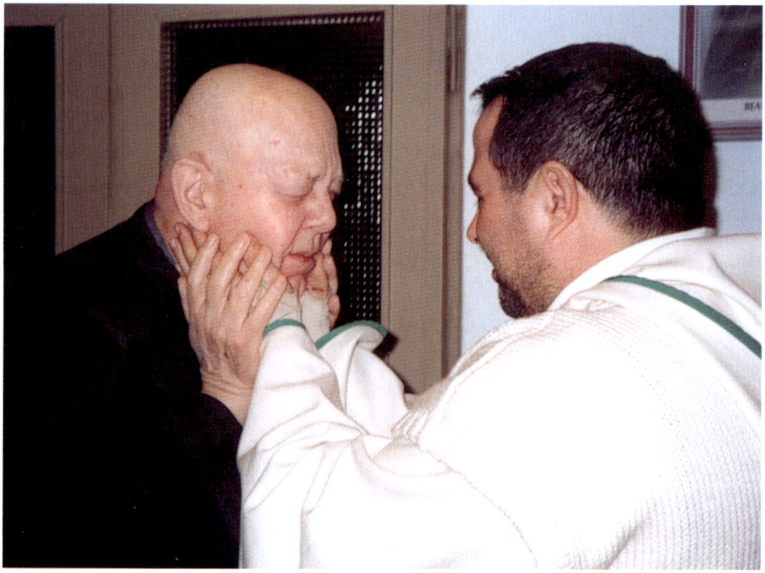

Hand zu geben, was er mir aber nicht erlauben wollte. „Nein, nein ..., alles ist allein das Verdienst des Herrn!"

Wir setzten unsere Reise fort, dabei wie immer miteinander schwatzend, als er sich plötzlich an eine Sache erinnerte, die während des letzten Exorzismus geschehen war.

„Erinnerst du dich an die letzte Frau, die vor dem Altar zusammenbrach?"

Wie konnte ich mich nicht erinnern? Sie war mir direkt vor die Füße gefallen, wobei sie sich wie ein Schlangenmensch verrenkte, sodass die Ordnungskräfte Mühe hatten, sie auf den Boden zu legen. Ihr Spucken war so heftig gewesen, ihre Schmähungen hörten nicht auf und ihre grünliche Zunge war so lang, dass ich geglaubt hatte, mich in einem Horrorfilm zu befinden. Elia hatte in einem schier unglaublichen Kampf versucht, sie mit seinen Knien zu Boden zu drücken, und hatte ihr ungeachtet ihres Kratzens und der Verfluchungen Weihwasser in den Mund gegossen.

„Natürlich erinnere ich mich", erwiderte ich.

Fra' Elia fuhr fort: „Während ich alle meine Kräfte sammelte, damit es mir gelang, ihn zu vernichten, hörte ich hinter mir ein Stimmchen, das sagte: 'Verschwinde, du hässliche, unreine Bestie, lass sie in Ruhe.' ... Wer könnte das gewesen sein?"

„Ich war das, Elia ..., oder auch nicht. Ich habe es nämlich nicht ausgesprochen, aber genau diese Worte habe ich gedacht ... Es sieht so aus, als hätte ich dir meine Gedanken übertragen."

Er brach in ein fröhliches Gelächter aus. „Aber das kannst du doch in solchen Augenblicken nicht machen", sagte er freundlich zu mir. „Und weißt du, warum? ... Weil du mich ablenken könntest. Und wenn das auch nur einen einzigen Augenblick lang geschieht, dann würde er mir entwischen!"

Ich war verblüfft und lernte meine Lektion. Wie auch immer, seit diesem Tag und aus anderen Gründen habe ich noch viele Male mit Fra' Elia auf diese Weise kommuniziert und er hat mir immer die passende Antwort gegeben.

Wenn ich die Chronik dieser Zeit wieder lese, sehe ich, dass wir einen Monat später wieder nach Spinea zurückkehrten, und das ging ein ganzes Jahr lang immer so weiter. Inzwischen hatten einige Zeitungen über ihn berichtet, sodass der Ansturm immer größer wurde. Die privaten Treffen begannen am frühen Morgen und endeten spät am Abend, nachdem Fra' Elia mit allen gesprochen hatte. Er blieb so lange, wie er gebraucht wurde, und schenkte sich allen ohne jeglichen Vorbehalt. Mittags kehrten wir für eine kurze Ruhepause in das Haus von Ugo zurück, aber auch dort scharten sich viele Priester um ihn, mit denen er vom ersten Moment an ein Verhältnis brüderlicher Freundschaft herstellte. Voller Demut erzählte er von sich, indem er darauf hinwies, dass es Gott sei, der durch ihn wirke. Er selbst sei ohne ihn nichts. Man unterhielt sich auch über Engel, Pater Saverios Lieblingsthema, und über spirituelle Reisen, zukünftige Projekte, jedoch auch über pubertäre Spitzbübereien, über Kochrezepte und viele andere Dinge, immer in einer Atmosphäre heiterer Unbeschwertheit. Am Nachmittag wurde Heilige Messe gefeiert, fast immer von Pater Saverio oder Pater Michele, zusammen mit all jenen Priestern, die konzelebrieren wollten. Nach einer kurzen Ansprache des Zelebranten übergab dieser das Wort an Fra' Elia, der sehr oft mit den Gläubigen ein Gespräch führte. Seine bevorzugten Themen galten der Familie, der Liebe zu Gott, der Vergebung.

„Könnt ihr vergeben? Was verlangt ihr von ihm, wenn ihr nicht das tut, was er euch sagt? Ihr sagt: Ich vergebe, aber ich vergesse nicht ... Nicht vergessen heißt, das Problem nicht hinter sich lassen, heißt, Groll mit sich herumtragen, heißt, eure eigenen Brüder nicht zu lieben ... Wir alle sind seine Kinder und er liebt alle gleichermaßen. Er hat uns nie verraten. Wir sind es, die ihn verraten."

Schon am dritten Sonntag, am 20. Januar 2002, kamen zwei Busse vom nahen Trentino und aus Verona angerollt, und ganze Autokolonnen von überall her: Rom, Mailand, Apulien, aus den Marken und anderen Regionen. Als wir am Nachmittag zur Halle zurückkehrten, schafften wir es nicht mehr rechtzeitig aus dem Wagen zu klettern, sodass Fra' Elia augenblicklich von den Ordnungskräften schützend umgeben wurde und meinen Blicken entschwand. Allein zurückgeblieben, versuchte ich mir einen Durchgang durch die Menge zu bahnen (die geduldig im Stehen wartete, da alle Sitze bereits besetzt waren), um auch noch ein kleines Eckchen für mich zu ergattern. Eine Unmenge Leute war da, zu viele, und ich hatte größte Mühe durchzukommen. Wie immer gelang es der unermüdlichen Mariucca, mich zu erspähen und mir ein Plätzchen zu besorgen.

Der Tag war geprägt von einer Folge intensiver Gefühle, inbrünstiger Gebete, leidenschaftlicher Bitten Fra' Elias für die Anwesenden, bis zur Austeilung der Heiligen Kommunion an hunderte von Personen, die sich in einer endlosen Schlange aufgereiht hatten. Oft defilierten die gleichen Personen ein zweites Mal an ihm vorbei, um durch ein Kreuz auf die Stirn von ihm „gezeichnet" zu werden oder um ihm ein Foto ihrer Angehörigen zu zeigen, oder auch nur, um zwei Worte mit Fra' Elia zu wechseln. Ungeachtet seiner Müdigkeit stand er Stunden auf den Beinen, die Hände erhoben, bis auch die letzte Person gegangen war, im Gesicht das Licht neuer Hoffnung. Nicht weit weg von ihm, ließen wir ihn nicht aus den Augen. Hin und wieder kam es mir so vor, als würde er wanken, und dann bat ich Mariucca, ihn zu kontrollieren. „Geh du hin, wenn ich gehe, hört er mir nicht zu!"

Und so erkundigte sie sich liebevoll, ob er nicht müde sei oder etwas brauchte. „Nein", lautete unfehlbar seine Antwort. Aber ich merkte, dass das exzessive Treiben ihn nervös machte. Ich erinnere mich daran, dass er gesammelt am Altar stand und beinahe lächelnd einen Punkt im leeren Raum fixierte, als Mariucca und ich ihn während der Messe beobachteten.

„Schau ihn an, Mariucca, bestimmt sieht er Engel!"

Mariucca nickte stumm, großzügig meine Phantasien akzeptierend. Auf unserer Heimreise wiederholte ich Elia meinen Kommentar und er lachte amüsiert los: „Ich wusste gar nicht, dass ich von Spionen umgeben bin!"

Und auf diese Weise, immer in einer Atmosphäre banger Erwartung, lernten wir alle Fra' Elia immer besser kennen und ihn für das lieben, was er darstellte. Wir schätzten ihn, ungeachtet dieser Maske eines sympathischen Brummbären, hinter der er seine empfindsame Seele, die so voller Liebe war, verbergen wollte.

Manchmal fragte Pater Michele, ob jemand vielleicht öffentlich etwas sagen wollte. Ich erinnere mich, dass im Januar fünf Personen zum Altar hochkamen und eine nach der anderen ihre erfolgreiche Heilung bezeugte. Eine von ihnen, Frau Lucia Giacomini aus Santa Lucia di Piave, berichtete, dass sie über dreißig Jahre an akuten Knochenschmerzen gelitten hatte, ausgelöst durch eine Arthrose und spätere Osteoporose, ganz besonders in den Hüften. Da sie über dreißig Jahre in einem Krankenhaus gearbeitet und deshalb mit jeder nur möglichen Therapie vergeblich herumexperimentiert hatte, war sie am vorherigen Sonntag nach Spinea gekommen und hatte im Herzen eine Bitte mit sich getragen. Ihre exakten Worte waren:

„Als Fra' Elia mich anschaute und sagte, dass jemand geheilt werden würde, nahm ich einen starken Duft wahr. Gleichzeitig spürte ich einen Schauer über meinen Rücken laufen ... Es schien mir ganz unmöglich, dass ich die Auserwählte sein sollte; ich hielt mich für unwürdig und dachte, die Gnade müsste auf die Person neben mir herunterkommen, welche im Rollstuhl saß. Aber augenblicklich wurde mir bewusst, dass es mir gut ging, doch war ich mir an dem Abend noch nicht sicher, bis ich dann daheim feststellte, dass ich schmerzfrei war. Seither ist ein Monat vergangen und deshalb möchte ich heute hier meine Heilung bezeugen."

Rührung, Applaus, Freude, während Elia mit gesenktem Blick stumm zuhörte, als ob ihn die Sache überhaupt nicht betraf. Nachdem alle Zeugnisse gehört worden waren, schritt Pater Michele mit dem Allerheiligsten, gefolgt von Pater Claudio und Fra' Elia, vom Altar herunter mitten unter die Menge, um einen speziellen Segen zu erteilen. Jeder der Anwesenden hatte etwas vorzuzeigen: Fotos ihrer Lieben, Briefe, Gegenstände, Geschenke und sich selbst, mit all ihren Gebrechen und ihren Leiden. Fra' Elia war der erste in der Prozession, und noch einmal geschah es unterwegs, dass ein Dämon seinem Licht nicht standhalten konnte und die von ihm besetzte Seele in ein beängstigendes Geschrei ausbrach.

Wie beim ersten Mal fielen wieder drei Personen, eine nach der anderen, zu Boden. Sie schlugen wie Tobsüchtige um sich, sodass die Ordnungskräfte eingreifen mussten, die glücklicherweise immer an Elias Seite sind. Zu guter Letzt siegte wieder einmal das Gute über das Böse. Und während die Menge noch langsam aus der Halle strömte, wurde ich bereits wieder von dutzenden Telefonanrufen überhäuft, die mir verkündeten, dass die Leukämie sich abgeschwächt habe, der Tumor sich zurückbilde, der Hausfrieden wieder hergestellt sei und der Behinderte sich aus seinem Bett erhoben habe ...

Herr, hier bin ich.
Habe nichts, was ich dir schenken kann,
außer mich selbst.

Mit wenigen Worten
und vielen Antworten
opfere ich mich dir
inmitten der Menschen,
arm, rein und keusch.
Herr, was willst du,
dass ich für dich tue?
Wenn ich dir sagen könnte:
Herr, heile alle diese Personen,
würde ich dich augenblicklich beleidigen.
Denn ich weiß, dass nur der Heilige Rosenkranz
und das Salve Regina,
unsere Mutter,
alle errettet.
Sei gegrüßt, oh meine Mutter.
Wenn du in mich schaust,
was du siehst,
bitte ich dich zu verzeihen,
und für meine Impulsivität,
bitte ich dich um Vergebung,
und dafür, dass ich dich anrufe,
und hartnäckig um Gnaden bitte,
weil es nie genug davon gibt.
Hier bin ich, um allen zu sagen:
Öffnet euer Herz,
denn das Reich des Himmels ist nahe,
nahe bei dir, mein Bruder,
nahe bei dir, meine Schwester,
öffnet eure Herzen
und lasst den König der Herrlichkeit eintreten.

Nach den Ereignissen in Spinea produzierte ein wundersames und lautloses Tam-Tam unvorstellbare Wirkungen. Das Buch lief wie geschmiert und auf einmal wurde sowohl Fra' Elia als auch ich von so vielen Telefonanrufen überhäuft, dass Fra' Elia seine Telefonnummer ändern musste. Da ich mit Geschäftsfreunden in ganz Italien in Verbindung bleiben musste, konnte ich das nicht tun. Für mich war es eine Zeit fast wie im Rausch, aber auch überraschender Genugtuungen. Ich war weder eine derartige Aufmerksamkeit noch diese Art von Komplimenten gewohnt: Sie ist ein Engel der Feder ... Sie besitzt die gleiche Gabe der Synthese wie Montanelli (sehr gütig!) ... Sie hat ein sehr gefühlvolles Buch geschrieben ... Danke, dass wir dadurch eine so fantastische Person kennen lernen durften ... Gott segne dich!

Auch meine Familie wurde von diesem nicht vorhergesehenen Strom völlig mitgerissen, sodass wir uns oft gezwungen sahen, das Telefon auszuhängen, um ein wenig Ruhe zu finden. Elia war glücklich über die vielen Seelen, die es ihm zu erobern gelang, doch aufgrund seines zurückhaltenden Wesens lehnte er jede private Einladung ab. Er zog es vor, all jene, die ihn brauchten, am Sitz der Stiftung in Verona zu empfangen und einmal im Monat in Spinea, noch seltener in Mailand im Haus unseres Freundes Mario.

Eines Abends Ende November, als ich mich gerade dorthin begeben wollte, beobachtete ich vor dem Fenster meines Büros verblüfft das Panorama. Normalerweise konnte man die Città Bassa bewundern. Nichts war zu sehen. Eine dichte Nebeldecke bedeckte buchstäblich alles und dunkelte sogar die Lichter der Lampen ab.

„Was machen wir?", fragte ich Fra' Elia am Telefon, der bei sich daheim auf mich wartete.

„Mach dir keine Sorgen, Frau Calligaris!", antwortete er fröhlich. „Komm runter, hier ist kein Nebel mehr, du kannst also beruhigt losfahren ... und unten erwarte ich dich ja."

Immer wenn er mich mit „Signora Calligaris" anredete, bedeutete das, dass er besonders guter Laune war, doch an jenem Abend konnte ich den Grund dafür nicht verstehen. In einem Rutsch war ich unten bei ihm und trotz dichtesten Nebels erreichten wir, uns vorsichtig vortastend, die Auffahrt zur Autobahn.

Kaum hatten wir die Stadtgrenze von Bergamo verlassen, hob sich der Nebel über uns. Nichts Verwunderliches, außer dass er sich nur direkt über uns lichtete und wie ein Deckengewölbe stehen blieb, das sich seitlich in zwei gleich dunkle Mauerwände teilte: Die rechte trennte uns von der Landschaft und die linke von der Gegenfahrbahn. Wir fuhren praktisch in einem offenen schwarzen Tunnel, während man links von uns nur die blassen Kegel der Scheinwerfer durchscheinen sah, die mit imposanten nebeligen Wirbeln durch die schwarze Wand pflügten.

Ich sah genauer hin ... Die Fahrbahn vor uns war voller Licht, an beiden Seiten jedoch stand eine dichte Nebelwand. Wir fuhren schnell, gefolgt von einer langen Kolonne Autos, die sich nicht trauten, uns zu überholen.

„Elia, wir fahren durch einen erleuchteten Tunnel!“, rief ich aus.

„Was habe ich dir gesagt? Mein Engel sieht alles und sorgt für uns!“

„Niemand wird uns das glauben, wenn ich es erzähle!“

„Und, ist das für uns wichtig?“

In weniger als einer Stunde waren wir am Ziel und auch auf der Rückfahrt passierte wieder genau das Gleiche. Und das ist immer so ..., wann immer Fra' Elia und ich im Nebel irgendwohin fahren, um einer Seele Trost zu spenden.

Am nächsten Abend musste ich allein nach Brescia fahren, aus persönlichen Gründen. Auch bei dieser Gelegenheit hat Fra' Elias Engel mir geholfen, indem er mich durch einen hellen Tunnel fahren ließ! Als ich Fra' Elia das erzählte, sagte er, ohne eine Miene zu verziehen: „Du hilfst mir und sie helfen dir!“

Mit Nostalgie erinnere ich mich an alle diese winterlichen Fahrten, bei Tag und bei Nacht, bei Glatteis und Nebel, bei denen wir uns nie in Gefahr fühlten, ganz im Gegenteil. Wir benahmen uns wie zwei Kinder, glücklich und wie elektrisiert beim Anblick eines sehnlichst herbeigewünschten Abenteuers, reich an Hoffnung und Glauben daran, was alles Wunderbares passieren könnte. Wir kannten noch nicht einmal unser Ziel, doch wir waren sicher, die richtige Straße eingeschlagen zu haben, in Bezug auf Gottes Plan. Er würde uns schon führen, auch im Detail. Während der Reisen ließ Fra' Elia sein Handy an, in Erwartung von Anrufen, die keine zehn Sekunden auf sich warten ließen; oder wir beteten gemeinsam oder sprachen über spirituelle Themen. Dabei nahm er mir meine Zweifel, korrigierte meine Gedanken, kommentierte meine Reflexionen.

Manchmal machte er mir unermessliche Geschenke, indem er Gebete oder Gedichte für mich vortrug, eines nach dem anderen, die ich hastig in mein Notizbuch kritzelte, welches ich immer bei mir trug. Er trug ohne zu stoppen vor, als würde er den Text ablesen, wobei er mir auch Titel und Widmungen dazu angab. In solchen Momenten erschien mir sein Gesicht strahlend, erleuchtet, und ich schätzte mich glücklich, ihm zuhören zu dürfen und mitzuschreiben, bis meine Finger steif waren

„Elia, ich schaffe es nicht mehr ..."

Und geduldig erwiderte er: „Dann machen wir ein andermal weiter..."

Hier meine fünf Mitschriften, die ich innerhalb weniger Minuten aufgezeichnet habe:

Der Nebel

Tag für Tag denke ich an dich,
der du im Nebel wanderst,
mit der Feuchtigkeit, der Kälte und dem Eis.
Meine Augen sind beschlagen
und auch mein Umhang.
Ich stehe zornig da und sehe nichts.
Welches ist meine Straße?
Und wer ist es, der im Nebel wandert?
Oh dichter Nebel,
dicht wie eine Wand,
eine Säule aus transparentem Eis,
so dicht, dass man nichts sieht.
Und doch bin ich hier,
ich sehe dich, ich behüte dich und liebkose dich.
Trotz allem bin ich hier!

Dialog mit Gott

Herr, welchen Schritt soll ich tun?
Ich bin traurig, aber ich bin verliebt.
Und ich bin hier.
Antwort: Bei der Berührung meiner Hand
erstrahlt der Himmel ...
... und du führst mich an der Hand zum Tor...
Antwort: Tritt ein und ich bin da...
Ich danke dir, Herr,
weil du mich empfangen hast
und mich im Arm gewiegt hast,

weil du mich in der Verzweiflung
immer an die Hand genommen hast, an deine Hand.

Für Fiorella – Das Weizenkorn

Lass alles, so wie es ist.
So wie es geht, wie es geht.
Schau niemals zurück.
Nimm die Gegenwart,
schenke sie Gott...
Schau, wie das Weizenkorn sprießt.
Schau niemals zurück.
Pflege es mit der Harke,
damit es wächst,
höher noch als ich.
Übergib Gott deine Ängste,
die Einsamkeit deiner Verzweiflung.
Schenke sie Ihm
wie einen Erntestrauß.
Nimm Herr,
das ist mein Bündel.
Es ist meine Ernte.
Ich bringe sie vor dich.
Schau nach vorn und auf das, was du tust.
Wenn du säst, ernte.
Wenn du siehst, kannst du reden.
Wenn du schweigst, pflichtest du nicht bei.
Aber was soll ich tun?
In deiner Einsamkeit
und in deiner Fähigkeit zu lieben
wächst du Tag für Tag
und schenkst dabei Gott
alle Opfer, die du für IHN bringst.
Mach dich frei, denn frei hat er dich erschaffen.
Frei will er dich haben,
von all den Dingen und Orten,
in denen du gefangen bist, bereit für mich.

Der Wind

Wie unangenehm, laut, unsympathisch
flüstern die Stimmen,
deren Klagen ich kenne,
Gesänge derer, die dich nicht lieben.
... Wie tückisch, wie brutal
bringen sie Schaden und zerbrechen alles!
Die Sonne ist besser!
Wenn sich heute ein Hauch regt,
damit die Luft sich reinigt...
Warum sitzt du nicht still und meditierst?
Und warum sollst du meditieren?
In der Stille bin ich für dich
die leise Berührung der Peitsche, die dich antreibt,
um dich wissen zu lassen, dass ich hier bin.

Frühling

Wenn du eine Schwalbe siehst,
wenn du den Ruf hörst
von einer, zwei oder dreien,
dann ist der Frühling da!
Wie herrlich ist der Duft des Pfirsichbaums,
wenn du das Fenster öffnest,
wenn die Sonne ins Haus kommt.
Wie schön ist das Zwitschern der Schwalben,
die ihr Nest unterm Fenster bauen.
Und die Familie vermehrt sich,
und die Jungen werden größer
und mit festlichen Lauten gefüttert,
von der Familie zum Festtag!
Was für eine Freude, wenn sie sehen,
dass alles schon vorbereitet ist,
die Kleinen gewachsen,
die Brut perfekt,
bereit für den ersten Flug.

Ein Freudensprung
und mit der Liebe Gottes
tauchen sie ein in die Unendlichkeit.

Der Olivenbaum

Stark wie die Eiche,
deren Schatten jeden von weitem zudeckt,
wenn ich hier unter dir
auf den Knien bin,
wünsche ich mir, dass du mich
mit dem Rascheln deiner Zweige zudeckst.
In der Stille liebkost du
den Gesang des Rotkehlchens.

Oh großer, schöner und majestätischer
Olivenbaum.
Ich bin leicht wie eine Daune,
und trotzdem bemerkst du mich.
Du schenkst mir Schatten, um nicht geblendet zu werden.
Olivenbaum, wie schön bist du!
Dein Rascheln erinnert mich
an die Stille und Ruhe
eines vergangenen Jahrhunderts.

Um den 11. Dezember herum rief Piero mich an und teilte mir mit, dass eine Frau, die mein Buch gelesen hatte und bei einem Gebetstreffen mit Fra' Elia dabeigewesen war, die Absicht geäußert hätte, Elia ihr großes Haus schenken zu wollen, natürlich nur, wenn es sich für sein Projekt als geeignet erweisen würde, und dass wir sie beim nächsten Treffen in Feletto Umberto, um den 15. Dezember herum, besuchen sollten. „In diesem Zusammenhang möchte ich dich informieren, dass auch Journalisten anwesend sein werden, bereite dich also darauf vor!"

Ich ignorierte Pieros letzte Worte und fragte zurück: „Wo wohnt sie?"

„Wenige Kilometer von hier entfernt."

„Falls ich ihn erreiche, werde ich Fra' Elia sofort benachrichtigen!"

In jener Zeit wollte Fra' Elia sich nicht zu weit von zu Hause entfernen, weil sein Engel ihm angekündigt hatte, dass er um Weihnachten herum eine Nachricht bekommen würde. Und weil er fest daran glaubte, befand er sich ständig in einem Stadium fiebriger Erwartung. Mir gegenüber gab er den Grund zwar nicht offen zu, da ich ihn gelegentlich jedoch auch mit seinen Eltern telefonieren hörte, konnte ich seine Anspannung deutlich spüren.

„Ich weiß nicht, wann ich abreisen kann ... Ich muss noch etwas warten ..., aber wie auch immer, Weihnachten werde ich bei euch verbringen!"

Als ich ihm die Nachricht überbrachte, war er außer sich vor Freude.

„Siehst du nun, Signora Calligaris, dass mein Engel Recht hatte?"

Und so machten wir uns erneut auf den Weg nach Feletto, wo wieder neue Begegnungen mit Journalisten auf uns warteten, großartige Artikel in Lokalblättern, regional und national,neue Bekanntschaften mit wunderbaren Priestern jedes Ordens und Standes, die aus allen Teilen des Landes angereist waren (Pater Claudio, Pater Massimo, Pater Marco, Pater Giovanni usw.), sogar aus Jerusalem. Die Unterhaltung beim gemeinsamen Mittagessen war heiter und jovial, genauso während des Abendessens, wo wir in Ugos Keller in Spinea zusammenhockten.

Ich erinnere mich, wie Fra' Elia, der an Pieros Tisch mit jenen auserlesenen Tischgenossen saß, die nach „anderen" Bekanntschaften dürsteten, sich in seinen Gesprächen mit der Ungezwungenheit und Sicherheit eines Meisters auszudrücken wusste. Bewundernd hörte ich ihm zu und machte mir Notizen.

„Erzähle uns von den Engeln!", bettelten die Kinder, aber auch alle anderen, und Elia erklärte: „Engel sind Wesen aus Licht, ohne Geschlecht, die sich nie inkarniert haben... Sie wurden genau wie wir durch die Liebe Gottes erschaffen. Viele verweilen für immer an seinem Thron, um ihn zu preisen und ihm ihre Verehrung darzubringen, andere wiederum helfen ihm beim Regieren des Universums, entsprechend seinem Willen. Wieder andere halten sich immer in unserer Nähe auf, um uns zu beschützen und zu leiten."

„Warum sind manche Engel nur mit einem Kopf und zwei winzigen Seitenflügelchen abgebildet, und andere wiederum mit ihrem

Körper mit riesigen Flügeln und farbigen Gewändern?", waren die ersten Fragen.

„Die mit den Flügelchen sind Cherubime, die gemeinsam mit den Serafinen Teil der Schar sind, die Gott am nächsten steht. Ihre Energie ist so rein, dass ihr himmlischer Körper für menschliche Augen unsichtbar bleibt ... Ihr Köpfchen indessen, ähnlich dem eines unschuldigen Kindes (Symbol der größten Reinheit), ist die Quelle stärkster Energie, die auch von den Menschen wahrgenommen werden kann ... Die Serafine wiederum, ununterbrochen in der Anbetung Gottes versunken, sind uns so fern, dass es unmöglich ist, sie wahrzunehmen."

„Hast du sie gesehen?"

„Ja."

„Sind das die großen Gestalten, welche du siehst?" „Manchmal sehe ich sie wie Menschen, die Haare nach hinten gebunden und in leuchtend weißen Kleidern, andere in Tuniken aus Licht, mehr oder weniger goldfarben, und es kommt mir vor, als würde ich seitlich an ihnen einen Ansatz von Flügeln erkennen."

„Habe auch ich meinen Engel?"

„Gewiss, jeder von uns hat seinen Schutzengel, der jedoch nicht die Seele eines Verstorbenen ist, sondern ein echter und wahrer Engel, der sich mit uns freut, wenn wir glücklich sind, und mit uns weint, wenn wir traurig sind ..." „Wie heißt dein Engel, Fra' Elia?"

„Lechitiel."

„Könntest du denn deinen Engel fragen, wie meiner heißt?", bedrängte ihn die kleine Miriam mit immer größerem Enthusiasmus (den wir alle mit ihr teilten).

„Ich werde es dich an deinem Geburtstag wissen lassen."

Und so ging es häufig weiter, alle voller Leidenschaft, unvergessliche Stunden, obwohl sie immer zu kurz waren. Doch sogar Pater Bruno und Pater Claudio lechzten danach, den Namen ihres Engels zu erfahren, genau wie Nicla und fast alle anderen Anwesenden. Elia ließ sich von allen in die Pflicht nehmen und pünktlich an ihrem Geburtstag löste er sein Versprechen ein.

„Deiner heißt ... Engel der Liebe", sagte er eines Tages zu Pater Claudio.

Und sogar ich bin überzeugt, dass es für Pater Claudio keinen passenderen Engel geben könnte. Er ist nämlich Missionar in Afrika.

„Helfen und beschützen die Schutzengel uns immer?“

„Ja, und sie retten uns auch in Gefahren“, fügte Fra’ Elia hinzu. „Ist es euch noch nie passiert, dass ihr einen Schlüssel gesucht und nicht gefunden habt? Obwohl ihr euch ganz sicher wart, ihn auf den gewohnten Platz gelegt zu haben ..., und plötzlich habt ihr ihn gefunden ... Er lag haargenau an seinem Platz. Wie in aller Welt habt ihr ihn dann nicht sehen können? ... Kaum aus der Tür, geschieht in eurer Straße ein Unfall. Wärt ihr früher aus dem Haus gegangen, wärt ihr vielleicht in den Unfall verwickelt gewesen ..., wer weiß? Ihr könnt euren Engel auch um einen Gefallen bitten ... Ihr könnt ihn zum Beispiel losschicken, um dem Schutzengel einer Person zu helfen, die Hilfe braucht und die euch besonders am Herzen liegt. Habt keine Angst, euer Schutzengel ist immer an eurer Seite, auch wenn er sich einmal für kurze Zeit zum Schutzengel einer anderen Person begeben und zur gleichen Zeit am Thron Gottes aufhalten kann, um ihn zu preisen ...“

Über solche Themen diskutierten wir bei allen unseren Zusammenkünften, beim Mittagessen und beim Abendessen, bis der Schlaf uns übermannte.

Mein Leben hatte völlig unerwartet eine entschieden neue Wende genommen, unendlich stimulierend, überreich an Gefühlen und Begeisterung. Ich habe mich niemals zuvor so heiter, um nicht zu sagen glücklich, gefühlt. Ich war voller Energie und jeder um mich herum stellte fest, dass ich mich unglaublich verjüngt hatte. Ich wollte mich nur noch mit diesen Dingen beschäftigen (wie nennt man sie eigentlich?) und mit Elia, auch wenn ich noch nicht verstand, was eigentlich meine wahre Funktion dabei war. Für den Augenblick wollte mich Elia in seiner Nähe haben und das genügte mir.

„Wenn meine Aufgabe beendet ist, werde ich das schon erfahren“, sagte ich mir wiederholt und so lebte ich für den Tag, auf den Lauf der Ereignisse wartend. Sowohl er als auch ich, jeder auf seine Art, war überzeugt, für Gott zu arbeiten und das befriedigte mich enorm. Ich hoffte nur, nichts falsch zu machen und keinem Menschen Schaden zuzufügen.

„Mein Engel, lieber Gott, ich vertraue auf euch, auch in den kleinsten Kleinigkeiten ... Haltet eure Hand schützend über mich ... und sagt mir, was ich tun soll!“

So lauteten meine täglichen Gebete. Meine Familie war bei mir und freute sich über meine Freude. Leider gab es auch eine Kehrseite der Medaille und das war meine Arbeit, die immer schwieriger und fordernder wurde.

„Elia, wenn du willst, dass ich dir weiter helfe, befreie mich von dieser Last“, sagte ich eines Tages im Spaß zu ihm. Später, als wir richtig darüber nachgedacht und ich auch mit meinem Ehemann darüber gesprochen hatte, stimmten wir überein, dass für uns beide die Zeit gekommen war, in Rente zu gehen. Warum nicht? Die Kinder waren bereits erwachsen und für Gualtiero würden nach der Herzoperation ein paar Sorgen weniger nur gut sein. Und mir fiel es nach dreißig Jahren ehrbaren Dienstes für eine Arbeit, die mir beinah spielerisch von der Hand gegangen war und jede nur mögliche Befriedigung verschafft hatte, leicht, sie ruhigen Gewissens in andere Hände zu geben. Nachdem wir den Entschluss gefasst und unsere Absicht den Kindern und Fra' Elia mitgeteilt hatten, begannen wir nach einem Käufer für ihre Firma Ausschau zu halten.

Unterdessen erhielten wir kurz vor dem zweiten Treffen von Feletto und Spinea Carlos Antwort bezüglich des Angebots über ein Darlehen für sein Kloster aus dem 17. Jahrhundert. Sein Bruder hatte seine Pläne geändert und machte uns ein Mietangebot, das für uns nicht akzeptabel war. Also löste sich alles wie eine Seifenblase auf. Ich war zutiefst enttäuscht ..., alles hatte auf eine Realisierung des Projekts hingedeutet: die zufällige Begegnung mit Carlo, Wasseradern unter der Erde (für Elia ein fundamental wichtiges Zeichen), ich, die schlagartig von einem Rückenleiden geheilt worden war ..., was war da faul?

Elia war jedoch durch die Nachricht in keinster Weise erschüttert: „Wir werden schon sehen, dass der Herr noch etwas anderes für uns auf Lager hat!“ Und damit war für ihn das Thema erledigt.

Und nun waren wir in Feletto. Der Moment war da, an dem wir Signora Noemi besuchen sollten, Eigentümerin einer riesigen Villa auf einem Hügel in der Umgebung von Udine. Da sie nun eine alte Dame war, alleinlebend und ohne Kinder, und sich schon immer humanitären Werken gewidmet hatte, gedachte sie ihr Leben jetzt mit einer besonderen, Gott nützlichen und willkommenen Geste zu Ende zu bringen. Nachdem sie eine Predigt Fra' Elias gehört hatte, war sie so begeistert, dass sie sofort den Wunsch äußerte, ihn kennen zu lernen, mit dem Hintergedanken, dass sich dadurch vielleicht endlich die von ihr seit langem erwartete Gelegenheit bieten würde. Als er davon hörte, dachte auch Elia, dass dies nun ganz sicher die „Möglichkeit der Wahl“ sein müsse, die sein Engel ihm angekündigt hatte, auch weil es mittlerweile Dezember war.

Und deshalb blieben wir auch noch am Montag in Feletto. Gegen zehn machten wir uns mit Piero und Freunden, die wir durch ihn kennen gelernt hatten, in zwei Wagen auf den Weg zu dem Hügel im Friaul. Unsere Laune war elektrisierend und sogar der raue Wintertag schien die Freude mit uns zu teilen, indem er uns mit einem besonders blauen Himmel und einer strahlenden Sonne beschenkte. Elia saß im ersten Wagen mit Piero und ich im zweiten mit den zwei Freunden. Vor uns lag die grandiose, schneebedeckte Kette der Julischen Alpen. Um die Anspannung zu lösen, die mir den Magen zuschnürte, versuchte ich mich mit mehr oder weniger Erfolg an einer Unterhaltung, als Antonio, einer unserer Reisebegleiter, plötzlich ausrief: „Wer weiß, wie aufgeregt die Signora Calligaris jetzt schon sein wird?“

Ich lachte, in dem Glauben, dass er auf mich anspielte.

„Woher kennst du den Spitznamen, den Fra' Elia mir verpasst hat?“

„Welchen Spitznamen?“

„Die Signora Calligaris bin ich ...“

Die beiden starrten sich verdutzt an.

„Nein ..., wir meinen Signora Noemi ... Noemi Calligaris, die Eigentümerin der Villa.“

Ich konnte es nicht glauben! Es gab also eine andere Frau Calligaris, eine wirkliche, authentische ..., und dann erzählte ich ihnen, dass Elia mich immer mit diesem Namen anredete, wenn er zu Späßen aufgelegt war.

Inzwischen hatten wir den Fuß des Hügels erreicht und begannen uns in weiten Kurven zu dem imposanten Haus hochzuwinden. Schon bald erblickten wir ein großes Kreuz, welches uns anzeigte, dass wir am Ziel angekommen waren. Fra' Elia stieg als erster aus und blieb ein Weilchen reglos vor dem Kreuz stehen, bevor er sich dem Eingang zuwandte, gefolgt von seinen Begleitern. Rasch lief ich hinter ihm her, immer noch verwirrt wegen dieses Familiennamens, der nun nicht mehr zu mir gehörte, den ich jedoch als Wink des Schicksals interpretierte.

„Elia, Elia ..., warte auf mich ...“
Er drehte sich zu mir um.
„Weißt du, wie der Familienname von Signora Noemi lautet?“
„Müsste ich das wissen?“
„Sie ist die Signora Calligaris!“ Hastig pointiert sprach ich den Namen.

Fra’ Elia lächelte und war in keinster Weise überrascht. Die Begegnung mit ihr verlief herzlich und ergreifend. Nach der Begrüßung bat die Signora uns Platz zu nehmen und erzählte uns einen Traum: „ ... Und eine Stimme sagte zu mir: ‘Du wirst das Haus für etwas sehr Wichtiges zur Verfügung stellen müssen’.“

Wir hörten ihr alle still zu. Auch Fra’ Elia hatte einen Traum zu erzählen: „... Und mein Engel hat mir einen Namen suggeriert ..., deinen ..., und seither habe ich begonnen, alle meine Freunde – nicht nur Fiorella – Calligaris zu nennen, in der Hoffnung, dass mir vielleicht jemand sagen könnte, wie ich die Echte kennen lernen kann ..., und jetzt bin ich hier.“

Wir besichtigten das Haus und Elia entdeckte, dass unter dem Boden Wasser sprudelte, genau wie der Engel es gewünscht hatte ... Alles wies praktisch darauf hin, dass Fra’ Elia an dem Punkt angekommen war, den für seine Gemeinschaft passendsten Platz gefunden zu haben. In größter Ruhe gingen wir das Thema an, bedachten die verschiedenen Möglichkeiten der Nutzung des Hauses. Wir versprachen uns bald wieder zu treffen, ausgerüstet mit den entsprechenden Dokumenten, die für eine beiderseitige Vereinbarung nötig sein würden.

„Ich werde dich immer bei mir behalten“, sagte Fra’ Elia zu Signora Calligaris im Weggehen, „und dein Haus bleibt für immer in deinem Besitz. Und wenn wir die getroffenen Vereinbarungen nicht respektieren sollten, kannst du uns jederzeit wieder vor die Tür setzen.“

Beim Hinausgehen schielte ich auf eine Zeitung, die auf einem Tisch lag. Der Titel der ersten Seite versetzte mir einen Schlag: Calligaris, gib dir einen Ruck! Ich zeigte ihn der Signora, die mich ziemlich erstaunt anlächelte und dann sagte: „Das ist ein Politiker hier aus der Gegend ..., doch in jedem Fall werde auch ich mir einen Ruck geben müssen.“

Wenn ich dir nur sagen könnte,
wie viele Male ich dich verraten habe!
Wie viele Male dich betrogen!
Wie oft ich dich verlassen habe!
Aber du warst immer da,
schautest mich an und lächeltest.
Ich habe mich von dir entfernt und du bist mir gefolgt,
Ich habe mich verabscheut und du schenktest mir Zärtlichkeit.
Doch du, oh Herr,
mit deinem so großen Herzen,
hast mich immer geliebt und liebst mich,
wie du alle liebst.
Und heute antworte ich dir:
Hier bin ich, oh Herr,
und knie vor dir,
für immer
und für das ganze Leben!
Nie habe ich an dir gezweifelt!

Kaum wieder zurück in Feletto fiel mir ein, dass ich alle Dokumente, die Fra' Elia betrafen, im Kofferraum meines Wagens hatte liegen lassen. Eine Kopie der Regeln seiner neuen religiösen Gemeinschaft, eine Kopie der Zusammenfassung seines gemeinnützigen Projekts und, sehr wichtig, die notarielle Beglaubigung über die erfolgte Gründung der Stiftung Fra' Elias von den Aposteln Gottes. Warum sollte ich jetzt noch einmal zurückfahren? Ich schlug Piero vor, Signora Calligaris die Dokumente am Nachmittag vorbeizubringen, auf unserem Weg zurück nach Bergamo. So würden wir wertvolle Zeit gewinnen.

Elia war einverstanden und Piero rief Signora Calligaris an, die uns mitteilte, dass sie zwar am Nachmittag schon eine andere Verabredung hätte, wir aber trotzdem vorbeikommen könnten. Eine kleine Gebetsgruppe, unter Führung von Pater XX würde sich jeden Montagnachmittag in ihrem Haus einfinden. Bei dieser Nachricht schien Piero sichtlich beunruhigt.

„Du meine Güte, man sollte versuchen, dem aus dem Weg zu gehen. Pater XX ist Personen wie Fra' Elia nicht wohl gesonnen, und er ist auch sehr skeptisch, was übernatürliche Dinge betrifft. Wann immer er kann, versucht er jede Zusammenkunft dieser Art zu verhindern. Ich glaube nicht, dass er große Sympathien hätte, weder für mich noch für einen anderen Organisator charismatischer Treffen. Er glaubt nicht an solche Dinge. Es ist besser, ein anderes Mal zu ihr zu fahren. Ich möchte keinen Streit!"

„Aber nein ...", griff Fra' Elia ganz ruhig ein. „Was ist das Problem? Es ist für uns alle besser, heute noch hinzufahren ..., wir fressen doch niemanden auf!", lachte er.

Und so standen Piero, Elia und ich erneut vor dem Eingang der Villa auf dem Hügel. Die Tür war offen und wir traten ein. Elia ging eilig voran, gefolgt von mir und Piero. Die Gruppe hatte sich bereits rund um einen großen rechteckigen Tisch niedergelassen, mit Pater XX am oberen Tischende. Frau Calligaris sprang auf und kam uns schnell entgegen. Sekundenlang durchbohrten uns die stechenden Augen von Pater XX, der sich gewiss die Frage stellte, wer wohl diese Frau und dieser junge Mann waren, der eingehüllt in einen weiten Umhang ein paar Schritte entfernt aufrecht vor ihm stand. Dann ging ihm ein Licht auf. Mich ignorierend wandte er sich an Fra' Elia: „Setz dich!"

Signora Calligaris rückte einen Stuhl neben den Priester. „Warum trägst du diese Verbände um deine Handgelenke?", erkundigte sich der Priester ironisch.

„Weil mir kalt ist ...", erwiderte Elia und blickte ihm fest in die Augen.

„Man sagt, dass du Pater Pio sehr ähnlich bist ...", fuhr der Priester fort.

„Das hast du gesagt!"

Der Priester ignorierte diese Antwort und wechselte das Thema: „Wir sind beim Beten ... Wenn du so großartig bist, wie man sich erzählt, warum sprichst du nicht über etwas zu uns?"

Ich blickte in Richtung Korridor, wo Piero stehen geblieben war, und sah ihn beruhigend nicken.

Elia verzog keine Miene und drehte sich zu Signora Calligaris um: „Zünde eine Kerze an und stell sie mitten auf diesen hübschen Tisch. Sie wird der Reinigung dienen. Und ihr, die ihr hier um Gnaden bittet, wisst ihr denn, wie man verzeiht? Gelingt es euch, euch von eurem Groll zu befreien? Opfert ihr Gott eure Leiden auf?"

Absolute Stille.

„Vergeben heißt vergessen, die Seite umblättern, nach vorne schauen. Nur so kann der Herr in euer Herz eintreten. Nur mit Gott in uns können wir Selbstvertrauen finden, stark sein, lieben und vergeben ... Sind wir fähig, Gott in uns eintreten zu lassen?“

Ein zustimmender Chor explodierte im Saal.

„Bravo! Ist es möglich, dass niemand hier im Saal ist, der mich fragt, wie so etwas geht? ... Und warum habt ihr dann alle so viele Probleme? Mit Gott in eurem Herzen würdet ihr mit Freude erfüllt sein, trotz allem! Gott in sich aufnehmen bedeutet, alle unsere Schwierigkeiten mit ihm zu teilen, sie anzunehmen und zu verstehen, was sie uns lehren wollen. Der Schmerz, die Leiden, die Krankheiten schickt uns der Herr nicht, um uns zu bestrafen. Er liebt uns. Wir sind es, die sie uns selbst zuziehen durch unser eigenes Verhalten. Die Unstimmigkeiten zwischen Eheleuten würden anders verlaufen, wenn es beiden gelänge, Gott in sich eintreten zu lassen, der uns erleuchtet und führt. Auf diese Weise würde sich Streit in einen positiven Dialog verwandeln ... Das heißt, man muss sich bemühen, aufeinander zuzugehen, einander zu verstehen, und das heißt, seinen Stolz aufgeben, seine eigenen Fehler korrigieren, vergessen, verzeihen, vergeben, neu aufbauen. ... Den Herrn in sein tägliches Leben eintreten lassen, heißt sich ihm zu überlassen in vollkommenem Vertrauen, mit den Worten: Mach mit mir, was du für richtig hältst, hilf mir auf meinem Weg zu dir ... Opfern wir ihm unsere Leiden auf und besinnen wir uns, indem wir von seinem Geist kosten ... Sprechen wir gemeinsam: ‘Herr, ich bin hier, ich öffne dir mein Herz, tritt ein mit deiner Gnade ..., darum bitte ich dich, weil ich dich liebe’“

Alle lauschten seinen Worten in andächtiger Stille. Pater XX, der anfangs eine ablehnende Haltung eingenommen hatte, beinahe misstrauisch, änderte rasch seinen Gesichtsausdruck und ließ abwechselnd Überraschung und Bewunderung erkennen. Langsam erhob er sich und wandte sich an die Versammlung: „Fra’ Elia, du hast uns wunderbare Worte geschenkt ...“

Und dann, sich ihm demütig zuwendend, fuhr er fort: „Gib uns deinen Segen, ich bitte dich darum ...“ Und als Zeichen seines Respekts kniete er vor ihm nieder. Fra’ Elia segnete uns in der allgemeinen emotionalen Ergriffenheit und verabschiedete sich bald darauf, während Piero Signora Calligaris die Dokumente aushändigte.

Fra' Elias Projekt

Eines Tages erzählte Fra' Elia mir, dass seine Gemeinschaft ganz anders als alle anderen werden sollte, nicht unbedingt besser... Sie sollte sich noch nicht einmal auf etwas spezialisieren, zum Beispiel auf Hilfe für Drogensüchtige, junge Mütter oder alte Menschen, sondern in der Lage sein, den Schwächsten Liebe zu vermitteln, den Einsamsten, den Randgruppen und ganz besonders Jugendlichen, die Gefahr laufen, gesellschaftlich ausgegrenzt zu werden, vor allem wegen des Fehlens familiärer und sozialer Bindungen und einer Integration durch Bildung, Arbeit und Umfeld. Das Modell der christlichen Familie sollte dabei als Vorbild dienen.

In der Tat ist es Fra' Elias Ziel, eine große Familie zu gründen, und zwar so, dass alle Mitglieder, ob jung oder weniger jung, sich ergänzen können, indem jeder sich für die Gemeinschaft nützlich macht. Dieses Familien-Haus sollte von ihm selbst und seinen Mitbrüdern geleitet werden (in erzieherischer Hinsicht), mit Unterstützung zweier Familien, die in allem und für alle die ursprüngliche Familie ersetzen sollten. Diesen beiden Familien wiederum sollten von anderen erwachsenen Mitgliedern der Gemeinschaft Hilfe bekommen, Personen, die vorher selbst einsam waren und durch den Trost brüderlicher Liebe rasch wieder zu alter Lebensfreude zurückgefunden hatten. Weil Liebe nährt und verwandelt. Wer Liebe empfängt, weiß Liebe zu geben. Wessen primäre Bedürfnisse erfüllt werden, wird sich in einen selbstsicheren und fröhlichen jungen Menschen verwandeln. So werden die Menschen von morgen gebildet, wobei sie gleichzeitig den Männern und Frauen von gestern Trost spenden, jenen, die bereits jede Hoffnung verloren haben, indem jeder sich entsprechend der eigenen Fähigkeiten einbringt. Die jungen Menschen vermitteln Kraft und Energie, die weniger Jungen Disziplin und Weisheit.

Während Elia davon sprach, machte ich mir begeistert Notizen, mit der Absicht, durch einen ersten Entwurf des Projekts so etwas wie eine gültige Regel zu skizzieren, mit Zeitplänen und Arbeitsmethoden.

Etwa um die gleiche Zeit, zwischen den Reisen und seinen immer weniger werdenden Momenten der Erholung, sprach Fra' Elia auch über seine Ordensregel. Sie sollte sich ganz einfach auf jenes Wort

Jesu Christi gründen, das er, bevor er in den Himmel auffuhr, zu seinen Aposteln gesagt hat: „Mir ist alle Gewalt gegeben im Himmel und auf Erden. Zieht also hinaus und machet alle Völker zu Jüngern, indem ihr sie tauft auf den Namen des Vaters und des Sohnes und des Heiligen Geistes und sie alles halten lehret, was ich euch aufgetragen habe. Und siehe, ich bin bei euch alle Tage bis ans Ende der Welt." (Mt 28,18-20)

Zur Bekräftigung all dessen und in Übereinstimmung mit dem Bericht des Matthäus schreibt Lukas: „Der Geist des Herrn ist über mir, weil er mich gesalbt hat; er hat mich gesandt, Armen frohe Botschaft zu bringen, den Gefangenen Erlösung und Blinden das Augenlicht anzukündigen, Verwundete in Freiheit zu entlassen, auszurufen ein Gnadenjahr des Herrn. ... Er rief die zwölf Apostel zusammen, gab ihnen Macht und Gewalt, alle bösen Geister auszutreiben und Krankheiten zu heilen. Dann sandte er sie aus, das Reich Gottes zu predigen und zu heilen." (Lk 4,18-19 und Lk 9, 1-2)

Er sagte zu mir: „Ich, Fra' Elia von den Aposteln Gottes, habe das Wort Gottes in meinem Herzen vernommen ..., wie an mich gerichtet ..., an meine Mitbrüder, spirituellen Söhne und Töchter, zum Wohl der Seelen und zum Dienst für unsere Mutter Kirche. Die Barmherzigkeit, die wir den Notleidenden an Leib und Seele erweisen möchten, all jenen, welche der Herr uns schickt und begegnen lässt, mit dem Bedürfnis geheilt und durch das Wort Gottes erleuchtet zu werden, entspricht der Verwirklichung des Willens Gottes ..."

(Einige Monate später, nachdem Fra' Elia seine Vorstellungen einem seiner spirituellen Väter erzählt hatte, einem herausragenden Theologen, hat dieser sie als zukünftige Regel für die Gemeinschaft der Apostel Gottes in Worte gefasst).

Elia zeigte mir auch das Modell einer wunderschönen armenischen Kirche in Miniatur, minutiös aus Eisen gefertigt, mit Kuppeln und herrlichen Portalen. „Siehst du sie? Ich habe diese kleine Kirche auf dem Boden gefunden, neben einer Mülltonne. Wie du siehst, ist sie perfekt in all ihren Einzelheiten. Ich hob sie vom Boden auf, als wäre sie für mich bestimmt. Eines Tages werde ich eine ganz Ähnliche bauen. Sie wird die Form eines gewölbten Kreuzes haben, mit drei Kuppeln genau wie diese hier. Unter ihr wird sehr erhöht das Allerheiligste stehen. Darunter wird ein Bächlein mit fließendem Wasser laufen, das die ganze Kirche durchquert, lebendiges Wasser, das sich verschenkt und vom ewigen Leben nährt, den Durst aller Seelen löscht und sie von allen leiblichen und seelischen Leiden befreit."

Lächelnd fügte er dann hinzu: „Ich weiß nicht, ob es mir gelingen wird, sie fertig zu sehen, aber ich muss wenigstens damit anfangen ... Was sagst du dazu?" „Wenn es ein Projekt Gottes ist, wird es dir ohne Zweifel gelingen, es zu Ende zu bringen", erwiderte ich überzeugt. „Inzwischen glaube ich, dass ich, um mit dem Projekt anfangen zu können, das der Herr von mir will, bald ein Haus finden werde, mit einer Kirche nebenan ... Und er wird mich auch Wasser finden lassen."

Während er redete, machte ich mir die ganze Zeit über Notizen.

In der Zwischenzeit, ohne mir dessen völlig bewusst zu sein, räumte ich meinen Freundschaften, meinem kulturellen Kreis, meinen geliebten Reisen, meinen äußerst kurzen, aber heiß ersehnten Wochenenden immer weniger Zeit ein, kurzum, all dem, was mein bisheriges Leben ausgemacht hatte. Wer mir nahe stand, die wenigen, die bezüglich meiner spirituellen Wende auf dem Laufenden waren, machten mir sanfte Vorwürfe.

Ich, die ich seit jeher die Animateurin der Truppe gewesen war, für alle die Lebhaftigkeit in Person, hatte Geschmack am Alleinsein gefunden, an der Innenschau, am Gebet. Ich hatte keine Zukunftspläne, sondern stellte mich Tag für Tag zufrieden dem, was die Göttliche Vorsehung für mich plante. Ich hatte das Gefühl, alles gehabt zu haben, im Guten wie im Bösen, und ich hatte keinerlei materielle Wünsche mehr. Ich fühlte mich wohl, war stark wie nie zuvor, voller Dankbarkeit, auch für alle meine leidvollen Erfahrungen, die mir, als Prüfung akzeptiert, das Leben zu überwinden halfen. Ohne sie wäre ich vielleicht nicht in der Lage gewesen, auf die Bedürfnisse meiner Seele zu hören.

Bevor ich Fra' Elia begegnete, war ich eine Frau in einem gewissen Alter, ausschließlich um meine Familie und ihre Gesundheit besorgt und darüber, wie ich am besten mein mehr oder weniger befriedigendes Berufsleben zu Ende bringen sollte. Heute hingegen bewege ich mich in einer wundervollen und unvermuteten Welt, der Welt des Geistes, die einem eine unvorstellbar viel größere Freude zu geben vermag, als die größte irdische Freude es je könnte.

Eines Tages entschloss ich mich, einen letzten Abend mit meinem alten Freundeskreis zu verbringen. Ich machte mich sorgfältig zurecht und wählte für den Abend ein schwarzes Abendtäschchen aus, das ich gewöhnlich in einer Schublade mit Gegenständen aufbewahre, die ich selten benutze. Schon beim Öffnen der Lade wurde ich von dem unverwechselbaren Duft Fra' Elias durchdrungen und sofort fiel mir ein, dass ich in dem Schubfach ein leinenes Taschentuch aufbewahrte, getränkt mit seinem Blut, das ich während seiner letzten Passion aufgefangen hatte. Fast ein ganzes Jahr war vergangen und der Duft war immer noch genauso intensiv wie damals! Auch mein Täschchen duftete, als hätte ich es mit Rosenessenz besprüht. Genauso wie die Gegenstände und die Handschuhe, die ich darin verwahrt hatte.

Gerührt und bewegt nahm ich die Tasche und machte mich auf den Weg zu meiner Verabredung mit meinen Freundinnen auf der Piazza del Mercato. Nachdem wir uns über die wichtigsten Neuigkeiten ausgetauscht hatten, stiegen wir alle in den größten Wagen, zwei vorne und ich hinten zwischen Piera und Mariangela. Sofort begann Piera mit verdutzter Miene in der Luft herumzuschnuppern, dann schnupperte sie an mir und rief aus: „Wir haben das Parfum wohl etwas zu dick aufgetragen, eh?"

Ich zwinkerte ihr lächelnd zu und reichte ihr wortlos mein Handtäschchen. Sie verstand. Und auf einmal schien es ihr nicht mehr passend, den Fall noch weiter zu diskutieren, auch weil meine anderen Freundinnen noch nicht auf dem Laufenden waren.

Weihnachten stand vor der Tür und wie immer war ich in Verzug mit meinen Vorbereitungen. Doch Fra' Elia wollte sich nicht das Vergnügen nehmen lassen, die Krippe in unserem Kamin aufzubauen. Und das, obwohl er noch nicht einmal Zeit gefunden hatte, sein eigenes Heim zu schmücken, da er von tausenderlei Pflichten in Anspruch genommen wurde.

Er kam genau am Tag vor seiner Abreise nach Apulien vorbei und brachte mir noch ein paar seiner Figürchen mit, da er sie in diesem Jahr nicht brauchen würde. Er war ein geübter Künstler, der in weniger als zwei Stunden eine wahre Märchenlandschaft kreierte. Mit Klötzchen aus Holz und mit Moos formte er Berge und Brücken und erschuf sprudelnde Bächlein mittels eines komplizierten hydraulischen Einsatzes, der in einer darunter liegenden Schüssel versteckt war. Über all dem spannte sich ein zauberhafter nächtlicher

Himmel, übersät mit blinkendem Sternenlicht, über Figuren, die in vielerlei Handwerk versunken waren: ein Keramikverkäufer, eine Frau am Fischtresen, arabische Abenteurer im Turban, Hirten, Hunde, Schafe, Wasserträger, Kunsthandwerker. Sie alle waren, geführt von einem großen Stern, auf eine Hütte hin ausgerichtet, in der Maria unter einer Decke ausgestreckt lag, mit dem neben ihr knieenden Josef als liebevollem Beistand. Chöre von Engeln, die an einer Kaminkette befestigt waren, schwangen in freudiger Erwartung des großen Ereignisses hin und her. Im Hintergrund ein erleuchtetes Dorf. Ein Wunderwerk!

„Ich empfehle dir, die Krippe nicht vor meiner Rückkehr abzubauen. Es ist ziemlich kompliziert und du könntest dich in all diesen Drähten verhaspeln."

„In Ordnung, Elia, danke. Ich werde auf dich warten." (Bei mir zu Hause schaffte ich es nicht, ihn Fra' Elia zu nennen).

Während der Feiertage telefonierten wir wie gewohnt miteinander. Ich erzählte ihm jede Einzelheit, inklusive all jener Ereignisse, welche mir immer noch als Ausnahme erschienen, obwohl ich mittlerweile an seine „Überraschungen" gewöhnt war. Ich wunderte mich immer noch, dass alle diese Dinge ausgerechnet mir passierten, und ich deutete sie als einen Liebesbeweis der Engel mir gegenüber.

„Fra' Elia, die Weihnachtsgirlanden tanzen von ganz allein. Eine wippt wie eine Schaukel und die andere rotiert um sich selbst ..."

„Gut so, das bedeutet, dass die Engel, die dir beistehen, herumspielen, während sie dir Gesellschaft leisten ..."

„Elia, heute morgen während der Messe sah ich den großen Lüster in der Kirche schaukeln, du weißt schon, den auf der linken Seite ..."

„Sie sind erfreut, dich zu sehen, weil du schon so lange nicht mehr in dieser Kirche gewesen bist."

Wie wahr! Und dann kam es vor, dass ich ganz plötzlich seinen Duft wahrnahm, während ich in meinem Auto saß oder mich zu Hause befand. Machte ich ein paar Schritte, verschwand der Duft. Drehte ich mich um, um ihn wieder zu riechen, war er schon verflogen. Gewöhnlich war es eine Nachricht, dass ich mich mit ihm in Verbindung setzen sollte, oder der Duft ging unmittelbar seinem Anruf voraus.

Am Sonntag, den 6. Januar, in größter Hetze, verbrühte ich mich mit kochend heißem Kaffee. Angesichts der Tatsache, dass ich den ganzen Morgen Anrufe bekommen und darum nichts geschafft hatte, fühlte ich mich gut beraten, den Hörer jetzt neben das Telefon zu legen und mein Handy auszuschalten. Ich roch seinen Duft, rief ihn jedoch nicht an. Ich hatte Zeit damit verloren, mich medizinisch zu versorgen, und noch nicht einmal den Tisch gedeckt. Kurz vor dem Mittagessen, als mein Ehemann von seinem Spaziergang zurückkam, teilte er mir mit, dass Elia eine Nachricht auf seinem Telefon hinterlassen hatte: „Sag Fiorella, sie soll mich anrufen." Sofort tat ich es.

„Ciao ... Du hast dich verletzt?"

„Ja, Elia, ich habe mich verbrüht."

„Du musst aufhören, dich immer so hektisch zu bewegen ... 'Was tue ich heute zum Mittagessen in die Näpfe der Katzen hinein?' Immer willst du tausend Dinge gleichzeitig tun. Du könntest sie auf morgen verschieben, meinst du nicht auch?"

Überrascht hörte ich ihm zu, während ich mich wieder neben dem Regal mit dem Katzenfutter stehen sah, eine Ölflasche in der Hand. Dabei stieß ich mit meinem Ellenbogen gegen die Kaffeekanne mit kochend heißem Kaffee, die umstürzte und mir auf die Füße knallte ... Ich erinnere mich nicht einmal mehr, was ich in den Hörer gestammelt habe, aber ganz sicher habe ich mich für seine Fürsorge bedankt.

„Denk daran ..., du weißt ja, dass du nie alleine bist ..."

Montag, 7. Januar

Ich entschloss mich, nicht auf Elias Rückkehr zu warten, um die Weihnachtskrippe abzubauen. Er hatte mir soeben erst mitgeteilt, dass er wegen unvorhergesehener Umstände nicht vor dem 14. Januar zurückkommen würde. Und danach würden wir sofort nach Spinea abreisen.

Mit Geduld und gutem Willen ausgestattet begann ich ganz vorsichtig mit dem Abbau, damit ich nicht die Drähte verwickelte oder das Wasser auslief und alle Figuren wieder in die richtigen Schachteln gelegt wurden, vor allem die Elias, an denen er sehr hing. Plötzlich, keine Ahnung wie, fielen mir ausgerechnet zwei von Elias

Figuren zu Boden und ich war wie versteinert vor Angst, sie könnten zerbrochen sein. Zum Glück waren sie heil geblieben und nach ein paar Stunden Geduldsarbeit war es mir gelungen, den Abbau ohne größeren Schaden zu Ende zu bringen.

Am Abend rief Elia mich an: „Alles in Ordnung?"

„Ja, Elia, ich habe sogar die Weihnachtskrippe abgebaut und ich habe es geschafft, nichts kaputt zu machen. Alles liegt wieder fein säuberlich an seinem Platz."

„Ja, ich weiß ...", antwortete er, „ist dir nichts aufgefallen?"

Wenn er so anfing zu reden, zitterte mein Herz vor Erwartung. Also blieb ich stumm.

„Sind dir nicht zwei Figuren zu Boden gefallen? ... Verstehst du es immer noch nicht?"

„Ja, Elia, das ist richtig ..., also bist du hier bei mir gewesen ..."

„Gewiss war ich da ... Wann wirst du endlich lernen, die Botschaften zu verstehen?"

Es war noch in der Zeit, die ich als die „erste Phase" bezeichnete, oder „die Zeit der Apfelernte", die Zeit der Demonstrationen, die Zeit, einander besser kennen zu lernen, des miteinander Teilens, die Zeit der Freude, aber auch der Prüfungen, der Erfahrungen, des Wachstums und der Akzeptanz; besser ausgedrückt, die Zeit des Wartens auf ..., doch ich spürte auch, dass ich weder nach dem Wie fragen durfte noch nach dem Wann, noch danach, was die Zukunft für uns oder ihn bereithalten würde. Alles, was ich wusste, war, dass ich sehr glücklich war.

11. Januar

Ich bekam eine Reihe von Angeboten, sowohl für den Verkauf meiner Firma als auch für den Verkauf meines Hauses. Mein Haus, so reich an Erinnerungen und Demonstrationen der Gnade! So schön, aber auch sehr unbequem und verwinkelt. Errichtet über vier Etagen, mit einer verwirrenden Anordnung von Wendeltreppen und versetzten Ebenen, war das Leben hier für Gualtiero zu mühevoll geworden, so kurz nach seiner Herzoperation. Ebenso für mich, die immer irgendetwas im oberen Stockwerk vergaß ..., sodass wir uns nach einer kurzen Beratung innerhalb unserer Familie entschlossen, das Angebot anzunehmen.

Ich hatte wie immer alle für mich wichtigen Daten in meinem Notizbuch vermerkt:

„11. September: Einsturz der Zwillingstürme in New York.

11. Oktober: Aufzeichnung der Fernsehsendung *Miracoli.*

11. November: Offizielle Präsentation meines Buches in Spinea.

11. Dezember: Nachricht erhalten bezüglich des Hauses von Signora Calligaris im Friaul.

11. Januar: Ich verkaufe die Firma und das Haus."

Ich rief sogleich Elia an. In bester Laune antwortete er mir: „Vom Tod zur Freiheit und Wiedergeburt ..."

„Was sagst du zu dieser Aufeinanderfolge der Zahl 11?"

„Die 11 ist eine ganz besondere Zahl ... Es ist die Zahl der Kirche", entgegnete er mir geheimnisvoll, ohne ein weiteres Wort.

14. Februar

Nach zweiwöchiger Abwesenheit kehrte Elia wieder nach Bergamo zurück. Kaum am Flughafen Linate angekommen, rief er bei mir an. Seine Stimme vermittelte mir auf der Stelle Freude und Energie. Das war schon immer so gewesen. Es genügt mir, seine Stimme zu hören oder nur an seiner Seite zu sein, und augenblicklich fühle ich mich wie neugeboren, all meine Müdigkeit verfliegt und ich bekomme eine solche Kraft, dass ich Berge versetzen könnte. Noch vor einem Jahr konnte ich am Nachmittag mit keiner neuen Arbeit mehr anfangen, im besten Fall gerade noch die zu Ende bringen, mit der ich am Morgen begonnen hatte. Heute bin ich nie mehr müde, und ob es am Morgen, Nachmittag oder Abend ist, immer bin ich aktiv, ich mache, tue, erledige, löse Knoten, entscheide, als ob ich dreißig Jahre alt wäre. Doch merke ich, wenn Elia längere Zeit abwesend ist, dass meine Energie sich langsam wieder verflüchtigt und ich wieder wie früher werde. Doch heute war er endlich wieder zurückgekehrt und ich würde mich wieder wie neugeboren fühlen.

Wie üblich kam er beladen mit Geschenken für uns alle an, mit Leckereien, zubereitet von seiner Mutter und seinen Schwestern. Er hatte sich die Haare am Kopf komplett abrasiert und war in bester Verfassung. Er bemerkte, dass mein Gesicht müde aussah. Er hatte Recht. Schuld war der Stress. Zu Hause wartete auf dem Herd eine warme Brühe auf uns, und Artischocken für ein schmackhaftes Risotto, zusammen mit der letzten Flasche des neuen Weins. Wir aßen in bester Stimmung, während unsere fünf zugelaufenen Katzen, die sich versammelt hatten, um Elias Rückkehr zu feiern, uns aufmerksam hinter der Glasscheibe beobachteten. Wir waren nur zu zweit, da Gualtiero genau an dem Tag für drei Tage nach Neapel hatte verreisen müssen. Plötzlich bemerkte ich, wie Elia in Richtung Küchentür aufblickte und lachte. Ich schaute ebenfalls dorthin, da ich aber nichts sah, bat ich ihn um eine Erklärung. Im selben Moment hatte ich das Gefühl, als streiche mir eine große Hand über den Kopf.

„Wer streichelt mich denn da, Elia?!" rief ich aus, mir an den Kopf fassend. Seine leuchtenden Augen, strahlend vor Glück, kamen mir vor wie zwei Sterne, während er zu mir sagte: „Das ist dein Vater ... und es sind auch viele Engel hier."

Ich spürte mein Herz klopfen und meine Stimme hörte sich an, als käme sie aus einer anderen Dimension: „Ciao Papa ..." Und mir schien, als würde er mir zulächeln.

Der Abend verlief wie gewohnt, wir kamen von einem Thema zum anderen, wobei für mich immer das Thema spirituelle Reisen von größtem Interesse war. Ich erinnere mich, dass er mich sogar nachäffte, wie ich mich kürzlich zwischen den Dosen mit Katzenfutter hin- und herbewegt hatte.

„Schau, was du tust ..., du siehst wie erstarrt aus, wenn du dich nicht entscheiden kannst, welche Dose du nehmen sollst ..."

Und schon lachten wir wieder wie zwei Verrückte.

Dann erzählte er mir einen Traum seiner Mutter. Eines Nachts bekam sie Besuch von einer Frau, die sie bedrohlich anblickte. In der nächsten Nacht derselbe Traum und in der dritten auch. An diesem Punkt begriff Elia, dass es sich nicht um einen Traum handelte, und beschloss nachzuprüfen, worum es da ging. Am nächsten Abend legte er sich aufs Sofa, machte seinen Kopf frei von allen Gedanken und dachte nur an seinen Engel. Nach ein paar Augenblicken fing sein spiritueller Körper in der Luft zu vibrieren an und wurde, geführt von Lechitiel, zwischen Strahlen aus Licht und himmlischen Tönen an jene wundervollen Orte projiziert, die er schon so gut kannte. In einem herrlich blühenden Garten entdeckte er auf einmal eine schablonenartige Gestalt, die sich hinter einem Gebüsch versteckte. Das ist sie, dachte Elia.

„Wer bist du? Komm, du brauchst keine Angst zu haben." Als er sie sah, erkannte er sie sofort. Es war die alte und äußerst schüchterne Patin seiner Mutter, die vor wenigen Jahren in höherem Alter verstorben war.

„Ich möchte deiner Mama keine Furcht einjagen", versicherte sie ihm sofort mit unglücklicher Miene. „Ich möchte sie nur pflegen, so wie ich es zu meinen Lebzeiten gemacht habe ... Sie hat mich gesehen und nicht erkannt! Sag ihr, dass ich sie gern habe und sie keine Angst vor mir haben muss."

Elia erzählte mir das alles beim Essen, als würde er von Sport reden. Doch für uns war es normal.

„Elia, ist es dir denn gelungen, dich während deines Urlaubs etwas zu erholen?"

„Was denkst du? Glaubst du, ich könnte mich erholen? Tagsüber lebe ich dem Augenschein nach ein normales Leben mit meiner Familie, aber in der Nacht gelingt es mir nicht zu schlafen und ich leide für all diese Personen ... Dann stehe ich auf und bete für alle ... Und dann sind da noch die Reisen mit Lechitiel ..., vier bis fünf Mal pro Woche führt er mich mit sich fort. Es gibt so viele Seelen, die unsere Hilfe brauchen".

Zum Schluss fing er wie so oft an, eine Reihe von Gebeten aufzusagen, kleine Gedichte, die ich hier wiedergeben möchte:

Wenn ich es könnte, würde
ein Tag, ein Monat, eine Woche
oder ein Jahr nicht genügen,
Ja zu sagen zur Stimme des Herzens,
die zu mir spricht und mir antwortet.
Manchmal rufe ich dich entmutigt an:
„Herr, willst du etwas Großes?
Ich kann nicht!"
Er erwidert mir: „Hast du Zweifel?"
„Nein, doch manchmal bin ich zornig
und mein Zorn macht mich blind.

„Bist du auch für mich blind?“
„Nein, denn dich trage ich im Herzen
und ich weiß, dass jedes Mal, wenn du zu mir sprichst,
das ein Befehl ist für Gehorsam,
Hingabe für die anderen.

Für dich, der Hilfe nötig hat.
Für dich, mein Freund,
bin ich allein, wie du siehst.
Die Straße ist lang,
der Menschen sind viele
und die Kerzen sind klein.
Für dich, mein Freund,
die wir uns auf einer langen Straße befinden,
vor einer Gabelung des Weges,
um zum innersten Schlüssel
des Herzens zu gelangen.
Für dich, mein Freund,
der mich in seiner Einsamkeit ruft.
Dir antworte ich:
Du bist nicht alleine.
Die Liebe Gottes
ist immer bei dir.
Wie du siehst,
ist die Entfernung groß,
aber die Bruderliebe
lebt im Herzen
und Gott stets mitten unter uns.

Für dich, o Herr
Wenn ich flöge,
höher als alle Anhöhen,
an welchem Ort,
an welchem Platz fändest du mich?
Nur du, mit dem Wind
fein und transparent,

könntest mich fliegen lassen,
Höher noch als einen Adler.
Wohin du mich befiehlst,
ich gehorche.
Du rufst mich
und ich trete vor dich.
Die einzige Liebe bist nur du,
mein guter Jesus!

Für Maria
Ich stand da und schaute die Sterne
und ein fallender Stern verwandelte sich
in eine schöne Frau.
Sie sahen ihre Jugend
und haben sie selig genannt.
Schön wie die Sterne ist sie und
schön wie die Mutter, die uns im Arm wiegt,
die uns beim Namen ruft und uns Trost spendet.
Schön wie der Raureif am Morgen,
wie ein Tropfen Tau.
So glüht das Herz aller
für dich, oh Mutter.

Für Gualtiero
Für dich, mein Freund,
eine unerwartete Begegnung.
Eine majestätische Persönlichkeit
mit sympathischem Blick.
Im Gespräch hast du mir deine Zweifel vorgetragen.
Und ich habe dein Herz voller Liebe
gebeten, sich zu verschenken.
Ich dachte,
ich erforsche dein Herz.
Aber ich durfte nichts sagen,
weil dein Herz riesig ist.
Prall wie ein Wassertropfen,

der sich versprüht,
wie die Liebe sich versprüht.
Oh Herr meines Herzens,
wie groß ist deine Liebe!

Inzwischen multiplizierten sich die Anfragen für private Gespräche mit Fra' Elia von Tag zu Tag, und zwar derart, dass er sich entschloss, seine Besuche bei der Stiftung in Verona auf mindestens eine Woche im Monat auszudehnen. Der Zustrom an Menschen war beeindruckend: Sogar Busse aus weit entfernten Orten kamen an, sodass Anna und Gian bald Probleme bekamen, wegen der Zahl der Telefonanrufe oder wegen der Unmöglichkeit, all diese Menschen in dem kleinen Warteraum der Stiftung unterzubringen. Aus diesem Grund beschloss Elia, sich zusätzlich einmal im Monat nach Spinea zu begeben, wo Mariucca und Ugo ebenfalls von hunderten von Anfragen überhäuft wurden.

Ich erinnere mich an diese Zeit als eine der schönsten und heitersten in meinem Leben, reich an glühenden Gebeten, Bekehrungen und erschütternden Heilungen an Leib und Seele. Bei jedem Treffen hinterließ Elia ein untrügliches Zeichen und für jeden eine Botschaft der Hoffnung. Für viele hatte er auch ein persönliches Wort, das ihnen zeigte, dass er ihr Innerstes ganz genau kannte. Seit dem 11. November gab es eine konstante Steigerung von außergewöhnlichen Begegnungen, Bekanntschaften und einmaligen Erfahrungen für jeden von uns. Es war ein Geflecht von Ereignissen, die dazu beitrugen, Elia mehr Selbstbewusstsein zu geben, mehr Sicherheit. Überrascht stellte er fest, wie sehr die Engel und der Herr selbst ihm zur Seite standen und ihn bis ins kleinste Detail führten. Die Liebe, die wir in uns spürten, war immens, sie nährte mich und machte mich selig. Mir ist bewusst, dass ich mich wiederhole, wenn ich voller Nostalgie an die wunderbaren Abende im Haus von Ugo zurückdenke, wo wir uns alle immer zum Essen einfinden mussten und um den Kamin herum saßen.

Beniamino, der Fotograf, die für Fra' Elia wichtigen Wachangestellten mit ihren Familien, Pater Bruno, verliebt in Medjugorje, und die verschiedenen Dons und Monsignori; genauso wie Piero Mantero, der immer nach Spinea nachkam und mit der Zeit zu einem talentierten und aufmerksamen Organisator aller Reisen Elias zu den verschiedenen Pfarreien Italiens avancierte, die um seinen Besuch gebeten hatten.

Mir schien, als hätte die Familie sich vergrößert und ich freute mich zu sehen, wie wohl Elia sich inmitten all dieser kirchlichen Autoritäten fühlte ..., wie sehr er akzeptiert wurde und wie man ihm mit Respekt und Bewunderung zuhörte. Genau um diese Zeit hörte ich auf, mir dauernd Sorgen um ihn zu machen, überzeugt, dass er jetzt für seinen nächsten Schritt gut vorbereitet sei.

Ob jene Tage noch einmal wiederkehren werden? Ich habe den Eindruck, dass sie jetzt endgültig der Vergangenheit angehören.

Ein Ereignis jagte das nächste in schneller Folge. Das Echo auf Elias „Unternehmungen“ hatte mittlerweile auch die Fachleute dieses Metiers erreicht, sodass beim dritten oder vierten Treffen auch anonyme Beobachter angereist kamen, Studenten oder andere Charismatiker, die sich anboten, „zum Wohl der Menschheit“ mit Elia zusammenarbeiten zu wollen. Es kamen Seher, oder vermeintliche, die ihrer Fähigkeiten nicht sicher waren und von Elia „geprüft“ werden wollten, um mehr Selbstsicherheit zu gewinnen. Doch Elia ließ ihnen in seiner großen Demut durch mich ausrichten, dass nur ihr Bischof sie beurteilen könne und dass jeder, der für das Wohl der Menschen etwas tun wolle, einfach nur beten müsste. Er war der Meinung, dass jede Person, die von Gott gerufen wird, ihrem eigenen Weg folgen und ihn in vollkommener Einsamkeit gehen muss, einzig und allein IHM gehorchend.

Spinea, Sonntag, 20. Januar

Ich sah, wie sich ein Prälat, der anders wirkte als die meisten und von einer Frau begleitet wurde, vielleicht seiner Sekretärin, vom hinteren Ende der Halle einen Weg durch die Menge bahnte, um zu dem als Sprechzimmer vorgesehenen Raum zu gelangen, in dem es noch ein paar freie Plätze gab. Ich eilte sofort zu ihm und stellte mich vor. Es handelte sich um Monsignore F., einen bekannten Exorzisten von 45 Jahren. Er hatte von Fra’ Elia gehört und wollte ihn gern kennen lernen. Ich versprach ihm, ihn zu Elia zu führen, sobald er seine Pflichten beendet hatte. Unzählige Menschen waren da, zu viele, und Elia benötigte mehr Zeit als geplant, auch weil er in seiner Arbeit durch herzzerreißende Schreie unterbrochen wurde, die wie immer durch Fra' Elias energisches Eingreifen zum Verstummen gebracht wurden.

Zum Schluss wollte niemand die Halle verlassen. Ein Strom von Menschen wogte auf ihn zu, alle von dem Wunsch beseelt, ihn zu berühren, ihm die Hände zu küssen oder sich einen letzten Segen von ihm zu holen. Zwischen all den Menschen eingeklemmt, jedoch geschützt von seinen vier Leibwächtern (wie ich sie nannte) gelang es Fra' Elia nur mit großer Mühe, am späten Abend den Ausgang zu erreichen, wo ich mitten in einer anderen Gruppe auf ihn wartete. In der Gruppe war auch eine Frau mit einem verzweifelten Gesichtsausdruck, die mich am Ärmel zupfte und mir zurief: „Signora, bitte ... Wenn Fra' Elia hier vorbeikommt, sagen sie ihm, er soll meinem Ehemann in die Augen schauen. Er muss sich morgen einer komplizierten Operation unterziehen."

Gerührt von ihrem Glauben und nach einem kurzen Blick auf den Herrn neben ihr ging ich zu Fra' Elia hin und erzählte ihm davon. Ohne eine weitere Frage zu stellen bat Fra' Elia mich, ihm den Mann zu zeigen, um ihn sich anzuschauen. Einen Monat später erfuhr ich von dieser Frau, dass alles glücklich ausgegangen war. Inzwischen war es 20.00 Uhr vorbei und der Monsignore war gegangen.

Um noch einmal zu der Woche vor diesem 20. Januar zurückzukehren: Piero Mantero hatte mich informiert, dass „die Sache" mit Signora Calligaris voranginge und wir uns bald wieder mit ihr treffen müssten, um das weitere Vorgehen zu besprechen.

Auch eine gewisse Signora Adriana hatte mich angerufen. Ihre dünne Stimme rührte mich: „Ich habe Ihr Buch gelesen und war von der Episode mit Ihrer Freundin Liliana sehr betroffen ..." Sie schnappte kurz nach Luft und fuhr dann fort: „Ich bin hoffnungslos ans Bett gefesselt ... Deshalb ist meine einzige Hoffnung Fra' Elia ..."

„Ich verstehe ..., doch Fra' Elia ist äußerst beschäftigt, in wenigen Tagen muss er sich zu einem Gebetstreffen nach Spinea begeben."

„Ich weiß, aber ich schaffe es nicht, dorthin zu fahren ... Ich bin Ärztin und musste mich bereits siebzehn Operationen unterziehen. Leider habe ich kein Vertrauen mehr in meine Kollegen ... Ich flehe Sie an, ich würde auch gerne einmal so ein Bad nehmen, wie ihre

Freundin es genommen hat. Auch mir hat man sehr übel mitgespielt!"

„Unmöglich!", gab ich bedauernd zurück. „Fra' Elia ist bei der Stiftung in Verona und kommt gerade rechtzeitig zurück, um gleich wieder losfahren zu können."

Doch die Signora gab nicht auf: „Ich bitte Sie, Fiorella, ich wohne in der Nähe von Pordenone ... Sie könnten doch am Vorabend abreisen ..., ich besitze ein großes Haus. Sie würden hier meine Gäste sein ... Sagen Sie ihm das. Wenn Sie es wollen, wird er es bestimmt tun!"

Die Signora sprach mir eine Macht zu, die ich gar nicht besaß. Da ihre Stimme aber so kläglich klang, versprach ich ihr, es zu versuchen. Ich rief Elia an, trug ihm den Fall vor und er erklärte sich dazu bereit.

Ich erinnere mich an jenen dunklen Freitagabend, als wir uns die verschlungenen Pfade der Hügel in Friaul hinaufwagten, die uns in eine außerirdische Welt zu führen schienen, auf der Suche nach einem großen weißen Haus, das einsam auf der Spitze eines Hügels lag. Endlich dort oben angekommen beeilte sich unser Führer, der an der Autobahnausfahrt auf uns gewartet hatte, uns das große Tor aufzumachen und ins warme Wohnzimmer zu führen. Eine junge Frau kam uns schnell entgegen. „Ich bin die Assistentin der Frau Doktor, wenn Sie mir folgen würden, führe ich Sie zu ihr."

Elia schaute sich vorsichtig um und ich begriff, dass er auf der Suche nach möglichen, Unheil stiftenden Präsenzen war. Signora Adriana lag leidend in einem großen Bett, das viel zu groß für ihren schmächtigen Körper war. Sie schaute uns voller Dankbarkeit an, nahm einen tiefen Atemzug und erzählte uns ihre unglaubliche Geschichte. Elia hörte ihr aufmerksam zu.

„Fangen wir an", sagte er am Schluss zu mir. „Bereiten wir das Bad vor."

Wie gewöhnlich zündete er eine geweihte Kerze an, die er mitgebracht hatte, goss zwei Kanister geweihtes Wasser in die Badewanne und bat dann die Signora, sich in ein weißes Leinentuch einzuhüllen. Wir fingen alle an zu beten. Die Assistentin von Adriana und ich halfen ihr aufzustehen und sich langsam in die Wanne mit lauwarmem Wasser zu legen, während Elia in einem anderen Zimmer betete.

Sie war noch nicht ganz untergetaucht, als von der Mitte ihres Rückens eine gelbliche Flüssigkeit austrat, ähnlich ranzigem Fett, die ihren Umhang tränkte und ins Wasser tropfte, große gelbe und braune Flecken bildend. Gleichzeitig traten schwärzliche Fäden aus ihrem ganzen Körper, die buchstäblich die gesamte Wasserfläche bedeckten, während ein Ekel erregender Modergeruch die Luft verpestete. Wir trauten kaum unseren Augen. Signora Adriana sah aus, als hätte man sie in Schlamm getaucht!

Mit lauter Stimme riefen wir Fra' Elia, damit er sich anschaute, was da passiert war. Die Signora, anfangs verblüfft, stieg dann aber mit ziemlich zufriedener Miene gelenkig aus der Wanne und rief aus: „Ich hatte Recht! Habt ihr das gesehen? ... Nun fühle ich mich geheilt!"

Die weiße Farbe ihres Umhangs war einem intensiven Gelb gewichen, beinahe Braun, sie jedoch schien eine völlig neue Person zu sein. Ihr fahles Gesicht hatte eine rosige Farbe bekommen, mit heiteren Zügen, und ihre Augen sprühten vor Freude und Energie. In wenigen Augenblicken zog sie sich alleine an und ging in die Küche hinunter, um für uns ein Abendessen vorzubereiten.

Hier das Zeugnis, das ihre Assistentin uns übergab und das Piero in seinem Magazin *Il Segno del soprannaturale* (Zeichen des Übernatürlichen) im März 2002 veröffentlichte.

Wie zwei Engel
Zeugnis über die außerordentlichen Charismen Fra' Elias von den Aposteln Gottes

Wie verhält man sich gegenüber dem Übernatürlichen? Es ist eine Realität und sie kann als solche vielleicht nur in Demut erfahren werden. Wenn die Fakten einen erschüttert zurücklassen, wenn Worte niemals ausreichen, sie zur Genüge zu beschreiben, damit alle sie verstehen können, dann bleibt nur eines: auf das Herz zu hören.

Ich kenne eine Person, die in ihrer Arbeit und Tugend selbst ein Geschenk ist. Durch den Schmerz, den sie erleidet, wird sie zum Schmerz selbst. Für das Gute, das sie tut, wird sie selbst zum Wunder. Und durch das Böse, das man ihr zufügt, wird sie zur Bitterkeit selbst. Eine Zauberei, die ihr jemand aus der Familie antat, wütete hartnäckig gegen ihr Leben. Seit Jahren.

Ich habe bei ihr gewohnt und ihre positive Ausstrahlung erfahren, bis ich bei ihr ganz plötzlich heftige „Attacken" von Unwohlsein, gepaart mit anderen traurigen Ereignissen in ihrem Leben, feststellen musste. Der Tod eines Sohnes, siebzehn Eingriffe im Operationssaal. Jetzt war ihre rechte Niere befallen, ihre einzige. Ihr Gesundheitszustand verschlechterte sich rapide.

Wie zwei Engel kamen Frau Turolli und Fra' Elia zu uns ins Haus. Sie füllten die Wanne mit geweihtem Wasser. Die Signora zog ein langes weißes Hemd an. Sie tauchte ins Wasser ein. Fra' Elias traumaturgische Potenz (*das Vermögen, Wunder zu bewirken, Anm. d. Übersetzerin*), vereint mit seinen Gebeten, ist so groß, dass sie dämonische Kräfte in schwarze Rinnsale auflöst, in dunkle Flecken, die sich aus dem Kopf befreien, um dann weiter unten überall am Körper auszutreten. Während sie sich im Wasser auflösen, lassen sie auf dem Umhang deutlich sichtbare gelbliche Flecken zurück. Danach reinigte Fra' Elia das Haus von negativen Präsenzen. Und an die Stelle böser Kräfte trat seine immense Liebe, die immer und überall verfügbar ist, heiter, gelassen.

„Man hat dir einen bösen Zauber aus Totenknochen gelegt", sagte er zu ihr und dann zu mir: „Hast du bemerkt, wie ihr Gesicht sich verändert hat?"

Schritt für Schritt kam sie uns wie neugeboren vor. Wenn Hass so abgrundtief ist, dass man sich ihm gegenüber machtlos fühlt und den Glauben verliert, dann muss man den Glauben mit einem glühenden Gebet neu entfachen. Fra' Elia ist selbst personifizierter Schmerz und personifiziertes glühendes Gebet. Er ist die personifizierte Nächstenliebe, für den, der Glauben hat. Für dieses sein Zeugnis, für dieses sein Opfer, möge Gott ihm erlauben, all das auch den vielen anderen Notleidenden zukommen zu lassen, jenen, die dessen würdig sind.

Wir haben auf ihn gewartet. Und er ist gekommen. Die Anspannung, die Frustration, die sich zuletzt, bevor er kam, immer weiter gesteigert hat, haben sich in wenigen Minuten aufgelöst. Elia, sichtlich leidend, hat seinen Ritus der Befreiung ohne ein Wort der Klage durchgeführt, nur hin und wieder ein Seufzer, während er die Treppe hinunterging und mit Weihrauch das Haus segnete. Und dann fuhr er weiter fort zu lächeln. Und mit positiven Worten, voller Ermutigung und Wahrheit, zu sprechen. Es kommt einem vor, als würde man Fra' Elia schon seit ewigen Zeiten kennen, mit diesem seinem Gesicht eines Kindes, dieser seiner Stimme eines Kindes und seiner ehrlichen, unverblümten Sprache eines Kindes. Seine geöffneten Wundmale bluteten Duft.

Freundschaftlich, voller Liebe, mitleidsvoll, ehrlich, einfach. So erschien Fra' Elia mir. Fähig, Herz und Verstand zu öffnen. Mit einer Ruhe, dieser Ruhe, die von ihm ausgeht, und die er dort hinbringt, wohin er will, wohin er meint. Resolut und sanft zugleich. Das ist Fra' Elia.

Als Signora Adriana von Fra' Elias Plänen erfuhr, bot sie ihm ohne groß nachzudenken ihr riesiges Haus an, das früher einmal ein Sommerlager gewesen war und darum perfekt geeignet, über vierzig Personen aufzunehmen. So dankbar war sie ihm.

„Gibt es unter dem Boden Wasser?"

„Ja, auf dem Gelände gibt es einen natürlichen Brunnen."

„Gut", sagte Fra' Elia. „Das ist fundamental wichtig!"

Sie selbst zeigte uns die Lagepläne und schlug Elia einen Darlehensvertrag über eine Nutzung von zwanzig Jahren vor, damit sie von der Region einen Zuschuss für die Renovierungsarbeiten beantragen konnte. Einzige Bedingung: dass sie eine kleine Wohnung für sich selbst nutzen und als ehrenamtliche Ärztin in der Gemeinschaft bleiben dürfe.

„Für alles Weitere wird die Göttliche Vorsehung sorgen", fügte Fra' Elia lächelnd hinzu, als wir das Anwesen besichtigten.

Wir kamen zu dem Gebäudeteil mit den Duschen. Ein großartiges Ambiente mit sechs aneinander gereihten Duschen, eine neben der anderen ..., doch was war da los? Eine riesige Pfütze aus klarem Wasser überflutete den Raum und hinderte uns am Eintreten. Signora Adriana rief betrübt aus: „Ich weiß nicht, was da passiert ist. Wie man sieht, müssen heute Nacht die Rohrleitungen geplatzt sein ... Deshalb ist es so kalt hier!"

Sie drückte auf einen Knopf, um das Wasser ablaufen zu lassen, aber es funktionierte nicht. Seltsam!

„Wie dem auch sei, heute kommt keiner mehr", sagte sie dann, „Samstag und Sonntag ist es schwierig jemanden zu finden ... Irgendwie muss der Teufel hier seine Hand im Spiel haben!"

Und in der Tat, jedes Mal, wenn Elia sich am Ziel wähnte, geschah etwas Seltsames. Wir verließen Adriana in bestem Zustand und trafen etwa eine Stunde später bei Ugo ein. Das große Gartentor der Villa ging auf und unser Wagen rollte langsam den Weg zum Haus entlang. Schon von weitem erblickten wir unseren Freund auf der Schwelle, zusammen mit einem Paar. Als wir näher kamen, fiel uns auf, dass das Gesicht des Mannes traurig wirkte und die Frau neben ihm ziemlich leidend aussah. Ugo eilte uns mit besorgter Miene entgegen. „Bitte entschuldigt, dass ich die beiden eingeladen habe, ohne euch vorher zu fragen ... Sie ist schwer krank und nicht in der Lage, zu einem Gespräch in die Halle zu kommen. Sie hat Darmkrebs, zwölf Zentimeter lang, mit Metastasen in der Leber. Die Ärzte wundern sich, dass sie überhaupt noch lebt ... Sie ist sehr gläubig und eine gute Seele ... Sie verdient Hilfe."

Fra' Elia sagte nichts und ging ins Haus. Ugo bat sie, im Wohnzimmer Platz zu nehmen. Ich wartete draußen mit Mariuccia und Luciano, die inzwischen dazugekommen waren.

Nach kurzer Zeit rief Elia mich zu sich, weil ich der Frau entspannende Heilpflanzen und eine Diät, die vorwiegend aus Getreide bestand, aufschreiben sollte. Die Frau kam mir wie neugeboren vor. Ich erinnere mich, dass sie mir zulächelte und sagte, dass sie an die Gnade Gottes glaube.

Ich möchte betonen, dass Fra' Elia gewöhnlich für niemanden eine Ausnahme macht. Er empfängt niemals Personen im Haus von Freunden auch nicht, wenn sie von jemandem empfohlen worden sind (nicht einmal von mir). Jeder von uns hat schon einmal versucht, Fürsprache für Fälle einzulegen, die einem besonders am Herzen liegen, aber da war nichts zu machen.

„Diejenigen, die mich anrufen, sind alle verzweifelt", sagte Fra' Elia, „und sie alle sind vor den Augen Gottes gleich ... Ich kann keine Ausnahmen machen. Leider sind es so viele, und deshalb müssen sie einen Termin ausmachen, um nicht zu lange warten zu müssen."

Und so notierten Anna in Verona und Mariuccia in Spinea hektisch Termine für die Gespräche mit Elia und die Warteschlange verlängerte sich ins Unermessliche, sodass Fra' Elia sich gezwungen sah, die Menschen in Gruppen von fünf auf einmal zu empfangen.

Ich erinnere mich, dass wir eines Morgens, als wir in Spinea zur Halle kamen, einen Wohnwagen direkt vor dem Eingang postiert vorfanden. Später erfuhren wir, dass die Leute schon nachts angereist waren, da sie nicht wussten, wen sie für einen Termin anrufen sollten, nur um ihren Platz nicht zu verlieren. Daraufhin hatte Piero die Idee, für Elia eine Internetseite einzurichten, mit allen Terminen, wo er wann anzutreffen war, und allen ihn betreffenden Informationen, sowie diese Daten auch in seinem Magazin *Il Segno del soprannaturale* zu veröffentlichen, um es den Menschen, die Elia aufsuchen wollten, leichter zu machen.

Auch ich wurde mit Anfragen nach dem Buch überhäuft, sodass Maisi, eine Mitarbeiterin Pieros, sich anbot, bei jedem Treffen mit Fra' Elia einen Verkaufsstand einzurichten, nicht nur mit dem Buch über ihn, sondern auch mit anderen spirituell interessanten und lehrreichen Büchern. So gelang es schließlich auch mir, mich zu orientieren. Denn während ich mich mit den Menschen unterhielt, notierte ich mir ihre Zeugnisse, samt Namen und Adressen, glücklich, mich nützlich machen und in meinem Beruf als Expertin für Heilpflanzen mit Fra' Elia zusammenarbeiten zu dürfen.

„Möge Gott Sie segnen! ... Danke, dass wir durch Sie eine Person wie Fra' Elia kennen lernen durften ... Ich konnte mit dem Lesen ihres Buches gar nicht aufhören ... Ich werde für Sie beten!"

So lauteten die immer gleichen Phrasen, die Elias Freunde mir wiederholten. Und welch eine Freude es für mich war, als ich sah, dass Pater Michele mein Buch vor dem Altar hin- und herschwenkte und dabei sagte: „Lest das ... Das ist ein Buch, das euch helfen wird."

Doch Fra' Elia ist nicht nur Rosen und Blüten, Milde und Lächeln! Wie oft hatte er sich, durch das laute Geschwätz der wartenden Menge gestört, wütend an die Tür gestellt und gesagt: „Das reicht jetzt! Wir befinden uns hier an einem heiligen Ort! Anstatt zu schwätzen, betet lieber!" Oder er hatte sich über so genannte gestörte Personen erzürnt, die nur vorgaben, besessen zu sein, um die Aufmerksamkeit ihrer Lieben zu erringen. „Schämt Euch!" Und indem er auf das große Kruzifix über dem Altar deutete, rief er aus: „Geht zu ihm und kniet euch vor ihm nieder ... Bittet ihn um Verzeihung für eure Lügen!" Und häufig war er selbst es, der sie am Ärmel zog und sich hinzuknien zwang. Und wenn sich am Ende der Messe, während er Stunde um Stunde dastand und mit geweihtem Öl auf die Stirnen der an ihm vorbeiflutenden Menge ein Kreuzzeichen machte, in der Warteschlange ein respektloses Stimmengewirr erhob, unterbrach er seinen Segen und rief die Leute energisch zur Ordnung. „Wir sind hier nicht beim Fußballspiel! ... Wenn ihr nicht beten wollt, dann geht wieder!"

Doch ich möchte anmerken, dass ich, trotz seines scheinbar raubeinigen Charakters, weiterhin in Fra' Elia einen Engel sehe, den mir der Himmel gesandt hat. Seine Liebe für das Göttliche ist so vollkommen, so immens, dass er er es nicht schafft, von wem auch immer, die geringste Respektlosigkeit Gott gegenüber zu akzeptieren, selbst wenn es sich nur um eine ungewollte Beleidigung handeln sollte. Er fühlt sich dabei unwohl und leidet. Er liebt Ihn so sehr, dass sein Leben mit Ihm vollkommen verschmolzen ist, er lebt für Ihn, er bezieht Ihn in alle seine Tätigkeiten mit ein, in alle seine Gedanken, in der Nacht und am Tag, und er liebt liebt den Nächsten wie sich selbst, ja sogar mehr noch als sich selbst. Er besitzt eine hochsensible und überaus liebevolle Seele, die leicht verwundet werden könnte, wenn er sie allen offenbaren würde. Natürlich ist das nur meine Meinung. Ich glaube, dass Fra' Elia uns für die große Masse der Menschen gesandt worden ist und der Herr ihn mit diesem brummbärigen Charakter eines unverblümten Südländers „beschützen" wollte, einem Charakter, der ihm die Fähigkeit verleiht, sich zur Wehr zu setzen. Und das gelingt ihm bestens.

Wenn er ein „guter Mensch" wäre, wie man zu sagen pflegt, und seine Rede sanft und mitleidsvoll (manchmal ist sie es), dann wäre er wie einer von den vielen, die dazu auserkoren sind, den Menschen Trost zu bringen. Doch seine Aufgabe ist eine ganz andere: Er möchte es schaffen, von allen Menschen verstanden zu werden, wenn er ganz einfach und schlicht von Gott spricht. Er möchte sie das Beten lehren, sie bekehren, wobei er selbst das lebende Beispiel der Gebote Gottes ist. Um als Botschafter Gottes erkannt zu werden, hat der Herr ihm außergewöhnliche Charismen verliehen, die wir alle haben beobachten können. Auch mir lässt er nichts durchgehen und er schenkt mir kein Pardon, wenn er glaubt, ich hätte den Herrn beleidigt oder auch nur unwillentlich vernachlässigt.

Um ein Beispiel zu geben: Ich erinnere mich an einen Sonntagmorgen, an dem ich meinen kleinen Enkel von kaum sechs Jahren bei mir zu Besuch hatte, der wie mir schien in Abwesenheit seiner Mama ein wenig unter Heimweh litt. Deshalb entschloss ich mich, ein bisschen mit ihm zu spielen und ihn ein wenig zu verhätscheln. Gewöhnlich gehe ich um neun Uhr zur Messe, in eine Kirche nur zwei Schritte von zu Hause entfernt. Doch an diesem Morgen war Pietro ganz besonders weinerlich und wollte sich nicht von seinem Spiel trennen. Ich lud ihn mehrmals ein, mit mir zur Messe zu gehen, aber da war nichts zu machen. Also entschloss ich mich, die Messe am Nachmittag zu besuchen.

Gegen zehn Uhr rief Elia an. „Hat dir das Evangelium gefallen?“

„Ich war noch nicht in der Messe ...“, und ich erzählte ihm von meinem kleinen Enkel. Himmel öffne dich!

„Aber was für eine Großmutter bist du eigentlich?! Ist das die Art, wie man Kinder großzieht? Sie müssen schon von klein auf verstehen lernen, dass ihr Leben mit dem Herrn verbunden ist! Und schließlich müssen sie schon von klein auf lernen, Gefallen daran zu finden, das Haus des Herrn zu besuchen, wenigstens einmal in der Woche!“ Zornig fuhr er fort, mich wissen zu lassen, dass er von mir sehr enttäuscht war.

Er hatte Recht. Hätte ich es verstanden, meinen Enkel in die Kirche mitzunehmen, und in ihm den Wunsch dazu geweckt, indem ich ihm erklärte, dass wir gehen, um mit Jesus zu reden, der ihn persönlich erwartet, wäre er bestimmt mitgegangen. Wieder einmal war ich oberflächlich gewesen, weil ich die Bedeutung unterschätzt hatte, meinem Enkelkind DIE FREUDE zu vermitteln, Feste zu feiern. Es handelt sich hier um das dritte Gebot, das Gott auf dem Berg Sinai in Stein gemeißelt hat, jenes, das uns für immer an ihn bindet! Wie auch immer, wegen dieser Sache schmollte Fra’ Elia drei Tage lang mit mir.

Wir kehren nach Spinea zurück
Sonntag, 20. Januar

Gegen Abend rief mich Frau Dr. Adriana an: „Schon den ganzen Tag lang versuche ich dich zu erreichen.“

„Ich hatte das Telefon nicht eingeschaltet ... Während der Messe kann ich es nicht anlassen“, entschuldigte ich mich. Ich hatte noch nicht einmal Zeit, mich nach ihrem Befinden zu erkundigen, als schon ein Wortschwall über mich hereinbrach.

„Mir geht es bestens, aber ich möchte nicht von mir reden ... Erinnerst du dich an die überschwemmten Duschen?“

„Sicher.“

„Schon gestern Abend war das ganze Wasser abgelaufen und alles fing wieder so normal zu funktionieren an wie vorher, ohne jede Intervention ... Das wollte ich dir nur sagen, ciao!“ Und damit legte sie den Hörer auf.

Am nächsten Tag begaben wir uns zu Piero nach Feletto, um mit ihm gemeinsam Signora Calligaris zu besuchen. Ich erinnere mich daran, dass Fra' Elia ihm bei dieser Gelegenheit ein Zettelchen für seine Tochter mit einem entzückenden Gebet und dem Namen ihres Schutzengels gab: „An meinen Schutzengel. Würdiger Beschützer meiner Seele. Du, der du in himmlischer Schönheit erstrahlst, wie eine liebliche und reine Flamme, nahe am Thron des Ewigen. Für mich steigst du auf diese Erde herab und erleuchtest mich mit deinem Strahl. Schöner Engel, nun bist du mein Bruder geworden. Mehabel." Neben dem Namen stand in Druckschrift geschrieben: „Shulengel."

„Was heißt das?", erkundigte sich Piero bei Elia.

„Ich weiß es nicht, mein Engel hat mir gesagt, es so zu schreiben."

Neugierig inspizierte auch ich die Schrift, und da ich Deutsch kann, übersetzte ich: „Engel der Schule". Ich war nicht überrascht, da ich wusste, dass Elia in verschiedenen Sprachen schrieb, auch in antiken Lettern, einige von ihnen nicht entzifferbar. Elia benutzte die Gelegenheit, um später mit den Kindern über dieses Thema zu sprechen.

„Fra' Elia, haben wir denselben Schutzengel während unseres ganzen Lebens?"

„Das kommt darauf an ... Manchmal wird, wenn wir noch ein kleines Kind sind, ein Engel, der auf ‚Kinder spezialisiert' ist, mit dieser Aufgabe betraut, ähnlich einer Kindergärtnerin ... Später, wenn wir allmählich heranwachsen, wird er entsprechend unserer Bedürfnisse durch einen anderen ersetzt. Die Engel gruppieren sich in Scharen, die eine wirkliche und wahre Armee bilden, im Dienst Gottes, und jede Schar hat ihre speziellen und präzisen Aufgaben zu erfüllen: den Seelen zu helfen, ins Licht zu kommen, und sie nach ihrem letzten Atemzug in Empfang zu nehmen. Bei den Engeln gibt es keine unangenehmen oder weniger lohnenden Aufgaben, sie sind nicht beleidigt, wenn sie, in dem Maße, wie das Kind heranwächst, durch andere, für die Persönlichkeit des Kindes geeignetere Engel ersetzt werden ... Sie kennen keine Gefühle von Neid, Zorn oder Negativität. Sie sind überaus glücklich, dem Herrn in jedem Augenblick dienen, glücklich, ihn schauen, lieben, anbeten zu dürfen.

Die Kinder verschlangen jedes Wort und wir hatten große Mühe, von ihnen wegzukommen, um am Nachmittag Signora Calligaris zu besuchen. Kaum erblickte ich sie, wurde mir klar, dass sie ziemlich verlegen war. Sie erzählte uns, dass da noch ein früheres Testament von ihr zugunsten einer religiösen Gemeinschaft existierte und dass es für sie höchst peinlich wäre, dieses annullieren lassen zu müssen ... Darüber hinaus hätte sie schon vor langer Zeit ihr Wort einer Gebetsgruppe gegeben, welche nun schon seit langem ihr Haus frequentierte. Praktisch sah sie sich im Moment nicht in der Lage, sich aus den schon früher eingegangenen Verpflichtungen wieder herauszuwinden. Fra' Elia verzog keine Miene. „Macht nichts, Noemi, du warst es schließlich, die mich gerufen hat. Ich habe dich um nichts gebeten. Wie man sieht, ist der rechte Moment noch nicht gekommen."

Ich erinnere mich, dass sie noch ein paar Minuten allein miteinander verbrachten. Danach gingen wir, ich und Piero wirklich sehr enttäuscht. Obwohl doch auch diesmal ganz klare Zeichen vorhanden waren, dass dieser Ort der richtige sei ..., der Name Calligaris, das Wasser unter dem Boden, der Traum der Signora ... Ich konnte mir diesen plötzlichen Wandel nicht erklären. Hatte es irgendwelche Missverständnisse gegeben? Fra' Elia gab keinen Kommentar ab. Sechs Monate später erfuhr ich, dass Signora Noemi ein paar Leute in ihr Haus aufgenommen hatte, die bis heute noch bei ihr wohnen.

Nach dem Gebetstreffen in Spinea kamen drei Personen auf mich zu, die sehr vornehm wirkten: der Ehemann und die Ehefrau mit einem Freund. Sie stellten sich als Freunde Pater Saverios vor, und als der Kirche sehr nahe stehend. Sie hatten an der Messe mit Fra' Elia teilgenommen und waren außerordentlich beeindruckt.

„Wir haben von Fra' Elias Projekt gehört", sagte die Frau ohne lange Vorrede, „und wir würden ihn gerne substanziell unterstützen."

Ich hörte ihr zu, in der Erwartung zu hören, wie.

„Wenn es möglich wäre, ihn heute Abend noch persönlich kennen zu lernen ... Später könnten wir nach Bergamo kommen, um die Sache näher zu konkretisieren."

„Ich hoffe, es gelingt mir, ihn herzuholen ... Ich weiß nicht, ob es klappen wird ..."

Fra' Elia war bereits wieder von einer beträchtlichen Menschenmenge umgeben, die ihn an jeder Bewegung hinderte. Ich wollte nicht, dass das Gleiche wie beim letzten Mal mit Monsignore F. passierte, der viele Stunden lang umsonst auf ihn gewartet hatte, ohne auch nur einen Zipfel von ihm erhaschen zu können. Zum Glück gelang es mir, übers Telefon einen Kontakt und einen wunderbaren spirituellen Draht mit ihm herzustellen. Die Herrschaften schienen es nicht eilig zu haben und warteten geduldig bis 20.00 Uhr, bis es mir endlich gelang, sie zu ihm zu führen. Nach einer kurzen Vorstellung entschlossen wir uns, uns in einer Woche in Bergamo wieder zu treffen. Ich muss diesbezüglich vielleicht noch anmerken, dass Fra' Elia bei jedem Gebetstreffen, ob in Spinea oder Verona, Personen begegnet, die ihm anbieten, ihm zu helfen, von den einfachsten Leuten bis zu solchen mit höchsten Titeln, wie Monsignori, Kaufleuten, Magistratsbeamten, Anwälten, Ärzten. Fra' Elia hört allen demütig zu, in fieberhafter Erwartung, dass es ihm durch sie, oder wenigstens durch deren Bekannte, gelingen würde, bald einen geeigneten Wohnsitz, wenn auch noch so klein und bescheiden, finden zu können, um konkret mit seiner Mission anzufangen. Seine zukünftigen Mitbrüder hatten es eilig, sich um ihn zu versammeln, und er hatte Angst, dass sie ihre Geduld verlieren könnten.

Ich versuchte Fra' Elia zu trösten, so gut es ging: „Vielleicht will der Herr, dass Du Erfahrungen sammelst. Vielleicht will er dich nur auf die Probe stellen ..., vielleicht will er, dass du noch mehr Sicherheit gewinnst. Es sind doch gerade erst zwei Monate vergangen, seit die Leute etwas von dir wissen … Du wirst schon sehen."

Er hörte mir zu und nickte, äußerlich anscheinend gelassen, im Bemühen, seinen inneren Aufruhr zu verbergen.

Anfang Februar besuchten Colonel Aldo und seine Frau uns in Bergamo, jene Herrschaften, die sich angeboten hatten, Fra' Elia „konkret" helfen zu wollen, in Begleitung eines Freundes. Ich erinnere, dass Fra' Elia bei dieser Gelegenheit wieder einmal seine ausgezeichneten kulinarischen Talente demonstrierte, indem er uns allen ein köstliches Mittagessen zubereitete. Er sah ganz sicher nicht danach aus, der außergewöhnlichste Charismatiker unserer Zeit zu sein, wie einige Journalisten ihn definiert haben, sondern eher wie ein gesunder und sympathischer junger Mann, sportlich und total „relaxed".

Nachdem die anfängliche Verlegenheit verflogen war, nahm Elia allen gleich die Befangenheit, indem er ein paar lustige Witze in seinem apulischen Dialekt erzählte. Als etwas später das Thema zur Sprache kam, das Elia am Herzen lag, traute ich meinen Ohren nicht. Ich hörte, dass sie die Absicht hatten, Fra' Elia eine riesige, spektakuläre, antike venezianische Villa zu schenken, mitsamt einem Marstall und einem Wohnhaus für Angestellte, einem Park mit Brunnen und Zufahrtswegen, fast komplett renoviert und eingerichtet. Die Villa war als Restaurant für Festlichkeiten geplant, für Hochzeiten und Tagungen. Alles in allem eine großartige Residenz und bestens geeignet, im linken Flügel die Gemeinschaft der Brüder unterzubringen, während man die mittleren Räume, mit Malereien und Fresken verziert, in eine Kirche mit Nebengebäuden umwandeln konnte. Das von Fra' Elia gewünschte Quellwasser mündete in ein Rondell ein, genau vor dem Haupteingang, und wurde in einen eleganten Springbrunnen geleitet. Die Villa gehörte der Familie des Freundes, der mit der Schenkung bereits einverstanden war.

„Aus welchem Grund wollen Sie das tun?", erkundigte sich Elia bei seinem Gönner, den wir Sandro nennen wollen.

„Ich bin schon immer sehr gläubig gewesen, und seit meiner Jugend, praktisch, seit ich anfing zu arbeiten, habe ich immer zum Herrn gebetet, mir in meinem Beruf zu helfen. Und wenn ich eines Tages reich sein würde, so versprach ich ihm, würde ich ihm die Hälfte meines Besitztums vermachen. Und er hat mich viel Geld verdienen lassen ..., aber auch viel leiden ..., doch ich habe immer alles angenommen ... Und nun scheint mir der Moment gekommen, mein Versprechen einzulösen. Mein einziger Wunsch ist, dem Herrn weiterhin dienen zu dürfen, und wenn es möglich ist, an deiner Seite bleiben zu dürfen, um dir zu helfen ..."

Das Zwiegespräch dauerte an. „Bist du verheiratet?"

„Ja, ich habe zwei Kinder."

Und während sie sich zurückzogen, um sich über private Dinge zu unterhalten, kamen Adriana, Aldo und ich überein, dass wir vor Ort einen Besuch machen sollten. Das einzige ihnen mögliche freie Datum war der 11. Februar. Ich konnte es nicht glauben. Schon wieder die Zahl 11!!! Also würde der Besuch sicher unter einem guten Vorzeichen stehen!!! Seltsam, dachte ich, in letzter Zeit waren alle sich Fra' Elia für sein Familien-Haus bietenden Möglichkeiten im Friaul lokalisiert ... Hin und her fahrend, immer gab es etwas im Friaul zu besichtigen (auch kleinere Landhäuser, die jedoch zu klein für sein Projekt waren und deren Geschichte mir nicht interessant genug erscheint, sie hier zu erzählen).

Auf einmal kam mir eine alte Prophezeiung in den Sinn, die ich vor vielen Jahren einmal irgendwo gelesen hatte, und die so gut wie möglich wiedergeben will: „In das Herz Europas, an die Schauplätze der furchtbaren Gräueltaten des letzten Krieges, wird ein Bote Gottes gesandt werden, um sie zu reinigen und die neuen Generationen zu evangelisieren." Ich erinnere mich, auch das Jahr der Geburt dieses Boten gelesen zu haben. Mir scheint, es war 1942. Fra' Elia dagegen ist 1962 geboren. Habe ich vielleicht nicht richtig gelesen?

Ich erzählte diese meine Gedankenspielereien Aldo und Adriana, die mir, genauso verblüfft wie ich, erklärten, dass der Friaul ein typisches Grenzgebiet zu Ex-Jugoslawien ist, in dem während des Krieges alles Mögliche passierte, unter anderem in den „foibe", den typisch friulanischen Kalksteinhöhlen, wo tausende Italiener von Titos Partisanen massakriert worden sind ..., um nicht auch von den jüngsten Kriegen zu sprechen ..., und der Friaul liegt auch nahe an Österreich und Deutschland und befindet sich genau im Herzen Europas.

Inzwischen hatten Sandro und Fra' Elia ihr Gespräch beendet und wenig später verabschiedeten wir uns voneinander, jeder folgte seinem eigenen Weg. Zu Hause angekommen rief ich Piero an, um ihm von der Prophezeiung und den anderen Neuigkeiten zu berichten. „Versuche sie zu finden", empfahl er mir, aber leider gelang es mir bis heute noch nicht, ihre Quelle ausfindig zu machen.

Am Tag darauf bekam ich einen Telefonanruf von Colonel Aldo, der mir mit ganz aufgeregter Stimme mitteilte, dass der 11. Februar das Datum der Erscheinungen von Lourdes sei und dass sich neben dem Besitz von Sandro eine Grotte befände, die genau jener Muttergottes geweiht sei, und er uns gern dorthin führen würde, um sie zu besuchen ..., und dass wir dort alle gemeinsam den Rosenkranz beten könnten ..., und dass ...

"In Ordnung Aldo, danke, dass du mir das gesagt hast. Alles das sind für mich Zeichen, die doch irgendetwas zu bedeuten haben müssen ... Was meinst du?"

11. Februar 2001

Wir kamen am späten Nachmittag bei der Villa an. Das, was sich unseren Augen darbot, ähnelte einem meisterhaften Gemälde, mit einem märchenhaften Hintergrund, aus dem hinter einem majestätischen Gartentor ein herrlicher palladianischer Wohnsitz hervorstach.

Einen Augenblick lang zweifelten wir, ob das auch wirklich das für Fra' Elia bestimmte Haus sei ... Das war zu viel des Guten ..., aber wenn der Herr es so bestimmt haben sollte, dann würde er es sicherlich nicht zurückweisen. Jemand bemerkte uns und öffnete das Gartentor. Zum Empfang erschienen unsere Freunde, der Direktor, eine kleine Gruppe von Personen, die Sandro eingeladen hatte, und unser lieber Pater Saverio. Alles war bereits für eine Messe im großen Salon im ersten Stockwerk vorbereitet und in einer Atmosphäre großer innerer Sammlung begann die Zeremonie sofort. Danach private Treffen und Abendessen im kleinen, intimen Kreis.

Am nächsten Tag war geplant, über die Art und den Termin der Schenkung zu reden, und da das Problem keineswegs gering war, auch darüber, wie dieser imposante Komplex erhalten werden sollte. Wiederum war es Sandro, der uns eine simple Lösung vorschlug. Ich würde eher sagen: Alles kam mir fast zu simpel vor. An diesem Morgen war ich früh aufgestanden und hatte im Frühstückssaal bereits Fra' Elia und den Direktor am Kamin sitzend vorgefunden, in ein angeregtes Gespräch vertieft. Ich ließ sie in Ruhe und ging zur Bar, um meinen Tee zu trinken. Die drei Freunde, die in der Nachbarschaft wohnten, wollten ein wenig später dazukommen. Als Fra' Elia mich erblickte, gab er mir ein Zeichen, ihnen in den Garten zu folgen. Während er vorbeiging, erfüllte eine intensive Duftwolke die Luft. Draußen verzog sich langsam der Nebel und ließ zwischen den Koniferen des noch ruhig daliegenden Parks die ersten silbrigen Lichtstrahlen durchschimmern. Wieder kündigte sich ein herrlicher Tag an. Fra' Elia stellte sich neben den Brunnen und der Direktor hockte sich auf den Rand. Ich sah, wie Elia seine Hände ins Wasser tauchte, ein wenig davon in der Handfläche sammelte und dem Direktor dann unter die Nase hielt. „Was für ein Duft!“, rief dieser starr vor Staunen aus. Rasch war ich bei ihnen. In keinster Weise verwundert schöpfte auch ich ein wenig von dem Wasser aus dem Brunnen und schnupperte daran. Das ganze Wasser duftete komplett und unwiderruflich nach Rosen.

Was den Duft betrifft: Nicht immer entströmt Fra' Elia dieser überaus liebliche Wohlgeruch. Oder ich sollte besser sagen, dass er seinen Wundmalen immer entströmt, meist aber auf eine eher unmerkliche Art, sodass nur jemand, der ihm sehr nahe kommt, die Möglichkeit hat, ihn wahrzunehmen. Ich habe aber bemerkt, dass der Duft stärker wird, wenn er Werke der Barmherzigkeit ausübt oder unter einer großen Menschenmenge evangelisiert. Ob es der Duft der unendlichen Liebe für seine Brüder ist? Und wie soll man es bezeichnen, wenn der Duft auch in seiner Abwesenheit erscheint? Ist es vielleicht der Duft seines engelhaften Geistes? Auf alle meine diesbezüglichen Fragen hat Fra' Elia immer geantwortet, dass er es selbst nicht wüsste und dass nicht er den Duft absondern würde, sondern die Engel.

Nach ermutigenden Beschlüssen und einem gemeinsamen Rosenkranzgebet vor der Grotte der Muttergottes von Lourdes beschlossen wir vor unserer Heimfahrt noch Pater Saverios Wohnsitz bei den Salesianern zu besuchen, der uns dort zur Heiligen Messe erwartete. Auch hier fanden wir Menschen vor, die auf Fra' Elia warteten, darunter viele, die einfach nur mit ihm beten wollten, und andere, für die er die letzte Hoffnung war.

Während mich diese rasanten Ereignisse immer mehr verunsicherten, schien mir, als würde er immer selbstsicherer. In Kürze, ganz plötzlich sah ich ihn als erwachsen an, gereift mit ungewöhnlicher Schnelligkeit, losgelöst von der Welt, einzig und allein in seiner Rolle als Apostel aufgehend, von allen respektiert, gleichzeitig aber auch etwas schwermütig. Während der Heimfahrt beobachtete ich ihn, wie er in Gedanken versunken den Wagen lenkte, als würde er die Straße vor sich gar nicht sehen. Was bedeuteten all diese untrüglichen „Zeichen", welche sich uns unfehlbar bei jedem unserer Besuche in den diversen Häusern präsentierten? Der Name Calligaris, mit dem er mich schon sechs Monate, bevor er die echte Frau kennen gelernt hatte, anredete? Der Besuch bei Frau Dr. Adriana mit den kaputten Duschen, und dann, ohne jedes Zutun, das Rosenwasser im Brunnen der Villa?

„Woran denkst du, Elia?"

„An nichts Besonderes. Mein Engel erinnert mich gerade daran, dass ich sieben davon errichten soll ..., und eine Kirche mit drei Kuppeln ..., unter ihnen wird Quellwasser sprudeln, das die Seele und den Körper heilen wird."

Dann schwieg er, während ich mir weiterhin über alles Notizen machte.

Als wir uns später mit Pater Massimo über das Thema unterhielten, sagte er zu mir in Bezug auf Fra' Elia: „Weißt du, warum er im Verhältnis zu uns so schnell 'heranreift'? Weil er rein ist!"

Spinea, Freitag, 15. Februar

Wie üblich trafen wir an einem Freitagabend im Haus von Ugo ein, und wen sahen wir dort am Eingang stehen? Das Ehepaar, dem wir beim letzten Mal schon begegnet waren, doch diesmal hatten beide lachende Gesichter. In feierlicher Stimmung eilten sie uns entgegen. Ich erinnere mich nicht, ob es Ugo war oder die Frau selbst, in jedem Fall war es für uns eine immense Freude zu erfahren, dass es ihr wesentlich besser ging und die Kernspintomografie, die vor wenigen Tagen gemacht worden war, ihr bestätigt hatte, dass der Krebs, der bereits auf eine Länge von zwölf Zentimetern angewachsen war, sich auf zwei Zentimeter reduziert hatte. Ihre Augen strahlten vor Freude, während Ugo und ich uns verblüfft anschauten. Fra' Elia blieb gleichmütig. Ich unterhielt mich kurz mit ihnen, wünschte ihnen Gottes Segen und begab mich ins Haus.

Für Samstagmorgen zwischen neun und neunzehn Uhr waren persönliche Gespräche für Gruppen von fünf Personen auf einmal mit Fra' Elia vorgesehen. Wie an jedem anderen Samstag und Sonntag auch. Doch jener Sonntagmorgen des 17. Februar war in der Tat ein ganz besonderer: Es war der Tag der Erneuerung von Fra' Elias Gelübden, und zwar nicht mehr als Kapuzinerbruder, sondern als Gründer der neuen religiösen Kongregation von den Aposteln Gottes.

Für diesen Anlass war die Halle festlich hergerichtet worden, geschmückt mit herrlichen Blumen in allen Farben, die kunstvoll zu riesigen, phantasievollen Sträußen gebunden waren, die sogar die Wände hochwucherten. Blumen in jeder Ecke, vor der Muttergottes, vor Pater Pio sowie am Altar, der mit schneeweißer Häkelspitze wunderschön neu eingekleidet worden war. Ein großer Korb am Fuß des Altars war voll mit Kärtchen, Fotografien, diversen Gegenständen und rührenden Briefchen mit Bitten um Gnaden und sogar einen Organisten mit Chor hatte Ugo bestellt. Zu dieser Feier kamen fünf bis sechs Priester, alle überzeugte Zeugen und Befürworter der Charismen Fra' Elias, um bei der Messe zu konzelebrieren. Da waren Bahren und Rollstühle zu sehen, kranke Kinder mit ihren Großmüttern, Menschen jeden Typs und jeder Hautfarbe. Es regnete, aber dem Wetter gelang es nicht, das Volk Gottes zu entmutigen, das in stillem Einvernehmen zahlreicher denn je erschienen war. Die Halle war so überfüllt, dass die zwei großen Tore offen gehalten werden mussten, damit auch jene, die draußen bleiben mussten, an der Zeremonie teilnehmen konnten. Fra' Elia hatte sich entschlossen, seine Gelübde während der Heiligen Messe in die Hände von Pater Claudio abzulegen, und er tat es mit großer innerer Anteilnahme, wobei wir ihn in die vollkommene Stille, nur unterbrochen vom Festgesang der Vögel, klar und deutlich sagen hörten: „Ich, Fra' Elia von den Aposteln Gottes, gelobe dem gekreuzigten und wieder auferstandenen Jesus und der Schmerzensreichen Maria, seiner und unserer Himmlischen Mutter, Keuschheit, Armut und Gehorsam, gemäß den Regeln und der Verfassung der religiösen Gemeinschaft von Fra' Elia von den Aposteln Gottes und unserer Mutter Kirche. Das verspreche ich mit meinem Gelübde und flehe um die Gnade des Heiligen Geistes und die Fürsprache der Schmerzensreichen Muttergottes, aller Engel und Heiligen, mir zu helfen, alles in Treue zu halten, was ich versprochen habe. Ich übergebe mich voller Vertrauen in eure Hände."

Und Pater Claudio antwortete: „Ich nehme im Namen der Heiligen Mutter Kirche deine Gelübde an, und wenn du diesem Weg folgen wirst, verspreche ich dir das ewige Leben."

Es folgten lange Augenblicke der Stille und dann tosender Applaus, den Fra' Elia normalerweise in einer Kirche nicht schätzte, doch diesmal hatte er Verständnis dafür. Allseitige Umarmungen, Pater Saverio, Pater Michele, ein Priester, der von weither angereist war, Pater Claudio, der Kapuzinerpater Bruno, der zu guter Letzt Fra' Elias Arm hochhielt und sagte: „Erinnert euch daran, dass auch er einmal, genau wie ich, ein Kapuziner war!"

Das Publikum nahm mit großer Intensität an allem teil und konnte die Augen nicht vom Altar abwenden, während draußen die Sonne wieder zum Vorschein gekommen war. Gleich nach der Predigt des Hauptzelebranten bat Pater Saverio Fra' Elia, etwas über sich zu erzählen, um sich seinen Freunden hier besser bekannt zu machen und etwaige Fragen zu beantworten. Und obwohl Fra' Elia eigentlich nie gern über sich selbst redete, aufgrund eines intimen Schamgefühls, stimmte er gutmütig zu, als wolle er Pater Saverio eine Freude machen. Er nahm einen tiefen Atemzug und fing an von seinem Schutzengel Lechitiel zu erzählen, dem Todesengel, der ihm schon bei seiner Geburt zugeteilt worden ist und ihn immer noch behütet und leitet. „Lechitiel ist derselbe Engel, der Jesus am Kreuz getröstet hat. Er ist sehr liebevoll, stark und mächtig und hilft oft auch anderen Engeln bei ihrer Aufgabe, die Seelen bei ihrem Übergang von der Erde zum Himmel zu begleiten. Wir alle sollten unseren Schutzengel lieben, der nichts anderes will, als uns zu helfen, uns zu behüten, und der bei Gott für uns Fürsprache einlegt. Wir sollten uns viel öfter an ihn wenden, an diesen zärtlichen Beschützer unsres Lebens! Heute befinden sich viele Engel hier, hört nur, wie feierlich die Vögel singen ..., sie singen mit ihnen gemeinsam." Und dann erzählte er von sich, von seinen Krisen und davon, wie oft er sich dem Herrn verweigert hatte, der immer geduldig auf ihn gewartet, ihn beschützt und an seiner Hand geführt hat. „'Wer bist du? ... Was soll ich den Ärzten antworten, die mich dauernd fragen, mit wem ich rede ... Du bist nicht mein Schutzengel!', sagte ich eines Tages, an dem ich mich ganz besonders deprimiert fühlte, zu ihm. Und Er gab mir die Antwort: 'Geh in eine Kirche und mach ein Foto vor einer weißen Wand.' Ich ging mit einigen Freunden in eine Kirche und tat wie befohlen. Ich verschoss einen ganzen Film, aber das einzige Foto, das belichtet war, ist dieses hier ..."

Und Fra' Elia zeigte uns allen ein wunderschönes Bild von einem Gesicht, eingerahmt von lichtdurchfluteten Haaren, den Blick sanft nach unten gerichtet. Das Bild zeigte nicht die volle Gestalt, doch war deutlich zu erkennen, dass sie mit einer elfenbeinfarbenen Tunika bekleidet war und mit einem roten Umhang; und sie hielt eine schmale Hand an die Brust, auf der das Zeichen des Fisches eingeprägt war, jenes, welches die ersten Christen als ihr Erkennungszeichen benutzt hatten. Wir alle erkannten Jesus, oder zumindest glaubten wir in dem Foto eine Ähnlichkeit mit Jesus zu erkennen, und zwar so, wie er uns bisher immer dargestellt worden war.

„Hier, schaut euch das Foto an", sagte Fra' Elia. „Wen sehe ich? Ihn. Mit wem rede ich? Mit ihm. Er ist es, den ich sehe und der mich behütet, der mir hilft und mir immer nahe ist. Er teilt sich mir durch seine Augen mit, er wärmt mir das Herz, er sorgt für mich. Er gibt mir so vieles, nicht für mich, sondern für euch, und er bittet mich, ein Pilger zu sein in der Welt und für die Welt."

Verwundert starrten die Anwesenden das Bild an, das Elia zeigte, und sie sprachen ihn später noch einmal während der privaten Gespräche darauf an, das eigene Bild in der Hand, welches Fra' Elia ihnen zuvor geschenkt hatte. Es war haargenau das gleiche Bild. Piero

Mantero hatte die Bilder von dem Negativ machen lassen, das ich ihm selbst mit Fra' Elias Erlaubnis zugeschickt hatte, ohne ihn über den Ursprung des Bildes aufzuklären. Auf der Rückseite des Bildes stand eines seiner Gebete:

Göttliches Herz Jesu,
ich opfere dir,
durch das unbefleckte Herz Mariens,
die Gebete, Werke und Leiden
des heutigen Tages auf
zur Sühne für alle Kränkungen,
die wir dir zufügen,
Kränkungen durch mich
und alle anderen Menschen.
Neben all den anderen Anliegen,
für die du dich jeden Tag auf den Altären aufopferst,
opfere ich sie dir ganz besonders auf,
damit die tapferen Seefahrer
vor allen geistlichen Gefahren bewahrt werden
und zu dir gelangen,
der Göttlichen Vorsehung,
dem Heiligsten Herzen Jesu.

Von seiner überraschenden Erklärung, die weder mit mir noch unserem Verleger abgesprochen war, verblüfft, seufzte ich vor Erleichterung. Endlich hatte er es ihnen gesagt!!! Es war nicht leicht für mich gewesen, dieses so überaus wichtige Geheimnis, das nur noch Curzio und ein paar andere Vertraute kannten, für mich zu behalten. Aber jetzt waren endlich alle im Bilde und mir fiel ein Stein vom Herzen! Gott sei's gedankt!

Und anschließend gab es für alle gleich noch einmal ein wundervolles Geschenk. „Heute ist ein großer Tag für mich und ich möchte ihn mit euch feiern ... Ich werde alle eure Schutzengel bitten, euch zu berühren ... Ich werde euch die Liebkosung eures Engels spüren lassen ... Alles, was dazu nötig ist, ist Ruhe und Konzentration auf euch selbst."

Fra' Elia, ernst und selbstsicher, wandte sich in ruhigem und bestimmtem Ton an uns und nahm alle Anwesenden, die ihm verdutzt und ohne den geringsten Laut von sich zu geben reglos zuhörten, mit seinem Charisma gefangen. Fra' Elia fuhr fort: „Denkt an euren Engel ... Spürt jetzt den sanften Hauch, der euch übers Haar streicht, über den Rücken oder anderswo ... Eure Engel sind hier an eurer Seite und streicheln euch ..."

Nach ein paar Augenblicken absoluter Stille fragte Fra' Elia: „Habt ihr etwas gespürt?"

„Jaaa!!!", antwortete ihm ein ganzer Chor von Stimmen.

„Und wie war diese Liebkosung?"

Von hinten aus der Halle war zu hören: „Erfrischend."

Und in der Tat hatte auch ich so etwas wie ein Lüftchen durch meine Haare wehen gespürt, eine frische Brise, die mich erschauern ließ ... Und so war es auch anderen Personen ergangen, die nach der Zeremonie auf mich zukamen, um mir ihre Empfindungen zu schildern. Eine Person erzählte mir sogar, dass sie von hinten einen Schubs gespürt hatte, eine andere, dass sie an mehreren Körperstellen sanft berührt worden war, andere wiederum, dass sie auf einmal ein Wohlbefinden verspürt hätten, wie nie zuvor, usw. usw.

Und dann endlich die Anbetung mit innigem Flehen von Fra' Elia für die Heilung und die Anliegen aller Anwesenden: „... Nur du allein kannst es, mein Gott ... Streiche du sanft über ihren Rücken, über ihre Augen, über unsere Köpfe ... Befreie diese Mutter von ihren Qualen ..., dieses arme Kind ..., nur du kannst es! Wache über diesen unseren Bruder im Krankenhaus, der sich einer schweren Operation unterziehen muss ... Hilf diesem jungen Mann, der an einem Scheideweg seines Lebens steht. Hilf ihm bei der richtigen Wahl, nur du allein kannst es!"

Danach folgte der feierliche Segen.

Es war ein erhebender Tag, der bestimmt alle Anwesenden auf eine Ebene universellen Friedens und universeller Liebe erhoben hat. Das konnte man an ihren Gesichtern ablesen, ihren Augen, ihrem Lächeln. Langsam löste sich die Menge auf, lautlos, und auch wir gingen leichten Herzens zu unserem Wagen, in geringem Abstand gefolgt von unseren Freunden, die uns zuwinkten.

19. Februar 2002

Ein Tag Erholung und schon war ich wieder mit Fra' Elia unterwegs, diesmal das erste Mal in einem Flugzeug, auf dem Flug nach Brindisi. Vor dem Ablegen seiner Gelübde hatte er mir anvertraut, dass er bei diesem Anlass gerne seine Eltern dabeihaben würde. „Es wäre eine große Freude für sie ..., doch angesichts ihres Alters werden sie sicher nicht kommen! Deshalb machen wir es so: Da ich am 20. Februar Geburtstag habe, besuchen wir sie. So lernst du meine Familie kennen." Wir legten die Sicherheitsgurte an und rasch flogen wir mitten durch die Wolken. Fra' Elia, der neben dem Fenster saß, zeigte auf die Wolkenformationen.

„Sieh mal, das Universum ..., es ist genauso, wie du es von hier aus siehst; es gibt da mehrere Ebenen ... Schau dir diese Wolken an, sehen sie nicht aus wie Schlagsahne? Ich begebe mich darüber hinaus und je höher ich steige, desto feiner und strahlender wird das Licht ... Eines Tages, wenn du gelernt hast, dich ganz tief zu entspannen, werde ich dich mitnehmen ... Und wenn mein Engel mir die Erlaubnis dazu gibt, lasse ich auch dich diesen Rausch des Lebens erfahren!"

Dann rezitierte er folgendes Gedicht:

Du, der du im Unendlichen bist,
In deiner Majestät.
Wie ein Wächter,
der alle seine Kinder im Blick hat,
wachst du über sie, hörst ihnen zu.
Du, der sieht,
Du, der erwählt,
Du, der erlaubt,
Du, der liebt,
Du, der du ein großes und großmütiges Herz hast,
lehre uns zu lieben, so wie du liebst.

Fra' Elias Familie

Seine Eltern: Anna Argentieri und Carmelo Elia. Die Geschwister: Domenico, Paola Santa, Grazia, Cristina, Maria Fontana, Giuseppina, Antonio und ... Fra' Elia. Jeder von ihnen verheiratet, mit zwei bis vier Kindern. Wirklich eine wunderbare und große Familie.

Am Abend von Fra' Elias Geburtstag versammelten sich alle im Haus seiner Eltern, ein paar Vettern und Freunde mit eingeschlossen. Alles in allem um die sechzig Personen. Es war wie bei einem Hochzeitsempfang: Elias Schwester Maria Fontana hatte eine Reihe Süßigkeiten vorbereitet, die anderen Schwestern pikante Kuchen ... und überall waren weiße Blumen aufgestellt, um dieses ihr „außergewöhnliches" Brüderchen zu feiern, der, was sie noch gar nicht mitbekommen hatten, dabei war, sich von ihnen zu verabschieden, um sich Gott vollkommen zu schenken. Fra' Elia gab sich fröhlich, seine österlichen Leiden verbergend. Während alle von den Leckereien kosteten, bewegte er sich ungezwungen zwischen den Gruppen hin und her, dem Blick seiner Eltern ausweichend, die genau beobachteten, ob er auch etwas kostete. Aber er konnte nicht, seit Aschermittwoch fastete er, und wenn er auch nur einen einzigen Bissen hinuntergeschluckt hätte, hätte er mit seiner Seele dafür zahlen müssen. Auch ich schloss rasch Freundschaft mit allen, und da sie wussten, dass ich Fakten und Zeugnisse bezüglich Angehöriger und Freunde sammelte, erzählten sie mir Geschichten über unerklärliche Heilungen, Vorhersagen und die Geburt von Kindern, die auf die Welt kamen, obwohl ihre Eltern bereits jede Hoffnung aufgegeben hatten. Alle Anwesenden empfanden ein tiefes Gefühl der Dankbarkeit, im Bewusstsein, zu den Privilegierten zu gehören, die auf die eine oder andere Weise durch ihn Gnaden vom Herrn erhalten hatten. Mitten im Fest hielt Fra' Elia eine bewegende Rede, in der er sein Bedauern ausdrückte, dass sie am Tag seiner Gelübde als Apostel Gottes nicht hatten dabei sein können ..., und er erklärte ihnen seine Pläne. Dabei zeigte er ihnen offen seine große Freude, endlich wieder mit ihnen allen zusammen sein zu können. Dann schenkte er jedem einen Rosenkranz zum Andenken.

Wir blieben vier, fünf Tage im Haus seiner Eltern. Ich kann sagen, dass er sie so verwöhnt hat, wie es kein noch so ergebener Sohn hätte besser machen können. Wir fuhren auch aufs Land, um

Zichorien zu suchen, und ich erinnere mich daran, dass die Natur bereits in voller Blüte stand und gesprenkelt war mit Narzissen, Hyazinthen und Mandelbäumen. Bei der Gelegenheit machte ich ein nettes Foto unter einem riesigen, blühenden Mimosenbaum. Fra' Elia fastete weiter, nahm aber mit unveränderter Energie an allen Familientreffen teil, genauso wie er zu jeder Stunde eine Flut von Menschen willkommen hieß, die in sein Elternhaus kamen, um ihn zu begrüßen. Wenn er über Gott sprach, auch zu seinen Eltern, tat er es mit einer Autorität, die alle sprachlos zurückließ, sodass sie ihn mit fast ängstlichem Respekt anschauten, als ob dieser ihr jüngster Sohn gar nicht mehr zu ihnen gehörte, sondern allein zu Gott. Doch gleich danach verstand Fra' Elia sein Verhalten rasch wieder so zu verändern, dass er wieder nichts anderes als ihr Sohn war, der mit ihnen herumalberte und sie mit Zärtlichkeiten überhäufte.

Das Schönste bei diesem meinem ersten Kontakt mit seinem Umfeld war die Feststellung, dass unglaublich viele seiner Freunde, auch die aus seiner Kindheit, neben seinem Vetter Nicola und dessen Ehefrau Rosanna, seine Lehren befolgten. Sogar heute noch, längst verheiratet und mit Kindern, bleiben sie einander verbunden, gehen in die Kirche, finden sich am Vorabend großer Feste zum gemeinschaftlichen Gebet zusammen und immer, wenn Fra' Elia Weihnachten oder Ostern zu Besuch kommt, lassen sie keine Gelegenheit verstreichen oder verzichten auf ihre alte Tradition, sich zu Neujahr oder in den Sommerferien zum gemeinsamen Gebet zu treffen. Es ist ihnen zur Gewohnheit geworden, Gott vor allem anderen den ersten Platz in ihrem Leben einzuräumen. Eine großartige Lektion auch für mich.

Auf der Rückreise sagte Fra' Elia zu mir: „Heute Nacht habe ich meinen Engel nach dem Warum des Fastens gefragt ... und er hat mir geantwortet: 'Hast du Hunger?' 'Nein.' Es soll eine Prüfung für dich sein, die kundtut, dass du einzig und allein nach der Liebe Gottes hungerst, die sich Tag für Tag an dir manifestiert. Verstehst du?' 'Und was erwartest du jetzt von mir?' 'Fürchte dich nicht, alles wird dir offenbart werden. Du wirst die Kraft des Heiligen Geistes empfangen, die auf dich herabsteigen wird, und von ihr Zeugnis geben.'"

Wieder daheim hatte ich die große Freude zu erfahren, dass einer unserer Hauptlieferanten sich entschlossen hatte, unsere Firma zu kaufen. Wir kannten und schätzten uns seit zwanzig Jahren und waren sehr froh darüber, unsere Geschäfte zusammenzuführen. Fra'

Elia hatte auch das vorhergesehen. „Von den drei Interessenten ist es der mittlere, der kaufen wird“, hatte er zu uns gesagt und genauso geschah es. Mein Ehemann und ich würden noch mindestens ein Jahr als Berater in der Firma verbleiben. Wir entschlossen uns, mit dem neuen Eigentümer an der Cosmoprof teilzunehmen, der wichtigsten Messe auf unserem Gebiet, und unseren Messestand komplett neu zu gestalten, sowohl in architektonischer als auch in qualitativer Hinsicht. Wir wollten neue Produkte einführen und die ganze Gestaltung neu machen. Als ich Fra' Elia diese gute Nachricht übermittelte, war ich verblüfft, aus seinem Mund zu hören, was wir tun sollten, um Erfolg zu haben: „Ihr müsst an die vordere Wand ein gigantisches Poster hängen, das ein Kornfeld unter einem blauen Sommerhimmel zeigt. In die Mitte dein Logo ... Ich empfehle euch, das Engelchen gut ins Bild zu setzen ..., drumherum Menschen jeden Alters. Du solltest auch große Kornbüschel mit Mohnblumen aufstellen, um das ganze Ambiente aufzuheitern ..., und dann an jeder Wand deine Produkte ... Der Stand muss voller Heiterkeit und Licht sein.“

„In Ordnung Elia, ich werde es meinem neuen 'Chef' sagen“, scherzte ich.

Am nächsten Tag ging ich mit der festen Absicht zur Messevorbesprechung, Elias Vorschläge einzubringen, aber bevor ich überhaupt noch ein Wort hatte sagen können, sah ich schon am Tisch den neuen Entwurf für den Stand liegen, der genau das zeigte, was Fra' Elia sich vorgestellt hatte: ein weites Feld unter einem sommerlichen Himmel mit ein paar Wölkchen, in der Mitte das Logo, umgeben von Menschen jeden Alters.

„Wirklich eine schöne Arbeit!“, sagte ich.

Alles, was ich noch hinzufügen konnte, war, dass ich zwei riesige Kornbüschel mit Mohnblumen schön fände und der Engel noch etwas mehr ins Bild gerückt werden sollte. Wunsch genehmigt!

Fra' Elia hörte nie auf, mich in Staunen zu versetzen. Wahrscheinlich hatte er diese Idee im Geist des Grafikers gelesen und sie hatte ihm gefallen. Vielleicht!

Dann folgten die hektischen Tage der Messe, während denen Fra' Elia sich bei der Stiftung in Verona aufhielt. Wir hörten voneinander, wann immer es möglich war ..., oder über die üblichen Zeichen. Mein Ehemann und ich waren in einem komfortablen Hotel untergebracht und jeden Abend speisten wir in einem Salon, an dessen Decke fünfzehn bis achtzehn Lampen hingen, aufgereiht in drei Reihen. Eines abends, als ich hochblickte, bemerkte ich, wie eine Lampe in der zweiten Reihe leicht hin- und herschaukelte.

„Schau einmal auf die Lampe“, sagte ich zu Gualtiero.

„Sie bewegt sich, na und?“, erwiderte er mir lakonisch und aß ruhig weiter. „Es war sicher der Kellner, der im Vorbeigehen einen Luftzug verursacht hat!“

Ich schaute genauer hin und zwei weitere Lampen, die rechte in der dritten Reihe und die letzte in der vierten, drehten sich um sich selbst, obwohl kein Kellner vorbeigegangen war. Dann ist es also Fra' Elia, der mir Grüße schickt, dachte ich und sagte nichts mehr.

Die Messe ging schnell vorbei und vor dem anschließenden Treffen in Spinea rief Anna mich noch aus Verona an, um mir mitzuteilen, dass Signora Adriana (die Frau, die Elia ihr großes Haus hatte vermachen wollen) angerufen hätte, weil sie ihre Baupläne zurückhaben wollte und dass diesbezüglich nichts mehr zu machen wäre. Offen gesagt, ich verstand ihre Motive nicht, und abgesehen von der bitteren Enttäuschung hatte ich nun auch keine Lust mehr, mich mit der Signora noch einmal in Verbindung zu setzen. Fra' Elia enthielt sich jeden Kommentars.

Tage des Leidens und der Freude

Wir waren mitten in der Fastenzeit und es fehlten nur noch fünfzehn Tage bis Ostern. Elia, der seit dem Tag nach Aschermittwoch fastete, war abgemagert und erschöpft von den vielen schlaflosen Nächten, in denen er häufig vom Bösen heimgesucht wurde. Doch wollte er auf das gewohnte monatliche Treffen in Spinea nicht verzichten, da ihn so viele Seelen dort brauchten. Mariucca (die Organisatorin dieser Gruppe) hatte uns gebeten, die privaten Gespräche auf den Freitag vorzuverlegen, da sich schon hunderte von Personen angemeldet hätten. Deshalb trafen wir bereits um 14.30 Uhr in der Halle ein. Elia empfing alle in dem kleinen Raum neben der Sakristei. Der Tag endete zur Abendessenszeit, und als Fra' Elia endlich wieder zum Vorschein kam, um heimzufahren (zu unserem Freund

Ugo, der uns wie immer bei sich aufgenommen hatte), fand ich, dass er besonders blass aussah. Seine Stirn war bereits mit feinen, rötlichen, zwei Zentimeter langen Wundmalen gezeichnet, die den ganzen Kopf umrundeten. Mein Erstaunen war groß, auch weil es das erste Mal war, dass ein solches Phänomen bereits vor der Karwoche auftrat. Er selbst war sich dessen noch gar nicht bewusst. Er erklärte mir nur, dass er ein akutes Brennen am Kopf verspürte, während er ihn betrübt abtastete.

Schon am Morgen vor unserer Abreise war mir aufgefallen, dass sich seine Wundmale, die ihn brennend schmerzten, an beiden Seiten der Handwurzeln verändert hatten. Auch die Wunden an den Füßen waren sichtlich vergrößert. Ich wagte jedoch nicht, ihn zu bitten, mir seinen Brustkorb zu zeigen, auch weil ich sah, dass er etwas nach vorne gebeugt ging, und deshalb annahm, dass sich die Brustwunde bereits geöffnet hatte.

Als wir abends zu Ugo zurückkehrten, trank Fra' Elia nur eine leichte Gemüsebrühe und zog sich danach gleich auf sein Zimmer zurück. Da wir alle müde waren, taten wir nach dem Abendessen dasselbe. Es gelang mir nicht einzuschlafen, wahrscheinlich auch, weil ich wegen Elia ziemlich beunruhigt war. Wie auch immer, ich nahm das große Kreuz in meine Hände, das Elia mir zu Beginn der Fastenzeit um den Hals gehängt hatte, und sofort beruhigte ich mich. Vielleicht hatte er es mir genau dafür geschenkt? Er hatte nichts gesagt und ich hatte ihm keine Fragen gestellt.

Ich fiel sogleich in eine Art unruhigen Halbschlaf, aus dem ich in stetem Wechsel aufwachte und wieder einschlief. Beim ersten Licht der Morgendämmerung trat eine Frau in mein Zimmer, die ich noch nie gesehen hatte. Nachdem sich mein Erstaunen etwas gelegt hatte, dachte ich, sie müsse eine Hausangestellte von Ugo sein, die sich nicht an meine Ankunft erinnerte. Sie war eine große Frau, knochig und muskulös, wenn auch ein wenig eingefallen im Bereich des Abdomens. Sie hatte breite Schultern und an ihren Händen sah man die Knöchel hervortreten. Sie war hässlich, wenn auch nicht allzu hässlich. Das eckige Gesicht zeigte eine dunkle und runzelige Haut. Ihre Haare waren grau und hinten zusammengebunden, doch ein paar fettige Strähnen fielen ihr unschön ins Gesicht. Bekleidet war sie mit einem karierten Rock, einem bunten T-Shirt und einer kamelhaarfarbenen Weste. Sie blieb wie angewurzelt in etwa drei bis vier

Metern Entfernung stehen, während ich sie fassungslos anstarrte.

„Weißt du, warum du das alles für Elia tust?", fragte sie mich mit finsterer Miene.

Und ohne mir überhaupt die Gelegenheit zu geben, meine Fassung wiederzugewinnen, bezichtigte sie mich einer Reihe so unedler Motive, der schlimmsten, der beschämendsten, die man sich überhaupt nur vorstellen kann. Ich fühlte mich verletzt, gekränkt, gedemütigt und unfähig zu antworten, vor allem, als ich plötzlich unsere teuren Freunde Ugo, Mariucca und ihren Ehemann neben meinem Bett stehen sah, und hinter der Wand (die auf einmal verschwunden war) Elia, aufrecht, in seinem weißen Gewand, die ganze Szene mit seinen großen leuchtenden Augen beobachtend, mit wachsamer Miene, sehr ernst und sehr besorgt. Vor Scham wäre ich am liebsten im Boden versunken! Dann verschwand alles und ich glaubte, ich hätte nur schlecht geträumt. Und dennoch, alles erschien so real! Und plötzlich schoss mir durch den Kopf, dass der Satan zornig auf mich sein könnte, wie auf alle, die sich dafür einsetzten, Fra' Elia in der Welt bekannt zu machen, und mir deshalb etwas Übles antun wollte.

Beim Frühstück versuchte ich das Geschehene Fra' Elia wenigstens teilweise zu erzählen, aber er unterbrach mich sogleich. „Nur Mut!", sagte er zu mir. „Sag schon, was hat er zu dir gesagt ..." Und nachdem ich das Allerschlimmste irgendwie herausgebracht hatte, verstand er. Danach gestand ich ihm, dass ich auch ihn gesehen hatte, wie er auf war, in seinem Zimmer, und wie er mich beobachtet hatte.

„Ja, ich bin aufgestanden ... Er kam auch zu mir", fügte er ohne einen weiteren Kommentar hinzu. „Und er ist noch hier, ich sehe, wie er sich herumtreibt, von einem Zimmer zum anderen, aber du brauchst keine Angst zu haben ... Du wirst von Gott beschützt und im Übrigen hast du ja mein Kreuz ..."

Deshalb also hatte er es mir zu Beginn der Fastenzeit gegeben! Elia wusste, dass es auch für mich gefährlich werden könnte!

„Wie siehst du ihn, Elia?"

„Er ist wie ein dunkler Schatten."

Unmittelbar darauf folgte ich ihm, noch immer ein wenig durcheinander, zusammen mit Ugo und Mariucca in die Halle, wo bereits eine große Menschenmenge wartete.

Samstag, 16. März

Elia, allein in dem gewohnten kleinen Saal, hatte sich entschlossen, ausschließlich Gruppen von je fünf Personen auf einmal zu empfangen, um alle zufrieden stellen zu können. Und so kam zusammen mit den anderen auch ein junges Mädchen mit ihrer Mutter zur Tür herein, welche es schaffte, ihm eilig zuzuflüstern, dass diese besessen sei. Elia verzog keine Miene, bedeutete den anderen, den Raum zu verlassen, und blieb allein mit Mutter und Tochter zurück. Die Mutter fing an zu schreien wie eine Tollwütige, während Elia ganz langsam sein großes Kreuz hervorzog und es, immer noch langsam, gleichsam spielerisch, in Richtung der Mutter hielt.

Doch zu seinem großen Erstaunen lenkte sein Engel Lechitiel seine Hand zur Tochter hin, die, da sie sich den himmlischen Kräften nicht zu widersetzen vermochte, mit einem Fluch zu Boden stürzte. Fra' Elia, mit Hilfe Lechitiels, reagierte prompt, indem er sie mit dem Knie am Boden festhielt und ihr mit der ganzen Kraft seines Herzens und Geistes das Kreuz an den Hals presste, wodurch es ihm wie immer gelang, das Böse zu vertreiben. Niemand von uns sagte etwas, weder ich noch die Ordnungskräfte, noch jemand anderes, als wäre nichts geschehen. Etwas später ein ähnlicher Fall ... Von draußen waren Schreie zu hören, doch Elia stellte keine Frage und auch wir blieben gelassen.

Als Elia uns am Mittag in den kleinen Raum rief, wirkte er mitgenommen und konnte sich nur noch mühsam bewegen. Draußen wartete jedoch Monsignore F. mit einigen Leuten auf ihn und war überglücklich, ihn begrüßen zu dürfen. Auch dem Monsignore fiel auf, dass Elia erschöpft und sehr blass aussah, ohne auch nur im entferntesten etwas von dem ungeheuren Kampf zu ahnen, dem er sich gerade erst gestellt hatte. Die Wundmale an seinem Kopf waren deutlich zu sehen und deshalb ließ ihn der Monsignore in einer Ecke der Halle Platz nehmen. Von den anderen abgeschirmt verbrachten sie dort ein paar Minuten, einer die Hand des anderen haltend, in leiser Unterhaltung. Ich passte aus der Ferne auf, dass sie ungestört blieben. Dann rief der Monsignore nach mir und ich eilte zu ihm.

Der Monsignore sagte mir gleich, dass Elia sich in dieser Periode nicht so großen Anstrengungen unterziehen dürfte und alle Termine für den Nachmittag abgesagt werden müssten, da es ihm sehr schlecht ging. Ich schaute ihn an und sah, dass er in der Tat auffallend blass war. Er blieb reglos sitzen, unfähig, von selbst aufzustehen. Ich rief sofort Luigi und gemeinsam mit dem Monsignore halfen wir ihm hoch, um ein paar Schritte mit ihm zu gehen, doch Elia schaffte es nicht und stürzte bewusstlos zu Boden. Wir eilten alle zu ihm hin, ohne zu wissen, was wir tun sollten. Er lag völlig reglos am Boden, die Augen geschlossen, und ungeachtet all unserer Bemühungen kam er nicht wieder zu sich. Mariucca rannte ihm ein Kissen holen, ich einen heißen Tee, jemand anderes eine Decke... Alle rannten kopflos hin und her, nur der Monsignore zeigte sich der Situation gewachsen, kniete sich neben ihn hin, nahm seine Hand und sagte: „Bleibt ganz ruhig, es handelt sich hier um eine mystische Krise."

Plötzlich schlug Elia die Augen auf und behielt sie offen, auf einen Punkt im leeren Raum fixiert. Mein Gott, sie waren glasig, und mir wurde sofort klar, dass er weder mich noch irgendjemand von uns sah. Doch seine Lippen bewegten sich kaum merklich, lächelten ... Mit wem redete er da?

Die Momente, die folgten, schienen endlos ..., dann hob Elia plötzlich seinen rechten Arm hoch, so, als würde er ihn jemandem entgegenstrecken, der ihm beim Aufstehen behilflich war ... Und tatsächlich erhob er sich ganz von allein mit einer großen Leichtigkeit, mit Hilfe einer über uns waltenden höheren Kraft, die direkt vor ihm zu stehen schien ... Sofort umarmte Elia den Monsignore und sie unterhielten sich ein paar Augenblicke miteinander. Alle Leute, die in der Halle geblieben waren, dankten Gott, dass er ihnen die Möglichkeit gegeben hatte, bei einem so übernatürlichen Ereignis dabei sein zu dürfen, während ich und unsere Freunde Elia heimbegleiteten, damit er sich für einige Stunden erholen konnte.

In jedem Fall waren für den Nachmittag noch neun Personen übrig, die Elias Hilfe nötig hatten, und so zog er es vor, die gut gemeinten Ratschläge des Monsignore in den Wind zu schlagen, um die Erwartungen jener Leute nicht zu enttäuschen. Später dann, um 16.00 Uhr, wurde Heilige Messe gefeiert, feierlich und bewegend wie immer.

Sonntag, 17. März

Bereits um neun Uhr waren wir wieder in der Halle. Eine riesige Menschenmenge hatte sich eingefunden und Elia machte sich sofort an die Arbeit. Ein Priester, der uns sehr nahe steht, eilte mir lächelnd entgegen und sagte: „Ein Herr, der seit fünfzig Jahren keine Kirche mehr betreten hat, hat dein Buch gelesen und war so bewegt, dass er jetzt hierher kam, um den Herrn wieder zu finden ..."

Bei diesen Worten hatte ich vor lauter Freude das Gefühl, vom Blitz getroffen zu sein. „Das ist ein wirkliches Wunder!", dachte ich. „Herr, ich danke dir!"

Inzwischen waren ein paar Leute auf mich zugekommen, die von Elia bereits empfangen worden waren: ein Herr, der mir schon bekannt war und nur mühsam seine Tränen zurückhalten konnte, wegen seiner akuten Schmerzen in den Gelenken, im Rücken, in der Halswirbelsäule ... Er war schon das vierte Mal hier, um eine Gnade zu erflehen, und gab nicht auf, obwohl es ihm an diesem Tag besonders schlecht ging. Er begrüßte mich, um danach mit seiner Frau noch einmal wegzugehen. Beide wollten am Nachmittag für die Heilige Messe wiederkommen. Danach wandte sich ein junges Ehepaar an mich, Elisabetta und Giuliano, die mich um einen Kräutertee baten, um ihre Anspannung zu lindern. Die junge Frau weinte, verzweifelt, weil sie ihr erstes Kind erwartete und die Ärzte eine Missbildung diagnostiziert hatten. Es sah ganz so aus, als würde ihr Kind nicht gesund zur Welt kommen. Was für ein Kummer! Dann war da noch eine kleine Familie, bestehend aus Großmutter, Mutter und zwei Enkelkindern, einem Junge und einem Mädchen. Der kleine Junge von etwa drei Jahren litt an stechenden Kopfschmerzen. Bereits von zahlreichen Ärzten behandelt, war es keinem einzigen gelungen, ihn von seinen Kopfschmerzen zu befreien. Eines Tages hatte die Großmutter das Buch über Elia gelesen und sogleich war ein großer Friede über sie gekommen. Von da an hatte auch der Kleine weniger Schmerzen, sodass die ganze Familie sich entschloss, nach Spinea zu fahren, um mit Elia zu beten und um eine vollständige Heilung zu bitten.

Die Zeremonie begann am Nachmittag um 15.00 Uhr mit einem reinigenden Segen. Ein Priester schritt gemeinsam mit Elia durch die anwesende Menge und besprengte alle mit Weihwasser, um sie auf die Heilige Messe vorzubereiten, die diesmal wie durch ein Wunder von vier Priestern zelebriert wurde. Elia und ein anderer Diakon fungierten dabei als Geistliche. Elia war der dritte, der eine Ansprache halten sollte. Wie immer sprach er von Liebe und Vergebung und auch von sich selbst, als fühlte er sich all diesen Menschen, die ihm schon seit so vielen Monaten nachfolgten, verpflichtet, Erklärungen zu geben.

Dann fügte er hinzu: „Unsere Wissenschaft ist mittlerweile auf höchstem Niveau angekommen. Über aller Wissenschaft jedoch steht Gott, der keine Grenzen kennt ... Bitten wir jetzt Jesus, in unsere Mitte zu kommen. Opfern wir ihm unsere Leiden auf und meditieren wir darüber, was es heißt, seinen göttlichen Geist auszukosten. Sprechen wir gemeinsam: Jesus, hier bin ich, ich öffne dir mein Herz, tritt ein mit deiner Gnade, es ist mein Wunsch, weil ich dich liebe...“

Es folgten ein paar Momente vollkommener innerer Sammlung in absoluter Stille. Wie immer blickte ich bewegt auf Elia. Ich sah, dass er etwas im leeren Raum fixierte, über die Köpfe der Menschen hinweg. Ich machte auch Mariucca, die neben mir stand, darauf aufmerksam.

Dann fuhr Elia fort: „Jesus, berühre du sanft die Brust dieser jungen Frau und heile sie, nur du allein kannst es ... Streichle du den schmerzenden Kopf dieses Kindes ..., die Arme, die Beine, den Rükken, die Knie dieses meines leidenden Bruders. Lass diese Mutter nicht so leiden, befruchte du den Leib dieser Mutter, die kein Kind bekommen kann, nimm du dich des Schmerzes dieser meiner Schwester an ..., nur du allein kannst es ...“

Es waren Momente tiefer innerer Bewegung, intensiven Gebets, die ganz bestimmt zum Himmel hochstiegen. Dein Glaube wird dich gesund machen, dachte ich, mich an all die Personen erinnernd, die sich am Morgen mit mir unterhalten hatten. Bei dem Versuch, zu Anna und Gian (die Organisatoren der Treffen von Verona) durchzukommen, die neben dem Altar standen, ging ich, ohne es zu merken, hinter einer seltsamen Frau vorbei, der ich möglicherweise mit dem großen Kruzifix, das Elia mir geschenkt hatte, zu nahe gekommen war. Welch ein Augenblick! Mit einem blitzartigen Ruck wandte die Frau sich zu mir um und schlug voller Wut wiederholt auf meinen rechten Arm ein. Die Ordnungskräfte hielten sie fest und jemand zog mich weg. Inzwischen war Elia mit einem Satz bei ihr und beruhigte sie. Und wieder einmal sollte ich den Beweis bekommen, dass das Böse das Gute fürchtet...

Und schon war es wieder Abend. Diese wundervollen Stunden des Gebets, des Friedens und des kollektiven Gefühls der Einheit vergingen immer wie im Flug. Ich sah die Augen der Kinder stumm auf Elia gerichtet, jedes seiner Worte in sich aufsaugend. Ich sah, wie Kranke lächelnde Gesichter bekamen, die Miene Verzweifelter sich in Hoffnung verwandelte, und das tröstete mich und erfüllte mich mit immenser Freude.

Dann wurde Elia, blasser als je zuvor, in die Sakristei geführt. Ich folgte ihm. Bevor wir gingen, warf ich noch einen Blick nach draußen. Die Leute wollten einfach nicht weggehen. Wir entschlossen uns, uns trotzdem auf den Weg zu machen. Beschützt von unseren Freunden liefen wir zu unserem Wagen. Kleine Grüppchen folgten uns, lächelnd, uns einen Gruß zuwinkend. Ihre Augen strahlten.

Während der Fahrt fragte ich Elia: „Ich und Mariucca haben gesehen, wie du in der Menge etwas fixiert hast ... Was hast du gesehen?"

Er antwortete: „Du kannst dir gar nicht vorstellen, was für ein Licht ich über einigen Personen leuchten sah."

„Waren es die Leute, die du erwähnt hast?"

„Ja."

Später dann, von daheim, rief ich unseren Verleger Piero Mantero an. Auch er fühlte sich seit zwei Tagen nicht wohl. Es handelte sich weder um eine Grippe noch um irgendeine andere bekannte Krankheit. Nun, wir würden ja noch sehen, ob das Böse auch ihn bezahlen ließ.

Noch am Abend unserer Heimkehr nach Bergamo, am Sonntag, dem 17. März, rief Fra' Elia bei mir an: „Meine Pendeluhr hat ihre Zeiger um zwei Stunden vorgestellt ... Niemand hat das Zimmer betreten und, seit ich wieder zurück bin, schlägt sie jede Viertelstunde. Ich weiß nicht, was mit ihr los ist, so etwas hat sie noch nie gemacht ..."

Seine Stimme klang fast ein wenig amüsiert, gleichzeitig aber auch verwundert.

„Na, was will sie dir damit wohl sagen?", erwiderte ich.

„Ich glaube nicht, dass das ein Zeichen ist ... Mir kommt es eher vor wie ein Alarm ...", fügte er nachdenklich hinzu.

Am nächsten Morgen ging ich zu ihm. Und in der Tat war die Uhr vollkommen funktionstüchtig, doch die Glocke wollte nicht aufhören, jede Viertelstunde zu schlagen. All das klang mir sehr nach einem Alarm ..., Alarm wofür?

„Fra' Elia, ich habe da eine Idee ... Ich fahre heim und schaue in einem Atlas nach, welche Nation uns in der Zeit um zwei Stunden voraus ist ... Sicher wird es Israel sein ..., vielleicht befindet sich das Land gerade in Gefahr ... Ich rufe dich später an."

Daheim erwartete mich meine Freundin Gabriella, und ohne ihr den Grund zu nennen, bat ich sie, mir zu helfen, im Atlas etwas zu suchen. Wir suchten gemeinsam ... Es war der Irak.

Während ich hier schreibe, tobt in genau diesem Land der Krieg, und wie wir alle wissen, fing er am 19. März an, genau ein Jahr nach diesem „Signal", das Elia empfing. Auch mir erschien das ganz unfasslich ..., vor allem, wenn man bedenkt, dass ich mich nicht einmal mehr an die Sache erinnert hatte! Und ausgerechnet heute habe ich zufällig die Notiz wiedergefunden, auf der ich damals neben dem Wort Irak „Neues Babylon" hingekritzelt hatte. Ganz sicher hat Fra' Elia mir das damals diktiert, ich erinnere mich nicht mehr daran. Eines aber weiß ich sicher, dass weder er noch ich die Botschaft damals verstanden haben. Wie auch immer, die Pendeluhr hörte genau an diesem Tag auf zu schlagen.

Ostern 2002

Wir trafen am Mittwoch in der Karwoche bei Pater Oronzo ein. Fra' Elia ging es gar nicht gut, er war von dem langen Fasten erschöpft, wie auch von den starken Schmerzen in den Knochen, ganz besonders in der Schulter. Er hatte zehn Kilo abgenommen.

Pater Oronzo erwartete uns um 16.00 Uhr in seiner Kirche, wo er die Messe zelebrieren musste, an der wir zusammen mit seiner Gemeinde teilnahmen. Plötzlich wurde die Kirche von einem intensiven Duft durchdrungen und die Leute begriffen sofort, dass Elia eingetroffen sein musste. Ein paar Leute drehten sich nach ihm um, da sie jedoch über die Situation Bescheid wussten, waren sie nicht allzu aufdringlich. Obwohl Elia schon seit ein paar Jahren die Tage seiner Passion im Kloster von Pater Oronzo in Trevi verbrachte (außer im ersten Jahr, in dem er in seiner Wohnung in Bergamo geblieben war und ich ihm beistand), wussten die wenigsten davon. Fra' Elia hatte seine „Mysterien" niemals öffentlich machen wollen und Pater Oronzo hatte darin völlig mit ihm übereingestimmt. Wie und wann der richtige Moment gekommen sein würde, bestimmte allein der Herr, sagten sich die beiden Brüder immer wieder. Und so kam es, dass dies ausgerechnet während jener Ostertage der Fall sein sollte.

Gleich nach Erscheinen des Buches fragten sich nämlich die Gemeindemitglieder Pater Oronzos, wer dieser Bruder im weißen Gewand sein könnte, der hin und wieder hierher kam und ihre Gemeinde besuchte. Die Antwort war ihnen bald klar, in Kombination mit dieser unverwechselbaren Duftwolke, die seiner Person entströmte. Ganz klar, das musste dieser Bruder sein! Die Neuigkeit verbreitete sich in Windeseile.

Mittwochabend wurde Fra' Elia in seine Zelle geleitet. Pater Oronzo hatte für die Verbände für Brustkorb, Hände und Füße vorgesorgt. Wie auch für einen Bruder, der ihm half, sich in das Bett zu legen, das bereits mit mehreren Lagen weißer Frotteehandtücher ausgelegt war, die bald mit duftendem Blut, vermischt mit Wasser, getränkt sein würden ... Auf die Kissen hatte er ein paar Frotteetücher gelegt, welche die üppigen Rinnsale aus Blut, die aus den Kopfwunden, aus den Augen und Ohren quellen würden, aufsaugen sollten. Er legte ein großes Kreuz, zusammen mit seiner Stola und seinem Messbuch, auf die Kommode und stellte ein Glas Wasser auf das Nachtschränkchen. Danach blickte er sich um, um zu sehen, ob noch etwas fehlte, während ich in einem Eckchen dastand und zuschaute.

Alles würde um Mitternacht seinen Anfang nehmen. Doch Fra' Elia war schon ziemlich „gezeichnet", müde und sicher auch schon umgeben von himmlischen Scharen, die ihm während der langen Stunden seiner quälenden Todesangst beistehen würden. Sicherlich hatte er jetzt auch kein Verlangen mehr nach unserer Gesellschaft und deshalb verabschiedeten wir uns. Das Zimmer war erfüllt von einem lieblichen Rosenduft. Pater Oronzo und ich vereinbarten, uns am nächsten Morgen wieder hier zu treffen, bevor er zu den Klarissen gehen musste, um mit ihnen die Frühmesse zu feiern. Doch davor wollten wir noch seine Stola und sein Messbuch aus Elias Zimmer abholen.

Gründonnerstag

Was sich am Morgen unseren Augen darbot, war ein Fra' Elia, der ohne sich zu rühren ausgestreckt im Bett lag, die Augen geschlossen, den Kopf in einer großen Blutlache, die das darunter liegende Frotteetuch bereits durchnässt hatte. Seine Arme waren der Länge nach aufs Bettlaken gestützt, die Hände mit breiten Verbänden eingewickelt, die ebenfalls schon mit dem typischen rosafarbenen Blut befleckt waren. Paradoxerweise hatte ich das Gefühl, in ein wunderbares, berauschend tropisches Gewächshaus eingetreten zu sein. Wie schon im Jahr zuvor nahm ich auch diesmal in dem Raum augenblicklich wieder die Gegenwart seltsamer Präsenzen wahr. Einen Moment lang war ich verwirrt, während Pater Oronzo zu ihm ans Krankenbett ging, um ihm ein paar blutige Tränen abzutrocken, die aus dem Gewinde von Schnitten auf seiner gemarterten Stirn flossen, ähnlich dem Dornengeflecht eines Brombeerstrauchs. Elia zuckte mit schmerzverzerrter Miene zurück und öffnete einen Spalt weit die Augen, die von Tränen verschleiert waren. Er lächelte uns an. „Ich habe dir die Eucharistie mitgebracht", flüsterte Pater Oronzo ihm zu. Er nahm seine Stola, gemeinsam rezitierten wir die Psalmen und empfingen die Kommunion. „Ich muss jetzt los, um die Häuser und Wohnungen zu segnen ...", erklärte er, bevor er sich auf den Weg machte. Ich nahm einen Stuhl und setzte mich an sein Bett. Fra' Elia war nicht völlig bei Bewusstsein, doch aus seinem Mund vernahm ich folgende liebliche Poesie: „Oh Herr, ich bin hier, um dich anzuflehen ... Mach mit mir, was du willst, weil deine Gnade mehr zählt als mein Leben ..."

Die Stunden verstrichen nur langsam. Hin und wieder benetzte ich Fra' Elias Mund, und wenn er wieder zu sich kam, führte ich ein paar Besucher zu ihm, die gekommen waren, um ihn zu sehen; unter ihnen Monsignore F. aus Padua, Passionistenpatres aus dieser Gegend, einen Priester und eine Ordensschwester aus Polen, ein paar Gemeindemitglieder Pater Oronzos und auch Elias berühmter Vetter Nicola mit weiteren Verwandten und Freunden, die extra aus Apulien angereist waren.

Und genau während dieser Ostertage geschah das erste Wunder in Umbrien! Das Wunder einer erstaunlichen Bekehrung nahm an diesem Donnerstag seinen Anfang. Es war die Ehefrau, die Pater

Oronzo und mich darüber informierte. Sie erzählte uns nämlich, dass ihr Ehemann, der dreißig Jahre lang keine Kirche mehr betreten hatte, plötzlich den Wunsch geäußert hatte, zur Beichte gehen zu wollen. Und all das geschah nur, weil sie ihn gebeten hatte, sie zu einem Besuch bei Fra' Elia zu begleiten (seine eigenen Worte)! Nachdem er Fra' Elia von Angesicht zu Angesicht gegenübergestanden hatte, wurde er auf der Stelle von Gnade übermannt. „Gott sei's gedankt", lautete dazu Elias einziger Kommentar.

Am Abend, nachdem Pater Oronzo von einem anstrengenden Tag mit Haussegnungen wieder zurückgekommen war, gesellte er sich ein Weilchen zu uns.

„Heute habe ich das Geheimnis nicht länger für mich behalten können ...", sagte er kopfschüttelnd. „Nach der Messe kam die ganze Gemeinde zu mir, um an mir herumzuschnuppern ... Was hast du denn gemacht, Pater Oronzo? Eine ganze Flasche Parfüm über dich gegossen? Natürlich musste ich eine Erklärung abgeben", präzisierte er die Sache in entschiedenem Tonfall, während er mir seine Stola reichte. Ich roch daran. Und in der Tat, sie schien durch und durch mit allerbester Rosenessenz getränkt zu sein.

Nach einem bescheidenen Abendessen kehrte ich in Fra' Elias Zimmer zurück. Ich wusste, dass ich, wie schon im Jahr zuvor, bis 21.30 Uhr bei ihm bleiben durfte. Ich bemühte mich keinen Lärm zu machen und setzte mich neben ihn. Mir schien, seinem Stöhnen nach zu schließen, dass er von akuten Schmerzen geplagt wurde. Er öffnete fiebrige Augen. „Gib mir deine Hand ...", murmelte er. Wie versteinert gab ich sie ihm. Wie ein Sterbender, so suchte auch er Trost bei einem anderen menschlichen Wesen. Ein paar Sekunden lang drückte er meine Hand, um sie dann wieder loszulassen, als sei ihm kein Trost erlaubt.

21.00 Uhr – „Schau, mein Stern ..."

In dem Glauben, er befände sich im Delirium, kniete ich mich neben ihn, um ihn besser verstehen zu können.

„ ... auf der rechten Seite des Fensters ... Er kommt gerade ..., wie jedes Jahr und jede Nacht während meiner Passion ..."

Ich blickte zum Fenster und suchte den Sternenhimmel ab. „Siehst du, wie er tanzt? ... Sieh nur, sieh, wie er auf uns zukommt!"

Optische Täuschung oder nicht, auch ich sah, wie er mit unglaublicher Geschwindigkeit auf uns zuraste, um dann für ein paar

Minuten anzuhalten, und dann schnell wieder seinen Tanz aufzunehmen, wobei er zuerst nach rechts, dann nach links drehte, nach vorne und nach hinten, manchmal beinahe trippelnd wie ein glücklicher Marienkäfer im Frühling.

Um besser sehen zu können, löschte ich das Licht. Der Stern fuhr in seiner Festtagslaune unermüdlich fort, zwischen den Fixsternen herumzukreisen, und auch meine Seele segelte selig in dieses freudetaumelnde Firmament hinein, an der Seite Elias. Das Ganze spielte sich in etwa zwanzig Minuten ab, die mir wie eine Ewigkeit vorkamen.

Karfreitagmorgen

Bevor ich zu Fra' Elia hochging, wartete ich, bis Pater Oronzo von der Messe zurückkam.

„Pater Oronzo, ich muss dir etwas erzählen ...“, sagte ich ganz aufgeregt zu ihm. „Du willst mir doch nicht etwas von dem Stern erzählen wollen, ich bitte dich“, antwortete er mir scheinheilig.

„Wie kommt es, dass du darüber Bescheid weißt?“

„Seit Jahren spricht Elia zu mir darüber ..., aber mir ist es noch nie gelungen, ihn zu sehen.“

„Mir schon, Pater Oronzo ..., und ich habe ihn genau gesehen. Erst sah ich ihn rechts vom Fenster, und nachdem er anhielt, erschien er links davon.“

„Schon gut, aber jetzt wollen wir mit Fra' Elia beten ..., danach muss ich mich wieder weg, um weitere Häuser zu segnen.“

Elia war wach und erwartete uns in seinem Schmerzensbett. Wie schon am Tag zuvor trocknete Pater Oronzo ihm die Stirn mit einem Leinentüchlein ab, an dem bereits ein intensiver Duft haftete. Wir beteten die Psalmen und empfingen die Kommunion. Dann machte sich Pater Oronzo wieder auf den Weg.

„Wie spät ist es?“, erkundigte sich Fra' Elia alle fünf Minuten bei mir. „Vier Stunden noch ...“ seufzte er. In dem Bemühen, auf andere Gedanken zu kommen, wechselte er das Thema. „Viele Engel sind hier, die auf mich warten ... Heute Nacht haben sie mich zum Heiligen Vater geführt und wir haben ihn therapiert ... Er hat uns wahrgenommen und uns die Hand gedrückt ... Aua, meine Schulter ... Wie spät ist es?“

Immer war es die Schulter, die ihn am meisten schmerzte, ob während der Passion oder an jedem Freitag. Fra' Elia hat immer wieder zu mir gesagt: „Ihr könnt euch nicht vorstellen, was für ein Feuer dort in mir tobt!"

Ein paar Monate später, als ich mich mit einer gemeinsamen Freundin über das Thema unterhielt, erfuhr ich von ihr, dass der Heilige Bernhard, der Abt von Chiaravalle, den Herrn eines Tages während einer Anbetung gefragt hatte, was ihm während seiner Passion die meisten Schmerzen verursacht hätte. Jesus habe ihm geantwortet: „Ich hatte eine Wunde an der Schulter, drei Finger tief, und drei offene Knochen, verursacht durch das Gewicht des Kreuzes. Jene Wunde hat mir die größte Qual und mehr Schmerzen als alle anderen zugefügt, etwas, das den Menschen nicht bekannt ist. Aber den gläubigen Christen wurde es enthüllt. Ihr sollt wissen, was immer für eine Gnade im Gedenken an diese Wunde von mir erbeten wird, wird gewährt werden, genauso wie die Bitten all jener, welche diese aus Liebe zu mir mit drei Vaterunser, Ave Maria und drei Gloria am Tag ehren."

Fra' Elia wechselte von Phasen der Bewusstlosigkeit in luzide Phasen, in denen er Besucher empfangen, ihnen zuhören und sich ihrer Sorgen annehmen konnte. Er schonte sich noch nicht einmal in diesen schmerzlichen Momenten und für jeden fand er ein Wort der Ermunterung und Liebe. „Ist dir kalt?", fragte er mich oft. „Das tut mir Leid."

Oft hörte ich ihn beten: „Ich danke dir, Herr, für alles, was du tust ..., weil du auch denen deine Gunst erweist, die dir noch fern sind. Ich danke dir dafür, dass du uns mit deiner Gnade immer nahe bist. Mit deiner Liebe beschützt du uns und lässt uns am himmlischen Mahl teilnehmen."

Und er sagte auch wunderschöne Dinge zu verschiedenen anderen Themen: „Zur Bekehrung gelangt man schrittweise ..., eine Initialzündung allein genügt nicht ... Man kann nicht sagen: 'Ich bin jetzt erlöst, weil ich meinem Gewissen folge'. Und ich kann nicht sagen: 'Ich stehle nicht, ich zahle meine Steuern, ich betrüge meine Frau nicht, also befinde ich mich in der Gnade Gottes'... Man muss demütig sein und Gott jeden Tag aufs Neue suchen ... Auf diese Weise wird er eines Tages unseren Weg kreuzen ..., an irgendeinem Ort, und uns Liebe und Vergebung schenken."

Inzwischen fuhr Pater Oronzo fort, ein Haus nach dem anderen zu besuchen, um den Ostersegen zu spenden. Dabei war es ihm unmöglich, den Duft zu verheimlichen, der seiner Person entströmte. Alle erkundigten sich, woher der Duft stamme, sodass er gezwungen war, eine Erklärung abzugeben. Sein Auto glich einem duftenden Gewächshaus und jedes Mal, wenn er die Tür aufmachte, folgte der Duft ihm vorlaut und breitete sich in alle Richtungen aus. Sogar als er eine Pizzeria segnete! Also musste er auch dort eine Erklärung abgeben. Danach begab er sich zu einer Familie außerhalb der Stadt, und um nicht schon wieder in Erklärungsnöte zú geraten, nahm er, bevor er ins Haus trat, die Stola ab und gab sie Samuel, einem Kind von sechs Jahren, in der Hoffnung, dadurch der vielen Fragerei zu entgehen. Doch das Kind rannte augenblicklich hinter ihm her ... „Bist du es, der so gut duftet, Samuel?" Und auch dieser Familie musste er letztendlich den wahren Sachverhalt verraten.

Karsamstag

„Heute Nacht bin ich bei Rosanna gewesen, der Ehefrau von Nicola ... Sie war ein wenig schwermütig ... Ihr Ehemann ist hier bei mir, doch heute muss er wieder nach Hause fahren." Es war das erste, was er uns sagte, kaum dass Fra' Elia uns erblickte. Und dann machte er sich Sorgen wegen Pater Oronzos Übermüdung und wegen dessen Mitarbeiterin Sheila, die zuviel arbeitete, und um mich.

„Ssst ... ssst", sagte Pater Oronzo liebevoll. „Lasst uns beten."

Trotz all dem hatte Fra' Elia *Serenitas in vultu, ilaritas in mente e gratiarum acto in ore (Heiterkeit im Gesicht, Freude im Geist und Gnade durch Beten, Amn. d. Übersetzerin).* Pater Oronzo hatte mich darauf aufmerksam gemacht. Und in der Tat war dem Gesicht von Fra' Elia eine große Heiterkeit abzulesen, eine immense Freude, und an seinen Worten, so reich an Gnade, musste man sich einfach erfreuen. Danke, Pater Oronzo.

Endlich war es Mittag und gegen 14.30 Uhr würde Elia mich entlassen, um mit seinen Engeln allein zu sein. Wenn ich nicht gegangen wäre, hätten sie mich hinausgeworfen. Wie sie es in einem Jahr mit seinen Eltern getan haben. Ich bemerkte, dass das Blut aufgehört hatte zu fließen und ihm auch keine Tränen mehr die Wange herunterkullerten.

Doch ich erinnere mich, dass er über die Kälte klagte und immerzu auf das große Kruzifix blickte, das auf der Kommode vor seinem Bett lag, als ob er ihn ein letztes Mal um seine Hilfe anflehen wollte. Auch dem Kruzifix entströmte ein intensiver Rosenduft.

Punkt 14.30 Uhr verließ ich das Zimmer. Draußen wartete Pater Oronzo auf mich.

„Hat er dich entlassen?", fragte er mich. „Geh und ruh dich jetzt ein wenig aus ..."

15.40 Uhr – Ich konnte meine Ungeduld nicht mehr länger im Zaum halten ... Pater Oronzo war weggegangen ... und die Regel lautete, dass ich mich pünktlich um 16.00 Uhr wieder bei Elia einfinden sollte. Ich entschloss mich, die Treppen, die zu seinem Zimmer führten, langsam hochzugehen, für den Fall, dass ich irgendein Geräusch hören sollte ... absolute Stille.

Plötzlich ein Knall: Bumm. Und mit einem Satz stand Fra' Elia vor mir. Er hatte hinter der verschlossenen Tür auf mich gewartet. Um ein Haar hätte ich einen Herzinfarkt bekommen! Ich konnte nicht glauben, dass er nur einen Scherz machen wollte...

Ich schaute ihn mir näher an: Er sah gut aus, strahlend, lächelnd, frisch geduscht, einen Besen und Putzlappen in der Hand! Mir stockte der Atem. Das kleine Fenster seiner Kammer stand weit offen und ließ eine sanfte, laue Frühlingsbrise herein, die mit den Sonnenstrahlen zu spielen schien. Sein Blick folgte mir. Er wartete darauf, dass ich meine Fassung wiedergewann.

„Wie geht es dir?", stammelte ich.

„Bestens, siehst du nicht? ... Wir haben alles wieder in Ordnung gebracht, sie haben mir dabei geholfen!"

Am Abend gab es für ihn dann die erste Minestrone mit Babybrei und am nächsten Tag, dem Ostersonntag, fand die feierliche Messe für die Pfarrgemeinde statt, bei der Elia endlich offiziell vorgestellt wurde, in der übervollen Kirche.

Indessen begann für mich das, was ich später als eine richtige Krise erleben sollte. Elias Lebensweg führte ihn rasant eine breite Chaussee entlang, auf der ihm zahlreiche äußerst wichtige Personen begegneten, die sich seiner annehmen wollten, gewiss um vieles geeigneter und kompetenter als ich. Und so kam ich mir sozusagen überflüssig vor, aufdringlich, und vielleicht schadete ich Elia ja sogar. Was tat ich hier eigentlich? Auch Monsignore F. hatte mir genaue Anweisungen gegeben: „Ihr dürft ihn nicht überanstrengen, nicht zu viele Leute in sein Zimmer lassen, nicht mit Journalisten reden und ihr müsst die Übertragung von *Miracoli* untersagen. Sobald er nach Hause zurückkehrt, werden wir mit ihm zum Bischof von ... gehen."

Er hatte bestimmt Recht ... Ich war für ihn nicht die Richtige, möglicherweise war ich sogar gewissenlos. Fra' Elia wäre mit Sicherheit viel besser aufgehoben in Begleitung anderer ..., sicher besser als in meiner. Überzeugt davon, dass ich ihn nun in andere Hände würde übergeben müssen, fühlte ich mich ein wenig traurig und melancholisch. Ich entschloss mich, nach Ostern mit Elia darüber zu sprechen.

Wieder daheim war ich gezwungen, die Aussprache mehrmals zu verschieben, da andere Dinge Priorität hatten. Zu all dem musste ich noch eine herbe Enttäuschung wegen der Familie Sandros einstekken, die sich gegen eine Schenkung der palladianischen Villa an Fra' Elias Stiftung gestellt hatte. Darüber hinaus fand ich auch noch zwei Berichte in meinem Briefkasten, von der Pfarrgemeinde von Spinea, „La Campana", mit zwei Artikeln, die mich, milde ausgedrückt, wirklich verbitterten. Hier der erste, mit dem Datum 3. Februar 2002:

„Liebe Wanna, ich wollte dir sofort meine Glückwünsche zukommen lassen, wusste jedoch nicht, in welches Gefängnis ich sie dir schikken soll. Es in einer modernen Gesellschaft, zivilisiert und gewitzt wie die italienische, zu schaffen, 350 000 Menschen zu beschwindeln und ihnen 64 Milliarden Lire aus der Tasche zu ziehen, ist ein Rekord, den nicht einmal Mamma Ebe übertreffen konnte ... usw. usw. So wird Italien Opfer eines mittelalterlichen Betruges, auch wenn wir in die Europäische Union eingetreten sind. Viele private TV-Sender prosperieren durch den Tele-Verkauf wundertätiger Objekte, die von Magiern und Astrologen empfohlen werden. Auch das öffentliche Fernsehen lädt solche Personen in ihre Sendungen ein – siehe Costanzo Show, Linea diretta (Direkter Draht), Fantastico (Fantastisch), welche die Marchi, und nicht nur sie, in ihre Sendungen einladen ... Da wächst ein Aberglaube heran, mit der Bereitschaft, an magische Elemente zu glauben ... mehr als eine Million Menschen jedes Jahr ... genauso wie die zu vielen Devotees, die sich jeden Monat zur Via Negrelli nach Spinea begeben, um dort Geistliche zu hören, die mehr oder weniger mit der Kirche verbunden sind (ob mit Namen Milengo, Don Stefano oder Fra' Elia spielt kaum eine Rolle) und die ihre

Bücher verkaufen, oder ihre wirren Ratschläge, ihren Segen oder religiöse Gefühle, und die, statt Menschen zu bekehren, sie zu Boden stürzen lassen, sabbern, oder sie zu Tränen rühren ... usw. usw. usw. Ciao Wanna, du hast weit mehr Nachahmer als Ungläubige ... Naivität und Gutgläubigkeit sind erlaubt."

Zweiter Artikel vom 10. März 2002:

„*Lieber Pater Pio, ich denke an deine Stigmen, die du so sehr im Verborgenen getragen hast. Nie hast du sie triumphierend zur Schau gestellt, sondern du hast akzeptiert, die Heilige Messe um fünf Uhr morgens zu feiern, um nicht ein Publikum anzuziehen, das dir mehr ergeben ist als Christus, dem großen Stigmatisierten. Nie bist du herumgereist, um deine Stigmen vorzuführen, oder hast die Heilige Messe an einem anderen Ort zelebriert. Auch die Seher von Fatima (inklusive Lucia) oder von Lourdes haben nie zugestimmt, durch die Welt zu reisen oder Interviews zu geben, trotz vieler Anfragen. Heute kommen mir jene, die überall herumreisen und Stigmen oder marianische Botschaften zur Schau stellen, vor, als ob sie sich selbst auf einen Sockel stellen wollten, anstatt zu warten, bis Gott es für sie tut ... Ich, und nicht nur ich, sehe mit Sorge diese Freunde in die Via Negrelli kommen, die ohne autorisiert zu sein predigen, in Hallen zelebrieren, die für etwas ganz anderes errichtet worden sind ... Ich bin noch nie irgendwoanders hingefahren, um zu zelebrieren, ... doch ein paar Personen, die aus Bergamo kommen, schon ... Personen, die sich Brüder nennen, ohne in einer religiösen Gemeinschaft zu sein, und sich von der Kirche der Apostel Gottes nennen, welche im Jahrbuch der Römischen Kirche gar nicht existiert, und ihre Bücher verkaufen und Geld sammeln für ...(?) usw. usw. usw.*"

Zuerst möchte ich betonen, dass das einzige Buch, das über Fra' Elia geschrieben wurde, von mir stammt und von Edizioni Segno verlegt und veröffentlicht worden ist und voll und ganz Eigentum des Verlags ist. Ich erhalte als Autorin nach Autorenrecht Tantiemen, die sofort auf das Konto der Stiftung überwiesen werden, die sich ausschließlich der Wohltätigkeit widmet, wie inzwischen allgemein bekannt ist. Fra' Elia selbst sieht und will davon noch nicht einmal einen Euro.

Zweitens: Die freiwilligen Spenden, welche die Leute in einer Schatulle hinterlassen, werden ebenfalls auf das Konto der Stiftung Fra'

Elias überwiesen, in der Hoffnung, damit bald eine Vorauszahlung für ein Mutterhaus leisten zu können, das Fra' Elia braucht, um mit seinem Werk beginnen zu können. (Und eines Tages wird er eines kaufen müssen, da niemand ihm ein Haus zur Verfügung stellen will).

Drittens: Fra' Elia hat seine Stigmen niemals zur Schau gestellt, und wenn, dann nur, wenn die Rede darauf kam, aus Gründen des Gehorsams und mit Widerwillen, und zwar nur bei Anlässen, wo ein Priester ihn persönlich darum bat. Und er hat niemals Interviews gegeben, und wenn er sich einmal gegen seinen Willen in einem Magazin abgebildet sah, so folgten augenblicklich hitzige Telefonate, in denen er dem unglückseligen Journalisten klarmachte, dass er nicht Miss Italien sei.

Viertens: Es waren seine Brüder bei den Kapuzinern und seine spirituellen Väter, die ihn davon abgehalten haben, die religiösen Institutionen in Bergamo zu informieren, denen gegenüber Fra' Elia sich immer wohl verhalten hat. Wenn über ihn möglicherweise ungebührlich geredet wird, ist es allein meine Schuld und die einiger Journalisten, die Artikel ohne seine Erlaubnis veröffentlicht haben.

Fünftens: Fra' Elia ist der Begründer einer neuen religiösen Gemeinschaft und nur deshalb ist sie noch nicht im Jahrbuch der Römischen Kirche verzeichnet. Das, was noch zur Anerkennung dieser neuen Kongregation vonseiten der Kirche fehlt, ist der Nachweis, in einer Gemeinschaft zu leben, der wegen der simplen Tatsache, dass bis jetzt leider noch kein Mutterhaus existiert, in dem die Brüder sich sammeln können, noch nicht erbracht werden kann. Erst wenn diese Bedingungen erfüllt sind, wird ein kirchliches Gesuch vorgelegt. Fra' Elia hat seine Gelübde auf Zeit bei den Kapuzinern abgelegt und sie jedes Jahr in privater Form in die Hände seines Ex-Priors erneuert. Am 17. Februar 2002 hat Fra' Elia seine Gelübde genau in jener berühmten Halle in Spinea als Begründer der religiösen Gemeinschaft von den Aposteln Gottes wieder erneuert. (Aber der Pfarrer von Spinea konnte das noch nicht wissen). Und genau aus diesem Grund kann er nicht als Laie angesehen werden, weil er den Status eines Geistlichen angenommen und jedes Jahr erneuert hat.

Sechstens ... Siebtens ... Ich hatte noch eine ganze Menge zu sagen, zum Beispiel, dass Elia von dem Moment an, als er zum allerersten Mal seinen Fuß in die Halle von Spinea setzte, annahm, dass die Besitzer um Erlaubnis gebeten hatten ... Im Übrigen waren schon seit Jahren in dieser Halle bekannte italienische und ausländische Charismatiker zu Gast, wie Pater Faricy und viele andere. Wenn ich bedenke, dass ich es war, die darauf bestanden hatte, dass er dorthin geht! Es tat mir wirklich sehr weh, diese infamen Anschuldigungen zu lesen. Und was noch viel schlimmer war, ich fühlte mich auf einmal desorientiert und ganz gewiss inkompetent, um Elia noch weiter zur Seite stehen zu können. Was tun?

Ich war der Meinung gewesen, der Augenblick wäre noch nicht gekommen, um mit ihm über diese Dinge zu reden. Jetzt aber ging ich zu ihm. Wie immer traf ich ihn gut gelaunt an. Ich zeigte ihm die beiden Artikel. Nachdem er sie aufmerksam gelesen hatte, kam er mir eher überrascht als geschockt vor, jedenfalls geriet er nicht einen Moment aus der Fassung.

„Aber warum redet er so über mich, ohne mich zu kennen? Das nächste Mal, wenn wir zu Ugo fahren, werde ich ihn besuchen und ihn einladen, in die Halle zu kommen."

Dann hatte er eine Idee: „Warum rufen wir nicht Monsignore A. in der Toskana an (jenen Monsignore, der uns im Vorjahr bei sich empfangen und beraten hatte und Elias erstes weißes Gewand mit den grünen Borten gesegnet hatte), du wirst sehen, er wird es verstehen, uns optimal zu beraten."

Also rief ich an. Wie immer hatte Fra' Elia Recht gehabt. Monsignore A. hörte mir mit großer Aufmerksamkeit zu, beruhigte mich, indem er mir sagte, das sei völlig normal, dass so etwas eben passierte, ... und er fand es gut, dass Fra' Elia den Pfarrer zum nächsten Gebetstreffen in die Halle einladen wollte, ... und nur wenn er diese Einladung ablehnte, sollte ich ihm einen Brief mit den nötigen Erklärungen schreiben.

Als wir wieder nach Spinea zurückkehrten und die Sache mit Ugo diskutierten, erfuhren wir, dass der Pfarrer zu jeder Veranstaltung eingeladen worden war. Wie auch immer, Fra' Elia wollte ihn erneut einladen. Er bat Ugo, sich persönlich zum Pfarrhaus zu begeben und dem Don ein Pergament zu überbringen, mit einem von ihm eigenhändig geschriebenen Text, den er allen Besuchern anlässlich der Erneuerung seiner Gelübde geschenkt hatte: „Lieben wir unsere Mutter Kirche, verteidigen wir sie stets großmütig und bemühen wir uns, ein Gärmittel für die Kirche Gottes zu sein. Bleibt glücklich und zufrieden in Gott, der unser Ein und Alles ist, bittet ihn um gute Berufungen, streut den Samen der Liebe unter eure Brüder, glücklich, ihnen dienen zu dürfen, und verlassen wir uns immer blind auf seinen Rat, wie die Heilige Jungfrau, die dem Wort Gottes gefolgt und die Mutter Jesu geworden ist, indem sie sich selbst wie ein Apostel des Herrn der Person und dem Werk ihres Sohnes gewidmet hat."

Zwei Monate lang warteten wir auf eine Antwort. Bei jeder Veranstaltung erkundigte sich Fra' Elia mehrmals, ob jemand den Pfarrer gesehen hätte, aber niemand wusste etwas zu sagen. Schließlich sandte ich ihm folgenden Brief:

„Sehr geehrter Herr Pfarrer von Spinea,

ich bin die Vizepräsidentin der Stiftung Fra' Elia Onlus von der Gemeinschaft von den Aposteln Gottes mit Sitz in Verona. Außerdem bin ich auch die Autorin des Buches *Un angelo con le stigmate s' fermata a casa mia*, Edizioni Segno (Der Engel mit den Wundmalen Christi, Grasmück Verlag), das die Geschichte von Elia erzählt, einer Person, die in Gott verliebt ist und die bis vor wenigen Monaten noch in der Stille unter den Menschen gelebt hat, auf ihrem steten Weg zu Gott.

Nach dem Erscheinen des Buches, um genau zu sein, am 11. November 2001, wurde er zum ersten Mal von einer Gebetsgruppe nach Spinea eingeladen, die sich gewöhnlich einmal im Monat in der großen Halle trifft. Fra' Elia hat sich sofort dazu bereit erklärt, im festen Glauben, dass auch Sie, verehrter Herr Pfarrer, damit einverstanden wären. Im Übrigen haben die Organisatoren uns versichert, Sie wiederholte Male eingeladen zu haben. Ich habe Ihre Kommentare im Gemeindeblatt gelesen und war ehrlich erstaunt, wie man einen Menschen in solcher Weise beurteilen kann, ohne ihn überhaupt zu kennen. Fra' Elia hat Sie zu jeder Zeit erwartet und sich immer wieder nach Ihnen erkundigt. Er war über ihre Abwesenheit in der Tat nicht glücklich.

Auf jeden Fall möchte ich Ihnen sagen, dass hier niemand den Heiligen spielen will, noch weniger Wunder wirken, oder Geld verdienen möchte: Alle Spenden werden an die Stiftung überwiesen, die sie wohltätigen Zwecken zukommen lässt. In Spinea betet Elia genauso wie alle anderen am Altar, an der Seite jener Priester, die dort die Messe feiern. Manchmal geschehen auch außergewöhnliche Dinge, wie Exorzismen oder unerwartete Heilungen, aber Elia dankt zuallererst dem Herrn für seine Gnaden, wohl wissend, dass alles in seinem Ermessen liegt und er nichts anderes als sein demütiges Werkzeug ist.

Ein Herr, der seit fünfzig Jahren keine Kirche mehr besucht hat, hat das Buch gelesen und ist gekommen, um mit uns gemeinsam zu beten ... Ich könnte Ihnen noch viele andere außergewöhnliche Ereignisse berichten, aber das erscheint mir hier nebensächlich. Ich möchte nur sagen, dass Elia sich auch zu anderen Gebetsgruppen begibt, eingeladen von deren Pfarreien, und dass sich das Ganze in großer Harmonie und zur größten Freude aller abspielt. Wenn Bekehrungen stattfinden, wenn junge Leute kommen, die sonst nie eine Kirche besuchen, wenn eine immense Zahl von Menschen die Eucharistie empfängt, dann denke ich, dass man sagen kann, dass der Herr sich darüber freut, ... selbst wenn das alles durch das Werk von Fra' Elia geschieht.

Er ist seit fünfzehn Jahren stigmatisiert, seit seinem Noviziat als Kapuziner. Er hat sie nicht akzeptiert, das ist wahr, erst vor sieben Jahren, nach einer langen Krise, in deren Folge er das Kloster verließ, in der Hoffnung, dass der Herr ihm die Wundmale wieder nehmen würde. Der Herr hat sie ihm nicht nur gelassen, sondern er hat ihn durch Erfahrungen in seinem Leben bestärkt, die ihn in den Augen der Welt als Seelenfischer erscheinen lassen. Seine Berufung zum Helfer für die Einsamsten und am meisten Ausgegrenzten geschah Schritt für Schritt und offenbarte sich ihm erst nach einer langen Zeit der spirituellen Klausur. Und zwar so klar und deutlich, dass er, ermutigt von seinem Ex-Prior, eine neue religiöse Gemeinschaft ins Leben rief, eben mit dem Namen 'von den Aposteln Gottes'. Wir alle, die ihn gut kennen, sind davon überzeugt, dass Elia uns von der Göttlichen Vorsehung gesandt wurde und er vom Herrn geführt und geleitet wird, gemäß seiner Pläne und Absichten. Und so werden seine Werke es sein, die von ihm Zeugnis ablegen werden, sodass ein Urteil erst später gefällt werden kann, und nicht schon vorher.

In diesem Jahr hat er die Osterwoche im Kloster von S. Martino in Trevi verbracht, wo Pater Oronzo, ein Kapuziner, Pfarrer ist, der ihm bei seiner Passion zur Seite stand. Pater Oronzo kennt und schätzt Fra' Elia seit zwölf Jahren und, sollten Sie Vertrauen in ihn haben, dann können Sie sich gerne für etwaige Informationen an ihn wenden.

Ich stehe Ihnen jederzeit zur Verfügung und grüße Sie herzlich,
Fiorella Turolli
Stiftung Fra' Elia von den Aposteln Gottes"

Wie auch immer, die Sache war damit aber noch nicht zu Ende. Am 5. Mai bekamen wir einen Brief vom Bürgermeister, mit dem Ersuchen, nicht wieder in die Halle zu kommen, weil dadurch der städtische Verkehr behindert würde. Darauf blieb Fra' Elia nichts anderes übrig, als die Gläubigen während der Zusammenkunft im Mai zu informieren, dass es das letzte Mal sei, dass dieses Treffen stattfände. Himmel öffnet euch!

Eine gewaltige Rebellion brach los und alle reagierten so wütend, dass sich auf der Stelle ein Komitee formierte, das beschloss, an den Bürgermeister zu schreiben, mit der Bitte, den Beschluss wieder zurückzunehmen. Ich erinnere mich, dass auch zwei Beamte der Carabinieri in voller Uniform zugegen waren, die Fra' Elia um seinen Segen baten, nachdem sie ihn predigen gehört hatten. Vielleicht waren sie gekommen, um dem Bürgermeister zu berichten?

Am 20. Mai wurde folgender Brief abgeschickt:

„Sehr geehrter Herr Bürgermeister, wir sind eine Gruppe von Leuten aus der Provinz Venetien ... Wie Sie sicherlich bereits wissen, bitten wir Sie um den Gefallen, uns nicht die Möglichkeit zu nehmen, an diesen Gebetstreffen teilzunehmen, an denen, wir wiederholen es, auch viele bedürftige Menschen teilnehmen ... Unterschrieben von ... usw. usw." – Schlacht gewonnen!

Wir kehren zum Monat April 2002 zurück

Die Redaktion der Fernsehsendung *Miracoli* informierte uns, dass ihre Fra' Elia betreffende Aufzeichnung am 18. April gesendet werden würde, genau am Tag meines Geburtstags! Wir wollten an diesem Tag wieder in Umbrien sein, wie immer bei unserem heiß geliebten Pater Oronzo, für ein Treffen mit der Jugend seiner Gemeinde.

„Wie stellen wir es an, die Fernsehsendung sehen zu können?", fragte ich Fra' Elia.

„Was willst du, für mich ist das unwichtig!", antwortete er mir.

„Du kannst sie dir ja anschauen! Aber ich werde ganz sicher bei den Jugendlichen bleiben!“, schloss er wortkarg.

Als ich vor der Abreise noch kurz bei ihm vorbeischaute, um die letzten Dinge mit ihm abzustimmen, drückte Fra’ Elia mir ein Päckchen in die Hand, das als Geschenk verpackt war.

„Nimm es, ... es ist für deinen Geburtstag!“

Überglücklich packte ich es auf der Stelle aus, schaute unter die Schachtel, in die Schachtel, zwischen die Knoten und Schleifen ... und zog einen ganz wundervollen Rosenkranz mit roten Kristallperlen heraus, ... doch fand ich nicht, was ich mir erhofft hatte: ein Kärtchen mit dem Namen meines Engels. Für alle unsere guten Freunde hatte er den Namen aufgeschrieben und was war mit mir?

Plötzlich ein Flash! Für einen Moment lang sah ich mich viele Jahre zurück mit meinen Eltern um einen runden Tisch sitzen, mit meiner Schwester und mit meinem Ehemann, zusammen mit einem sehr bekannten Charismatiker (leider nicht mehr auf dieser Welt), einem Freund meines Vaters, der genau in jenem Moment jedem von uns den Namen unseres Engels enthüllte. Als ich an der Reihe war, hielt er einen Augenblick inne, um nachzudenken, und sagte dann wörtlich: „Sagen wir einmal, dass dein Engel E. E. heißt ...“ Mehr fügte er nicht hinzu. Nur Buchstaben! Ich erinnere mich, dass ich dem Engel augenblicklich den Namen „Escursionisti Esteri“ (Fremder Reisender) gab und stellte mir seine Affinität zu mir vor, als Liebhaber von Abenteuer und Reisen, stark und voller Mut. In all den Jahren hatte ich mich immer an ihn gewandt und ihn immer E. E. gerufen, und ich hatte mir sogar einen kleinen Terrakotta-Engel gekauft, der mit gekreuzten Beinen dasaß, jemandem einen Kuss zuhauchend. Ich hatte ihn in meinem Zimmer auf den Kamin gesetzt und jeden Abend angeschaut und begrüßt. „Ciao E. E., beschütze mich, ich bitte dich... Ich hab dich lieb!“

In diesem Augenblick, Elia vor Augen, kamen mir seine Initialen ganz klar als Buchstaben in den Sinn ... E. E. ... Elia Elia ... Vorname und Nachname ... Er heißt auch mit seinem Nachnamen Elia!

„Du bist mein Engel! ... Du bist es, ... du erinnerst mich doch immerzu daran, dass ich nie mehr allein sein werde ... du, der mir immerzu sagt, dass ich schwer von Begriff bin.“

Und während ich diese Worte voller Glück heraussprudelte, stand er reglos da, ohne auch nur ein Wort zu verlieren. Er hat mir diesen meinen Glauben weder bestätigt noch gebe ich vor, dass er es je getan hat. Doch weiß ich, dass Schutzengel zeitweise bei uns leben, und zu anderen Zeiten bei Gott, und sich zur selben Zeit auch noch um unsere Lieben kümmern können, und deshalb glaube ich weiterhin, dass Fra' Elia mir von Gott geschickt worden ist. Und ich will es auch weiterhin glauben!

Als ich wieder daheim und die Euphorie des Augenblicks verflogen war, rief ich meine Schwester an. „Erinnerst du dich noch daran, wie mein Schutzengel hieß?"

„Und ob", sagte sie wie aus der Pistole geschossen, „E. E. ... Du hast uns doch immer den Kopf voll geblasen mit deinen 'Escursionisti Esteri'! ... Warum fragst du mich?"

Ich erzählte ihr meine Gründe. Und auch sie war darüber mehr als verblüfft.

18. April 2002

Nachdem wir alle zusammen in Sheilas Haus zu Mittag gegessen hatten, der Mitarbeiterin von Pater Oronzo und uns eine wunderbare Freundin, begaben sich alle ins Pfarrhaus, um den Nachmittag und Abend mit der Jugend zu verbringen.

Ich blieb mit Lucy, Sheilas Tochter, im Haus zurück. Wir wussten bereits, dass die Episode mit Fra' Elia etwa zwanzig Minuten dauern und in der zweiten Hälfte des Filmbeitrags gesendet werden würde, also genau zu der Zeit, in der die Jugendgruppe eine kleine Pause einlegen würde. Ich sollte dann bei Pater Oronzo anrufen, um sie daran zu erinnern, das Fernsehgerät einzuschalten.

Das, was ich sah, verblüffte mich. Alle Zeugenaussagen waren herausgeschnitten, auch mein langes Interview, bis auf wenige Minuten. Nur der Doktor sprach, ließ dabei genügend Raum für Elias Lebensgeschichte, angefangen von der Zeit, in der er als Novize in einem Kapuzinerkloster war, bis hin zu dem langen Interview im Keller meines Hauses. Wirklich eine schöne Geschichte und eine hervorragende Regie! Man konnte sehen, dass sie mein Buch genau gelesen hatten!

Die Sendung wird bestimmt gut ankommen, dachte ich. Oh mein

Gott,... ich hatte ganz vergessen, Pater Oronzo anzurufen! „Was machen wir jetzt, Lucy?“

„Wir fahren zu ihnen!“, antwortete sie und in wenigen Minuten waren wir dort.

Wir fanden alle in ein lebhaftes Gespräch vertieft vor, mit dem eingeschalteten Fernseher in einer Ecke. Pater Oronzo sagte mir, dass er einen Teil gesehen hätte, wenn auch nicht alles, da ihr Symposium ihre ganze Zeit in Anspruch genommen hätte. Niemand bedauerte, die Sendung verpasst zu haben, am allerwenigsten Fra' Elia.

Kaum wieder zurück in Bergamo erhielt ich einen Anruf vom Chefredakteur des Magazins „Wochenblatt von Bergamo“, der ein Interview mit Fra' Elia haben wollte. Bis zu diesem Augenblick kannte niemand in unserer Stadt, außer ein paar wenigen Freunden und zwei seiner früheren Vorgesetzten bei den Kapuzinern, Fra' Elias Geheimnis, weder seine früheren Arbeitskollegen noch seine Nachbarn, genauso wenig wie unser breites Spektrum von Freunden und Mitarbeitern. In Bergamo war das Erscheinen des Buches kaum beachtet worden. Fra' Elia zog das vor und ich hatte seine Wünsche respektiert. Natürlich erwiderte ich dem Chefredakteur, dass Fra' Elia keine Interviews gibt, doch aufgrund seiner Beharrlichkeit schlug ich ihm vor, dass er zu mir nach Hause kommen und mich interviewen könnte, falls er mehr über ihn erfahren wollte.

Ich schenkte ihm mein Buch und erzählte ihm alles, was er wissen wollte. Wegen der Aufmachung des Magazins wollte der Chefredakteur, Ariel Feltri, auch ein paar Fotos zur Veröffentlichung, die ich ihm jedoch kategorisch verweigerte.

„Wenn Sie wirklich ein Foto haben wollen, kann ich Ihnen eines von mir geben, immerhin bin ich die Autorin.“

So wurde es abgemacht, auch wenn er mit der Lösung nicht ganz zufrieden zu sein schien. Später informierte ich Fra' Elia ein wenig ängstlich über die Sache und versicherte ihm, dass der Journalist allein an mir interessiert war und ich ihm nur ein Foto von mir gegeben hatte. Ich erinnere mich, dass ich eine Weile brauchte, um ihn zu beruhigen.

20. April 2002

Mein Ehemann war früh aus dem Haus gegangen, um die Zeitung zu kaufen. Es vergingen keine zehn Minuten, da hörte ich ihn raschen Schrittes ins Haus treten und ziemlich erregt nach mir rufen: „Ich habe Elia im Zeitungskiosk hängen sehen! ... Da hängen überall Plakate von ihm herum, zusammen mit Pater Pio!"

Und während ich noch Mühe hatte zu begreifen, klatschte er mir das Magazin schon auf den Tisch. Kaum hatte ich das Titelblatt gesehen, hatte ich das Gefühl, ohnmächtig zu werden. Meine Beine begannen zu zittern ... Fra' Elia war gut zu erkennen, auf einer Fotografie, die während seiner Passion gemacht worden war, geschickt montiert über einem Foto von Pater Pio! Über dem Titel stand in Blockschrift: „Fra' Elia wie Pater Pio." Untertitel: Er hat die Stigmen an den Händen, an den Füßen und am Brustkorb. Ein intensiver Rosenduft entströmt ihm. Er stammt aus Apulien, lebt in Bergamo und wird für den interessantesten Charismatiker unserer Zeit gehalten." Dazu im Inneren drei volle Seiten, die meinem Buch entnommen waren, dazu mein Foto.

Mein erster Gedanke war, wie ich das nur Fra' Elia beibringen sollte. Ich hatte noch nicht einmal Zeit, meine Fassung wiederzugewinnen, da klingelte schon das Telefon.

„Du bist eine Schwindlerin, wenn nicht noch viel Schlimmeres! Du hast mich verkauft! Als ich heute Morgen zur Messe ging, wäre ich beinah vom Fahrrad gefallen ... Ihr habt alle mit meiner Dummheit gerechnet. Gib mir auf der Stelle die Nummer des Journalisten ... Was wird mein Pater Spiritual dazu sagen?!!"

Er war so wütend, wie ich ihn noch nie erlebt hatte, ... und Recht hatte er! Ich ließ ihn ausreden, auch weil es mir unmöglich war, diesen Wortschwall zu unterbrechen. Doch am Ende gelang es mir, mich zu entschuldigen, auch wenn er mir anfangs kein Wort glauben wollte. Sie hatten das Foto aus dem Buch herauskopiert, sich im letzten Augenblick entschlossen, es aufs Titelblatt zu setzen und auch die Plakate zu machen, die ihnen offensichtlich helfen sollten, alle Magazine an einem einzigen Tag zu verkaufen. Natürlich hatten sie keine Zeit mehr gefunden, mich zu informieren.

In Bergamo platzte eine Bombe. Von diesem Augenblick an war unser Leben nur noch ein einziger Aufruhr. Und ich übertreibe nicht.

Kaum war Elia von der Heiligen Messe zurückgekehrt, wurde er schon von einer Gruppe Wohnungsnachbarn umringt, die ihn respektvoll fragten, wie sie ihn denn ansprechen sollten. Ziemlich verlegen erwiderte er: „Ich bin ein Bruder und meine Arbeit besteht in der Evangelisation ... In dem Haus hier befindet sich mein Refugium und ich bitte euch, dieses Geheimnis für euch zu behalten."

Niemand von ihnen verriet je die Adresse von Fra' Elia. Doch endlich fanden sie eine Erklärung für diesen intensiven Rosenduft, der sie so oft einhüllte, wenn sie an seiner Wohnungstür vorbeigingen. Eines Tages hatte sich ein recht sympathisches Pensionärsehepaar die Frage gestellt, wie es nur kam, dass in ihrer Etage der Duft um so vieles schwächer war. „Daran kann man sehen, dass die Putzfrau unten anfängt. Wenn sie in unserer Etage ankommt, hat sich der Duft des Reinigungsmittels schon verflüchtigt", hatte der Ehemann einmal bedauernd gesagt. Nun kannten sie die Wahrheit.

Um auf die Auswirkungen dieser Veröffentlichung in dem Magazin zurückzukommen, die noch stärker waren als die von *Miracoli*, bedaure ich sehr, dass die Kapuzinerpatres wie auch die Kurie von einer Flut von Telefonaten und Briefen belästigt wurden, und zwar derart, dass sie schließlich die gesamte Post an die Absender zurückgehen ließen. Keiner wusste sich einen Reim darauf zu machen, bis ein paar ungeduldige Brüder Informationen einholten und herausfanden, dass vor ein paar Jahren ein gewisser Fra' Elia in einem Kloster der Provinz gelebt hatte. Doch sie waren sich nicht sicher, ob es sich um die gleiche Person handelte, aus den Recherchen ging nicht hervor, ob er stigmatisiert war!

Inzwischen reisten die Menschen in Autobussen an und machten Rundreisen zu allen Klöstern rund um Bergamo, ohne auch nur das Geringste über dieses Phantom namens Elia zu erfahren, der auch ein Dominikanerpater hätte sein können, seiner weißen Kutte nach zu schließen, ... denn im Fernsehen war nicht gesagt worden, welchem Orden er angehörte. Nachdem die Leute das Buch gelesen hatten, kamen viele mich zu Hause besuchen und hinterließen, wenn sie mich nicht antrafen, ein Schreiben unter der Tür. Augenblicklich fingen die Telefone bei uns an zu kochen, und zwar so, dass mein Ehemann sich weigerte den Hörer abzunehmen. Da niemand Fra' Elias Adresse kannte, bekam ich jeden Tag hunderte von Briefen und Pakete von der Redaktion von *Miracoli*, die sie mir freundlicherweise zustellen ließ. Die Regisseurin teilte mir mit, dass sie 40 000 Telefonanrufe bekommen hätte, wahrscheinlich mehr als bei Fußballspielen! Ich wurde von diversen lokalen und nationalen Fernsehsendern eingeladen, um über mein Buch zu sprechen, was ich gerne tat, immer mehr überzeugt, dass der Herr Fra' Elia so schnell wie möglich in seinen Dienst nehmen wollte.

Und ich muss sagen, dass ich Recht behielt, trotz Fra' Elias anfänglicher Vorbehalte. Sowohl für unseren Verleger Mantero als auch für mich hagelte es Einladungen aus allen Teilen Italiens, um Elia für einen Besuch in ihrer Gemeinde zu gewinnen ... Modena, Cagliari, Messina, ausgerechnet von Jesuitenpatres, Civitavecchia, Mailand.

Was hielt Elia von all dem? Entgegen meiner unheilvollen Vorahnungen war Elia begeistert. „ER hat mich gerufen, sein Apostel zu sein, ... und ich habe seinen Ruf akzeptiert“, antwortete er mir, ohne eine Sekunde nachzudenken. „Ich werde ein Pilger in der Welt sein, und für die Welt! ... Aber ich gehe nur mit dir“, fügte er lächelnd hinzu, „wenn du nicht mitkommst, werde ich nicht zusagen!“ Also verschob ich meine berühmte Aussprache auf ein unbestimmtes Datum. Wie auch immer, er konnte gar nicht alles allein regeln. Schließlich hatten wir keine Ahnung, ob die Gebetsgruppen, die uns eingeladen hatten, für unsere Zwecke geeignet waren. Wir kannten das ganze Drumherum nicht und darüber hinaus wollte Fra' Elia nicht privat wohnen, sondern nur in einer religiösen Institution. Die Probleme waren so groß und umfangreich, dass wir Piero Mantero beauftragten, für uns die Wahl zu treffen, da er der Experte war, dem wir voll und ganz vertrauten. Und so selektierte Piero mit Intelligenz die verschiedenen Anfragen, mit der Gewissenhaftigkeit eines Kartäusermönchs, wobei er auch das Programm organisierte und die Unterkunft, immer und ausschließlich in einer religiösen Gemeinschaft. Mein Buch verkaufte sich indessen mit einer an Wunder grenzenden Geschwindigkeit, das Lob breitete sich aus, und sehr bald wurde es zu einem Bestseller. Man nannte es ein Buch mit überwältigendem Erfolg. Bedenkt man, dass sich 5000 Exemplare in wenigen Monaten verkauft haben, dann muss es den Leuten ja gefallen haben! Auch der Sitz der Stiftung in Verona musste einen Preis für die unerwartete Bekanntheit Fra' Elias zahlen, doch zusammen ertrugen wir es mit heiterer Gelassenheit. Und wir gewöhnten uns auch daran.

Zeugnisse, gesammelt in Spinea im Monat April 2002

Signora Sandra Buratta von Camisano erzählte mir Folgendes: „Mein Ehemann befindet sich im letzten Stadium von Morbus Parkinson. Nur um ihnen ein Beispiel zu geben, möchte ich ihnen erzählen, dass er uns nachts dreimal im Abstand von fünf Minuten ruft, um zur Toilette zu gehen. Wir müssen ihn zu zweit stützen und meine Tochter und ich sind inzwischen total ausgelaugt. Wir schlafen nicht mehr! Es ist wirklich eine Katastrophe für die gesamte Familie. Im Januarheft des Magazins *Il Segno del soprannaturale* sah ich zum ersten Mal ein Foto von Fra' Elia: Sofort vernahm ich einen unbezwingbaren Ruf. Ohne den Artikel auch nur zu lesen, den ich gerade im Blick hatte, rief ich den Direktor des Magazins an und fragte ihn, wo man den Bruder mit dem weißen Gewand treffen könnte ... Er gab mir die Telefonnummer der Signora Mariucca in Spinea und ich machte sofort einen Termin mit ihr aus. Am 17. März traf ich ihn und er gab mir seinen Segen. Dann empfahl Fra' Elia mir, Sie aufzusuchen, Signora Fiorella Turolli, um mich in Bezug auf beruhigende Kräuter von ihnen beraten zu lassen. Doch nachdem sie sich den Fall angehört hatten, sagten sie mir, dass diese im Vergleich zu den starken Medikamenten, die mein Ehemann bereits einnahm, nur lindernd wirken könnten. Wie auch immer, da ich Fra' Elias Rat hundertprozentig befolgen wollte, wollten Sie es auch tun. 'Wenn Fra' Elia mir gesagt hat, dass ich ihm die Kräuter verabreichen soll, dann werde ich es tun.' Und so tat ich es auch. Ich ging nach Hause und bereits am ersten Abend, nachdem ich die Kräuter gekauft hatte, schlief mein Mann die ganze Nacht ... Und aufgrund anderer günstiger Umstände ging es meinem Mann zusehends besser. Und zwar so sehr, dass er heute in der Nacht wieder allein aufstehen kann und tagsüber sogar aufs Fahrrad steigt ... Das nächste Mal werde ich ihn Ihnen vorstellen." Und in der Tat, ich erinnere nicht mehr, ob es im Mai oder Juni war, jedenfalls hatte ich die große Freude, diesen Herrn kennen zu lernen, der mir völlig „normal" vorkam.

Frau Anna aus Mogliano kam mit einem Foto ihrer frisch an Darmkrebs operierten Freundin nach Spinea. Die Arme konnte nur durch einen Tropf ernährt werden und nur mit einem Klistier abführen. Fra' Elia schaute sich ihr Foto an und segnete es. Später, auf dem

Heimweg, nahm Signora Anna den typischen Rosengeruch Fra' Elias wahr und sie interpretierte es als eine Gnade. Und in der Tat, drei Tage später begann die Kranke, sich normal zu ernähren und wieder Stuhlgang zu haben. Sie stand sogar auf, um einen Spaziergang zu machen, etwas, das vorher völlig undenkbar gewesen wäre. Als Signora Anna ihr verriet, dass Fra' Elia ihr Foto gesegnet und bestimmt ein göttliches Eingreifen stattgefunden hätte, konnte die Frau dem offensichtlichen Tatbestand nicht trauen ... Und nun hat sich ihr Zustand wieder verschlechtert.

Und Frau Irma Della Pietra von Cercivento erzählte mir: „Ich habe einen Tumor in der Brust, mit Knochenmetastasen. Am 16. März hat man mich zu Fra' Elia gebracht. Es ging mir sehr schlecht, und als ich vor ihm stand, brachte ich kaum ein Wort heraus. Er schaute mich intensiv an und gab mir dann seinen Segen. Trotz meiner Entkräftung kam ich heiter und mit Hoffnung erfüllt nach Hause zurück. Am nächsten Morgen, einem Sonntag, nahm ich um 10.30 Uhr einen intensiven Rosenduft wahr und sofort fühlte ich mich so wohl, dass ich anfing, den ganzen Tag lang das gesamte Haus sauber zu machen. Heute, am 13. April 2002, bin ich gekommen, um Zeugnis abzulegen, dass ich mich wohl fühle." Zwei Jahre sind seit dem Eingriff an der Brust vergangen und Frau Irma geht es immer noch gut.

Nachdem ich dieses Zeugnis gehört hatte, fiel mir ein, dass Fra' Elia am Sonntag, den 17. März, in Spinea seine Anrufungen zur Heilung folgendermaßen begonnen hatte: „Herr, berühre du sanft die Brust dieser Frau, streichle du den Kopf dieses Kindes, das seit drei Jahren leidet, lass diese Mutter nicht verzweifelt zurück", usw. usw. Ich erinnere mich deshalb so genau, weil ich mich zufällig mit allen Leuten unterhalten habe, die Fra' Elia erwähnt hat, ... außer mit der Frau, die Brustkrebs hatte. Ich hatte versucht, sie aufzuspüren, fand sie jedoch nicht.

„Dann müssen Sie also die Frau sein, die Jesus in seiner Liebe berührt hat!", rief ich verblüfft aus und erzählte ihr die Geschichte vom letzten Sonntag.

„Hoffen wir, dass wirklich ich die Frau bin", erwiderte sie mir lächelnd und ging davon.

Der Monat Mai verging schnell zwischen Besuchen bei Ihren Exzellenzen, den Bischöfen von Padua und Verona, und den Treffen in Modena, Apulien und Spinea. Fra' Elia machte alles alleine, während ich, leider, meine geschäftlichen Pflichten wahrzunehmen hatte. Ich erinnere mich, dass Pater Michele ihn nach Modena begleitete, während ich es gerade noch schaffte, nach Spinea mitzukommen. An jenem Abend waren wir besonders fröhlich, alles lief bestens, und obwohl seine Wunden offen waren (wie an jedem Freitag) und bluteten, wollte Elia selbst den Wagen fahren, während ich neben ihm Platz nahm und mich bemühte, ihn mit leichten Themen zu zerstreuen. Vielleicht auch deshalb, weil ich ihm eine Geschichte erzählen wollte, die mir im Alter von fünfzehn Jahren passiert war. Kaum hatte ich mit dem Thema begonnen, als Fra' Elia mir schon Antworten gab, die ich gar nicht hatte hören wollen ... Wahrscheinlich hatte er nicht richtig verstanden, was ich sagen wollte, und dachte ich wollte ihn mit folgendem Rätsel nur herausfordern: „Was tat ich, an einem Tag wie heute, als ich fünfzehn Jahre alt war?"

Antwort: „Mit fünfzehn Jahren warst du in einem großen College ... und hast trübsinnig von deinem Fenster auf die Berge vor dir gestarrt ... Du wusstest nicht, was du machen solltest, ... du spieltest mit dem Gedanken abzuhauen."

Und während er perfekt jenen Ort und jene inzwischen vergessene Episode beschrieb, sah er mich lächelnd an, völlig überzeugt, richtig geraten zu haben. Und ob er richtig geraten hatte! Ich hatte mich damals in einem College in der Schweiz befunden, und in der Tat war es mir nicht gelungen, mich an die eiserne Disziplin dort zu gewöhnen. Ich hatte Heimweh und wollte weglaufen. Doch ich hatte meinen Pass nicht ... Wieder einmal hatte Fra' Elia es geschafft, fast fünfzig Jahre in die Vergangenheit zurückzuschauen.

Und wieder einmal befanden wir uns in Spinea. So viele Menschen, so viele Zeugnisse, mehr oder weniger wichtig, jedoch alle staunenswert schön. Wie jenes von einer Frau, die von einem Krampfhusten geschüttelt hier angekommen war und, nachdem sie den Duft gerochen hatte, auf der Stelle geheilt war. Oder das von einer Frau mit vier Fibromen und zwei Zysten, die andauernde Blutungen verursachten. Während sie auf die Operation wartete, besuchte sie eine Messe mit Fra' Elia. Nachdem sie den Duft gerochen hatte, hörten die Blutungen auf. Seit drei Monaten geht es ihr jetzt gut.

Und Frau Anna aus Mogliano hatte, genau eine Woche vor den in der Öffentlichkeit bekannt gewordenen schlimmen Ereignissen um Bischof Milingo, einen bemerkenswerten Traum, und zwar um genau zu sein, im Monat August. Ein wunderschönes Wesen, jung, mit langen Haaren, gebräuntem Antlitz und einem Gewand aus reinstem Licht, sagte ziemlich betrübt zu ihr: „Warum hast du heute Abend nicht gebetet?“

„Mich bittest du das? Siehst du nicht, in was für einem Schlamassel mein Leben sich befindet?!“

„Du musst wissen, dass, wenn du nicht betest, eine Kette zerrissen wird.“

„Ich wusste nicht, dass mein Gebet so wichtig ist! Ich dachte, ich kann beten, wann immer ich will!“

„Aber du betest doch immer um diese Stunde und das wissen wir... Wenn du willst, helfe ich dir, die Kette wieder zusammenzuknüpfen! ... Noch etwas: Füge deinen Gebeten eine Fürbitte für Bischof Milingo hinzu.“

„Warum?“

„Es wird etwas sehr Schlimmes passieren, das die ganze Menschheit erschüttern wird ... Ich möchte dir auch kundtun, dass du in Kürze einen jungen Mann kennen lernen wirst, der dieselben Gaben hat wie Pater Pio, sogar mehr noch ... Wenn du ihm begegnest, musst du ihm tief in die Augen schauen.“

Die Frau sprach langsam, sodass ich jedes ihrer Worte mitnotieren konnte, und sie betonte, dass dieser letzte Satz ihr dreimal wiederholt worden war, als ob sie sich absolut daran erinnern müsse, dass Jesus selbst ihr durch die Augen dieses jungen Mannes etwas übermitteln wollte.

„Als ich dann Fra’ Elia traf“, fuhr Frau Anna fort, „schaute ich ihm tief in die Augen, obwohl ich mich an den Traum gar nicht mehr erinnerte, und ich bemerkte, dass sie blau waren. Sie sahen aus wie die Augen von Jesus!“

Am nächsten Tag, als ich mit meiner Freundin Nicla sprach, erzählte ich ihr von der Besonderheit dieser Augen.

„Aber sie sind doch dunkel!“, korrigierte sie mich. Doch ich wollte ihr nicht glauben und untersuchte sein Foto mit einem Vergrößerungsglas. Da begriff ich, dass die Augen von Fra’ Elia zu Jesu Augen geworden waren! Danke, mein Gott, durch seine Augen habe ich deine gesehen!

Auch am 12. Mai sagte ein siebenjähriges Kind zu mir: „Alle Personen, die bei Fra' Elia in den Raum treten, haben einen Engel hinter sich."

„Wirklich?! Wie sieht er denn aus?"

„Er ist schön, groß und legt seine Hände auf ihre Schultern."

Als ich das am Abend Elia erzählte, bestätigte er mir, dass das Kind die Wahrheit gesprochen hatte.

„Weißt du, dass mir die meisten meiner Antworten mein Engel eingibt?", fuhr er fort. „Und er sagt mir auch, ob die Menschen mir die ganz Wahrheit erzählen, ... oder lügen, ... und auch, was ich tun soll, damit sie gesund werden."

Wie immer notierte ich jedes seiner Worte mit.

Viele andere Leute erzählten mir, dass sich häufig ihr Fernseher von allein an- und ausschaltete, und da das auch bei uns oft geschieht, habe ich keine Schwierigkeit damit, es zu glauben.

Und da gab es auch solche, die ihn in Bilokation sahen. Was diese Fälle betrifft, besitze ich interessante Zeugnisse, meines inklusive, von dem sich ein Fall von Bilokation genau in diesem Monat Mai ereignet hat, während ich gemütlich in meinem Büro vor der großen Glasscheibe mit Blick auf die Città Bassa saß und mich am Telefon in Ruhe mit Giandamiano unterhielt. Es war bereits dunkel und die Lichter der Stadt, die von unten hochflammten, stimmten mich fröhlich. Mein Ehemann war geschäftlich außer Haus. Plötzlich hörte ich eine leises Geräusch ... Ich dachte sofort an Fra' Elia, der ganz leicht hereinkommen und langsam die Wendeltreppe hätte hochschleichen können, um mich zu erschrecken, da er die Schlüssel zu meinem Haus hatte und immer zu Scherzen aufgelegt war. Ich warnte sogleich Gian: „Ich glaube, Fra' Elia ist hier, ... sprechen wir ruhig weiter." Und während ich diese Worte noch aussprach, sah ich Fra' Elia in der Glasscheibe reflektiert hinter mir hereinkommen, in seinem weißen Gewand, auf Zehenspitzen, ganz so wie jemand, der gerade dabei ist etwas anzustellen. Natürlich tat ich so, als würde ich ihn nicht hören, und fuhr fort, mich mit Gian zu unterhalten. Wie auch immer, ich war vor ihm auf der Hut, und als er hinter meinem Rücken einen Schritt auf mich zumachte, drehte ich mich um, ... doch er war nicht mehr da!

Obwohl es beinahe unmöglich ist, diese, milde gesagt, unglaublichen Fakten zu kommentieren, möchte ich hier dennoch versuchen, meine Theorie darzulegen: Meiner Ansicht nach ist alles eine Frage von Energie. Besser gesagt, Elia verfügt über eine ungeheuer kraftvolle Energie und das kann man in dem Augenblick beobachten, in dem er negative Energien in Häusern vertreibt, während riesengroße Objekte von einer Ecke zur anderen durch die Luft segeln, oder wenn er „besessene" Personen befreit, oder auch während eines Bades mit geweihtem Wasser, wenn aus dem Körper des Erkrankten mehr oder weniger verweste und klebrige Materie austritt und dabei elektrische Entladungen verursacht. Infolge solcher Beobachtungen komme ich zu dem Schluss, dass sich gelegentlich, aufgrund dieser machtvollen Energie, auch seine Gedanken oder seine Gebete materialisieren können und es auf diese Weise auch zur Materialisierung seiner körperlichen Gestalt kommt, die dann nichts anderes ist als die Projektion seiner Wünsche oder Gebete an den Höchsten für die von ihm bedachte Person. Darüber hinaus bin ich mir sicher, ihn erscheinen gesehen und seine Gegenwart wahrgenommen zu haben, auch mittels seines Duftes, verstellter Gegenstände oder Lampen, die schaukeln ... Und ein paar Erklärungen musste ich mir ja schließlich geben, wollte ich nicht riskieren, verrückt zu werden oder zumindest an meinen geistigen Fähigkeiten zu zweifeln ...

Und während Elia all diese Seelen empfing, hörte ich ihnen draußen zu, machte mir Notizen und half für ihre Gesundheit mit, indem ich ihnen pflanzliche Rezepte aufschrieb. Um es klar zu stellen: Ich verkaufe keine pflanzlichen Heilmittel, sondern empfehle lediglich einen Kräutertee, den sie sich in der nächsten Apotheke holen müssen. So stand auch ich keinen Augenblick still. Wegen des ungeheuren Zulaufs überlegten wir, ob wir die Heilungsmesse nicht auch am Samstagabend feiern sollten, um die Menschen in zwei Gruppen einteilen zu können, eine für Samstag, die andere für den Sonntag.

Doch trotz dieses Kunstgriffs mussten wir einsehen, dass die Halle nicht mehr genug Platz bot. Wir berieten uns mit Ugo, Mariucca und Anna, die aus eigenem Antrieb auch immer eine Busfahrt aus Verona organisiert hatten, und entschieden, dass wir für das Treffen im Juni in das Sportzentrum von Camponogara umziehen wollten. Dort würden wir all den Platz haben, den wir benötigten.

Auch bei dieser Gelegenheit hatte ich den Eindruck, dass Fra' Elia immer unbeteiligter wirkte ... Ich hatte das Gefühl, dass er weit weg war, ... in immer größeren Höhen. Seine Predigten wurden immer tiefgründiger, waren immer wieder neu, immer angefüllt mit scheinbar simplen Lehren, die in Wirklichkeit aber gar nicht so einfach waren. Sie brannten sich in unsere Herzen ein und erlaubten uns, wieder einen Schritt voranzukommen. Und gerade weil es sich um so selbstverständliche Dinge handelte, hatten wir uns nie Gedanken darüber gemacht.

„Man muss nicht traurig sein ... Man muss wegen eines Kummers nicht gleich verzweifeln ... Man muss entgegensteuern, um neue positive Energien zu bilden, die stark genug sind, um das Negative zu bekämpfen ... Unsere Traurigkeit, Verzweiflung saugt die Kraft unserer Gebete auf, die dem allgemeinen Wohl zugute kommen sollte ... Ihr, die ihr euch bei Gott beklagt, warum verlangt ihr nicht einen Zauberstab ... Ihr, die ihr glaubt, dass es Seine Aufgabe sei, eure alltäglichen Probleme zu lösen, und dabei die Prüfungen des Lebens zurückweist ... Habt ihr schon einmal gesagt: ‘Herr, mach mit mir, was du willst? Du weißt besser als ich, was mir nützt, um einen Schritt näher zu Dir zu gelangen?’... Er bestraft euch nicht, indem er euch Krankheiten und Unglück schickt. Er liebt euch! Wir sind es, die sie mit unserem eigenen Verhalten selbst verursachen! ... Gesundheit ist auch die Fähigkeit, recht zu leben ... Wir alle lernen zu arbeiten, aber wenige lernen zu leben, in Weisheit, Frohsinn, Liebe, Freundschaft, Schönheit ... Das Leben verläuft so, wie wir es uns nach eigenem, freiem Gutdünken auswählen ... Prüfungen, die sich uns präsentieren, dienen dem besseren Verständnis, der Reife, der Bekehrung unserer Herzen, um immer näher zu Ihm zu gelangen. Ist euch bewusst, wie viele Male ihr schon Gnaden erhalten habt? ... Es war nicht das Schicksal ...“

Und obwohl ich Gelegenheit hatte, mich häufig mit ihm zu unterhalten, war jedes Treffen in Spinea auch für mich immer wieder aufs Neue bereichernd und zeigte mir, welche Abgründe uns noch voneinander trennten. Er hob in immer größere Höhen ab und bald würde ich es nicht mehr schaffen, ihm dorthin zu folgen. Aber nicht alles war so vorhersehbar! Meiner Meinung nach brauchte Elia jetzt ein gutes Team, das wirklich auf Draht war.

Bei der letzten Zeremonie kamen zwei junge, distinguiert wirkende Männer zu mir, die mich ausgesprochen höflich davon in Kenntnis setzten, dass es in ihrer Gegend, in Carnia, zwei alte Herren geben würde, die ein kleines altes Kloster besaßen, das seit langer Zeit unbewohnt war. Die beiden Herren hätten sie beauftragt, eine religiöse Institution zu finden, die es vielleicht übernehmen könnte. Sie wünschten sich, dass es in einen Ort des Gebets verwandelt würde, und nicht in ein Hotel, wie man ihnen angetragen hatte. Ob das für Fra' Elia geeignet sein könnte? Sie schenkten mir auch einen kleinen Band mit der Geschichte und Bildern des Klosters, das mir auf den ersten Blick wirklich sehr hübsch vorkam. Darauf wartend, es Fra' Elia zeigen zu können, dankte ich ihnen und notierte mir ihre Namen, Dario und Giuliano, mit ihren Telefonnummern. Doch die Zeit verging und Fra' Elia war immer noch von einer unbestimmten Anzahl ihm zujubelnder Leute umringt, sodass ich die beiden, da sie nicht länger warten konnten, verabschieden musste. Ich versprach, mich so schnell wie möglich bei ihnen zu melden.

Ich wartete noch eine gute halbe Stunde auf Fra' Elia ... und als er endlich erschien, kam er mir erschöpft vor, wenn nicht sogar nervös und geistesabwesend. Auch ich war müde und hatte das Gefühl, dass mir der Schädel brummte, vielleicht auch wegen der Enttäuschung, ihm die beiden jungen Männer nicht vorstellen zu können, da die Umstände mich daran hinderten. Mamma mia, dachte ich, was kann ich mehr für all diese Menschen tun, die sich uns als Berater anboten, ihre unzähligen Dienste offerierten, sich bereit erklärten, ihn zu begleiten, ihn in den Urlaub einluden, als für sie um Gnaden zu bitten ...

Und Fra' Elia, der für jeden ein freundliches Wort übrig hatte, entwand sich all dem mit einer erstaunlichen Leichtigkeit. Bestimmt war auch er wie betäubt, doch er beklagte sich nicht, im Gegenteil, er gab sich völlig unbefangen. Als ich ihm von dem Kloster in Carnia berichtete, hörte er mir fast zerstreut zu (so kam es mir wenigstens vor) und sagte, ich solle für den 31. Mai, seinen einzigen freien Tag, mit den beiden einen Termin ausmachen. Ich konnte es kaum erwarten, heimzukommen und ein heißes Bad zu nehmen.

Ich glaube, dass die Zeit der Leichtigkeit, der heiteren, wenn auch lebendigen Normalität, ich möchte sagen, auch der Freiheit, genau an jenem Abend zu Ende ging. Wenn ich an die Tage, die folgten, denke, erinnere ich mich an kein einziges Mittagessen mehr in meinem Haus, an keinen Sonntag mehr bei Gianpaolo, keinen Besuch mehr bei unseren Freunden in Sarnico oder Mailand ... und ich erinnere mich, keinen einzigen dieser gemütlichen Abende mehr in meinem Wohnzimmer mit Gualtiero verbracht zu haben ... oder an

Nachmittage, in meinem Garten herumwühlend. Nichts mehr von alldem. Alles vorbei. Wie auch immer, es war in Ordnung so. Das, was mir am meisten fehlte, waren vor allem seine Berichte über seine spirituellen Reisen, der persönliche Unterricht, sein Vertrauen. Dem äußeren Anschein nach hatte sich nichts verändert, aber für uns blieb einfach keine Zeit mehr. Immer öfter waren wir außer Haus und wenn es etwas zu besprechen gab, dann taten wir es im Auto. Wenn Elia zurückkam, dann hatte er seine Verpflichtungen und ich meine Arbeit zu erfüllen. Zum Glück hatte ich eine wundervolle Familie, die meine Wahl verstand und mir alle nur mögliche Freiheit ließ und sich bemühte, mich nicht auch noch mit anderen Dingen zu belasten. Das größte Problem waren die vielen Telefonanrufe, Dutzende und Dutzende jeden Tag, Telefonate jeden Typs, die entweder am Handy ankamen (das ich hin und wieder auszuschalten gezwungen war), sei es im Büro oder zu Hause, von sechs Uhr morgens bis elf Uhr am Abend.

Ich muss sagen, dass ich trotz meiner Verunsicherung in dieser Zeit dennoch das Gefühl hatte, einem großartigen Projekt zu dienen. Und ich tat es gerne, stets bemüht, mein Bestes zu geben. Vielleicht war ich nicht immer ganz auf der Höhe. Doch manchmal hatte ich das Gefühl, ein kleiner Computer geworden zu sein, der nichts anderes mehr tat als Anweisungen geben oder ausführen. Dabei musste ich manchmal auch Knoten in einem rettungslos verwirrten Knäuel lösen. Und sicher habe ich beim Lösen dieser Knoten, und vielleicht auch aufgrund von ein paar Missverständnissen, ein paar Leute verärgert. Ganz langsam, von mir nicht bewusst wahrgenommen, begann sich eine heimtückische Zwietracht einzuschleichen, durch falsch kolportierte Aussagen von mir, mit Weglassungen und Hinzufügungen, ... angebliche Ratschläge von mir, die für Fra' Elia nicht akzeptabel waren, da er nie Ausnahmen machen wollte, ... von Leuten, die mich ausnutzten und Dinge behaupteten, die ich nie auch nur zu denken gewagt hätte ... Diskussionen mit diesem und jenem, die in der Absicht Gutes zu tun nichts anderes bewirkten, als den mühsamen Weg eines Charismatikers, der bereits in aller Munde war, zu erschweren und zu hemmen, und die mich darüber hinaus auch noch eine Menge Zeit kosteten.

Als Fra' Elia Erklärungen von mir verlangte, fiel ich, wie man so schön sagt, aus allen Wolken, weil ich noch nicht einmal den Sinn seiner Frage verstand. Wer ohne Schuld ist, werfe den ersten Stein ... und sicher ist mir auch einmal ein Wort zu viel herausgerutscht, aber bestimmt keines, das mich des Machtmissbrauchs hätte bezichtigen können, oder aber schlimmer noch, meines Handelns hinter seinem Rücken. Ich habe immer nur versucht, mein Bestes zu geben, um eine Situation unter Kontrolle zu halten, in die neuerdings zu viele Leute hineinreden wollten, und die meiner Ansicht nach nur ein riesiges Durcheinander verursachten.

Natürlich war Fra' Elia zutiefst beunruhigt darüber und trotz meiner hitzigen Selbstverteidigung gegen das, was ich für absurde und unbegründete Anschuldigungen hielt, endete alles in einem furiosen Streit. Obwohl nur ich mich wie eine Neurotikerin gebärdete, während er sich mit Erwiderungen im Zaum zu halten wusste.

„Fra' Elia, du, der doch alles sieht, wirf einen Blick in meine Seele und sieh, dass ich aufrichtig bin, oder etwa nicht ..."

Aber wie man ja weiß, wenn es die eigene Familie zu kurieren gilt, schaffen es gelegentlich selbst die besten Mediziner nicht, die richtige Diagnose zu stellen, und Zweifel bleiben bestehen. Enttäuscht und verbittert beschloss ich daher, für eine Woche in den Urlaub nach Trentino zu verreisen. Alleine. Gute fünf Tage lang sprachen wir nicht miteinander. Ich, in meinem Stolz verletzt (das muss ich zugeben) und überzeugt, Opfer einer großen Ungerechtigkeit geworden zu sein, wollte nicht nachgeben, während Fra' Elia, nachdem er mich ausreichend in meinen finsteren Gedanken hatte schmoren lassen, eines Abends anrief: „Was für eine Frau bist du eigentlich? Bereits bei der erstbesten Schwierigkeit kapitulierst du? Für mich ist immer noch alles beim alten. Man muss das Blatt wenden und vorwärts gehen ... Wenn du dich nicht danach fühlst, macht es auch nichts ... Ich gehe trotzdem vorwärts ... Was sagst du dazu?"

„Ich fühle mich danach."

Als ich zurückkam, rührte keiner von uns mehr an das Thema, doch ich hatte das deutliche Gefühl, dass irgendetwas zwischen uns zerbrochen war. Die Zweifel waren keinesfalls ausgeräumt, und wie mir schien, verhielt Fra' Elia sich mir gegenüber reserviert. Ob es der Realität entsprach oder nur Gefühlen, die meinen Ängsten entsprangen? Aber Ängste wovor?

Eines schönen Tages fuhren wir von Bergamo nach Carnia, um das berühmte Kloster von Raveo mit Dario und Giuliano zu besuchen.

Gegen ihren Rat ließen wir den Wagen in Feletto Umberto stehen, bei Piero, wo sie uns abholen wollten. Wir kamen fast gleichzeitig dort an und im Hinblick darauf, dass wir noch ungefähr achtzig Kilometer Fahrt vor uns hatten, begrüßten wir nur ganz kurz alle in der Redaktion, bevor wir unsere Reise fortsetzten. Wir lernten unsere neuen Freunde praktisch erst im Auto kennen. Dario und Giuliano saßen vorn, Fra' Elia und ich hinten. Ich erinnere mich, dass unsere Unterhaltung spontan und herzlich war und der Tag herrlich.

„Was machst du beruflich?", erkundigte sich Fra' Elia bei Dario.

„Ich kümmere mich um das Wohl der Bewohner in unserer Gegend ... und gelegentlich versuche ich auch, ein paar Probleme zu lösen ..."

„Also bist du Arzt ... oder ein Rechtsanwalt?"

„Nicht wirklich ..."

Und während der weiteren Diskussion über die Noblesse bestimmter Berufe, die uns vom Thema wegführte, sah Giuliano sich genötigt zu erklären, dass Dario niemand anderer als der Bürgermeister von Cercivento war ... und sich einen Tag Urlaub genommen hatte, um Fra' Elia abholen zu können. Natürlich war Fra' Elia von der Neuigkeit gerührt und verwundert zugleich.

„Warum hast du mir das nicht früher gesagt?"

„Weil er zu bescheiden ist", unterbrach ihn Giuliano noch einmal. Und so ging es weiter, die Unterhaltung bekam einen vertraulichen und scherzhaften Ton, und als wir am Ziel ankamen, fühlten wir uns bereits wie alte Freunde. Die beiden alten Herren empfingen uns mit großer Herzlichkeit und führten uns in das kleine, entzückende Kloster, das in seinen stillen, grünenden Hügeln nur auf uns gewartet zu haben schien. Ein unglaublich schöner Platz, durchtränkt von großer Spiritualität, ohne Zweifel geeignet für geistliche Exerzitien oder Zeiten des Rückzugs, doch leider zu klein für Elias große Familie, die wenigstens um die dreißig Personen vorsah. Hier gab es nur fünf Zimmer und viel Arbeit war noch vonnöten. In jedem Fall verwarf Fra' Elia die Idee nicht gleich, im Gegenteil, er benötigte nur etwas Zeit zum Nachdenken. Während wir den Weg zwischen den Waldbäumen zu unserem Wagen zurücktrabten, erinnerten uns die Schläge der Glocke daran, dass es bereits Mittag war.

„Unsere Ehefrauen haben für uns alle ein Mittagessen vorbereitet ... Was sagt Fra' Elia dazu?", fing der Bürgermeister an.

Und so kam es, dass wir in ein paar Minuten über die Schwelle des Hauses De Alti traten. Kinder eilten uns entgegen und dann zwei brünette Damen, von denen eine mich an jemanden erinnerte. Ich schaute näher hin, während sie mir schelmisch zulächelte. Vielleicht irrte ich mich ja, aber mir kam es so vor, als sei ich ihr erst vor kurzem begegnet. ... Das war's ... Irma, Irma Della Pietra, ... die Frau, die einen Tumor in der Brust gehabt hatte und mir im Lauf des Monats April ihr Zeugnis gegeben hatte, ... aber war sie es wirklich?

„Darf ich meine Frau Irma vorstellen“, sagte Dario zu mir, und schon hatte ich Gewissheit. Auch Fra' Elia war von dieser Begegnung mehr als überrascht, aber vor allem glücklich festzustellen, dass es Irma fantastisch gut ging. Unsere Seelen waren voller Freude und die spritzige Atmosphäre hier ließ mich alle Traurigkeit vergessen. Ich begutachtete die festlich geschmückte Tafel mit all den köstlichen Spezialitäten aus der Gegend, und stimuliert durch die frische, gesunde Bergluft mussten wir uns nicht lange bitten lassen, sie zu würdigen. Später, am Nachmittag, als Dario klar wurde, dass dieses kleine Kloster nicht den Bedürfnissen Fra' Elias entsprach, hatte er die Idee, uns zu einem großen, alten bäuerlichen Anwesen zu begleiten, das erst kürzlich zum Verkauf angeboten worden war. Hier handelte es sich sogar um einen Komplex aus zwei Gutshöfen, verbunden durch einen weiten Hof, eingerahmt von Grünland. Er hatte die Schlüssel, sodass wir die Gebäude gleich besichtigen konnten. Schön, groß, hell. Fra' Elia fand sie perfekt: ein Gebäude für seine Mitbrüder und eines für die Jugendlichen ... Und darüber hinaus konnten die Böden für den Anbau und die Zucht von Heilpflanzen genutzt werden, sodass die Jugendlichen auch gleich einen Beruf erlernen konnten. Und nicht nur das, neben dem Anwesen stand noch ein kleines Haus, wahrscheinlich für Geräte, das man in ein kleines Laboratorium umwandeln konnte, ... und da war noch viel Platz für andere Dinge ..., sogar für eine Kapelle ... und für ein Büro...

Es gab nur ein Problem: Weder die Stiftung noch Fra' Elia hatten das nötige Geld für einen Kauf. Doch unser Freund Dario gab sich nicht geschlagen und wollte uns in zwei Tagen in aller Ruhe eine Lösung unterbreiten; und zwar nach der Gemeindeversammlung, die mit großer Wahrscheinlichkeit einem Kauf zustimmen würde, im Hinblick darauf, dass es für die ganze Gemeinde von Interesse sein könnte.

„Ich verspreche euch nichts, da aber das Projekt von Fra' Elia von großem sozialen Nutzen ist ... und sogar berufliche Perspektiven im Pflegebereich bietet sowie der Entwicklung unserer ganzen Bergregion dienlich sein könnte, werde ich dem Gemeinderat den Erwerb dieses ganzen Komplexes vorschlagen ... Was sagt ihr dazu?"

„Das wäre sehr schön, aber wie können wir es dann in Besitz nehmen?", fragte Fra' Elia.

„Natürlich werde ich vorschlagen, es der Stiftung als Darlehen zu überlassen, ... für eine notwendige Anzahl von Jahren, die wir bestimmen werden ... Danach werden wir weitersehen ..."

All das schien ganz offensichtlich zu schön, um wahr zu sein. Uns blieb nichts anderes übrig, als der göttlichen Vorsehung zu vertrauen und uns bei Dario und Giuliano zu bedanken, die uns nach Feletto Umberto zurückbegleiteten, wo Fra' Elia am nächsten Tag wieder von einer unglaublichen Anzahl Menschen erwartet wurde. Wir blieben zwei Tage dort, als Gäste von Piero und Patricia, unseren Verlegern. Auch im Wagen setzten wir die unbeschwerte Unterhaltung fort, ohne irgendwelche Erwartungen unsererseits und ohne endgültige Zusagen ihrerseits, aber, ich weiß nicht warum, in großer gegenseitiger Vertrautheit, als würden wir uns schon seit vielen Jahren kennen und schätzen.

Wir trafen gerade rechtzeitig zum Abendessen ein und gleich nach dem Abendessen sollte das Blatt sich rasch wieder wenden. Fra' Elia wurde von zwei Priestern erwartet, die wir noch nicht kannten: Pater Massimo, ein berühmter Autor religiöser Bücher, und Pater Giovanni, der aus Rumänien stammte. Seine Geschichte könnte eine Filmhandlung sein. Im frühen Alter von den Eltern getrennt, im Waisenhaus aufgewachsen und nach tausenderlei negativen Erfahrungen wurde er mit 24 Jahren durch die Begegnung mit Gott wie vom Blitz getroffen. Nachdem er von Fra' Elia reden gehört hatte, war er ziemlich ungläubig nach Feletto gekommen, überzeugt, dass auch er einer von den vielen so genannten Charismatikern sei, dessen Beweggründe sich rasch aufklären lassen würden. Ihm blieb nichts anderes übrig, als diese aus der Nähe zu verfolgen. Wir nahmen das Abendessen alle in in herzlicher Harmonie ein und da es so viele Gäste, aber nur wenige Betten gab, fragte Pater Giovanni, ob er auf einer Liege im Zimmer von Fra' Elia schlafen könnte. „Ich hätte Probleme, irgendwo anders unterzukommen ...", entschuldigte er seine etwas gewagte Anfrage. Und obwohl Fra' Elia noch nie mit jemand anderem zusammen geschlafen hatte, wegen seiner Angewohnheit, um drei Uhr morgens aufzustehen, um zu beten oder mit seinen Engeln im Himmel herumzureisen, stimmte er diesmal zu, ohne den geringsten Widerstand. Seltsam!

Was mich betraf, hätte ich mich glücklich schätzen können, sei es, weil ich mich im Haus von Piero und Patricia befand, mit denen mich ein ganz besonderes Gefühl verband, sei es, weil ich einen wundervollen Tag verbracht hatte. Und darüber hinaus hätte ich nicht zuletzt wegen der guten Absichten des Bürgermeisters von Cercivento allen Grund gehabt, in Hochstimmung zu sein ... Aber genau das wollte mir nicht so recht gelingen. Ich war nicht nur äußerst angespannt, ein Gewicht drückte auf mein Herz, das ich kaum ertragen konnte ... Aber warum nur fühlte ich mich so miserabel? Ich ließ all die vielen möglichen Motive, die mir diese Pein verursachen könnten, in meinem Geist, doch ich fand sie alle banal. Trotzdem befand ich mich in der finstersten Krise. Wir gingen alle früh zu Bett. Zum Glück hatte niemand meine üble Laune bemerkt und morgen war ein neuer Tag.

Am nächsten Nachmittag war alles wie gewohnt: Leute, die von überallher kamen, lokale TV-Sender, Kontakte und Interviews mit Journalisten, Pater Massimo, der zu mir kam und mir zauberhafte und rührende Dinge erzählte, und Pater Giovanni, der mir gestand, hinter Fra' Elia „herspioniert" zu haben, während er allein die Treppe hochging. Dabei hatte er festgestellt, dass Fra' Elia hinkt. „Seine Wundmale sind echt!", rief er aus, als sei er der Einzige, der diese Wahrheit entdeckt hatte. Pater Giovanni erzählte mir auch, dass er durch Fra' Elia buchstäblich erleuchtet worden sei. Sie hatten sich in der Nacht miteinander unterhalten und er hatte sogar an seinen duftenden Wunden riechen dürfen ..., ein wahrer Heiliger Thomas ..., mit dem Resultat, dass Fra' Elia von diesem Tag an einen Jünger mehr hatte.

Nachmittags fand die Messe mit Pater Giovanni statt, in der er unter anderem auch über seine eigene bewegende Geschichte sprach und sogar Zeugnisse mit einflocht, wie das von dem an Bluthochdruck und Hyperglykämie leidenden Franco Garbin. Seine Analyseergebnisse waren, nachdem er mit Fra' Elia gesprochen hatte, wirklich perfekt. Und da war jene Mama, die zufällig mit ihrem kleinen Sohn Lorenzo, der unter einer schweren, seltenen Krankheit litt, von der es auf der ganzen Welt nur neunzig Fälle gab, extra angereist war, um zu bezeugen, dass ihr Sohn angefangen hatte, die ersten Schritte zu tun. Obwohl die Ärzte ihnen keine Hoffnung gemacht hatten: Lorenzo würde nicht überleben, im günstigsten Fall aber nie gehen können. Nachdem sie Fra' Elia begegnet waren, fühlten sich sowohl die Mutter als auch der Kleine um vieles wohler und „stärker", sodass Lorenzo sogar die ihn regelmäßig behandelnde Physiotherapeutin verblüffte, da er auf einmal allein auf seinen Füßen stehen bleiben konnte. „Unmöglich", hatten die Ärzte gesagt, „aber wenn Lorenzo die Kraft hatte (man weiß nicht wie), aufrecht zu stehen, dann sollte es ihm ohne weiteres auch gelingen zu gehen!" Und so geschah es auch. Ich selbst habe ihn an jenem Tag zusammen mit seiner Mama an die Hand genommen, um einen kurzen Spaziergang im Garten mit ihm zu machen.

Und dann gab es noch das Zeugnis jenes Arztes, der einen Kranken besuchen sollte. Doch er fand die Schlüssel nicht. Erst nach einer halben Stunde erspähte er sie, genau am gewohnten Platz, einem Tischchen im Vorzimmer. Er eilte aus dem Haus und entdeckte, dass sich genau in dieser halben Stunde auf dem Platz neben seinem Haus ein schwerer Unfall ereignet hatte.

Es war wirklich rührend, die tiefe Freude all dieser begnadeten Personen zu beobachten, ihre Worte des Dankes zu hören, all diese wunderbaren Priester mit tiefem Glauben am gemeinsamen Gebet teilnehmen zu sehen sowie den immer stärker erleuchteten Predigten Fra' Elias zu lauschen.

Und so viele mir unbekannte Leute kamen auf mich zu, um mir die freundlichsten Dinge zu sagen, die mir wohl taten. Worte des Trostes, die zu hören ich dringend benötigte, geradewegs so, als hätte ein Engel sie mir geschickt. Sie gaben mir das Gefühl, privilegiert zu sein, von Gott gesegnet, mit Gnaden überschwemmt, ... und das war wahr. Zwanzig Monate lang hatte ich wie durch die Lüfte schwebend zugebracht, aber trotz allem fühlte ich mich jetzt niedergeschlagen, jeglicher Sicherheit beraubt ... verzweifelt ... Und wenn nun wirklich der Moment gekommen sein sollte, den Stab weiterzugeben, was war das Problem? Ich hätte immer noch allen Grund gehabt, Gott dankbar zu sein.

Doch wie sehr ich mich auch bemühte, meine Traurigkeit nicht zu zeigen, ich schaffte es nicht, Pater Massimo etwas vorzumachen, der, ohne dass jemand es bemerkte, zu mir kam und mir fast verstohlen zuflüsterte: „Nur Mut, diese Krisen kommen ... Ich kenne sie und erkenne sie; erst viel später wirst du sie verstehen."

Und dann, ohne mich allzusehr zu bedrängen, sprach er von Fra' Elia, von der Rarität der Position seiner Stigmata, von denen es nur drei auf der Welt gab, sowie davon, dass Gott in ihm lebte. Er erklärte mir, dass es Stigmatisierte und Stigmatisierte gibt, solche, die zurückgezogen in der Stille leben, die kennen zu lernen nur wenigen Personen bestimmt ist, und solche für die großen Massen, genauso, wie es kleine Pfarrkirchen und riesige Basiliken von Weltruf gibt, wie Lourdes und Fatima. Doch Gott wertet und schätzt alle gleich hoch. Fasziniert hörte ich dem zu, was ich als eine wichtige theologische Lektion ansah, und in Anbetracht der Wichtigkeit und Nützlichkeit solcher Erhellungen fragte ich Pater Massimo, ob er nicht das Vorwort zu meinem zweiten Buch schreiben wollte, und zwar über genau dieselben Dinge, über die er soeben mit mir gesprochen hatte. Ohne zu zögern stimmte er zu.

Am Abend saßen wir wieder alle um den großen Tisch im Empfangssaal von Edizioni Segno herum. Außer der Familie von Piero, den Priestern, Fra' Elia und mir hatten sich auch noch ein paar andere Gäste eingefunden. Fra' Elia schien besonders guter Stimmung zu sein, abgelenkt durch die neu angekommenen Gäste, die ihn natürlich sofort umrundeten. Ich erinnere mich, dass ich am Tisch zwischen einer Frau im Rollstuhl, der Schwester einer im Ruf der Heiligkeit verstorbenen Stigmatisierten, und einem ihrer Freunde saß, während Pater Massimo und Patricia mir gegenüber saßen. Einzig bemüht, meine Ungezwungenheit zu demonstrieren, hörte ich dem animierten Geschwatze beinahe geistesabwesend zu. Ich interessierte mich für nichts, sondern wünschte mir nur, dass der Abend schnell vorüberging. Mein einziger Wunsch war, ins Bett gehen zu können. Fra' Elia hingegen, an dem Bericht der Frau über das Leben ihrer Schwester und deren Dokumenten und Gegenständen höchst interessiert, erklärte sich bereit, sie zusammen mit ihrem Freund in ihr Haus zu begleiten, um die Sachen besichtigen zu können. Morgen, am Sonntag, wäre dafür keine Zeit. Gesagt, getan. Recht hat er, dachte ich voller Überzeugung, doch noch vor einem Monat hätte er auch mich miteinbezogen ... Hastig verabschiedete ich mich und zog mich zusammen mit meinem Kummer in mein Zimmer zurück. Am liebsten hätte ich nur noch geheult.

Aber der Abend war hier noch nicht zu Ende. Ich hörte es an meiner Tür klopfen und gleichzeitig erhellte das liebevolle Lächeln von Patricia meine Nacht. Sie setzte sich zu mir aufs Bett und warf mir einen großen Rettungsanker zu, den ich sofort ergriff, um den Berg wieder hochzuklettern.

„Der Herr möchte dich ganz allein für sich haben", begann sie sanft. „Seit du seinen Ruf vernommen hast, hat er dich Fra' Elia zur Seite gestellt, wahrscheinlich, weil es für sein Projekt nützlich war ... Wir wissen es nicht ... Und jetzt bist du an einer Weggabelung angekommen. Du durchläufst eine Wachstumskrise ... Glaub mir, ich habe das auch schon durchgemacht. Wenn du diesen Weg weitergehen möchtest, den Weg zu Gott fortsetzen willst, musst du das mit oder ohne Fra' Elia tun ... Verstehst du mich? Wenn du dafür bereit bist, musst du das annehmen, was Gott für dich will."

Und dann sprach sie zu mir über sich, über ihre Erfahrungen in Medjugorje, über ihre Ängste und Unsicherheiten, alles Probleme, die einen gelegentlich daran hinderten, über die Dinge hinwegzublicken, und einem den Weg blockieren. Ich werde diese Worte niemals vergessen, weil sie mir unvermittelt das fundamentale Problem meiner spirituellen Entwicklung ins Bewusstsein katapultierten.

„Angenommen, es gäbe Fra' Elia nicht, würdest du dann deinen Weg zu Gott genauso weitergehen?"

Und dann, als hätte sie in meiner Seele gelesen, wollte sie mir noch einen letzten Trost mit auf den Weg geben: „Erinnerst du dich an die Personen, die sich zu Füßen von Christi Kreuz befanden? ... Es waren die frommen Frauen."

Dann ging sie, leichtfüßig und lächelnd wie sie gekommen war, mich überrascht, konfus und ohne Worte zurücklassend. Ich hatte noch nicht einmal mehr die Kraft nachzudenken. Mit einem Knoten im Hals sank ich in einen traumlosen Schlaf.

Der Montagmorgen kam, und bevor Pater Giovanni abreiste, wollte er noch mit Fra' Elia die Messe auf dem runden Tisch im Esszimmer feiern. Und so kam es, dass ich das erste Mal in aller Realität das Gefühl hatte, an einem außergewöhnlichen Geschehen teilnehmen zu dürfen, das heißt, das Privileg zu haben, das himmlische Mahl gemeinsam mit Pater Giovanni, Fra' Elia, Piero und Patricia einzunehmen, nur wir fünf. Ich konnte die geweihte Hostie in der Mitte des Tisches sehen, aus dem Kelch trinken ... Und dabei geschah es, dass ich mich durch einen befreienden Tränenausbruch, den ich nicht zurückhalten konnte, von allem, was mich beschwerte, löste.

Ich weiß nicht, wie ich es anstellte, alle diese gesegneten Seelen nicht gestört zu haben. Sie schienen mich aber gar nicht bemerkt zu haben und glücklicherweise gelang es mir nach dieser unvergesslichen Zeremonie, viel leichter wieder Boden unter meinen Füßen zu gewinnen. Fra' Elia stellte mir während der Rückfahrt keine Fragen. Heute weiß ich, dass er bereits alles über mich gewusst hat und mich, mit großer Geduld und Weisheit gewappnet, meine Probleme in vollster Freiheit nach eigenem Gutdünken lösen ließ. Jedenfalls sollten noch viele harte Proben auf mich zukommen! Am gleichen Abend erhielt ich einen Anruf vom Bürgermeister von Cerciventi, Dario, der mir mitteilte, dass der Gemeinderat seinen Vorschlag gebilligt hatte. Ein erster wichtiger Schritt war also getan.

9. Juni – Das große Treffen von Camponogara mit Fra' Elia

Zum ersten Mal hat Fra' Elia seine Mission öffentlich bekannt gegeben: im Kielwasser Pater Pios und im Geist Pater Pios zu wirken, um sein Werk zu vollenden! Eine große Aufgabe, die sich mit der Zeit mehr oder weniger bestätigen wird. Diese Prophezeiung hat für jeden, der ihn gut kennt, den Duft der Wahrheit, gleich dem Duft, der die Gläubigen, die ihn inzwischen aus ganz Italien oder aus dem Ausland aufsuchen, oft umwogt. Und die „Wunder" dauern an, vor allem jene im Inneren! Wer davon Zeuge wird, kann nicht schweigen.

Während diese paar Zeilen geschrieben wurden, erzählte uns eine Frau aus Cividale, Provinz Udine, die vorbeikam, um sich mit guter Lektüre für die Sommerferien einzudecken, Folgendes: „Ich hatte ein Treffen mit Fra' Elia, das mich total erschüttert hat! Ich habe ihm ein paar Fotos von Verwandten gezeigt. Er sagte mir, dass zwei von ihnen sich im Himmel befänden und keine Hilfe benötigten. Es handelte sich um meinen Ehemann und um meinen Sohn, die beide vor wenigen Monaten bei einem Verkehrsunfall ums Leben kamen."

Fra' Elia wusste also Dinge von dieser Frau, die er als normaler Mensch unmöglich wissen konnte.

Wie auch immer, Camponogara war wirklich ein Triumph, an Zeugenaussagen und Bilanzen. Pater Michele informierte die Versammelten, dass es innerhalb von sechs Monaten eine große Anzahl (die genaue Zahl weiß ich nicht mehr) an Bekehrungen gegeben habe, an Heilungen, Befreiungen von Dämonen, und dass dies alles Zeichen der Barmherzigkeit Gottes seien, die in gewisser Weise die Arbeit Fra' Elias untermauern würden. Auch las er das Programm bezüglich des Familien-Hauses für Jugendliche in Schwierigkeiten vor, das Fra' Elia so schnell wie möglich eröffnen wollte, auch mit Hilfe der erhaltenen Spendengelder. Doch er drückte auch sein Bedauern über die Kritik einiger Priester aus, die Elia verurteilt hätten, ohne ihn zu kennen. Bedauerlicherweise wäre dies aber zu erwarten gewesen.

„Ihr, die ihr seht, was wir tun", tönte Pater Michele plötzlich von der Kanzel, „berichtet nur, was ihr seht, nämlich dass wir hier sind, um zu beten, um Messen zu lesen, um die Menschen zu befreien und sie zu Gott zu führen ..."

Und dann predigte Fra' Elia: „Es ist eine Freude für mich, euch zu segnen und euch zu befreien ... Der Herr hat mir aufgetragen, ein Mittler für ihn zu sein, um euch zu ihm hinzuführen. Ich bin nichts anderes als ein Vermittler. Für euch bete ich. Jeden Tag eine Novene (neuntägige Andacht, Anm. d. Übersetzerin). Wenn ich Personen vor mir sehe, denen es nicht gut geht, dann fühle ich mich elend. Manchmal macht mein Engel mich darauf aufmerksam, dass jemand nicht ehrlich ist ... 'Schicke ihn weg', sagt er mir dann. Jeder kann zu mir kommen ..., aber bittet mich nicht, die Probleme zwischen Ehefrau und Ehemann zu lösen. Sie müssen sie selbst ausdiskutieren, ... nicht die Schwiegermütter, Väter und Mütter, ... ich kann lediglich für sie beten. Die Knoten unseres Lebens müssen wir selbst lösen, mit seiner Hilfe. Wenn der Ehepartner uns erwählt und wir ja zu ihm sagen, ja warum wollen wir dann bei der ersten Schlagseite gleich die Flucht ergreifen? Ist das Liebe oder Stolz? Die Familien sind deshalb in einer Krise, weil sie nicht mehr gemäß dem Willen Gottes leben wollen! ... Wir verstehen nicht mehr, unser Eheleben im Stand der Gnade zu leben! ... Beten wir jetzt um Bekehrungen und dafür, dass die Familien nicht auseinander brechen. Ich möchte, dass sie heil bleiben, für das Wohl ihrer Kinder. Liebt einander, so wie ich euch geliebt habe, sprach der Herr, ... und erinnert euch im Heiligen Rosenkranzgebet auch an die verlorenen Seelen ... Ihr werdet mich jetzt für einige Monate nicht mehr zu Gesicht bekommen, weil ich andere Wege beschreiten muss, aber auch wenn ich nicht hier sein werde, geht in die nächste Kirche, Jesus erwartet euch dort."

Fra' Elia war so liebevoll und fantastisch wie immer. Wir waren alle von ihm verzaubert. Sogar ein bedeutender Musiker, Ex-Komponist einer großen Band, hatte sich angeboten, seine Gebete musikalisch zu begleiten, während Piero und andere spontan eine Kollekte für Fra' Elias Stiftung ankurbelten, um den Erwerb eines Hauses zu beschleunigen. Mariucca und Ugo bemühten sich zusammen mit den Ordnungsleuten nach Kräften, den Bedürfnissen der Leute nachzukommen und halfen ihnen zum Ausgang, bevor jemand verletzt wurde. Anna und Gian, die den Autobus von Verona organisiert hatten, versuchten sich indessen am Ende der Veranstaltung noch von allen Leuten zu verabschieden, da die großen Sommerferien kurz bevorstanden.

Nur ich hatte nichts zu tun und konnte deshalb die Szene von fern beobachten. Ich sah Elia selbstsicher und lächelnd mitten in der Menge; später sah ich ihn mit den Organisatoren diskutieren, mit ihnen die Halle verlassen und in eine andere, größere verschwinden, sah ihn wieder zurückkommen, um wieder mit anderen Leuten zu diskutieren. Angesichts der Tatsache, dass er mich nicht brauchte, beschloss ich, mich ins Freie zu begeben. In Ermangelung von Parkbänken setzte ich mich auf eine riesige Plane mitten in die Wiese. Jeder trug fröhlich sein Scherflein dazu bei, damit alles bestens lief, während ich mich weiterhin völlig durcheinander fühlte. Total unfähig, mir einen Reim darauf zu machen, hatte ich das Gefühl, mich in einer Warteposition zu befinden, als ob jemand mir sagen müsste, was ich tun sollte.

Plötzlich sah ich Mariucca allein den Weg entlanggehen, und als sie mich erblickte, schien sie mir sehr erstaunt zu sein.

„Was machst du denn hier? Sieh nur, Fra' Elia geht gerade zu eurem Wagen ... Er will weg ..."

„Begleite mich", bat ich sie und zu zweit rannten wir in Richtung Wagen. Und in der Tat, Fra' Elia saß bereits am Steuer, umgeben von einer Gruppe lachender Freunde. Ganz offensichtlich hatte er meine Abwesenheit noch nicht einmal bemerkt. Als ich mich neben ihm niederließ, hatte ich gerade noch Zeit, mich von Mariucca und Co. zu verabschieden, und schon ging es los auf den Weg nach Hause, genauso wie immer.

Im Wagen bekam ich einen Anruf von einer Gruppe junger Leute aus Malta, die nach Italien kommen wollten, um cirka zwei Wochen mit Elia zu verbringen. Es handelte sich um eine Gruppe Jugendlicher, die sich darauf vorbereitet hatte, zu evangelisieren, worüber sie sich mit ihm austauschen wollten. Ob es im September möglich wäre? Sofort fragte ich Fra' Elia, der noch nicht einmal eine Minute zum Nachdenken brauchte.

„Bestätige für Monatsmitte", sagte er mir sogleich mit glücklicher Miene, „so haben wir genug Zeit, eine geeignete Unterkunft für sie zu finden ... Wir können die jungen Leute nicht enttäuschen!"

Ich gab die Worte umgehend an sie weiter, erstaunt über so viel Enthusiasmus, der aber auf der anderen Seite keineswegs geringer war.

„Ich bin Noel, der Gruppenführer", fuhr mein Gesprächspartner in gutem Italienisch fort, „ich bin fast 28 Jahre alt, die anderen sind zwischen 16 und 25 ... Danke, wir hören wieder voneinander, um das genaue Datum und die Unterbringung zu bestätigen."

Um diese Zeit, und ich schreibe das hier im Sinne einer Chronik, kam auch Pater Giovanni nach Bergamo, um ein paar Tage mit Fra' Elia zu verbringen. Ich erinnere mich, dass auch ich eines Nachmittags die Gelegenheit hatte, mit ihm zu sprechen. Dabei erzählte er mir, dass er gesehen hatte, wie die kleine Madonnenstatue von Fra' Elia duftendes Öl absonderte.

In meinen Notizen lese ich, dass auch Fra' Elia weiterhin Dutzende und Dutzende von Telefonanrufen erhielt. Eines Nachmittags, ich erinnere mich nicht, bei welcher Gelegenheit, geschah es, dass ich ein Gespräch mithörte, und zwar mit einer ziemlich verschlagenen Person, die ihm anscheinend eine Falle stellen wollte.

Fra' Elia antwortete ihr: „Wir sind zerbrechliche Wesen ..., das Leben ist ein Geschenk und deswegen dürfen wir es nicht den Wölfen zum Fraß vorwerfen ... Warum gehst du nicht zur Schule? ... Wir schauspielern hier nicht am Telefon ... Warum ich dir nicht geantwortet habe? Weil ich einfach nicht die Zeit habe, um irgendjemandem zu antworten ... Meine Freude besteht darin, für Seelen zu beten ... Du irrst dich, ich bin kein Bruder Wahrsager!"

Und noch ein weiteres Gespräch: „Du bist eine Mutter, die Gott zürnt? Sollte Gott nicht über dich erzürnt sein? ... Dein Sohn befindet sich im Gefängnis? ... Muss er nicht vielleicht für etwas bezahlen, was er selbst angestellt hat? ... Beruhige dich, jeder von uns muss sich Gottes Willen fügen und nicht dem eigenen."

Und dann fand ich noch einen Vermerk über einen Teil einer Predigt, die ich in Eile, ich weiß leider nicht mehr wo, mitgeschrieben habe: „... In jenen, die ihr eigenes Selbst gering schätzen, wird Gott sich manifestieren, ... doch wir müssen ihm unser Herz öffnen ... Wir können selbst wählen zu leben mit oder in oder für den Herrn, zu sterben für ihn, ... können wählen, zu den 'Wissenden', zu den 'Gelehrten' zu gehören, die im Unterschied zu den 'Weisen' diejenigen sind, die glauben, ihr Leben ohne göttliche Intervention leben zu können, ... allein vollgepumpt mit menschlicher Kultur und überzeugt von ihrer bis ins Extremste reichenden Fähigkeit, alles ganz allein lösen zu können. Der Weise hingegen hat die wahre Weisheit, die wahre Gelehrsamkeit verstanden, das ist die Intuition von der Existenz Gottes, die in allem eins mit ihm ist ... Er unterwirft sich Seinem Willen, sein Leben verläuft vereint mit Ihm ... Demut, Vergebung, Liebe, Teilen, das ist der einzige Weg, um zu Ihm zu gelangen, ... und begreifen, dass das Morgen dem Heute nicht nützt ..."

Aber auch ich erhielt weiter die üblichen Telefonanrufe, vor allem solche mit Zeugnissen von Heilungen. Viele Leute wussten, dass ich mir Notizen machte für mein zweites Buch, und sie unterstützten mich voller Begeisterung; wie jene Frau, die mich eines Abends anrief, um mir zu sagen, dass ihr seit vielen Jahren gelähmter Ehemann, nachdem er das letzte Treffen mit Fra' Elia besucht hatte, von allein aus dem Rollstuhl aufgestanden und gut zweimal um den Tisch herumgelaufen war!

Nur Fra' Elia erzählte mir nichts mehr, sodass ich ihn eines schönen Tages darauf ansprach.

„Fra' Elia, du erzählst mir nichts mehr über deine spirituellen Reisen, über deine Gespräche mit Pater Pio ... Wie soll ich denn das zweite Buch schreiben?"

„Da gibt es nicht mehr viel zu sagen", antwortete er mir nachdenklich, „du kannst das schreiben, was du siehst und hörst ... Wenn dir dann noch etwas fehlt, werden wir es vervollständigen."

Und er wechselte das Thema. Inzwischen waren die Tage für die Abreise nach Sardinien näher gerückt. Dem Anschein nach lief alles gut, ich war sehr mit meiner Arbeit beschäftigt und Fra' Elia mit seiner, doch meine Probleme waren immer noch weit entfernt davon, gelöst zu sein. Wenigstens eine kleine Entscheidung hatte ich zu treffen geschafft! Ich hatte die Absicht, Fra' Elia mitzuteilen, dass ich keineswegs enttäuscht wäre, wenn nicht immer ich ihn auf seinen Reisen begleiten würde. Die Reise nach Sardinien sollte die letzte für mich sein, ohne den Reisen nachzutrauern. In Zukunft sollte er sich selbst eine geeignete Person dafür aussuchen. Im Übrigen hatte ich mich nie selbst aufgedrängt und fand es richtig, dass er an diesem Punkt seines Lebens vollkommen frei war, zu leben wie er wollte. In wenigen Worten: Er sollte sich mir nicht verpflichtet fühlen. Ich würde ihm jederzeit und in jedem Fall zur Verfügung stehen, falls er mich brauchte, ... dann würde ich da sein. Nach diesen Überlegungen fühlte ich mich um vieles erleichtert.

Freitag, 21. Juni – Flughafen Linate

Bei dem Gedanken an meine unkontrollierbare Flugangst rutschte mir folgender Satz heraus: „Jetzt muss ich sogar noch den Ozean überqueren...!"

Ich hatte es in einem scherzenden Tonfall zu ihm gesagt, gleichsam selbst erstaunt über das Ungewöhnliche an dieser Reise, als redete ich mit mir selbst.

Fra' Elia, der neben mir stand, widersprach voller Ernst: „Wo liegt das Problem? Wenn du nicht mitkommen willst, du bist frei!"

Als hätte ich so etwas erwartet, hatte auch ich meine Antwort schon parat: „Das Problem ist genau das: Vor drei Monaten hast du mir gesagt, wenn ich nicht nach Sardinien mitkäme, würdest du auch nicht gehen ... Doch wenn sich nun etwas geändert haben sollte, mach dir keine Gedanken, auch ich habe schon darüber nachgedacht, dass dies meine letzte Reise sein könnte ..."

Mit großer Ruhe präsentierte ich ihm meine vorbereitete kleine Rede. Er hörte zu, umherschauend, als wäre die Sache nicht so wichtig, ohne einen Kommentar.

Ich möchte mich nicht bei dem wundervollen Empfang in Cagliari aufhalten, den Francesco und andere Organisatoren für uns vorbereitet hatten, den ungeheuren, herzlichen Strom von Menschen, die aus der ganzen Region angereist kamen, oder bei den üblichen kleinen Schwierigkeiten, die sich unerwartet aus dieser enormen Anzahl von Menschen ergaben ... Es reicht zu sagen, dass an jedem Essen, nach köstlichen traditionellen Rezepten zubereitet, wenigstens um die vierzig Personen teilnahmen, die alle mit Fra' Elia feiern wollten. Und trotz vorheriger Anmeldungen für private Gespräche mit Fra' Elia für rund zweihundert Personen kamen fast fünfhundert.

Ich erinnere mich auch, dass wir in eine größere Halle umziehen mussten, weil die für das Treffen vorgesehene Halle viel zu klein war. Trotz aller vorherigen Absprachen mit den Organisatoren hatte sich niemand das heillose Durcheinander vorstellen können, das sich immer um Fra' Elia herum ergab.

Ich weiß sehr wohl, dass nach dem Tod eines Papstes ein neuer folgt, doch was mich betraf, hatte ich dennoch das Gefühl, Erklärungen beisteuern zu können, zu denen sonst niemand befähigt wäre. Um ein Beispiel zu geben: Ich bemühte mich, den Leuten zu erklären, dass Fra' Elia kein Psychologe ist und niemand sein ganzes Leben vor ihm ausbreiten muss. Ein kleiner Hinweis auf das Problem genügt und Fra' Elia versteht bereits, worum es geht. Manchmal gibt Fra' Elia schon Antworten, ehe er die Fakten kennt, und sehr oft warnt er auch, wenn er Gefahren irgendwelcher Art sieht. Aber vor allem liest er in den Seelen der Menschen und er verhilft ihnen zu größerem Verständnis. Ich erzählte den Leuten, die mein Buch noch nicht gelesen hatten, dass sein Engel ihm bei der Therapie hilft und ihm eingibt, was zu tun ist. Und noch viele andere Dinge, die den Menschen halfen, ihn besser kennen zu lernen, aber vor allem auch, um ihnen Hoffnung zu machen. Darüber hinaus arbeitete ich auch noch mit Fra' Elia zusammen, indem ich Rezepte für Heilpflanzen aufschrieb, und ich machte den ängstlichen Personen Mut, die in Gegenwart von Fra' Elia nicht recht wussten, wie und womit sie ihr Gespräch mit ihm anfangen sollten.

Und auch ich, die noch keine Ahnung hatte, an welchem Punkt meines Lebens ich jetzt angekommen war, fing endlich an zu verstehen, während der Heiligen Messe. Wenn man den Weg des Herrn einschlägt, muss man sich von jeder Bindung freimachen, auch von solchen spirituellen Typs. Der Weg zur Erkenntnis, des Wachstums hin zum wahrem Bewusstsein, der Weg der Erlösung, muss in Einsamkeit gegangen werden. Wenn wir Gott erwählen, ist Er es, an den wir uns wenden müssen, Ihm müssen wir uns weihen und Ihm gehorchen. Wenn der Herr in seiner großen Barmherzigkeit uns die Gnade zuteil werden lässt, uns auf den Weg großer Erleuchteter zu führen, dann tut er es, um uns zu helfen, uns zu korrigieren und uns besser verstehen zu lassen, was er von uns will, doch gewiss nicht, damit wir uns falschen Vorstellungen hingeben. Und aus diesem Grund darf mein Weg zu Gott nicht vom Leben Fra' Elias abhängen...

Meine Furcht und meine Ängste, die mich Gefahren und Widrigkeiten nur als Hindernisse und Zeitverlust sehen ließen, bis zu dem Punkt, an dem ich meine innere Ruhe verlor, hielten mich vom wahren Ziel ab. Wo blieb nur mein Glaube? Erinnerte ich mich nicht mehr daran, dass Fra' Elia ein Mann Gottes war und bis jetzt allein Gott ihn beschützt, ihn an die Hand genommen und auf seinem Weg geleitet hatte, einen Weg, den Er selbst für ihn ausgewählt hatte? Wenn ich weiterhin an Fra' Elias Seite bleiben wollte, musste ich mich ändern ..., demütiger werden und abwarten, dass der Herr auch mich führte, oder besser noch, entschied, ob ich bleiben konnte oder nicht. Es war nicht an mir, das zu entscheiden!

In all der Zeit hatte Fra' Elia auf tausenderlei Art und Weise und mit tausenden von Gleichnissen versucht, mich genau das verstehen zu lassen ... Er hat mich auf die Probe gestellt ... und nun wusste ich, dass der Herr, mit oder ohne ihn, auch auf mich wartete. Und damals geschah es, dass aus meinem innersten Herzen folgendes Gebet sprudelte: „Mein Gott, hilf mir ... Hier bin ich ... Sag mir, was ich tun soll ... Wenn du willst, dass ich dir auch ohne Fra' Elia folge, ... will ich es tun!"

Und während ich gerührt zusah, wie Fra' Elia einem Kranken die Hand auflegte, der sich mit dem anderen Arm helfen musste, um sich mit seiner rechten, gelähmten Hand bekreuzigen zu können, fiel mir ein Gesangsbüchlein in die Hände und ich tat, was ich oft Fra' Elia habe tun sehen. Ich schlug es auf und las den erstbesten Satz: „Mut Frau, Mut Frau, dein Glaube hat dich geheilt!"

Fra' Elias Predigt in Sardinien

„Wir müssen lernen zu bitten ... Gott gewährt uns alles, außer Irrtümer, Dinge, die unserem Wachstum nicht förderlich sind ... Unser Schutzengel ist die Brücke, bittet auch ihn um Hilfe. Oft bitten wir um die falschen Dinge, Dinge, die uns nicht dienlich sind, ... aber wenn wir um unsere wahren Bedürfnisse bitten, bin ich sicher, dass Gott uns die Gnade gewähren wird! Wenn die Gnaden ausbleiben, dann nicht, weil Gott uns diese nicht gewähren will, sondern weil unser Verhalten so ist, dass er sich uns verweigern muss. Letztlich sind wir es, die uns von ihm zurückziehen, denn Jesus hat niemals jemandem etwas abgeschlagen. Wir sind es, die mit dem Finger auf Gott zeigen und ihn anklagen, dass der Herr uns vergessen hat, ... besonders dann, wenn irgendetwas schief läuft oder wenn es uns nicht gut geht. Im Allgemeinen wenden wir uns nur an Ihn, wenn wir Hilfe brauchen, doch wir sagen nie: 'Danke, oh Herr, für alles, was du mir schenkst ... Ich stehe dir zur Verfügung ... Mache mit mir, was du willst!' Jesus möchte mit uns in einen Dialog treten, mit uns mitten unter den Menschen sein, in den Familien, an unserem Leben teilnehmen, doch wir weisen ihn tagtäglich zurück, in dem Glauben, wir könnten unser Leben alleine besser führen ... Wir sorgen uns immerzu um Nahrung, Arbeit, Gesundheit usw., doch wenn der Herr sogar an die Vögel denkt, an einen Grashalm und an die Lilien auf dem Felde, denkt ihr, er würde sich dann nicht auch um unsere täglichen Bedürfnisse kümmern? Der Herr sagt: ‚Ihr müsst daran denken, dass der Herr euer Vater ist und euch liebt.' Habt Glauben, vertraut auf Ihn. Eure Beziehung zum Leben muss auf eine andere Art gelebt werden, ... in Frieden und Heiterkeit, weil Gott an jeden von euch denkt. Der Herr liebt uns alle Tage, er vergibt uns alle Tage und lässt uns auch nicht einen einzigen Tag alleine. Genau vor zwei Jahren, nach vielen Überlegungen, hat der Herr mir aufgetragen, in ein Kloster zu gehen, um meine Ordensregel zu entwerfen ... Er hat mir geholfen, er hat mich geführt ... Nie werde ich Ihn mehr verleugnen! Er hat mich niemals verraten! Wisst ihr, was der Herr von euch will? Dass ihr euch einzig und allein euren Talenten verpflichtet fühlt! Folgt eurem Weg und ihr werdet sehen, dass, vereint mit dem Herrn, genügend Licht auf eurem Weg scheint. Geht vorwärts bis dorthin, wohin der Herr euch begleitet. Ihr müsst auch für denjenigen beten, der euch Übles antut, da der Herr euch durch das Übel stärker machen möchte. Das gilt für jene, die sagen: 'Zu Hause habe ich die Hölle ... Ich gebe nicht nach ... Ich bin verwirrt ... Ich habe keine Zeit für einen Dialog, viel weniger noch für ein Gebet.' Aber wenn du gesund bist, befindest du dich dann nicht schon in der Gnade Gottes? Alles Übrige ist die Frucht deines eigenen Tuns, ... ohne Zutun Gottes, den du nie gesucht hast!"

Um die ganze Geschichte mit Sardinien zu entdramatisieren, kehren meine Gedanken jetzt, wo ich das hier schreibe, zu dem Tag unserer Rückkehr nach Hause zurück. Kurz bevor wir zum Flughafen fuhren, sagte Fra' Elia zu mir: „Nimm die Schere aus deiner Handtasche, da sie sonst beschlagnahmt wird." Und ich tat es. Aber wieso wusste er, dass ich sie auf dem Schränkchen vergessen und erst im letzten Moment entdeckt und deshalb in der Handtasche verstaut hatte?

Kaum wieder zu Hause, wurde ich von einer erfreulichen Nachricht aus Cerciventi überrascht.

„Giuliano und ich haben eine Idee", rief Dario mich wie elektrisiert an, „aber vorher müssen wir uns noch mit dir beraten. Wir würden gern wissen, ob deine Firma Kräuter im Naturzustand verwendet und ob sie noch für andere Zwecke benutzt werden können, oder nur für Kräutertees?"

Erstaunt über diese Frage gab ich ihm ein paar nähere Erklärungen in Bezug auf den Gebrauch für Kosmetika und Liköre, sowie als Mittel zur Nahrungsergänzung. Und ich erklärte ihm, dass man sie nicht im Rohzustand verwenden konnte, sondern nur in Form von Extrakten.

„Könntest du uns nicht Unterlagen von deiner Firma zuschicken damit wir eine ungefähre Vorstellung von den Produkten bekommen, die man auf Kräuterbasis herstellen kann?"

„Ja, sicher, aber könntest du mir erklären, was ihr vorhabt?"

„Schicke uns erst das erforderliche Material, dann wirst du schon sehen", schloss er geheimnisvoll.

Ich schickte Dario sofort mein Buch über Heilkräuter und alles, was ich für einen schnellen Einstieg in diese faszinierende Materie für nötig hielt, inklusive der Fotos unserer wichtigsten Produkte. Ich war wirklich gespannt, was unsere beiden unzertrennlichen Freunde da wohl ausheckten!

Einige Tage später bekam ich eine Postsendung von ihnen. Verblüfft hielt ich eine akkurate Präsentation in Händen, mit allem, was ich in all diesen Jahren mit Kräutern hergestellt hatte, verziert mit den schönsten Bildern meiner Produkte und sogar einem Foto von mir. Alles das war dem Gesuch an einen Förderfonds für die Region beigefügt (für die Renovierung eines bäuerlichen Komplexes für soziale Zwecke), in dem ich als Mitarbeiterin von Fra' Elia Promoterin für die Nutzung des umgebenden Bodens für die Aufzucht von Heilpflanzen sein sollte, nicht nur, um damit Arbeit für Fra' Elias Jugendliche zu schaffen, sondern auch zum Wohl der ganzen Gemeinschaft in dieser Bergregion. Und das alles für eine Studie, die von einer Entwicklungsanstalt der Gebirgsregion durchgeführt wurde. Später erfuhr ich von Dario und Giuliano, dass sie mich nach der Lektüre meines Lebenslaufs als Garantin für einen Erfolg ansahen und deshalb vollkommen in das Projekt miteinbezogen hatten, im festen Glauben, ich wäre damit einverstanden, sodass der damalige Präsident der Region gar nichts anderes tun konnte, als seine Zustimmung zu geben. Schließlich ging es darum, Arbeit zu schaffen und das ganze Gebiet zu entwickeln!

Was für eine fantastische Idee!, dachte ich. Vielleicht würde Fra' Elia ja diesmal Glück haben! Und mir würde es ganz sicher Spaß machen, diese Aufgabe zu übernehmen! Doch meine Ex-Firma hätte nicht die Kapazität, die ganze Ernte von, ich weiß nicht wie viel, Land zu verbrauchen. Ich würde mich an meine Kollegen wenden müssen...

„Bestens, darüber werden wir uns später den Kopf zerbrechen", sagte ich leichthin. „Alles wird so, wie Gott es will!"

Sofort informierte ich Fra' Elia, der mir erst ziemlich überrascht vorkam, dann aber glücklich, genauso wie auch mein Ehemann, der meine Freude mit mir teilte. Es war eine Woche voller Erwartungen, sowohl für Fra' Elia als auch für mich: Am 29. Juni war unsere Abreise nach Civitavecchia zu einem Gebetstreffen und danach ging es weiter nach Rom, um Pater Giovanni d' Ercole zu treffen, Pater Amorth und einen Apostolischen Nuntius, der gut fünf Päpsten gedient hatte und jetzt im Ruhestand war. Es war Piero Mantero, der die Treffen organisiert hatte, und ich erinnere mich, dass er mich selbst anrief, um mir zu sagen, dass er es für besser hielt, wenn auch ich auf diese Reise mitkäme, um die Ereignisse zu verewigen, da ich ja die „Biografin" Fra' Elias sei.

„Ich werde ebenfalls mit den Büchern nach Civitavecchia kommen“, fügte Piero hinzu. „Ich hoffe, dass du mir zur Hand gehen wirst!“

Und so kam es, dass wir schon wieder im Wagen unterwegs waren, zur Pfarrei des Hl. Pio X. nach Civitavecchia, wohin Pater Linus und Pater Damiano uns eingeladen hatten. Wir hatten Pater Linus bei seinem Besuch in Feletto Umberto kennen gelernt, aufgrund der Tatsache, dass auch er ein namhafter Autor von Edizioni Segno ist. Pater Linus, der, außer ein hervorragender Priester zu sein, ein wahrer Intelektueller ist, gelang es, uns mit Leseproben verschiedenster religiöser und sozialer Themen zu beschenken, darunter auch „Die 24 Tage der Flucht“, eine hoch interessante Chronologie seiner Flucht während des kommunistischen Regimes. Auch Pater Damian hatte fürchterliche Torturen wegen seines Glaubens erleiden müssen, aber zum Glück konnten jetzt beide ihr Amt in Frieden ausüben.

Pater Linus hatte sowohl Fra’ Elia als auch mich eingeladen, vielleicht weil er mich kannte, vielleicht weil ich ihm bei der Bewältigung der großen Zahl von Leuten zur Hand gehen konnte, die sich bereits für private Treffen angemeldet hatten. Am Telefon erkundigte er sich bei mir, und zwar nicht nur im Scherz, ob ich mich vielleicht in der Lage sähe, provisorisch die Rolle einer „Haushälterin“ zu übernehmen, da die Frau, die ihm normalerweise helfe, für einige Zeit nicht da sei und die Sache ihm Kopfzerbrechen bereiten würde.

„Ja, sicher“, antwortete ich amüsiert. „Ich habe das zwar noch nie gemacht, aber du wirst sehen, ich lerne schnell!“

Während der Reise besprachen Fra’ Elia und ich die Neuigkeiten bezüglich Cercivento. Mit offenen Augen vor mich hinträumend sah ich mich bereits mit einem großen Strohhut auf dem Kopf, die zarten Pflänzchen vor der ersten Ernte kontrollierend.

„Ich werde mir eine kleine Wohnung neben deinem Kloster einrichten, damit ich, falls Bedarf ist, schnell erreichbar bin.“

„Nein, du wirst nie allein wohnen ... Du wirst dein Zimmer bei uns haben und mit uns essen. Wir werden die Pflanzen züchten. Alte und Junge werden gleichermaßen mitarbeiten. Es wird eine große Familie sein. Ich werde Petrus sein und du Paulus.“ (Es war der Tag der Heiligen Petrus und Paulus).

Und dann fing er wieder einmal an, mir einen Vortrag zu halten, etwas, das er schon lange nicht mehr gemacht hatte: Fra’ Elia schrieb etwas in den Sand und das Meer spülte es weg. Ein Engel sagte zu ihm: „Schreibe in Marmor, was du tust, und deine Schriften werden erhalten bleiben."

„Wie soll ich das machen?"

„Du Mann mit wenig Glauben, nimm einen Stein und schreibe!"

„Ich entfernte mich und sah zwei Seeleute des Weges kommen. Wir sind alle Seefahrer, und was wir tun, wird als Exempel für unsere Kinder in Stein gemeißelt bleiben. Jeder von uns hat seinen eigenen Stern und sein eigenes Schicksal. Jeder von uns hat in seinem Inneren eine Kerze angezündet, wie eine Säule, die uns mit Gott verbindet, vom Tag unserer Geburt an. Wir sind alle unterschiedlich, doch jedem von uns hat Gott eine Aufgabe zugeteilt. Beten wir darum zu erkennen, welche Aufgabe das ist!"

(Ich glaube wirklich, dass Fra' Elia wird niederschreiben müssen, was er machen wird, denn das war die Botschaft des Herrn).

Und weiter: *„Geh und sprich von mir ohne Angst und Furcht, erinnere dich immer daran, dass ich bei dir bin! Habe keine Angst vor denen, die dir Hindernisse in den Weg legen, denn ich bin bei dir! Geh und sprich von mir ... und gemeinsam mit dir werde ich in ihre Herzen eintreten!"*

(Und in der Tat, Neid und Vorurteile haben begonnen, sich um Fra' Elia herum einzuschleichen, doch er wird es tun).

Und weiter: „Wenn ich all jene heilen könnte, die mir sagen, dass sie verfolgt werden, niedergedrückt sind, leidend ... Herr, erhöre mein Gebet! Ich kann nicht sehen für jene, für die ich bete! Und du sagst zu mir: 'Bete du, ... denn sie sehen nicht, wollen aber empfangen!' Ja, Herr, sie bitten mich um Gnaden ... aber ich weiß nicht, wie man Gnaden schenkt,... nur du allein kannst es. Und ich antworte dir: 'Bete du und fahre fort zu beten, ohne zu ermüden. Du wirst wie ein leuchtender Stern sein und ich werde zu dir sagen: Nun bist du frei!'"

„AN MARIA – Du, die du das Leid der Welt siehst, sende einen Lichtstrahl der Ruhe, der spirituellen Gelassenheit, denn nur mit dir gemeinsam kann der Weg gegangen werden! Nur mit dir kann man sich in Glorie erheben. Hosanna, Hosanna! Schenke uns Gnaden, die Vereinigung der Herzen, Liebe und Barmherzigkeit, damit wir zu Gott gelangen."

Ich erinnere mich, dass unsere Reise besonders lang dauerte, auch weil Fra' Elia noch bei einem Ort in der Nähe von Spinea vorbeifahren wollte, um eine Braut zu segnen, die ihm sehr am Herzen lag. Er hatte sie von Dämonen befreit und jetzt, endlich glücklich nach so vielen Leiden, war sie dabei, ihrem Lebenstraum die Krone aufzusetzen. Eine Umarmung, ein Foto, ein Segen und schon ging es weiter nach Civitavecchia.

Es war schon dunkel, als wir ankamen, doch es gelang uns ohne größere Mühe, das Pfarrhaus zu finden. Auch hier wieder Umarmungen und festliche Begrüßung, ein Abendessen mit Freunden und danach ging es sofort ins Bett. Das Pfarrhaus war an die Kirche angebaut und das war eine große Erleichterung für uns, weil wir keine Zeit mit Hin- und Herfahren verloren. Fra' Elia konnte am nächsten Morgen sehr früh mit seinen Gesprächen beginnen und dadurch auch all jene Personen zufrieden stellen, die von der Insel Elba kamen und am selben Tag noch die Fähre zurück erreichen mussten.

Und während Fra' Elia im Halbdunkel der Sakristei seine Gespräche führte, strömte eine liebliche Brise Rosenduft durch die geöffnete Tür zum Altarraum, als wollte sie uns an diesem heißen Sommertag etwas Kühlung verschaffen. Die Stunden vergingen schnell und ohne Probleme, ausgenommen in einem Fall, von dem Fra' Elia mir abends erzählte.

Ein Paar junger Verlobter, Marco und Chiara, war zu ihm gekommen, da Marco unter fürchterlichen Kopfschmerzen litt, die ihn seit einigen Jahren verfolgten. Nachdem er die berühmtesten Spezialisten der Hauptstadt ohne Resultat konsultiert hatte, gedachten sie als letzte Karte Fra' Elia auszuspielen, in der Hoffnung, dass es ihm gelänge, Marco wenigstens teilweise von dieser unerträglichen Qual zu befreien, die er nicht länger ertragen konnte. Gewöhnlich erzählte Fra' Elia mir nichts mehr über seine Anhänger (oder Patienten, ich weiß nicht, wie ich sie nennen soll), aber dieses Mal sah ich ihn wirklich besorgt.

„Er hat mir erzählt, er hätte das Gefühl, ein dicker Nagel würde das Innere seines Gehirns durchbohren, ... und er hat das auch den Ärzten erzählt ... Doch dann bemerkte er, dass einige von ihnen ihn nicht ernst nehmen und andere ihn einliefern lassen wollten. Aus diesem Grund hat er zu niemandem mehr darüber gesprochen, ... und deshalb ist er, bevor er sich zu einem drastischen Schritt gezwungen sieht, hierher gekommen ... Ich werde ihn so schnell wie möglich nach Bergamo kommen lassen, um ihn ein Bad mit geweihtem Wasser nehmen zu lassen."

Ich hatte Marco und Chiara an dem Morgen kennen gelernt und die beiden hatten mir ihre Geschichte selbst erzählt. Ich glaube, der Grund Fra' Elias, die Sache nicht geheim zu halten, war der, dass ich darüber schon Bescheid wusste. Ich hielt die beiden für zwei sympathische Jugendliche, jung und modern, wie es so viele gibt, die nicht gewohnt waren, Seher oder Charismatiker aufzusuchen, um die Probleme ihres Lebens zu lösen.

„Was meinst du, Fiorella, ob Fra' Elia etwas für mich tun kann? ... Er hat über ein gewisses Bad gesprochen, weißt du etwas darüber? ... Verzeih mir, dass ich dir die Fragen stelle, aber es ist das erste Mal, dass ich so jemanden aufsuche", entschuldigte Marco sich etwas zaghaft. Ich erzählte ihnen kurz, was ich gesehen und gehört hatte während der Bäder, bei denen ich mitgeholfen hatte, und versicherte ihnen, dass ich ganz sicher war, dass, wenn Fra' Elia etwas vorhersah oder versprach, es auch so sein würde.

„Wenn er dir gesagt hat, dass es dir nach dem Bad gut gehen wird, wird es so sein."

Der nächste Tag, ein Sonntag, spielte sich gemäß der Routine in der Pfarrei ab. Während der drei Messen am Morgen, gefeiert von Pater Linus und Pater Damian, fuhr Elia fort, Leute in der Sakristei zu empfangen, aus der er nur auftauchte, um während der Messen die drei Predigten zu halten. Ich hatte beschlossen, auf den letzten Bänken sitzen zu beiben und den Altarraum der Kirche im Auge zu behalten, weil ich auf Piero wartete, der in der Nacht losgefahren war und nicht vor zehn Uhr hier eintreffen würde, um ihm, wie abgemacht, mit den Büchern zur Hand gehen zu können.

Die Predigt Fra' Elias während der ersten Messe: „Wisst ihr, wie man verzeiht, wisst ihr, wie man vergibt! Es ist auch für mich schwer! Der Stolz muss fallen, wenn ihr Kinder Gottes sein und zur Kommunion gehen wollt. Nehmt euren Stolz nicht mit auf eure Reise zum Herrn! Es scheint, als würde unser Leben niemals enden, ... doch alles hat ein Ende ... Im Leiden wachsen unser Geist und unsere Seele, aber der Stolz hindert uns daran, das zu erkennen und vorwärts zu schreiten. Der Herr heilt einen Krebs in einer Minute, doch wir wissen nicht, wie man den Stolz heilt! Ist es denn leichter, vom Krebs geheilt zu werden als vom Stolz? Ganz bestimmt ist es leichter, vom Krebs geheilt zu werden als von unserem Stolz. Seht ihr diese Blume?"

Er nahm einen herrlich blühenden Oleanderzweig, den jemand ihm gegeben hatte.

„Er ist schön ... Riecht, wie er duftet ..."

Und er ließ die Personen in der ersten Reihe daran schnuppern.

„Da seht nur, was ich mit ihm mache!"

Er warf den Blütenzweig mit einer blitzschnellen Geste auf den Boden und zertrampelte ihn mit gespielter Wut. Ein enttäuschtes Murmeln erhob sich aus den Reihen der Versammelten.

„Seht nur, ihr leidet mehr wegen einer Blume als wegen eines Bruders, dem ihr aus purem Stolz nicht vergeben wollt!"

Nach der ersten Messe kehrte Fra' Elia zu den privaten Gesprächen in die Sakristei zurück, während ich in die Kirche hinein- und wieder hinausging und auf die Ankunft Pieros wartete, der jeden Moment eintreffen musste. Und in der Tat, nach der zweiten Predigt Fra' Elias sah ich ihn sich mit einer großen Kiste Bücher abmühen, sodass ich sofort aufsprang, um ihm zu helfen.

Nach der Messe, als ich vor dem offenen Kirchenportal stand, umgeben von Leuten, die gerade mein Buch gekauft hatten und es signiert haben wollten, erblickte ich plötzlich Fra' Elia mit einem Gesichtsausdruck, den ich mittlerweile nur zu gut kannte. Mit großen Schritten kam er vom Altarpodest herunter und durchquerte den Mittelgang zwischen zwei dichten Flügeln von Menschen, die ihn neugierig anstarrten, bis er endlich vor mir stand und in einem Ton, der keine Entschuldigung duldete, sagte: „Warum bist du nicht bis zum Schluss geblieben? Du musst doch zur Kommunion gehen!"

Bestürzt über seine wirklich zornige Miene und verlegen wegen all der Menschen, welche die Szene amüsiert beobachteten, stammelte ich: „Ich musste Piero helfen ... Ich wollte in der nächsten Messe zur Kommunion gehen."

„Nein", tönte er, immer noch verärgert. „Jesus war jetzt hier und hat auf dich gewartet ... Die Bücher kommen nach ihm!"

Schnell ging er wieder weg, um sich noch einmal in die Sakristei zurückzuziehen.

„Er hat Recht, er hat Recht", kommentierten die Umstehenden, während ich wie ein kleines Mädchen dastand, die gerade von der

Lehrerin vor versammelter Klasse gescholten worden war. Und er hatte wirklich Recht.

Dieser lange Tag der Feiern endete sehr spät. Ich hatte die Gelegenheit, an der letzten Messe von Pater Linus teilzunehmen, gefeiert im byzantinischen Ritus. Sie war der rumänischen Gemeinde gewidmet und ich muss sagen, dass dieser Ritus mir außerordentlich gut gefiel und mich sehr bewegte. Der Klang der Orgel, die wunderbaren Lieder, der Weihrauch und der ganze rituelle Ablauf, bewundernswert zelebriert von zwei so erwählten Seelen wie Pater Linus und Pater Damiano, katapultierten mich auf direktem Weg ins Paradies. Wenn ich an meine Vergangenheit zurückdenke, an Fra' Elias Lehren, an all die neuen fantastischen Erfahrungen, an denen ich mich jeden Tag erfreuen durfte, dann konnte ich nicht anders, als Gott für die Wende in meinem Schicksal zu danken, und dafür, dass er mich zu neuem Leben erwachen ließ. Es ist wirklich wahr, dass man immer an die vielen neuen Möglichkeiten, die einem das Leben zu bieten hat, denken soll. Man darf niemals verzweifeln! Alles kann sich innerhalb einer Minute zum Besseren wenden, auch wenn man schon „Großeltern" ist und meint, dass das Leben jetzt zu Ende sei und es keine Hoffnung mehr gibt! Gott sieht uns und er sorgt für uns! Man muss nur Glauben haben!

Der Abend kam und endlich durften wir an einem hübsch gedeckten Tisch in fröhlicher Runde zusammensitzen, um die köstlichsten Fischgerichte zu genießen, dank einer höchst willkommenen Einladung eines Mitglieds der Pfarrgemeinde. Unsere Seelen schwebten im siebten Himmel wegen des großen Erfolgs dieser zwei Tage, und zwar so, dass Fra' Elia anfing, wunderbare und schwierige Textpassagen zu deklamieren, wobei alle perplex waren, mit welcher Bravour er diese schwierigen Verse frei aus dem Gedächtnis vortrug.

„Mir ist der Name dieser erlesenen Poesie aus dem 18. Jahrhundert entfallen", fing Pater Damian an. „Ich wusste gar nicht, dass du die Literatur dieser schwierigen Periode so gut kennst ... Könnte es sein, ... nein, nein ..."

Und während Elia weiter einige Passagen überzeugend vortrug, beäugte ich meine Tischgenossen, die ihm erstaunt und bewundernd zuhörten, ohne mit der Wimper zu zucken. Dann konnte ich einen Lachanfall nicht unterdrücken und platzte los, und zwar so, dass auch Fra' Elia mitlachen musste.

„Ich kenne diese Poesie nur zu gut ... Gelingt es euch wirklich nicht, sie zu erraten?“

Piero Mantero war der Erste, der begriff, und obwohl es so offensichtlich war, brauchten der total verdutzte Pater Linus und Pater Damian ein Weilchen, um zu glauben, dass Fra' Elia diese auserlesenen Texte aus dem Stegreif vorgetragen hatte.

„Ist es wirklich wahr, dass du sie gerade erst geschaffen hast? ... Diese Poesie ist von dir? ... Nun glaube ich noch mehr an dich, nach dem, was ich heute Abend hier von dir gehört habe, mehr als aufgrund deiner Predigten und Charismen!“, rief Pater Linus aus.

Und ich fügte hinzu: „Es entspricht eben doch der Wahrheit, dass jeder „ungläubige Thomas“ erst auf die Probe gestellt werden muss!“ Die Wege des Herrn sind in der Tat unergründlich!

Am nächsten Tag fuhren wir weiter nach Rom zu unserem ersten Besuch bei Pater Amorth. Er kam uns schon am Eingangstor entgegen. Wenn ich an diesen Moment denke, so kam er mir wie ein sehr strenger Herr vor, mit eiskalten Augen, der minutiös unsere Seelen durchforstete, als wollte er unsere innersten Geheimnisse ans Licht holen. Ein paar Minuten des Zögerns und dann eine ungestüme, warmherzige Begrüßung durch Piero, Vorstellungen, freundliches Händeschütteln und auf ging es in das private Büro von Pater Amorth.

Fra' Elia, Pater Amorth und ich nahmen an einem viereckigen Tischchen in der Mitte des Zimmers Platz, während Piero sich ein wenig abseits auf einen Stuhl setzte. Die beiden saßen einander gegenüber, während ich zwischen ihnen am Kopfende hockte, mein Notizbuch und den Kugelschreiber bereithaltend.

„Wer spricht zuerst?“, begann Pater Amorth ohne große Einleitung.

„Ich“, antwortete ich, flink im Denken. Und damit hatte ich ein weiteres Mal die Ehre, Fra' Elia kurz vorstellen zu dürfen, wobei ich ihm auch den Grund meiner Anwesenheit als Elias Biografin erklärte. Ich bat ihn auch um die Erlaubnis, ihr Gespräch mitschreiben zu dürfen, Wort für Wort, die er mir freundlicherweise erteilte.

Im Folgenden der Bericht über das Gespräch zwischen Pater Amorth und Fra' Elia:

Pater Amorth: „Du, der du immer über Engel redest, erzähle mir etwas über Satan!“

Fra' Elia geriet durch diese Frage in keinster Weise in Verlegenheit, sondern antwortete ganz ruhig: „Das erste Mal lernte ich ihn in einer Kirche zur Zeit meines Noviziats kennen. Ich ging das Kirchenschiff entlang, als ich außer meinem Schatten noch einen anderen bemerkte, und zwar auf der entgegengesetzten Seite, der mir heimlich folgte. Erschrocken dachte ich, das sei ein Dieb. Ich lief, um meine Kameraden und meinen Lehrer zu warnen, der mich auf der Stelle beruhigte, nachdem er jeden Winkel durchsucht hatte. Aber als ich wieder allein in der Kirche war, fuhr der Schatten fort, mich zu verfolgen, ohne mir sonst irgendetwas anzutun. Wieder meldete ich seine Gegenwart, aber mittlerweile glaubte mir niemand mehr. Am Ende des Tages zog ich mich in meine Zelle zurück, aber der Schatten folgte mir. Hier geschah es, dass er sich zum ersten Mal in Form einer riesigen Schlange manifestierte."

Diese Tatsache habe ich in meinem Buch „Ein Engel mit den Wundmalen Christi" beschrieben.

„Ein anderes Mal verwandelte er sich in einen Wolf ... Doch da ich erkannte, wer er war, hatte ich keine Angst vor ihm ... Ich betete und wartete darauf, dass er sich davonmachte, aber nun geriet er in eine solche Wut, dass er sich in eine ungeheure, fürchterliche Kraft verwandelte, die mit unerhörter Wut alles krumm und klein schlug und sogar Schränke verrückte, die Tür zerbrach und alles, was sonst noch seinem Zorn im Weg stand, ... bis er zu guter Letzt seine Wut an mir austobte und erst wieder von mir abließ, als ich ohnmächtig und übersät mit blauen Flecken zu Boden sank. ... Und einmal hat er mich sogar in der Kirche so massakriert, dass mein Miniskus riss ... Ganz besonders schlimm macht er sich vor Ostern bemerkbar."

Pater Amorth gab keine Kommentare dazu ab, sondern fuhr mit einer anderen Frage fort: „Hast du jemals besessene Personen befreit?"

„Ja, ... ich mache das entsprechend der Anweisungen meines Engels ... Kürzlich rief mich sogar eine Nonne an. Sie schrie und sagte, dass sie von Dämonen besessen sei ... Am nächsten Abend rief sie mich wieder an und beschimpfte mich. Also fragte ich Lechitiel, ob sie die Wahrheit spricht. 'Ja, es ist wahr ... Lass uns zu ihr gehen.' Er führte mich zu ihr und gemeinsam haben wir sie befreit ... Mit Geistlichen ist mir so etwas noch nie passiert!"

Kommentar von Pater Amorth: „Es ist leichter, einen Laien zu befreien, als einen Geistlichen. Manche von ihnen sind von der Geburt bis zu ihrem Tode besessen."

Eine andere Frage: „Während deiner Reisen, hast du da auch die Hölle gesehen?"

„Die Hölle ist ein großer dunkler Schlund, geschützt durch ein großmaschiges Netz, wahrscheinlich um die Seelen im Übergang nicht anzulocken. Ich sah, dass es einigen der Seelen, die sich auf das starke Licht zubewegten, nicht gelang, den hellen Schein zu ertragen. Also blockierten sie sich, indem sie sich die Hände vor die Augen hielten und zurückwichen. Dann, aus lauter Angst, warfen sie sich auf das Netz und zerrten solange wütend daran herum, bis sie hineinfielen! Nicht Gott ist es, der sich ihrer nicht annimmt, Gott liebt alle und möchte alle erlösen. Sie selbst sind es, die sich dafür entscheiden, sich nicht erlösen zu lassen, sondern lieber die Dunkelheit zu wählen."

An diesem Punkt erhob sich Pater Amorth und sagte mit bewegter Stimme folgende Worte: „Fra' Elia, nun segne mich ..."

Und als er sich gerade vor ihn hinknien wollte, kam Elia ihm zuvor, ergriff seine Hände und legte sie lächelnd an sein Herz: „Nein, segne du mich!"

Und während ich mitschrieb, meldete sich Piero, der sich nicht von seinem Platz gerührt hatte, mit einem Stichwort, das uns ganz schnell wieder auf die Erde zurückbeförderte: „Diese beiden segnen sich gegenseitig und uns beachtet keiner ...!"

Worauf Pater Amorth sich, ganz ernst tuend, zu uns wandte und versicherte, dass dieser Segen für alle gegolten habe. Unser Besuch endete damit, dass wir einige Erinnerungsfotos machten.

Nach dem Besuch bei Pater Amorth stand als nächster der Besuch bei Pater Giovanni d' Ercole auf dem Programm, der uns auch für die Nacht beherbergen wollte.

„Ich erinnere euch daran", warnte Piero uns vor der Ankunft, „Pater Ercole ist eine sehr scheue Person. Wir werden ihn nicht um ein Foto bitten, da er eine solche Bitte ohnehin immer ablehnt."

Wir wussten, dass Pater Ercole uns erst am nächsten Morgen empfangen wollte, sodass wir uns angesichts der späten Stunde nach einem äußerst einfachen Mahl in unsere Zimmer zurückzogen. Weckruf um sechs Uhr und es ging sofort in die Kapelle, um bei der ersten

Messe zu assistieren, die von Pater Ercole selbst gelesen wurde. Am Ende, entgegen aller meiner Erwartungen, empfing uns der Pater mit großer Herzlichkeit und lud uns sogar ein, gemeinsam mit ihm zu frühstücken. Danach bat er uns, in seinem Büro Platz zu nehmen.

Er wandte sich gleich an Fra' Elia und ermunterte ihn, ganz informell etwas über sich zu erzählen. Dabei hörte er ihm mit großem Interesse zu. Er prüfte seine Wundmale, erkundigte sich nach seinen Zukunftsplänen und nach seiner besonderen Berufung, Dinge, die Fra' Elia ihm in großer Demut und Klarheit offen legte. Die ganze Atmosphäre spiegelte die große Gemütsruhe und aufrichtige Hilfsbereitschaft unseres Gastgebers wider, und sollte je ein verständliches Misstrauen bestanden haben, so schien es sich jetzt in tiefer Freude aufzulösen. Bevor wir uns verabschiedeten, hatte er den Wunsch, Fra' Elia noch eine Ikone, die er in der Bibliothek aufbewahrte, zum Geschenk zu machen. Danach schlug er völlig ungeniert vor, ein gemeinsames Erinnerungsfoto zu machen!

„Ciao, Mann Gottes ... Pass gut auf dich auf!"

Dritter Besuch auf dem Programm: S.E.L.A. (Seine Exzellenz L.A.). Herzliche Begegnung, würde ich sagen, fast freundschaftlich. Nachdem Seine Exzellenz die erste Ausstrahlung von *Miracoli* gesehen hatte, war er sehr bewegt gewesen und hatte den Wunsch, Fra' Elia kennen zu lernen.

„Niemals hätte ich gedacht, dass du heute an meiner Tür klingeln würdest!", sagte er, gleichsam überrascht von so viel Gnade.

Dann begann das gegenseitige Kennenlernen, wobei ein Thema ins andere überging, davon das meiste privat (das ich nicht wiedergeben möchte). Diese Begegnung endete mit dem Versprechen, sich während der Ostertage in Apulien wiederzusehen. Fra' Elia war sehr glücklich und wir alle freuten uns mit ihm.

Unsere römischen Tage endeten im Sonnenuntergang, erfrischt durch eine sanfte Meeresbrise, die uns ein ganzes Stück auf unserer Rückfahrt begleitete. Und aus dem mit Liebe für seinen Herrn übervollen Herzen Fra' Elias sprudelten die folgenden kurze Gebete:

Sonnenuntergang am Abend

Herr, ich danke dir für das Abendrot, das unser Herz
mit Hoffnung erfüllt!
Ich danke dir für alle deine Kinder, die mit dir das Mahl für
den nächsten Tag vorbereiten.
Danke dir, Freude spendender Abend, Abend voller Harmonie!
Ich danke dir, Herr, für die fruchtbare Stille!
Sogar der Baum folgt dem Rascheln des Windes,
nur um dir Dank zu sagen!

Wenn ich an die Vergangenheit zurückdenke -
Hier stand ich, um die Wellen des Meeres zu beobachten,
in Wind und Meer und Sturm, der meine Vergangenheit auslöschte.
Du gingst vorüber und hast mich gerufen,
und ich habe dich zurückgewiesen,
weil ich nicht wusste,
wer du warst.
Nicht in Ruhe, sondern in Rebellion,
dachte ich darüber nach, wer ich war und was ich war.
Du hast erneut versucht, mich beim Namen zu rufen,
und mein Herz jubelte. Hier bin ich!
Und Er sagte zu mir: Du bist noch nicht bereit,
aber ich werde dich stark machen,
weil ich dich, vereint mit dir, führen werde.
Glorreiche Maria, du, die du den Kopf der Schlange zertreten hast,
und siegreich zu den Chören der Engel aufgestiegen bist,
Heilige Jungfrau Gottes und unsere Mutter,
du hast mit der Sünde auf der Erde auch das Böse besiegt
und uns die Freiheit geschenkt!
Wir sind deine Kinder und singen dir mit
den Chören der Engel Lob.
Ja, auch wir sind deine Kinder!

Der Monat Juli sollte mit einem letzten Treffen in Mailand enden, wo die reichen Früchte, körperlich und spirituell, noch einmal die Größe Gottes vermittels seines demütigen Werkzeugs offenbar werden ließen. Doch wie man weiß, denkt der Mensch, doch immer ist es Gott, der lenkt. Und genauso geschah es auch im Fall Fra' Elias, indem der Herr genau im Monat Juli noch zwei gänzlich unerwartete Begegnungen für ihn vorgesehen hatte.

Ich weiß nicht mehr, warum Pater Massimo uns zu einem Gebetstreffen in die Toskana eingeladen hatte, das von einer sehr bekannten Seherin organisiert wurde, der vor vielen Monaten einmal der Besuch Fra' Elias offenbart worden war. Wenn ich mich recht erinnere, hatte sie, in diesem Zusammenhang befragt, die Menschen, die sie konsultierten, aufgefordert, diesen Bruder aufzusuchen, weil er von Gott gesandt sei. Das hatte auch mich neugierig gemacht und im Hinblick darauf, dass Pater Massimo die Sache unterstützte, weil es für Fra' Elia sehr nützlich sein könnte, zu hören was Signora Maria ihm zu sagen hätte, bedrängte auch ich Fra' Elia, diese Einladung anzunehmen. Im Allgemeinen wollte Fra' Elia weder andere Charismatiker kennen lernen noch mit ihnen zusammenarbeiten, weil er darauf beharrte, dass jeder von ihnen seinem eigenen Weg folgen und unbeeinflusst von anderen Charismatikern allein auf Gott vertrauen müsste. Aber in diesem Fall, wahrscheinlich durch Pater Massimos Empfehlung beruhigt, nahm er die Einladung an.

„Aber vorher müssen wir noch Marco und Chiara nach Bergamo kommen lassen ... Du erinnerst dich?", sagte er in großer Sorge. „Marco befindet sich wirklich in Gefahr und ich muss ihn so schnell wie möglich ein Bad in geweihtem Wasser nehmen lassen."

Hier Chiaras Zeugnis:

„Im Monat Mai 2002 erfuhr ich, dass Fra' Elia sich in Spinea aufhalten würde. Nachdem Marco zwei Jahre von Krankenhaus zu Krankenhaus gepilgert war, medizinische Studien und Laboruntersuchungen über sich hatte ergehen lassen und die schlimmsten Diagnosen, oder besser gesagt 'Diagnosen ins Blaue hinein' gehört hatte, da alle Untersuchungen, die er hatte machen lassen, negativ ausfielen, dachte ich, dass Fra' Elia für Marco die letzte Hoffnung sei.

Einige Mediziner hatten eine Neuropathie diagnostiziert, andere eine Dystrophie. Ich erinnere mich, dass ich zu mir sagte, als Marco eines Tages höchst beunruhigt heimkam: 'Ich muss es schaffen, dass Marco seinen Kopf beisammen behält, wenn er durchdreht, ist alles vorbei, und ich hätte nicht mehr den Marco an meiner Seite, den ich bis jetzt kannte!' Genau an jenem Morgen hatte er von einem Arzt zum x-ten Mal gehört: 'Hat ihnen alles das, was sie bisher immer so taten, Freude gemacht? ... Sie sollten sich das von nun an aus dem Kopf schlagen und mit allem aufhören, was sie bisher so machten!'

Ich möchte anmerken, dass Marco eine sehr joviale Person ist, mit einem sonnigen Wesen, stets fröhlich und optimistisch. Doch eines Morgens wachte er mit gravierenden Kopfschmerzen auf, verheerend, die sich über seinen ganzen Körper ausbreiteten, von Kopf bis Fuß, sodass er sich kaum noch bewegen konnte. Kein Schmerzmittel, auch nicht das stärkste, half sie zu vertreiben. Bis zum Tag Eins hatte er sehr viel Sport betrieben: von Ski bis Fußball, von Fallschirmspringen bis Paragliding. Im Übrigen hatte er sich erst kurz davor als Sportlehrer bei der CONI habilitiert, und ich darf sagen, dass das eine der besten Perioden in seinem Leben war.

Nach diesen Worten des Arztes hatte ich gar nicht mehr den Mut, ihm noch etwas anderes vorzuschlagen, obwohl ich schon einen Termin für ein Treffen mit Fra' Elia für den nächsten Sonntag ausgemacht hatte. Doch dann gab mir etwas, das stärker war als ich, die Kraft, Marco zu fragen, ob er mit mir nach Spinea käme. Seine kategorische Antwort lautete: ‚Nein, ich möchte von niemanden mehr etwas hören'. Ich akzeptierte seinen Willen und bohrte nicht weiter. Fünf Tage später fragte er mich: 'Aber sollten wir denn nicht zu Fra' Elia fahren?' An dem Punkt hatte ich das Gefühl, als würde mein Herz vor Freude zerspringen.

Als wir ihn dann am Sonntag das erste Mal sahen, dachte Marco: Also machen wir auch noch dieses Schwätzchen! Doch als wir ihm dann gegenüberstanden, begriffen wir sofort, dass er jemand ganz Besonderer war. Als er Marco sah, erkannte er gleich, dass mit ihm etwas war, das nicht in Ordnung war, und er gab ihm ein paar Behandlungen. Danach sagte er, dass er ihn gerne wiedersehen würde, und wir kamen seinem Wunsch nach, indem wir gleich danach zu einem Treffen in Verona und dann im Juni auch nach Civitavecchia fuhren.

Aber kommen wir gleich zu jenem Samstag im Juli, an dem wir nach Bergamo aufbrachen, da Fra' Elia uns während unserer Telefongespräche gesagt hatte, dass dieser Besuch unbedingt nötig sei. Sonntagnachmittag trafen wir auch Fiorella und Fra' Elia entschloss sich, Marco einer speziellen Behandlung zu unterziehen, das heißt, dem Bad mit dem geweihten Wasser. Ich wollte im ersten Augenblick nicht daran teilnehmen, doch Elia sagte mir, dass ich bei Marco bleiben müsste. Okay, sagte ich mir, wenn er es so will, werde ich es also tun, wenn Fiorella auch dabei ist. Fra' Elia bereitete alles Nötige vor, zündete die Kerzen an, um die Umgebung zu reinigen, und dann tauchte er Marco in meiner und Fiorellas Gegenwart in das Wasser. Fra' Elia ging hinaus, um zu beten, doch vorher bat er mich noch, einen Becher zu nehmen und damit ununterbrochen Wasser aus der Badewanne über Marcos Kopf zu gießen. Ich tat es, während Fiorella an meiner Seite blieb, um zu beten.

Plötzlich, zwischen Gebeten und Weihrauch, bemerkten wir, wie sich an der Zimmerdecke riesige Blitze und Strahlenbündel entluden. Und während ich verdutzt immer weiter Wasser über Marcos Kopf goss, mitten auf den Scheitel, begannen üppige Rinnsale einer roten Flüssigkeit auszutreten, ähnlich Blut, oder besser gesagt, wie rostiges Blut. Erschrocken riefen wir nach Elia, der sofort kam und mit seinen Händen über Marcos Kopf strich, über seinen Nacken die Schultern, den Rücken, während aus Marcos Körper weiterhin Blut austrat, kleine rostrote Stückchen und Splitter aus Holz. Und während Marco, in keinster Weise verstört, total ruhig blieb, wollte ich meinen Augen nicht trauen! Ich sagte zu Fiorella: 'Liebe Fiore, wer all das, was ich hier erlebe, nicht mit eigenen Augen sieht, wird es uns nie glauben.'

Wenn man bedenkt, wie viele Jahre wir schon von Arzt zu Arzt gepilgert waren, ohne ein Resultat. Alle Untersuchungen sind immer negativ gewesen. Aber jetzt hat Gott uns erhört. Marco geht es seither gut."

Für mich indessen war es das dritte Bad gewesen, bei dem ich geholfen hatte, und jedes Mal hatte ich dabei das Phänomen der Blitze und des Donners erlebt. Diesmal waren der Knall und der Lichtschein besonders stark gewesen und ich wollte mich über den Grund dieser Manifestation informieren. Bald fand ich heraus, dass es sich dabei lediglich um ein physikalisches Phänomen handelte. Es ist bekannt, dass wenn eine negative Energie sich von einer positiven trennt, eine elektrische Ladung provoziert wird, durch die ein Knall entsteht, gefolgt von einem Lichtschein, wie bei einem Gewitter! Die Intensität der Manifestation hängt von der Intensität der Energie an.

Obwohl der Monat Juli für Elia praktisch schon zu Ende war, entschloss er sich, in die Toskana zu fahren und von dort weiter nach Apulien zu seinen Eltern. Kurz vor der Abfahrt rief Pater Massimo ihn an: „Fra' Elia, was würdest du dazu sagen, deine Reise um ein paar Tage zu verlängern? Ich habe erfahren, dass es im Lazio ein paar Klöster gibt, die nicht bewohnt sind ... Eines steht zum Verkauf, das andere ist als Darlehen zu haben. ... Und angesichts der Tatsache, dass ich einen Besuch bei meinem guten Freund S. E. Monsignore Paolo Maria Hnilica, dem Apostolischen Nuntius für die Länder des Ostens, machen muss, würde ich mich sehr freuen, wenn du auch mitkämst ... Was sagst du dazu?"

Natürlich nahm Fra' Elia die Einladung mit Begeisterung an, in der lebhaften Hoffnung, dass es vielleicht dieses Mal gelänge, sein berühmtes Kloster zu finden.

„Aber Fra' Elia, wir müssen doch erst die Antwort von Cercivento abwarten, erinnerst du dich?", rief ich ihm ins Gedächtnis. „Gewiss erinnere ich mich ... Ja, da wäre auch noch Cercivento, aber dort würde nicht alles sein ... Das Mutterhaus wird sich in der Mitte Italiens befinden, gut gelegen für alle ... Hab Vertrauen!"

Und ohne weitere Erklärungen beschlossen wir, am 22. Juli abzureisen, tagsüber die Klöster zu besuchen, dann weiter nach Rom zu fahren, dort bei Freunden von Pater Massimo zu übernachten, S. E. Monsignore Hnilica zu besuchen und am 23. wieder in die Toskana zurückzukehren. An diesem Punkt möchte ich in Erinnerung bringen, und ich tue das ausschließlich im Sinne der Fortsetzung der Geschichte, dass sowohl Fra' Elia wie auch wir alle, die ihm nahe stehen, von Anfang bis Ende Opfer übler Nachrede und Verleumdungen wurden, um nicht zu sagen regelrechter Verfolgungen. Fra' Elia hat diesen Dingen weder je eine große Bedeutung zumessen wollen noch haben sie ihn betrübt, während wir sehr darunter gelitten haben. Es gab Leute, die mein Buch sogar öffentlich verbrennen wollten oder mich der Blasphemie bezichtigten, der Exkommunikation würdig, sowie solche, die schworen, dass jenes Foto mit Pater Amorth das Ergebnis einer Fotomontage war, indem sie anonym falsche Briefe in Umlauf brachten, in denen Fra' Elia als Angeber oder noch weit Schlimmeres abgeurteilt wurde. Gewisse Leute, die von sich selbst sagten, gut informiert zu sein, hatten sogar den Mut zu behaupten, dass Fra' Elia ein beträchtliches Konto bei einer Schweizer Bank hätte, einen Mercedes mit Chauffeur fahre usw. usw. usw. Und all diese Verleumdungen machten in Windeseile die Runde, und zwar so, dass sie mir in Mailand, Venedig oder an anderen Orten, die Fra' Elia häufig besuchte, entgegenschlugen.

Der Gipfel der Verleumdungen entstand aus einem Fernsehbeitrag eines bekannten Veroneser Priester-Journalisten, der den Mut hatte zu erklären, dass ausgerechnet in Verona ein Pseudo-Stigmatisierter wirken würde, der überraschenderweise eine große Gefolgschaft auch im Klerus habe, wobei viele ihm sogar bis nach Modena folgen würden. Die Anspielung auf Fra' Elia war offensichtlich ... und Millionen Fernsehzuschauer haben sie richtig verstanden. „Nichts entspricht der Wahrheit ... alles ist unwahr", tönte der Journalist unverblümt vom Bildschirm.

Wie auch immer, all das konnte Fra' Elias Weg nicht behindern, der ihn, auf wundersame Weise geführt von einem höheren Willen, brillanter denn je fortsetzte. Aber wie kam es, dass die Leute urteilten, ohne sich von der Person selbst zu überzeugen? Und sollten nicht gerade die Priester nachforschen, zum Wohl der Kirche, ob nicht gewisse Personen ein echter Segen für die Menschheit sind, eine Stütze, die uns der Himmel schickt, genau wegen dieser Zeit, in der das Chaos regiert, das ein gravierendes moralisches, spirituelles und körperliches Unbehagen zur Folge hat? Wenn es solche Ereignisse bereits in der Vergangenheit gegeben hat, warum sollten sie sich dann nicht auch wiederholen? Wo bleibt denn der Glaube? Bei allem Zweifel sollte man doch wenigstens auch dem Guten einer Sache einen Platz einräumen!

Auch Piero Mantero hat zu Zeiten, und das gilt auch für heute noch, bereits die Erfahrung schändlicher und infamer Anschuldigungen machen müssen. „Er hilft Fra' Elia doch nur aus Eigennutz ..." Genauso hat er sich auch mit unerwarteten Rechtsstreitigkeiten auseinander setzen müssen, die ihm keinen geringen Schaden zufügten, sowohl in moralischer als auch in materieller Hinsicht. Doch wer festen Glauben hat, gibt nicht auf, sondern folgt weiter unbeirrbar seinem Weg.

Kehren wir zu unserer Reise zurück. Fra' Elia und ich fuhren am Nachmittag des 21. Juli 2002 ins Friaul, um Pater Massimo zu besuchen, der uns im Haus von Freunden aus seiner Gemeinde erwartete. Nach einigen privaten Gesprächen und einem schlichten Abendmahl gingen wir alle früh ins Bett, um am nächsten Tag im Morgengrauen aufbrechen zu können. Und wieder fuhren wir Kilometer um Kilometer durch Lazio und die Abruzzen, um Informationen über Klöster in der Gegend einzuholen und einige davon zu besichtigen, ... und wiederum sahen wir uns einem Meer von Schwierigkeiten und Enttäuschungen gegenüber, im Wechsel mit Hoffnung und seichten Versprechungen.

Aber dann war da auch der Besuch bei S. E. Monsignore Hnilica, der uns für alle Mühsal entschädigte. Wir kamen um fünf Uhr bei ihm an: Fra' Elia, Pater Massimo, seine Schwester Minnina, seine Nichte Maria Grazia und ich. Kaum hatten wir seine großzügigen Empfangsräume betreten, wehte schon ein intensiver Rosenduft durch die Luft, sodass die jungen, weiß gekleideten Schwestern, die uns hereingeführt hatten, anfingen, sich Zeichen der Verwunderung zu geben, hie und da herumschnuppernd. Während wir darauf warteten, empfangen zu werden, kam mir ein Magazin mit dem Titel Pro Deo et Fratribus in die Hand.

Ich blätterte darin herum. Sogleich entdeckte ich ein großes Foto von Bischof Hnilica, aufgenommen bei einer kürzlichen Audienz des Papstes (am 12. Juni 2002), mit einem Artikel über ihn, in dem er als eine imponierende Gestalt beschrieben wird, ohne Fehl und Tadel, ergeben, demütig und heroisch im Dienste der Kirche stehend. Geboren in der Slovakei in eine bescheidene Bauernfamilie mit acht Kindern, Jesuit, wurde er nach Beendigung seines Theologiestudiums in Brünn in ein Arbeitslager verschleppt und musste nach seiner Freilassung weiterhin Verfolgungen jeglicher Art durch die Kommunisten erdulden, die mit allen Mitteln versuchten, die Kirche zu zerstören. Aber sie hatten nicht mit dem wichtigsten Element gerechnet: dem Heiligen Geist! Und gegen Ihn kann man nicht gewinnen! Nach seiner Weihe zum Bischof 1951 nährte Monsignore Hnilica in seinem Herzen den Wunsch, in die Länder des Ostblocks zurückzukehren und ein Werk der Evangelisierung zu beginnen. Die Stiftung der Gesellschaft Pro Deo et Fratribus war einer der ersten konkreten Schritte, seinen Wunsch zu realisieren. Die Gesellschaft hatte, und hat immer noch, das Ziel, die leidenden Mitbrüder der verfolgten Kirche zu unterstützen, durch Gebet, Opfer, karitative Werke und Informationshilfe. Darüber hinaus stellte sich Bischof Hnilica der Aufgabe, ungeachtet der Gefahr für sein eigenes Leben, Nachrichten über die Kirche im

Untergrund zu beschaffen usw. usw. Am Ende des II. Vatikanischen Konzils flehten die slovakischen Bischöfe Monsignore Hnilica mehrmals an: „Wir wissen, dass sich ihre Meinung exakt mit der unsrigen deckt! Bitte seien Sie deshalb der Botschafter für unsere Leiden! Wenn die Kommunisten uns knüppeln, weinen Sie, wenn sie uns zum Schweigen zwingen, reden Sie für uns!"

Ein einschneidendes Ereignis geschah am 8. Dezember 1989, am Fest der Unbefleckten Empfängnis, als Bischof Hnilica von einer Gemeinschaft von Jugendlichen hörte, die sich mit bedingungsloser Ergebenheit darauf vorbereitete, den Willen Gottes zu tun und die Frohe Botschaft in all jene Orte zu tragen, wo es nötig war und wo der Heilige Vater sie hinschicken würde. Bischof Hnilica wurde ihr Schirmherr und der Präsident der Missionarischen Gesellschaft, die von zwei österreichischen Priestern gegründet worden war. Derzeit gehören der Gesellschaft 19 Priester an, cirka 50 Ordensbrüder und Seminaristen und 150 Schwesternnovizinnen und Postulantinnen. Das Mutterhaus befindet sich in der Slovakei, daneben gibt es noch weitere sieben...

Auch Fra' Elia wurde gesagt, dass er sieben Häuser würde gründen müssen, suggerierte mir mein Geist. Und auch Fra' Elia reist herum, um zu evangelisieren, ... und auch er wird durch eine Stiftung unterstützt ... und schließlich stammt Fra' Elia, genau wie der Bischof, ebenfalls aus einer Bauernfamilie mit acht Geschwistern, genau wie ... Pater Pio! Und während ich an dieser verwunderlichen Geschichte herumfantasierte, fragte ich mich, ob diese erleuchtete Person Fra' Elia mit seiner Erfahrung und seinem Rat wohl behilflich sein könnte. Bestimmt würde er in Fra' Elia einen Mann Gottes erkennen und bestimmt würde sich da etwas tun. Davon war ich zutiefst überzeugt. In dem Augenblick erschien eine weiß gekleidete Schwester, um uns anzukünden, dass Seine Exzellenz Bischof Hnilica uns in seinem Büro erwartete.

Er kam uns mit einem warmherzigen Lächeln entgegen, und nachdem er Pater Massimo und dessen Familie brüderlich umarmt hatte, nahm er ganz ungeniert Platz und bat uns, es uns rund um seinen Schreibtisch bequem zu machen. Fra' Elia saß direkt vor ihm, seine beiden Hände in die seinen gelegt. Sie lächelten einander an und begannen sich wie alte Freunde miteinander zu unterhalten. Und plötzlich, wie es oft mit Fra' Elia passiert, erhellte sich sein Gesichtsausdruck und er begann von der Liebe zu sprechen, seiner immensen

Liebe zur Kirche, die für ihn ein einziges großes Herz und eine Seele darstellt, bestehend aus einer Vielzahl von Personen, die im Glauben leben, ... und von seiner Liebe für die im Leben Zukurzgekommenen, ... der Liebe für die ganze Schöpfung.

„Ich kenne nur eine Art zu leben, einfach, aber vollkommen erfüllt, auch wenn ich mich für alle meine Brüder aufopfern muss ... Selig die Seele, die Gott als unendlich betrachtet ...“

Ich benutze Ausdrücke und erhabene Konzepte, denen es vielleicht nicht ganz gelingt, den Zauber und das Wundervolle dieser Worte treffend wiederzugeben. Stumm und reglos saßen wir da und hörten zu, und selbst der Bischof vor ihm konnte den Blick nicht von diesem leuchtenden Gesicht abwenden, so ungewöhnlich schön geworden durch jenes Licht, das die Größe seiner Seele spiegelte. Am Ende schwieg Fra' Elia, um Pater Massimo Raum zu geben, der einige persönliche Fragen mit dem Bischof zu erörtern hatte. Doch mitten im Gespräch, ich weiß nicht wie und warum, fing er auf einmal an über Fra' Elias Problem zu sprechen, ein geeignetes Haus für seine Mission zu finden. Und zwar so, dass ich ihn mit leidenschaftlicher Überzeugung ausrufen hörte: „Exzellenz, vielleicht ist Fra' Elia noch nicht genügend bekannt, ... darüber hinaus kann er nicht mit der Unterstützung seines Diözesanbischofs rechnen, solange er noch keinen richtigen Sitz für seine Gemeinschaft hat, ... und noch hat er keine Ahnung, wo und wann er einen solchen finden wird. Diejenigen, die sich mit ihm vereinen wollen, wohnen noch daheim, und seine Priester-Brüder in ihren Klöstern, doch Fra' Elia befürchtet, dass sie ihre Geduld verlieren könnten. Ich habe die Dokumente mit, die Fra' Elia betreffen: seine Ordensregel, sein Programm, die Urkunde seiner Stiftung ..., auch einen Bericht von Prof. Margnelli, der ihn seit vielen Jahren kennt ... Was könnte man tun, um ihm zu helfen?“

Seine Antwort: „Was ich tun kann, ist, alle diese Dokumente mit Informationen über ihn zu verifizieren, indem ich mit seinem Ex-Prior rede, mit dem Professor und (sich an mich wendend) alle Zeugnisse lese, die Frau Turolli bis jetzt gesammelt hat. Erst danach kann ich ein Gutachten erstellen und meine Kollegen von der Authentizität Fra' Elias überzeugen und zur selben Zeit die religiösen Autoritäten bitten, ihn bei der Aktualisierung seines Werkes wohlwollend zu unterstützen ... Gib mir jetzt die Telefonnummern.“

Und während Fra' Elia weiter schwieg, wühlte ich in heller Aufregung, völlig unpassend für meine Rolle, in meiner Handtasche, um mein Notizbuch zu suchen, das wie immer in solchen Fällen nicht auffindbar zu sein schien. Doch alles entwickelte sich zum Besten. Ich erinnere mich, dass Monsignore Hnilica sofort Prof. Margnelli anrief und ihn auch erreichte, um ihn um seinen Bericht zu bitten. Als nächsten rief er den Ex-Prior Fra' Elias an, der erst gar nicht glauben wollte, mit wem er da sprach, in der Meinung, es handle sich um einen der vielen Späße, denen er seinem Ex-Novizen seinerzeit schon immer aufgesessen war. Aber Monsignore Hnilica, der die Situation intuitiv erfasst hatte, deutete gleich seine letzte Begegnung mit dem Heiligen Vater an, sodass der verdutzte Kapuzinerprior sofort kapitulierte, obwohl er gar nicht begreifen konnte, wie dieser Lausejunge von Fra' Elia vor die Augen des Bischofs gekommen war. Was mich betraf, so versprach ich, dass es mir in Kürze gelingen würde, alle Zeugnisse über Heilungen und andere sich bis dato zugetragene ungewöhnliche Fakten zur Verfügung stellen zu können, zusammen mit weiteren interessanten Berichten von Priestern und Experten. Und in der Hoffnung, bald ein Dokument in der Hand zu haben, sozusagen einen „Freibrief", der Fra' Elia beim Erreichen seines Zieles helfen würde, löste sich bei uns allen die Anspannung, sodass wir endlich, glücklich lächelnd, den wundervollen Rosenduft genießen konnten, der inzwischen durch das ganze Haus wehte.

Vor dem Segen lud der Monsignore die jungen Schwestern ein hineinzukommen, um ihnen mit großer Liebenswürdigkeit kurz die Geschichte und den Grund dieses Wohlgeruchs zu erklären, dessen Ursprung sie bis jetzt nicht hatten einordnen können. Dann folgten Momente freudiger Vereintheit und fruchtbarer Gebete, die ganz sicher eine weitere Stufe auf dem Weg Fra' Elias von den Aposteln Gottes markierten.

Am späten Nachmittag des folgenden Tages, am 24. Juli, trafen wir schließlich in der Toskana ein, im Haus von Maria (sie möchte einfach nur so genannt werden), der charismatischen Freundin von Pater Massimo, die für Fra' Elia Botschaften zu übermitteln hatte, etwas, das mich natürlich außerordentlich neugierig machte. Die Signora, sehr freundlich und herzlich, empfing uns, als würde sie uns schon seit Ewigkeiten kennen. Ihr strahlend helles Haus, von einer

Meeresbrise durchlüftet, war eine Oase des Friedens und der Sammlung, die unser Herz erwärmte und uns uns sofort zu Hause fühlen ließ. Wir waren alle beglückt von der Begegnung, bewegt und in Erwartung von etwas Außergewöhnlichem. Einleitungen und Höflichkeitsfloskeln weglassend schreibe ich hier gleich Marias Botschaften nieder, die sie uns an jenem Abend mit klarer und fester Stimme, ich möchte fast sagen mit Nachdruck, übermittelte.

Erste Botschaft: „Der Friede sei mit euch allen. Möge stets der Wille meines Vaters geschehen. Ich allein bin die Weisheit, ich allein bin die Liebe, und ihr, kleine Kreaturen, seid meiner Liebe entsprungen, ihr gehört mir. Elia, dein Leiden ist mein Leiden, nur meines dauert immer noch an ... Geh, Kleiner, den Weg so, wie du ihn gehst, und liebe, so wie du liebst. Meine Mutter lebt in dir, sie liebt dich und richtet dich auf. Du bist ihr Auserwählter, ihr Sohn, um die erloschenen Herzen, die dir auf deinem Weg begegnen, wieder zu Gott zurück zu führen. Mein Haus erwartet dich und deine spirituelle Gemeinschaft wird wachsen und gedeihen. Bleib so liebevoll, wie du bist, und so demütig, wie du bist. Liebe meine Mutter so, wie du sie liebst. Meine Engel, die dir als mein Geschenk zugeteilt sind, helfen dir, erleuchten dich und führen dich auf allen deinen Wegen."

Dann wandte sie sich auch an mich und fragte: „Du, Frau ..." Sie stärkte mich mit ermunternden Ratschlägen und fügte dann hinzu, dass Elia auch für mich sehr viel beten würde. „Und das weißt du!", betonte sie.

Während Maria sprach, wehte der übliche intensive Duft von Rosen durch das ganze Haus. Die Stimme fuhr fort: „Elia, jeder Tropfen Liebe meiner Mutter wird dir gegeben, um dich im Geist zu stärken, damit jene Geschöpfe, die sich danach sehnen, die Liebe meiner Mutter und die Liebe meines Vaters, die immerzu wächst, verstehen lernen. Heiliger Geist, Kraft, Weisheit, Demut, Hingabe ... Ehre sei dem Vater, der dir all das geschenkt hat, ohne dass du es verstanden hättest. Elia, du Blume meiner Mutter, Reinheit der Liebe, große Liebe, starke Liebe, durch die du all jene, die dich aufsuchen, mit Kraft und Entschiedenheit annimmst. Liebt ihn alle und betet für Elia, den Missionar der Liebe, die Blume der Liebe, den Duft der Liebe, Reinheit ist in ihm von Anbeginn."

Wir saßen alle rund um den Tisch im Wohnzimmer Marias: Fra' Elia, Pater Massimo, zwei Gäste der Hausherrin, ein Freund, der wahrscheinlich zu ihrer Gebetsgruppe gehörte, und ich. Nach diesen bewegenden Worten, die in ernstem Tonfall gesprochen worden waren und ganz bestimmt nicht mit der freundlichen und bescheidenen Persönlichkeit der Seherin übereinstimmten, gingen wir alle schweigend in den Salon.

Die Anmut der weiß gekleideten Madonnenstatue mit dem blauen Umhang, die mit Blumen geschmückt auf einem Tischchen thronte, war nicht zu übersehen. Ihr sanftes Gesicht schien ganz besonders zu strahlen und ihre Augen waren ungewöhnlich leuchtend. Wir traten näher an sie heran. Der ganzen Statue entströmte intensivster Rosenduft, während aus ihren Augen ganz langsam dicke Tränen tropften, die ihr über das Gesicht liefen, das Öl ausschwitzte. Fra' Elia lächelte, während wir alle reglos dastanden, total überwältigt von diesem himmlischen Geschehen.

„Es sind Tränen der Freude, sie sind ein Zeichen ihrer Zustimmung", flüsterte Fra' Elia, während er der Jungfrau ein Taschentuch unter das Kinn hielt, um die kostbaren Tropfen aufzufangen. „Berührt sie nicht ... Das ist ein Zeichen der Gnade für uns alle ... Lasst uns diese kostbaren Momente genießen."

Ich erinnere mich nicht mehr, was weiter geschah. Ich erinnere mich jedoch, dass am nächsten Tag etwa ein Dutzend Freunde Marias ankamen und die Madonna während der ganzen drei Tage, die Elia im Haus weilte, Tränen vergoss und Öl absonderte, auch aus ihren Händen. Später habe ich erfahren, dass der Duft sehr lange andauerte und Maria beschloss, die Sache nicht öffentlich zu machen.

Eine weitere Botschaft: „Der Friede sei mit euch. Freude euch allen, vollkommene Einheit mit dem Vater, dem Sohn und dem Heiligem Geist. Die Vorstellung meiner Mutter geschah aus reiner Freude, Liebe und Barmherzigkeit, lieblich anzusehen für alle von euch. Verbreitet meine Worte und liebt einander so, wie ich euch liebe. Ich bin der Weg, die Wahrheit und das Leben, jener, der vom Anfang bis zum Ende der Zeiten der 'Ich bin' genannt wird. Die Worte meines auserwählten Sohnes waren sanft und liebevoll. Der Duft meiner Mutter manifestiert sich ständig in ihm. Habt keine Angst, niemand wird meinem Sohn etwas antun, der so stark und so voller Liebe ist. Liebt ihn und betet. Alles, was ich vom Anfang bis zum Ende der

Zeiten geplant habe, wird vollkommen sein. Der Start steht schon fest, meine Mutter ist mit Elia, dem Sohn des vollkommenen Aufgehens in der Liebe. Der Sohn ist mir sehr nahe (?) und seine Freude wird groß sein, sehr bald schon, und sie wird ewig währen."

Auf diese Begegnungen im kleinen Kreis folgten weitere Gebetstreffen in Pfarreien. Wie immer erregte Fra' Elia die Aufmerksamkeit der Anwesenden durch seine liebevolle Art sich auszudrücken, durch seine fantastischen Gleichnisse und seine entwaffnende Demut.

Seine Predigt am 25. Juli begann mit dem Märchen des Königs von Persien: „Eines Tages entschloss sich der Souverän, seinen Palast mit Fresken verschönern zu lassen, mit Stuckarbeiten und anderen Kunstwerken. Er rief die renommiertesten Künstler des Landes zusammen und gab jedem von ihnen den Auftrag, ein Zimmer zu restaurieren. Die Arbeit sollte bei Morgengrauen beginnen und peinlich genau erst am Abend enden. All die berühmten Künstler brachten ihre Werkzeuge mit, Pinsel und Farben und kostbare Materialien für die Ornamente und Intarsien. Außer einem. Mitten unter ihnen befand sich nämlich ein alter Mann, ärmlich gekleidet, der nur einen kleinen Sack bei sich trug und sonst nichts. Der König hatte ihn nicht bemerkt und mit den anderen Künstlern in den Palast eintreten lassen. Am Abend überprüfte der Herrscher in Begleitung der Königin die fertigen Arbeiten, angefangen von den riesigen Küchen, dem Konferenzsaal bis zum Speisezimmer, Schlafzimmer und allen anderen Räumen. Jeder war perfekt und luxuriös verziert worden, zur vollsten Zufriedenheit des illustren Auftraggebers. Als der König das letzte Zimmer betrat, das allerwichtigste, weil es sein eigenes Zimmer war, blieb er fassungslos stehen vor dem, was er da erblickte. Das ganze Ambiente lag im Dunkeln, nur matt erleuchtet von einer Kerze, die auf einem Tischchen inmitten des Raumes stand. Der Alte stand daneben.

'Und du, was hast du bis jetzt gemacht?', wandte der Herrscher sich mit übler Laune an ihn.

'Sire, ich habe das schönste Werk des ganzen Palastes vollendet!'

'Möchtest du dich über mich lustig machen?', widersprach der König ihm und wurde immer zorniger.

'Das würde ich mir nie erlauben, mein Herr, ... Wie Sie sehen können, habe ich alle Spiegel in dem Zimmer vollkommen gesäubert, den an der Decke und die an den Wänden. Denn wie Sie sehen können, kann man sich nur im Licht dieser Kerze von jedem Winkel aus betrachten, von oben und von allen Seiten! Sie selbst, Sire, sind das schönste und bedeutendste Kunstwerk ihres Königreichs!'

Und so kam es, dass jener Alte nach dieser Aussage von seinem König mit dem Preis ausgezeichnet wurde.

Und ihr, habt ihr in eurem Herzen eine Kerze angezündet? Eine Kerze, die euch Gott, der überall gegenwärtig ist, sehen lässt? Ich weiß, dass ihr euch manchmal einsam fühlt, und sehr oft laufen die Dinge nicht gut ... Nun, mit wem redet ihr dann? Mit den Freunden, den Nachbarn oder den Kartenlegern? Aber wenn in euch die Kerze immer angezündet bleibt, könntet ihr Gott sehen, der euch liebt und niemals verlässt. Der Herr hat zu seinen Aposteln gesagt: ‚Geht und bringt die Seelen in das Haus Gottes, sät, redet mit ihnen, bringt sie zu mir! Ich werde eure Herzen verwandeln. Sie fähig machen zu lieben und zu vergeben.' Vergib uns unsere Schuld, so wie wir ihnen ihre Schuld vergeben. Erinnert euch, dass wir in dem Maße Vergebung erlangen werden, wie wir unseren Brüdern selbst vergeben. Vergeben heißt vergessen und vorwärtsgehen. Wenn die Kerze in unserem Herzen angezündet bleibt, nimmt der Herr uns an der Hand und führt uns. An ihn müssen wir uns in unserer Einsamkeit wenden! Er ist immer bei uns und er akzeptiert uns mit all unseren Vorzügen und Fehlern und spendet uns Trost. Er wartet immer auf uns, während wir ihn nur suchen, wenn wir in Not sind. Auch ihr müsst, wie die Apostel, eurem Nächsten in Liebe begegnen, eure Kinder in die Kirche bringen, welche die Wohnung Gottes ist ... Wenn es euch nicht gelingt, zu lieben und zu vergeben, geht in die Kirche und sucht den Seelsorger auf, der euch aufklären und mit Verständnis helfen wird. Er spricht im Namen des Herrn. Wir alle bilden zusammen ein einziges, riesengroßes Gebet, das wie ein Strom von Lava rasch zu Gott aufsteigt ... Alles kommt von der Gnade Gottes."

Nach der Toskana reiste Elia weiter nach Apulien, um sich etwas zu erholen, immer wieder unterbrochen durch wichtige Gebetstreffen im Landhaus seiner Eltern, der Sommerresidenz des Apostolischen Nuntius L. A. und in der Basilika von Santa Maria di Leuca. Auch wollte er ein paar Tage mit Pater Saverio und Pater Giovanni verbringen, zwei ganz besonderen Priestern, denen er von Herzen zugetan war.

Bevor wir uns verabschiedeten, bekamen wir den zweiten Anruf von Noel aus Malta. Er wollte wissen, ob Fra' Elia seine Gruppe vor dem 15. September empfangen könnte und an welchem Ort. Sie konnten ja nicht wissen, dass Fra' Elia noch immer kein Kloster gefunden hatte. Sie kannten ihn nur von der Fernsehsendung *Miracoli* und die Voraussetzungen für ihren Aufenthalt sahen sie daher nicht als Problem an.

Fra' Elia dachte keinen Augenblick nach. Den Hörer mit der Hand abdeckend, damit man ihn nicht hörte, flüsterte er mir rasch zu: „Wir können sie nicht enttäuschen ... Wir werden Pater Oronzo fragen! Er wird wissen, wo wir sie unterbringen können. Er kommt am siebten aus Afrika zurück und gleich danach können wir sie herkommen lassen ... Bestimme du ein Datum!"

Und so setzte ich das Datum fest: vom 10. bis zum 20. September. Am nächsten Tag verabschiedeten wir uns. Ich kehrte mit Pater Massimo nach Hause zurück, gerade noch rechtzeitig, um vor den großen Sommerferien ein paar Pflichten bezüglich meiner Arbeit erledigen zu können.

Auch in diesem Jahr hatten wir wieder das Haus am Meer bei unserer Freundin Maria in Apulien gebucht (aufgrund der Tatsache, dass mein Ehemann wegen seiner Herzoperation noch nicht in der Lage war, die übliche lange Flugreise zu fernen Stränden zu unternehmen), doch im letzten Augenblick hatte Gualtiero plötzlich keine Lust mehr dazu. Die riesige Menge lebensrettender Medikamente, die er einzunehmen gezwungen war, hatte sowohl seine Leber als auch seine Moral hart auf die Probe gestellt; und zwar so, dass er sich entschloss, sich in Frankreich einer strengen, entgiftenden Diät zu unterziehen. Was tun? Nach einem angeregten Familientreffen beschlossen wir, dass ich mit meiner Tochter Betta und ihrer Familie ans Meer reisen sollte und er in die Pyrinäen. Es war das erste Mal in meinem Leben, dass mein Ehemann und ich uns in den Sommerferien trennten, was mich ein wenig wehmütig stimmte. Da aber Gualtiero sich diese kurze Auszeit für sich allein wünschte, blieb mir nichts anderes übrig als zuzustimmen.

Wir trafen am 29. Juli in Apulien ein und gleich am nächsten Tag kam Fra' Elia uns besuchen. Um nicht erkannt zu werden, hatte er sich weltlich gekleidet und eine dunkle Brille aufgesetzt. Als ich ihn so sah, kam es mir vor, als würden wir in unsere Anfangszeit zurückkehren, in die Zeiten der Leichtigkeit und Freiheit. Doch begriff ich sofort, dass jene Tage weit zurücklagen, weil alle unsere Freunde und Nachbarn im Haus ihn blitzschnell für sich vereinnahmten und ihn mit Liebesbeweisen überhäuften. Seit diesem Tag sah ich ihn nicht mehr in meinem Sommerhaus, außer ein paar Mal bei Einladungen seiner Eltern oder bei offiziellen Gebetstreffen, obgleich unsere üblichen Telefonate die spirituelle Verbindung unerschütterlich aufrechterhielten.

Es war genau während dieses Urlaubs, als ich das zweite Buch über Fra' Elia zu schreiben begann, und ich tat es früh am Morgen, manchmal mit Blick auf dieses wundervolle Meer, das mich inspirierte und mir ein großes Gefühl von Frieden vermittelte.

„Fra' Elia, werde ich auch mit meinem zweiten Buch Erfolg haben?", fragte ich ihn zaghaft.

„Und ob", lautete seine prompte Antwort: „Dieses Buch wird noch erfolgreicher sein als das andere."

„Aber wie kann ich allein fortfahren, wenn du mir nicht hilfst?"

„Mach dir keine Sorgen, du machst es schon gut. Und du bekommst ja auch Hilfe von ihnen, also bleib ganz ruhig!"

Diese seine Worte machten mir Mut und gaben mir die Kraft, drei, vier Stunden am Tag mit immenser Freude am Schreiben zu bleiben. Die freie Zeit teilte ich mir zwischen ausgedehntem Schwimmen und der Gesellschaft meiner Tochter, Marias und unseren Freunden auf. An den Sonntagen hatte ich mir angewöhnt, frühmorgens die Messe zu besuchen, um der Hitze zu entgehen. Es machte mir große Freude, den ausgiebigen Spaziergang am Strand entlang zur Kirche ins Stadtzentrum zu machen und zurück am Pinienwäldchen entlangzulaufen. Am späten Nachmittag bekam ich immer einen Anruf von Fra' Elia, der mir einen schönen Sonntag wünschte oder mich zum Essen zu seinen Eltern einlud.

Auch an diesem heißen Augustsonntag klang seine Stimme pünktlich aus dem Telefon, mit der gewohnten Frage: „Hat dir das Evangelium gefallen?" Danach informierte er sich über alles, auch was unsere gemeinsamen Freunde betraf.

„Sie beklagen sich, Elia, weil sie so gerne mehr Zeit mit dir zusammen verbringen würden."

Seinen Antworten entnahm ich, dass er immer wachsam war und ihm in Bezug auf die Seele der Menschen, die er liebte und die ihn liebten, nichts entging, auch wenn er den Notleidenden woanders

Priorität einräumten sollte. Manchmal war ich es, die ihn bat, sich auch seiner alten Freunde zu erinnern, doch er antwortete: „Ihnen geht es gut, es sind weiße Schafe, die bereits in Sicherheit sind, grüße sie von mir!“

Ich erinnere mich, dass sich Fra' Elia genau an jenem Sonntag nach einem dieser weißen Schäfchen erkundigte, von dem er wusste, dass es in meiner Nähe wohnte.

„Frage Lalla, ob ihr das heutige Evangelium gefallen hat!“

„Sie ist nicht mit mir zur Messe gekommen, Fra' Elia.“

„Sag ihr, dass Jesus auch während der Ferien da ist, lebendig und leibhaftig, und dass er auf sie wartet und sie nur um eine einzige Stunde in der Woche bittet! Und wenn sie ihn heute Abend nicht besucht, werde ich sie auffressen!“

Der Ton seiner Stimme hatte sich wirklich verändert, weil Elia nicht erlaubte, dass jene, die Gott, den Gipfel all seiner Gedanken, kennen, ihn ohne Grund vernachlässigen. Und doch hatte Elia Lalla seit langem weder gesehen noch mit ihr gesprochen.

Und dann kam Pater Giovanni, der wörtlich sagte, dass er das Bedürfnis verspürt hätte, ein paar friedvolle Tage an der Seite von Elia zu verbringen. Und ausgerechnet Pater Giovanni war der Protagonist einer besonderen Erfahrung, von der ich hier erzählen möchte.

Das Landhaus von Fra' Elias Eltern besitzt nur zwei Schlafzimmer. Darum musste Pater Giovanni sich damit begnügen, in demselben Zimmer wie Fra' Elia zu schlafen, das er früher mit seinem Bruder geteilt hatte. Aus diesem Grund mussten auch alle seine Sachen im Zimmer verstaut werden, darunter auch sein Messgewand für die tägliche Messe, die Stola, der Kelch mit den Hostien, Messbuch, Weihwasser und der geweihte Wein und auch eine Flasche Olivenöl, die Fra' Elias Eltern ihm geschenkt hatten. Eines Morgens beschlossen die beiden Freunde einen ausgedehnten Spaziergang ans Meer zu machen, und als hätte Gott es so gewollt, verbrachten sie den ganzen Tag im Freien. Als sie am Abend wieder ihr Zimmer betraten, wurde Pater Giovanni von einem im wahrsten Sinn des Wortes berauschenden, intensivsten Rosenduft überfallen, den er zwar schon kannte, von dem er sich jedoch nie hätte vorstellen können, ihn unter solchen Umständen erneut zu riechen. Sein Messgewand, die Stola, das Messbuch, das Wasser, der Wein und sogar die Hostien, alles schien von dem Duft durchdrungen zu sein, obwohl der

Raum wegen der Wichtigkeit der darin aufbewahrten heiligen Gegenstände mit dem Schlüssel abgeschlossen worden war. Elia, ohne ein Anzeichen von Verwunderung zu zeigen, erinnerte ihn, indem er ganz seriös tat, dass ja auch noch die gut verkorkte Flasche Öl im Zimmer aufbewahrt war.

„Bestimmt wird auch das Öl duften, ... du wirst es daheim riechen, wenn du sie benutzt! Mach die Flasche jetzt noch nicht auf."

Doch kaum war Fra' Elia auf einen Sprung in die Apotheke gegangen, um seinen Eltern ein Medikament zu kaufen, da konnte Pater Giovanni der Versuchung nicht widerstehen und öffnete die Flasche. Zu seiner großen Enttäuschung nahm er keinerlei Duft wahr. Als Fra' Elia zurückkehrte und ihn mit der Flasche in der Hand sah, sagte er zu ihm: „Ich wusste es ... Das war eine Prüfung für dich. Wo bleibt dein Glaube? Nun duftet das Öl nicht mehr!"

Zu Maria Himmelfahrt beschlossen Fra' Elia und Pater Giovanni, eine Messe in der großen Tenne vor dem Haus zu feiern und alle Verwandten und Freunde dazu einzuladen. Auch ich wurde eingeladen, zusammen mit Maria, Lalla und allen anderen. Das Besondere an dieser Messe: Alle nahmen den Rosenduft der Hostien wahr, die seit jenem Tag ihren Duft nicht mehr verloren hatten.

Am Sonntag, dem 18. August, machten Elia und ich zusammen mit einer größeren Gruppe von Freunden und Verwandten, darunter auch sein Vetter Nicola mit Ehefrau und Kindern, einen Besuch bei Pater Saverio in Santa Maria di Leuca. Wie jedes Jahr hatte Pater Saverio sich angeboten, in die Pfarrei der Basilika zu kommen, welche aufgrund des überwältigenden Touristenstroms in den Sommermonaten eine beträchtliche Hilfe benötigte. Pater Saverio wurde von Freunden aus Pordenone begleitet, Colonel Aldo mit Ehefrau Adriana. Außer dieses Besuchs der Heiligen Messe in der Basilika hatten sie für alle danach noch ein nettes Frühstück in einer der typischen örtlichen Trattorien organisiert. Am Abend zuvor hatte ich die Wettervorhersage gehört: heiter in ganz Apulien, und in der Tat war der Tag, der sich uns präsentierte, wirklich strahlend.

Fra' Elia und ich hatten uns an einer Kreuzung an der Hauptstraße nach Manduria verabredet. Ich ließ meinen Wagen im Schatten eines Eukalyptusbaums stehen und stieg in Elias Auto. Er lenkte den Wagen selbst, obwohl er die ganze Nacht wegen seiner Schmerzen in den Knochen und im Magen kein Auge zugemacht hatte. Ich hatte ihm viel zu berichten und nutzte die Gelegenheit aus. Ein Jesuitenpater am Institut Ignatium in Messina hatte mich angerufen, dass er ihn nach Sizilien einladen wollte. Auch hatte ich Nachricht vom Bürgermeister von Cercivento bekommen, dass die Dinge gut vorangingen und die Gemeinde gegen Jahresende das Geld für den Kauf der für ihn bestimmten Gebäude bekommen würde. Und ich besprach mit ihm auch noch eine Liste von Punkten bezüglich einiger Gebetstreffen, zu denen er eingeladen worden war, und die der „Zufall" so geschickt anders legen wollte, dass die Anwesenheit all jener Personen erleichtert wurde, die aus allen Winkeln Italiens anreisten. Richtung Norden: Spinea (Venezia), Verona, Mailand und als nächstes Ligurien. Richtung Süden: Modena, Toskana, Trevi (Umbrien), Civitavecchia, Neapel, S. Maria di Leuca, Sardinien und im September Sizilien.

„Der Herr hat es eilig mit dir", wiederholte ich ihm zum x-ten Mal. „Er will, dass alle dich kennen lernen!"

Und während ich das sagte, hatte ich wieder einmal das sichere Gefühl, dass Elia auf wunderbare Weise geführt und beschützt wurde. Elia hat niemals um etwas gebeten, genauso wenig wie ich. Allein der Herr hat ihn, im geeigneten Augenblick, den richtigen Personen begegnen lassen, ihn zu den rechten Orten geführt und durch Elia provozierende und eklatante Fakten hervorgebracht, um seine Größe zu demonstrieren! Ich musste wegen ihm keine Angst mehr haben, auch wenn ich mich plötzlich daran erinnerte, dass er mir vor ein paar Monaten, im April oder Mai, angekündigt hatte, dass er einen Autounfall erleiden müsste. Nun, hoffen wir, dass das nicht gerade heute passiert, dachte ich! Der Tag war herrlich und der Himmel so blau, dass er mit dem Meer eins zu sein schien, sodass ich an düstere Vorhersagen keinerlei Gedanken verschwenden wollte.

Während der Messe in der wunderschönen Basilika hörten wir auf einmal einen ohrenbetäubenden Knall. Bestürzt schauten wir uns alle um. Es war nicht möglich!

„Wir sind dem Teufel wohl auf den Schwanz getreten ...", flüsterte Adriana mir ins Ohr. „Auch bei einem anderen, ähnlichen Anlass ist schon dasselbe passiert, erinnerst du dich, Aldo?"

Ihr Ehemann nickte. Draußen brach der Weltuntergang los: Blitz und Donner und Regenschauer, so heftig, dass ganze Flüsse über die Ufer zu treten schienen. Nach der Messe, die trotz allem von einer riesigen Menschenmenge, angezogen vom Rosenduft, besucht worden war, setzten Fra' Elia, Pater Saverio und unsere Freunde sich auf eine Bank, um abzuwarten, bis das Unwetter vorbei war. Adriana und ich versuchten inzwischen, das Eingangsportal zu öffnen, um zu sehen, was draußen los war. Ein dichter Nebel über einer grauen Herbstlandschaft schien all unsere guten Absichten zunichte machen zu wollen, während sich heftige Schauer wutentbrannt auf das dampfende Pflaster ergossen. Adriana und ich schauten uns ungläubig und betrübt an.

„Wenn er glaubt, uns ärgern zu können, dann irrt er sich diesmal gewaltig!“, rief sie herausfordernd aus.

Und während ich dabei war zu antworten, erhob sich plötzlich wie durch Zauberhand ein zischender Windstoß, der Hagelkörner mit sich trug und Sturm, die heftig auf das Dach prasselten, auf die Mauern und das halb geöffnete Portal. Im selben Moment konnten alle zwei große Wirbel aufgepeitschter Wassermassen in die Kirche eindringen sehen, rotierend, die buchstäblich auf Adriana und mich zuliefen. Wir erfassten die Situation und liefen los, um ihnen auszuweichen. Doch wir konnten der nassen Dusche nicht gänzlich entkommen; sie streifte uns, kurz bevor sich die beiden Furcht erregenden Wirbel in einer riesigen Wasserlache auflösten. Alles spielte sich in einem Bruchteil von Sekunden ab, doch die Szene war wirklich apokalyptisch. Unmittelbar danach hörte alles auf. Adriana und mir blieb nichts anderes übrig, als von fern dem Geschehen zuzusehen und darüber nachzudenken, dass wir ihn in der Tat nervös gemacht haben mussten, unseren Feind! Die Leute, die diese Szene miterlebt hatten, sagten, dass sie so etwas in ihrem ganzen Leben noch nicht zu Gesicht bekommen hätten! Und um ehrlich zu sein, ich auch nicht!

Während der Rückfahrt sprach Elia über das Evangelium des Tages.

„Hast du verstanden, was Jesus sagen wollte? ... Man muss voller Vertrauen bitten. Wie du gehört hast, bat der Samariter ihn, ihn von seiner Bürde zu befreien ... Nicht Jesus ist es, der in unser Leben eingreifen muss, sondern wir müssen in aller Demut das Bedürfnis in uns spüren, uns an ihn zu wenden ... ER sieht uns, er kennt uns und wartet auf uns ... Fleht um Barmherzigkeit und ihr werdet sie bekommen!“

Plötzlich verstand auch ich. Auch bei mir gab es Zeiten, in denen ich darauf wartete, dass Elia mir die Entscheidung abnahm ... Mir genügte, wenn er etwas sagte ... Obwohl er sich redlich bemüht hatte, mir auf tausenderlei Arten und durch tausende Gleichnisse zu verstehen zu geben, dass ich an einer Gabelung meines Weges angekommen war und nur allein die Wahl treffen konnte, welche für meine Seele gut war, und nur ich allein entscheiden konnte, welchem Weg ich folgen wollte. Und letztendlich war ich es, die Elia bitten musste, mir zu helfen, mich von meinem Druck zu befreien, ohne zu verlangen, dass er derjenige sein müsse, der eingreift. Jeder von uns muss frei nach eigenem Gutdünken sein Schicksal entscheiden! Und jeder von uns kann sich mit einem einfachen Gebet direkt an den Vater wenden: „Herr, hier bin ich, hilf mir verstehen, was du von mir willst!" Und mit diesem Gedanken trennte ich mich etwas wehmütig von ihm an der Kreuzung von Manduria und fuhr heim in unser Ferienhaus, ohne die Straße vor mir auch nur zu sehen.

Am folgenden Sonntag wurde ich von seinen Eltern zum Mittagessen eingeladen. Es war kein schöner Tag, ein fast unnatürlicher Nieselregen fiel reichlich auf das ausgedörrte Land und unter ihrem Portiko konnte man endlich eine frische und erquickende Luft einatmen. Während wir aufs Mittagessen warteten und dem Regen zuschauten, wechselte ich ein paar Worte mit seinen Familienangehörigen. Elia war ganz alleine im Haus geblieben, wo er sich schreibend in sein kostbares Heft vertiefte. Ich bemerkte, dass er sehr schnell schrieb, wie unter einem Diktat.

Nach ein paar Minuten rief er nach mir: „Sag mir, ob sie dir gefallen ..."

Und er zeigte mir die beiden letzten Seiten...

Lob dem Herrn: Von Schwarz zu Weiß

Die Sonne geht auf,
auch wenn es regnet und stürmt,
und küsst die Natur,
streichelt sie, liebkost sie, durchkämmt sie.
Auch die Bäume danken dir
für das Wasser für die Durstigen!
Auch die Vögel,
die dich suchen, danken dir!

Wie der Mensch, der seinen Garten bestellt,
indem er seinen Obstbäumen Wasser gibt,
wie der Mensch, der von weitem
ihr Wachstum beobachtet,
wächst auch Du in jedem von uns heran!

Lehre uns zu beten

Herr, lehre uns zu beten,
wie eine ewige Geschichte zwischen mir, dir und uns,
auf dem einfachen Weg unseres Gehorsams.
Erwecke den großen Tanz aus Tau,
den du deinen Entwürfen gibst,
im Gemälde des Lebens.
Den Tanz, den du erlaubst!
Seltsam ist der Wille des Menschen!
Schenke ihm Liebe und Gelassenheit
und das, was er von dir will!
Lehre ihn die täglichen Schläge des Lebens zu ertragen
wie der Nebel, der sich mit dem Tau schmückt,
tanzend sich auf den Raureif vorbereitend, als wäre er Samt.
Schmücke ihn mit Juwelen, die nicht fehlen sollen.
Lass uns das Leben als ein Spiel erfahren,
in dem jeder Stein kontrolliert ist,
weil alles im Leben schon berechnet ist.
Schenke uns ein endloses Fest,
in dem das Leben sich erneuert.
Alles für dich in einem Tanz,
der deine Gnade im Zustand universeller Liebe umarmt!

Nie hatte ich die Gebete Fra' Elias kommentieren wollen, da sie für sich selbst sprechen, doch im Fall dieses letzten Gebets, aus dem man die immense Liebe und das Verständnis Elias für seinesgleichen herausspürt, möchte ich herausstreichen, wie er selbst das Leben interpretiert: ganz einfach als einen wunderbaren Tanz, der sich perfekt mit dem kristallisierenden Tau verbindet, logisch und allein den Gesetzen des Herrn folgend ... ihm gehorchend. Ein Tanz, der sich das ganze Leben lang zwischen uns und dem Herrn abspielen soll, von Ihm selbst gewollt und angeführt. Ein fantastisches Geschenk für all jene, die das Leben als ein grandioses Geschenk Gottes erachten. In diesem Gebet bittet Elia den Herrn, uns unsere Wünsche zu gewähren, unsere Leiden nicht zu schwer zu machen und uns zu lehren, Prüfungen und Hindernisse zu ertragen, die uns auf unserem Weg begegnen, indem wir sie wie ein Kleid aus Samt tragen.

Gott bedient sich der Prüfungen, um uns zu erziehen und seine Kinder zu korrigieren. Erkennen wir und segnen wir seine väterliche Hand! Sogar der hässliche Nebel schmückt sich mit dem herrlichen Tau und vermag den Raureif in weichen Samt zu verwandeln. Das ist eine Botschaft der Hoffnung, weil das Leben sich bekanntlich immer wieder selbst erneuert. Alles dient zu unserem inneren Wachstum, ganz besonders jener Schmerz, der uns in Kontakt mit unserer Seele bringt, und dadurch auch mit Gott. Elia betet, dass er uns auch ein paar Juwelen schenken möge, darauf abzielend, dass wir am Leben Gefallen finden, etwas, das nicht fehlen darf ... Wünschen wir uns nicht mehr als das Nötige, ... nur ein kleines Juwel, das uns hilft, vorwärts zu gehen. Gerade so viel, Herr, denn du weißt ja schon, wie alles enden wird ... Jeder Stein, jeder Schmerz, den wir uns aus freien Stücken durch unser Verhalten selbst zufügen, soll nicht schwerer sein, als wir ihn tragen können, das heißt also, er möge vom Vater kalkuliert und kontrolliert werden. In diesem Wissen, den Willen des Vaters anzunehmen, der nicht strafen will, sondern lieben, könnte das Leben wirklich ein nie endendes Fest sein, in Verbindung mit Freude, trotz harter Prüfungen, Ausgewogenheit und Harmonie, da sehr eng verknüpft mit seiner Gnade, wie ein universeller Liebestanz, der uns zu Ihm zurückführt. Alles für dich, in einem Tanz, der deine Gnade in universeller Liebe umarmt.

Ein paar Tage später erhielt ich einen Telefonanruf: „Ciao, ich bin im Krankenhaus ... Erschrecke nicht ... Ich habe einen fürchterlichen Unfall gehabt, der Wagen ist komplett Schrott ..., aber Gott sei Dank habe ich nur ein paar Kratzer abbekommen und nur Schmerzen im Nacken."

Elias Stimme klang gewohnt energisch und kraftvoll und ihn so zu hören genügte mir, um mich zu beruhigen.

„Heilige Madonna! Bist du sicher, dass es dir gut geht?“

„Ja, das hoffe ich zumindest! Ich habe gerade die Schadensfeststellung beendet ... Fürs Erste muss ich eine Nackenstütze aus Gips tragen und in ein paar Tagen muss ich wieder herkommen ... Was habe ich dir gesagt?“

„Genau das, ... aber ich hatte gehofft, dass du dich diesmal geirrt hast.“

Danach erfuhr ich, dass Fra' Elia ordnungsgemäß auf der Straße gefahren war, als ein Wagen ihn bei einem riskanten Überholmanöver frontal rammte. Als ich später sein völlig zerknautschtes Auto sah, fragte ich mich, wie er da überhaupt lebend herausgekommen war.

„Und was wirst du jetzt mit dem Wagen machen?“

„Ich bleibe ohne“, erwiderte er mir ganz ruhig, „und wie du ja weißt, gibt es ja immer noch die göttliche Vorsehung, nicht wahr?“

In all diesen Jahren hatte ich wirklich beobachten können, wie die Vorsehung auf wunderbare Weise wirkte, sowohl für ihn als auch für mich. Doch diesmal gelang es mir einfach nicht, was den Wagen betraf, genauso fest an sie zu glauben wie er. Ich war wirklich besorgt, da wegen seiner vielen Reisen ein schnelles Transportmittel eine absolute Notwendigkeit war. Jedenfalls blieb uns nichts anderes übrig, als auf die Vorsehung zu vertrauen.

Und wie der Zufall es will, gab auch mein Wagen ein paar Tage später seinen Geist auf. Kaputt. Alles wegen des Wassers, das ich vergessen hatte, nachzufüllen. Als der erste Schock etwas abgeflaut war, rief ich in jedem nur möglichen Autovermietung an, am Flughafen, bei Bekannten, doch da wir uns in den großen Ferien um den 15. August herum befanden, waren alle zur Verfügung stehenden Wagen schon vermietet. Meine Tochter war gerade abgereist und ich war völlig allein auf mich gestellt. Bei dem Gedanken an die Heimfahrt mit all dem Gepäck, das ich mithatte, erbleichte ich.

Irgendein Heiliger wird schon für mich sorgen, dachte ich, ... sehen wir in zehn Tagen weiter!

Inzwischen kam der Tag der Einladung bei seiner Exzellenz dem Apostolischen Nuntius L. A. in sein schönes Familienhaus an der Adriaküste. Fra' Elia holte mich mit seinem Vetter Nicola und dessen Frau Rosanna ab. Wir bereiteten uns alle vier geistig darauf vor, unserem ersten Gebetstreffen im Haus eines so hohen Prälaten beizuwohnen; zusammen mit cirka fünfzig Personen, die unser Gastgeber persönlich ausgesucht hatte. Gekleidet in ein weißes Gewand mit violetten Borten empfing der Prälat uns überaus herzlich am Eingang des Hauses und führte uns in einen großen Salon, in dem ein reich geschmückter Altar aufgestellt worden war. Seine Gäste hatten schon alle Platz genommen, da die Zeremonie in Kürze beginnen sollte. Seine Exzellenz wünschte Fra' Elia an seiner Seite zu haben und führte ihn zur Einkleidung in die Sakristei und danach in seiner Funktion als Diakon zum Altar.

Inzwischen hatte sich rasch überall ein intensiver Rosenduft verbreitet, den die Leute aber nicht sonderlich beachteten, da durch die geöffneten Fenster ein riesiges Rosenbeet zu sehen war. Dies konnte jedoch nur Unkundige täuschen, und zwar deshalb, weil diese Art von Rosen nicht duftete. Wie auch immer, kaum am Altar, stellte Seine Exzellenz, noch bevor er mit der Messe begann, Fra' Elia allen als einen großen Charismatiker vor, dankbar, dass Gott ihn ihm gesandt hatte. Im Augenblick der Konsekration nahm seine Exzellenz mit großer Demut und in tiefem Glauben die Hände Fra' Elias in seine und legte sie auf den Kelch, der die Hostien enthielt; eine Geste, die mich sehr überraschte, genau wie die Anwesenden, die von Fra' Elia wenig oder gar nichts wussten. Während der Kommunion konnten alle bemerken, dass die heiligen Hostien nach Rosen dufteten, und auf einmal begannen sie zu verstehen, dass dieser Tag an diesem Ort etwas ganz Besonderes sein musste. Nach der Zeremonie erzählte Seine Exzellenz, wie er Fra' Elia kennen gelernt hatte, und bat ihn, ebenfalls ein paar Worte zu sagen.

Ich erinnere mich, dass Fra' Elia zum großen Erstaunen aller Anwesenden unter anderem auch erzählte, dass Seine Exzellenz sich im vergangenen Juli wegen eines chirurgischen Eingriffs in einer Klinik in New York befand, wo er ihn besucht hatte, natürlich mit seinem spirituellen Körper, um ihm bei seiner Genesung zu helfen.

„Seine Exzellenz hatte sich gerade erst dem Eingriff unterzogen und war in ein kleines Zimmer in ein Bett am Fenster gelegt worden (er beschrieb die Umgebung vollkommen richtig), doch der Prozess der Heilung verlief nicht wie erwartet. Mein Engel benachrichtigte mich und führte mich zu ihm ... Ich habe ihn berührt und er schien sich dessen bewusst zu sein, da er meine Hand drückte ... Ja, es ist wahr, plötzlich tauchten da einige Komplikationen auf, aber mit Gottes Hilfe und der unserer Engel kam alles in Ordnung!“

Und in der Tat, auch ich muss gestehen, dass unsere Engel auch an unsere Rückreise gedacht hatten, denn wie durch ein Wunder rief mich genau am Tag vor unserer Abreise jemand vom Flughafen Brindisi an, um mir zu sagen, dass ein Wagen zurückgebracht worden war. Wir könnten ihn gleich abholen und am Flughafen von Bergamo stehen lassen. Kein Kommentar!

Die lange Rückfahrt wurde von kurzen Pausen unterbrochen, eine davon an einem Rastplatz neben einer grünen Wiese, die um diese Jahreszeit wirklich außerordentlich einladend wirkte, weil sie mit vereinzelten, Schatten spendenden Bäumen gesprenkelt war, mit rustikalen Tischen und Holzbänken. Fra' Elia betrat niemals die Cafeteria einer Tankstelle, gewöhnlich besorgte ich den Proviant und brachte ihn ihm. An jenem Freitag war er ganz besonders mitgenommen und leidend und darum beschlossen wir, von dem grünen Tischtuch Gebrauch zu machen, um ein wenig aufzutanken. Ich kaufte zwei belegte Brötchen und zwei Bier, doch in der Eile erwischte ich ein helles und ein dunkles, statt zwei helle mitzunehmen.

Als ich das dunkle Bier ins Glas goss, erinnerte ich mich plötzlich an eine Reise nach Irland, als ich in einem Pub dieses wunderbare Bier genoss, mit einer Schaumkrone dick wie Schlagsahne ... In diesem Augenblick verspürte ich den Drang, diese Geschichte Fra' Elia zu erzählen, aber sein so leidendes Gesicht vor Augen, zog ich es vor, lieber meinen Mund zu halten.

„Wie schmeckt das Bier, das du eben getrunken hast?", fragte er mich so unerwartet, dass meine Hand mitsamt dem Brötchen und dem Bier mitten in der Luft hängen blieb. Doch eigentlich sollte ich mich darüber gar nicht mehr wundern. Genauso wie Fra' Elia in meinen Gedanken und in meiner Seele zu lesen vermag, so bleibt ihm auch nichts von dem verborgen, was sich vor seinen Augen abspielt. Man muss ihm gar nicht seine Lebensgeschichte erzählen, bestenfalls das Problem andeuten, einfach um ihm etwas auf die Sprünge zu helfen, angesichts des riesigen Ansturms von Leuten, die er täglich anhören muss. Wenn sich jemand vor ihm blockiert und es nicht schafft, ein Wort herauszubringen, dann überrascht er den Betreffenden mit direkten Fragen oder unmissverständlichen Feststellungen, welche den persönlichen Bereich betreffen und den Gesprächspartner dazu bringen, erst zu glauben und sich ihm dann anzuvertrauen.

Ich bin schon Zeugin so vieler Ereignisse dieser Art geworden ... und auch, wie sich daraus eine besondere Armee bildete, von der ich mich anfangs fragte, was sie wohl zu bedeuten habe. Fra' Elia zu verstehen, war wirklich schwierig ... Verglichen mit normalen Menschen ist er zu weit voraus! Manchmal meine ich, ihn zu verstehen, indem ich mein eigenes Maß anlege, will sagen, die Logik meines Intellekts und meiner Gefühle, aber so funktioniert es nicht. Erst nach langer Zeit und nach profundem Nachdenken, auch bedingt durch den Wunsch, einige der Fakten, die sich wiederholen und die für mich keine Logik ergeben, zu erhellen, geht mir plötzlich ein Licht auf und ich fange an zu verstehen. Dann spreche ich mit Elia darüber und am Ende stimmt er mir mit einem Lächeln zu.

Um ein Beispiel zu nennen: Ich habe mich immer gefragt, wieso einige Personen in der unendlich großen Zahl von Frauen und Männern, die er üblicherweise bei einem Gespräch kennen gelernt und geheilt hat, ihm besonders nahe geblieben sind, sogar seine Freunde wurden. Was ist der Mechanismus, dass er diese Personen den anderen vorzieht? Und die Wahl erfolgt augenblicklich, sogar bevor Fra' Elia noch Zeit hat, ihre Bekanntschaft zu vertiefen. Später begriff ich es. Was für eine Freundschaft auch immer jemand mit Fra' Elia hat, es ist nie eine „irdische", die auf normalen Gefühlen oder auf Sympathie beruht, sondern sie dient einzig und allein der Eroberung von Seelen, um mit ihr eine Armee Gottes zu bilden. Obwohl er die erloschenen Herzen durch seine Privatgespräche, durch seine Predigten und die kollektiven Gebete zu erobern weiß, braucht er dennoch „Helfer", die sich wie ein Ölfleck auf den weiten Gewässern dieser Erde auszubreiten wissen und dabei dieselbe Funktion ausüben wie er: das Wort Gottes zu verbreiten. Seine Helfer wählt er in der Welt aus, unter den Menschen, die der Herr ihm auf seinem Weg schickt. Fra' Elia sieht ein aufrichtiges Herz, offen für Erkenntnis und bereit für Wachstum. Dabei ist es ihm unwichtig, ob er Gott bereits kennt, und unwichtig, sollte er gerade den falschen Weg einschlagen. Allein durch seine Nähe gelingt es Fra' Elia, so einen Menschen Schritt für Schritt in einen Soldaten Gottes zu verwandeln, denn das ist seine Mission: an der Spitze eines Heeres zu stehen, um die verlorenen Schafe zum Herrn zurückzuführen, der seine Herde wieder vereinigt sehen will. Ich hatte sogar Gelegenheit festzustellen, dass jene Personen, die sich ähneln, nie versäumen, das rechte Wort zur rechten Zeit an jedem Ort und bei jeder Gelegenheit zu benutzen, und obwohl sie sich dessen oft gar nicht bewusst sind, handeln sie gemäß der Lehren Fra' Elias: Die Gnade, die du in dir hast, musst du auch anderen erkenntlich machen ... Enthusiasmus reißt mit! Und sicherlich hat die Gnade, die sie in sich haben, auch in seinem Herzen eine Bresche geschlagen!

Leider habe ich ihn auch manchmal enttäuscht gesehen, wegen einiger Personen, die er liebte und die nach Jahren seine Botschaft immer noch nicht begriffen hatten. Obwohl er sie stets mit kurzen Telefonaten in scherzhaftem Ton verwöhnt hat, sogar mit Vertraulichkeiten, indem er sich selbst ganz klein machte, um sich ihnen als ein aufrichtiger Freund und auf gleicher Stufe mit ihnen allen stehend zu zeigen. Aber sie haben immer nur etwas vorgetäuscht, da sie in ihm nur den Freund sahen und nicht einen Mann Gottes. „Bete du für uns, du bist dem Herrn viel näher!" Sie delegierten es an ihn, während sie am Sonntag noch nicht einmal die Messe besuchten. Manchmal, wenn er zu mir über sie sprach, sagte Fra' Elia betrübt: „Sie werden erst gesund werden, wenn sie die vollkommene Bekehrung erreicht haben ... Sie verstehen jetzt noch nicht." Aber er weiß zu warten, Gott weiß zu warten.

Einige Tage nach unserer Rückkehr nach Bergamo zeigte sich die Göttliche Vorsehung in Gestalt von Pater Giovanni. Einer nicht näher benannten Wohltäterin, sehr gläubig und eine spirituelle Tochter Pater Giovannis, war zu Ohren gekommen, dass Fra' Elias Wagen zu Schrott gefahren worden war. Sie schickte ihm eine beträchtliche Summe Geld, damit er sich einen neuen kaufen konnte.

„Diesmal muss ich einen großen finden, der auch für meine Mitbrüder passt", sagte er zu mir, während seine Augen strahlten.

Er machte sich gleich auf die Suche nach einem Van mit sieben Sitzplätzen, natürlich gebraucht. Nachdem er beinahe alle Vertragshändler in der Stadt abgeklappert hatte, fanden wir am nächsten Tag den passenden Wagen. Im Hinblick darauf, dass es der einzige in dieser Größe verfügbare Wagen war, kam es uns so vor, als hätte ihn der Himmel wirklich nur für uns reserviert: den schönsten, ein Modell, das ihm immer schon gefallen hatte! Unnötig zu sagen, dass das Geld ausreichte, sowohl für den Kauf des Wagens als auch für die Versicherung und alles, was sonst noch zu einem Auto dazugehört.

Im Übrigen wollte Fra' Elia den Wagen der Stiftung überschreiben. Natürlich musste ich mir die Frage stellen, wie ich, die ich schon so lange an Fra' Elias Seite war, jemals an der Göttlichen Vorsehung hatte zweifeln können.

6. - 8. September
Fra' Elia in Sizilien

Während unserer Flugreise kam mir spontan die Frage in den Sinn: „Was würde Pater Pio über dich sagen? Du bist immerzu auf Reisen, während er stets eingesperrt im Kloster leben musste?" Ohne seine Antwort abzuwarten, fuhr ich fort: „Du hast schon seit langem nicht mehr von ihm gesprochen, siehst du ihn noch?"

Fra' Elia blickte mich an, offensichtlich überrascht von meiner dummen Frage, als ob ich nicht wüsste, dass er seit ewigen Zeiten in ständigem Kontakt mit ihm ist. Er machte ein Zeichen, indem er mit der Hand auf zwei leere Plätze in der Reihe vor uns deutete: „Hier, da ist er ... Er ist hier bei uns."

Dann drehte er sich zum Fenster und wechselte das Gespräch.

Es war in Sizilien, als Pater Savoca per Fax den mittlerweile berühmten Brief von Monsignore Paolo Maria Hnilica, datiert vom 5. September, bekam und höchstpersönlich am Altar verlas, in einer Kirche, randvoll mit Gleichgesinnten.

„Auch Monsignore Hnilica ist ein Jesuit", sagte er gerührt, „und da er weiß, dass Fra' Elia sich im Augenblick bei uns aufhält, wollte er uns seine Gedanken zukommen lassen. Dieser Brief wurde geschrieben, nachdem Seine Exzellenz den früheren franziskanischen Prior von Fra' Elia konsultiert hat, sowie Prof. Margnelli, der ihn seit Jahren medizinisch begleitet, und einige Priester. In dem Brief schreibt er unter anderem: 'Nach allem, was ich von ihm weiß, und wegen seiner Werke der Nächstenliebe, halte ich Fra' Elia für ein kostbares Geschenk der göttlichen Barmherzigkeit an die Heilige Mutter Kirche und die Gesellschaft.'" (Der vollständige Brief ist am Anfang des Buches veröffentlicht).

Wenn ich die einzelnen Punkte, die ich mir in Sizilien notiert habe, wieder durchlese, sehe ich auch, dass Palermo um 3.20 Uhr, oder vielleicht war es auch um 15.20 Uhr, von den starken Stößen eines Erdbebens heimgesucht wurde. Fra' Elia hatte mir genau das am Morgen davor angekündigt.

Chronik dieser Tage

Am Institut Ignatium der Jesuiten in Messina hatte sich eine große Anzahl von Menschen eingefunden, um drei Tage an spirituellen Exerzitien teilzunehmen, die wunderbarerweise unter Leitung von Pater Umile von den Erneuerten Minoriten stattfanden, unter Teilnahme Fra' Elias von den Aposteln Gottes. Anwesend waren zahlreiche charismatische Gruppen und glühende Katholiken, auf der Suche nach Spiritualität und innerem Frieden. Das Programm enthielt Lobpreis, Unterricht über Gott, Kontemplation, Meditation und Gesang, zusammen mit einem interessanten und bewegenden Erfahrungsaustausch. Nachmittags Zeit für Beichten, Heilige Messe und zwei Stunden für private Gespräche mit Fra' Elia.

Alles war sehr gewissenhaft von Pater Savoca organisiert worden, indem er jenen Sizilianern den Vortritt ließ, die schon am längsten auf Fra' Elia gewartet hatten. Schon seit August hatte es Terminanfragen gehagelt, doch aufgrund der Tatsache, dass Fra' Elia immer Gruppen von fünf Personen auf einmal empfing, hatte Pater Savoca sich keine Sorgen gemacht und keine „Ordnungsnummern" in der Reihenfolge der Terminanfragen ausgegeben, weil seinem Kalkül nach Fra' Elia in etwa zwei bis drei Stunden pro Tag alle Menschen hätte empfangen können. Aber wie schon so oft, es folgte der Weltuntergang. Bis Freitag hatte sich die Zahl der Leute, die unbedingt mit Fra' Elia sprechen wollten, verdreifacht, sodass es noch nicht einmal den Ordnungskräften gelang, die Termine ordnungsgemäß zu regeln, noch sonst irgendwie Ordnung und Ruhe zu schaffen. Die Menschen drängten sich vor dem Zimmer, in dem Fra' Elia die Leute empfing, die weder in den Warteraum noch in die Kirche gehen wollten, wo wir sie dann in Gruppen von fünf Personen, gemäß Turnus, hätten aufrufen können. Alle hatten Angst, ihren Platz zu verlieren, und schubsten sich laut kreischend hin und her, sodass Fra' Elia mehrmals aus dem Zimmer kam und von ihnen energisch Respekt vor dem heiligen Ort verlangte. Als die Organisatoren und Verantwortlichen der Ordnungskräfte die stattliche Zahl von Personen sahen, die sich nicht vom Platz wegrühren wollten, bevor sie mit Fra' Elia gesprochen hatten, beschlossen sie, die Gespräche mit ihm auch noch für den nächsten Morgen anzusetzen, ab 8.00 Uhr durchgehend bis 10.00 Uhr, das heißt, bis zu Frate Umiles Predigt.

Deshalb machte sich Fra' Elia am Samstag schon sehr früh auf den Weg. Trotzdem wartete die Menge schon auf ihn. Und ich mitten unter ihnen, um ihnen klar zu machen, dass es nicht nötig war, ihm ihre ganze Lebensgeschichte zu erzählen ... Fra' Elia würde die Antworten bereits kennen, weil der Engel an seiner Seite sie ihm eingab ...

In diesem Zusammenhang möchte ich die Episode jenes Herrn erzählen, der ausgerechnet an diesem Morgen mit vier weiteren Personen hinten im Saal in etwa zehn Metern Entfernung auf ihn wartete, während Fra' Elia sich mit einer anderen Gruppe von Leuten unterhielt. Plötzlich verließ Fra' Elia die Gruppe, lief zu ihm hin und sagte mit besorgter Miene zu ihm: „Du musst dich auf der Stelle operieren lassen, weil man in deinem Körper bei der Operation, die du gerade hinter dir hast, ein Stück Gaze vergessen hat, das zu einer Infektion führen könnte.“ Natürlich stürzten die dabei Anwesenden völlig verblüfft hinaus und erzählten jedem, was passiert war, sodass der Ruhm Fra' Elias in der Stadt schnell die Runde machte und noch mehr Leute zu ihm strömten. Und so schaffte es Fra' Elia nicht, vor 10.00 Uhr das Sprechzimmer zu verlassen, um wie vorgesehen die Predigt Bruder Umiles anzuhören, da er buchstäblich bis zur Abendmesse der Gefangene einer nicht abzuschätzenden Zahl von Personen blieb.

Am Sonntag wiederholte sich das Gleiche ... Aber an diesem Morgen wollte Elia einen Sprung ins Krankenhaus machen, um jemanden zu besuchen, der ein Gespräch vereinbart hatte, aber aufgrund trauriger Umstände davon abgehalten worden war zu kommen, ein Herr, der den Wunsch gehabt hatte, ihn in Sizilien zu sehen und daher Pater Savoca den Vorschlag gemacht hatte, ihn einzuladen. Nach einer bewegenden Begegnung kehrte Fra' Elia sofort ins Institut zurück und es gelang ihm zum Glück, bis zum Abend alle Termine wahrzunehmen.

Während der Messe hatte Bruder Umile ihn eingeladen, mit lauter Stimme Heilungsgebete anzustimmen, und so betete er: „Herr, nimm dich deiner Töchter und Söhne, die krank sind und dir ihre

Leiden aufopfern, in Liebe an ... Du allein kannst es! Berühre du liebevoll diesen Bauch, der keine Frucht bringt, diese gefühllosen Arme und Beine, nur du kannst es ..."

Und so betete er weiter, auf verschiedene Krankheiten und verschiedene Personen hinweisend, während die Menschen sich in religiöser Stille in einem immer innigeren Gebet vereinten. Nach der Heiligen Messe kamen einige Leute an den Altar, um Zeugnis über ihre Heilung abzulegen, ihre Freude auszudrücken oder auch nur, um Gott zu danken.

Zum Schluss gelang es Fra' Elia, sich mühsam durch die Menge zu kämpfen, umgeben von einer soliden Schutzkette aus Ordnungskräften, und seine Unterkunft zu erreichen, gefolgt von einem Vater mit einem Kind im Arm, das Fra' Elia umarmte, und zwei Mädchen, die in den Nebenaufzug schlüpften und direkt vor seinem Zimmer auf ihn warteten, und meiner Person, der es zumindest gelang, den Ansturm weiterer Eindringlinge, die ihn berühren wollten, zu verhindern. Um vier Uhr morgens war Abfahrt zum Flughafen Reggio Calabria für den Flug nach Mailand und noch am gleichen Nachmittag ging es wieder nach Umbrien zurück, zu dem Treffen mit den zwanzig Jugendlichen aus Malta.

10. - 20. September
Treffen mit den Jugendlichen von Malta
Chronik dieser Tage

Fra' Elia hatte zwanzig Jugendliche aus Malta in das Kloster der Maestri Pie di Trevi (Frommen Meister von Trevi) eingeladen, die mit ihm Kontakt aufgenommen hatten, nachdem sie am 19. April des vergangenen Jahres die Übertragung der Fernsehsendung *Miracoli* gesehen hatten, angesprochen von einem Satz, den Fra' Elia in der Sendung gesagt hatte: „Gott ist kein isoliertes oder fernes Wesen, sondern er ist immer lebendig mitten unter uns. Er kann sich auf jede Art und Weise manifestieren und sich eines jeden von uns bedienen, um zu uns zu sprechen ... Nur sehr wenige wissen, was wahre Liebe wirklich bedeutet."

Da sie diese Ansicht vollkommen mit ihm teilten, hatte Noel, der Anführer der Gruppe, sofort den Wunsch verspürt, Elia zu treffen und für einen gemeinsamen Erfahrungsaustausch zu besuchen. Er hatte zu uns gesagt: „Wir sind zwanzig junge Leute, die studiert haben, um zu evangelisieren ... Auch wir glauben, dass es nicht nötig ist, Priester zu werden, um von Gott zu sprechen. Deshalb gehen wir auf die Straßen, auf die Plätze und wo immer es sich ergibt, um zu den Menschen, die ihn nicht kennen, von ihm zu sprechen. Gewöhnlich fangen wir mit ein paar Fragen an, zum Beispiel: Wer ist Jesus für dich? Und wir sind auch in der Lage, Antworten zu geben, aus dem Evangelium und aus der Bibel. Wir alle haben eine Arbeit und eine Familie, doch vor allem lieben wir Gott, der täglich unser Leben mit uns teilt, und wir möchten all diejenigen mit seiner Liebe bekannt machen, die ihr noch nicht begegnet sind. Wir benutzen auch Flugblätter, um sie zu erstaunen und ihre Neugierde zu stimulieren. Und fast immer gelingt es uns, mit den Personen, die uns zuhören, ein gutes Verhältnis aus Vertrauen und Freundschaft aufzubauen."

Fra' Elia, glücklich und gerührt über ihren Vorschlag, ließ sich nicht zweimal bitten, sondern machte sich sofort daran, das Treffen in Trevi zu organisieren, wo er auf die Unterstützung des Pfarrers zählen konnte, Pater Oronzo und seine Mitarbeiter, und vor allem auf die Gastfreundschaft der liebevollen Schwestern, die über zahlreiche Möglichkeiten der Unterbringung verfügen. Jetzt beim Schreiben befinde ich mich auf der Terrasse in dem herrlichen Garten ihres Klosters, während eine feurige Sommersonne hinter Assisi untergeht. Die jungen Leute haben sich zur 18.00 Uhr Messe begeben und Fra' Elia besucht eine Familie. Ich bin einfach überwältigt, diese wunderbare Jugend zu sehen, Jugendliche wie so viele, in dieser Welt, in der so viel Schlechtes über sie geredet wird, die so überzeugt glauben, dass das Leben sich nicht ohne göttliches Eingreifen abspielen kann und aus dieser Konsequenz heraus handeln.

Wie verbrachten wir unsere Tage? Leben in Gemeinschaft, Stunden des Gebets, der Begegnung, Erklärungen, Lernen, aber auch Ausflüge nach Assisi und Sankt Peter in Rom, Barbecue im Garten unserer englischen Freundin Sheila, Fußballspiel mit den Jugendlichen der Pfarrgemeinde mit Nationalhymnen und Abschlussdinner im Kloster San Martino, bei der uns die lebhafte Musik unserer zwei Gitarristen erfreute, die ebenfalls von Pater Oronzo eingeladen worden waren. Was gibt es sonst noch zu berichten? Einfach nur, dass Fra' Elia mit seinem jungenhaften Auftreten, auf gleicher Stufe wie die anderen, immer mehr als alle anderen gearbeitet hat, indem er für die 25 Leute kochte, die Fußböden schrubbte, Einkäufe machte und verstaute, was bei allen Erstaunen und Bewunderung hervorrief.

„Ich bin genau wie ihr, vielleicht nur mit ein paar mehr Fähigkeiten für den Dienst an der Allgemeinheit ausgestattet ...", wiederholte er ihnen immer wieder lächelnd.

Alle brachten zum Ausdruck, dass sie gern wiederkommen, und einige sogar, dass sie gerne für immer bleiben würden. Wer weiß, ob nicht eines Tages dafür die Möglichkeit besteht, wenn Fra' Elia sein Haus gefunden hat?

Ich vergaß zu erwähnen, dass Fra' Elia sich auch zwischen der einen oder anderen Pause keinen Augenblick Ruhe gönnte. Er ging die Klarissen besuchen, Familien in Schwierigkeiten und befreite in meinem Beisein sogar ein Haus von bösen Kräften, wobei ich Zeuge außergewöhnlicher Fakten wurde, wie das gewaltsame Verrücke von Gegenständen. Und während all dieser Aktivitäten stieß er durch Zufall auf ein großes Haus, das von Kaskaden und Wasserfällen umgeben war und das er sofort als das Haus aus einem Traum erkannte, den er vor einigen Jahren einmal geträumt hatte. Sofort rief er aus: „Ich habe Herzklopfen ... Ich habe es gefunden."

Wir waren in Gesellschaft einiger Freunde, darunter der Besitzer des Hauses, der es seit langem zu Miniappartements hatte umfunktionieren wollen. Er kannte Fra' Elia seit Ostern und hatte ihn während seiner Passion gesehen. Vittorio war davon so erschüttert gewesen, dass er sich bereit erklärte, ihm das Haus zu erleichterten Zahlungsbedingungen zu verkaufen, sodass Fra' Elia um regionale Finanzierungshilfe ersuchen könnte, um das Haus renovieren zu lassen. Ist das allein nicht schon ein Wunder?

Wir besichtigten das Anwesen, aber noch bevor wir das große Gebäude betraten, lief Fra' Elia zu den Wasserfällen und informierte sich sofort über den Verlauf des Wassers. Es folgte den Spuren eines Bächleins und ihm wurde klar, dass das Wasser an dem Platz eindrang, wo zukünftig die Kirche sein sollte.

„Genau das ist es!", wiederholte er strahlend.

Auch ich folgte ihm genauso strahlend und erinnerte mich daran, was er mir einmal gesagt hatte: „Das Haus wird von Wasser umgeben sein, das unter dem Allerheiligsten fließen muss, das in großer Erhöhung ausgesetzt ist; darunter entspringt ein Bächlein mit fließendem Wasser, das die gesamte Kirche durchquert, als Zeichen für das Leben Christi; lebendiges Wasser, das sich verschenkt, mit ewigem Leben nährt und die dürstenden Seelen tränkt, sie dabei von allen spirituellen und körperlichen Leiden heilend ..."

Diesmal ist es das Haus, dachte ich glückstrahlend. Es blieb also nur noch das „kleine" Problem der Bezahlung ... Aber wenn Fra' Elia erklärte, dass die Vorsehung schon an ihn denken würde, so wollte auch ich das gerne glauben. Blieb nur zu hoffen, dass in der Zwischenzeit vielleicht auch der Brief von Monsignore Hnilica an alle religiösen und sozialen Autoritäten Wirkung zeigte! Für den Augenblick aber mussten wir die Knoten bezüglich der Zahlungsmodalitäten selbst lösen, und obwohl sich der Eigentümer bereit erklärte zu warten, mussten wir ihm zumindest einen Vorschlag unterbreiten, dem er in irgendeiner Form zustimmen könnte.

Ich schicke voraus, dass die Stiftung bis dahin noch nicht sehr viel eingenommen hatte, und angesichts der Höhe der erforderlichen Anzahlung war weder Fra' Elia noch mir danach, Dinge zu versprechen, die wir mit Sicherheit nicht einhalten könnten. Wir erbaten uns deshalb Bedenkzeit.

„Hier also meine Idee: Ich würde vorschlagen, dass wir dir in den ersten Januartagen eine Anzahlung geben ... Erlaube uns, dass wir die Neuigkeit publik machen (wie dann in der Tat im Magazin *Il Segno del Soprannaturale* im Oktober geschehen) und alle Spenden sammeln, die für diesen Zweck hereinkommen. In der Zwischenzeit werden wir ein juristisches Gutachten erstellen lassen, um bei der Region und bei der EU Gelder zu beantragen ... Gib uns drei Monate Bedenkzeit und die Möglichkeit, auch zu sagen, dass wir es nicht geschafft haben ... In drei Monaten kann alles Mögliche passieren. Im Moment bitten wir dich nur um dein Vertrauen in Fra' Elia."

Unser Gesprächspartner zeigte uns sein großes Vertrauen, indem er uns sehr entgegenkommend die erbetene Bedenkzeit gewährte. Er machte uns jedoch darauf aufmerksam, dass wir am Ende der abgemachten Zeit einen Kompromiss hinsichtlich der zugesicherten Regelungen finden müssten, weil er auf die aus dem Verkauf gewonnene Summe angewiesen sei, um seinem Sohn eine Immobilie zu erwerben.

„Leider habe auch ich Zahlungstermine einzuhalten und ich hoffe wirklich, dass man auch mir einen Zahlungsaufschub gewährt ...“, sagte er abschließend.

Bevor wir endgültig zurückfuhren, schauten wir uns das imposante Gebäude noch einmal in Begleitung von Pater Oronzo und Sheila an, wobei wir feststellten, dass außer den Begrenzungsmauern und dem Dach praktisch alles renoviert werden müsste. Fra' Elia schien sich viel weniger Sorgen zu machen als ich, weil mir klar war – wenn ich auch nur annähernd die Kosten kalkulierte –, dass wir in ein Fass ohne Boden geraten würden ... Schnell verjagte ich meine Ängste und konzentrierte mich darauf, wie man das Objekt, das ich als vom Herrn geschickt ansah, in kürzester Zeit Frucht bringend gestalten könnte. Als erstes würde ich einen netten Artikel für die Zeitung schreiben und sofort die wichtigsten Gruppen der Region darüber informieren, die bereits die Gelegenheit gehabt hatten, Elia in ihre Gemeinde einzuladen. Und wir würden überall die herrlichen Fotos des Hauses zeigen, sei es in Verona oder in allen nachfolgenden Städten, wobei wir natürlich auch auf die Hilfe aller Heiligen im Himmel hoffen würden...

Bevor wir Umbrien verließen, hatte Fra' Elia auch noch ein paar andere private Treffen und ich glaube, dass wir genau bei dieser Gelegenheit Simona, die Frau eines Bauunternehmers, kennen lernten. Simona hatte von Fra' Elia in Pater Oronzos Gemeinde erzählen gehört. Und da sie eine glühende Gläubige ist, hatte sie sich sofort gewünscht, ihn persönlich kennen zu lernen. Sie war über Fra' Elias Projekt informiert worden, und da sie die ganze Gegend bestens kannte, hatte sie sich angeboten, ihn in andere freie Klöster zu führen, viele davon schon hergerichtet, um bewohnt zu werden, und auch in einige stattliche Herren- und Bauernhäuser, die noch zu sanieren waren und, soweit sie wusste, nicht viel kosten würden.

Ich war etwas überrascht, als ich hörte, dass Fra' Elia die Einladung annahm, bedenkt man, dass wir gerade erst ein Haus für ihn gefunden hatten. Ich konnte es nicht lassen, ihn um eine Erklärung zu bitten.

„Wir sind nicht sicher, ob wir das Haus kaufen können“, erklärte er mir, „vielleicht ist es für unsere Mittel zu kostspielig ... Und da wir schon einmal hier sind, ist es vielleicht sinnvoll, sich auch noch andere anzusehen.”

„Aber Fra' Elia", widersprach ich, „alle Zeichen deuten doch darauf hin, dass dieses dein Mutterhaus sein wird. Du hast es doch auch gleich wiedererkannt ... Und dort fließt auch noch Wasser unter der Kirche."

„Verstehst du es wirklich nicht? Wie viele Male haben wir schon deutliche Zeichen bekommen! Offenkundige Zeichen, sowohl für uns als auch für all jene Personen, die uns auf unserem Weg begegnet sind ... Erinnerst du dich an Signora Calligaris? Das Rosenwasser im Brunnen der Villa in Pordenone und an die vielen anderen Zeichen? Sie alle hat der Herr gerufen, doch haben sie seinen Ruf abgelehnt ... Weißt du denn nicht, das jeder Mensch die Freiheit hat, nach seinem eigenen Willen zu handeln? Der Mensch ist der alleinige Schöpfer seines Lebens. Aus diesem Grund hat er auch die Freiheit, Gottes Ruf zurückzuweisen ... Aber wie auch immer, der Herr spricht: 'Helft euch selbst, so hilft euch Gott.' Und darum setzen wir unsere Suche weiter fort."

An diesem Tag nahm uns Simona auf der Suche nach einem Haus mit, um ein paar alte Gutshöfe zu besichtigen, die aber aus den verschiedensten Gründen den Anforderungen Fra' Elias nicht entsprachen. Sie gaben ihr jedoch nützliche Hinweise für die Auswahl nachfolgender Objekte. Wir verließen sie mit dem Versprechen, dass Fra' Elia so schnell wie möglich zurückkommen würde, da er sich einer Sache jetzt ganz sicher war: Sein Mutterhaus musste sich in Umbrien befinden. Und dieses Ja war eine wirklich gute Nachricht!

Zwischen Ende September und Oktober pendelte Fra' Elia zwischen Bergamo und Umbrien hin und her, zwischen Spinea und Umbrien, Verona und Umbrien, Modena und Umbrien. Unermüdlich und unerschrocken, ohne das mindeste Anzeichen von Mutlosigkeit, trotz aller Schwierigkeiten und unnützer Strapazen. Man muss auch hinzufügen, dass wir trotz all unserer Bemühungen, die Leute für sein Projekt zu sensibilisieren und die Ausgaben Monat für Monat zu kontrollieren, feststellen mussten, wie wenig doch unser Häufchen anwuchs. Stur wie ein Maultier (ich bitte um Verzeihung für den Vergleich) hatte Fra' Elia in Umbrien nichts unversucht gelassen. Es war ihm sogar gelungen, ein Gespräch mit dem Bischof von Assisi zu führen. Der Prälat hatte ihm jedoch gesagt, wenn er wirklich von Gott gesandt sei, müsse er alles alleine bewerkstelligen, genauso wie der Heilige Franziskus es tat...

Diese Worte gruben sich unauslöschlich in sein Herz ein und führten dazu, dass er um nichts und bei keiner kirchlichen Autorität mehr bitten wollte, sondern nur noch auf sich selbst und auf den Willen Gottes baute, der ihn bisher immer auf die beste Art und Weise geführt hatte. Ich begleitete ihn zu allen Gebetstreffen, jedoch nicht nach Umbrien, da ich Pflichten hinsichtlich meiner Arbeit hatte, sowie Fernsehauftritte, in denen ich häufig wegen des Buches, das ich über Elia schrieb, interviewt wurde. Ich nutzte diese Interviews, auch über sein Projekt zu reden.

„Alles ergibt Suppe", sagte Fra' Elia mir, „alles kann hilfreich sein."

Und während Fra' Elia Italien von oben nach unten bereiste, immer wieder erfüllt von Hoffnung und Gewissheiten, entschwand immer mehr die Wahrscheinlichkeit, dieses sein erstes Haus wirklich erwerben zu können, von dem ich überzeugt war, dass es ihm vorherbestimmt war. Doch Fra' Elia hatte an jenes Haus sein Herz verloren und ehe er davon abließ, wollte er auch die Meinung seiner Freunde dazu hören.

Aus diesem Grund wollte Fra' Elia seine Freunde am 18. und 19. Oktober mit seinem neuen Wagen mit den sieben Sitzplätzen dorthin chauffieren, damit sie alle das Haus besichtigen konnten: Curzio, Anna und Gian, Matteo (ein Freund meiner Kinder) und ich. Auch der Bürgermeister von Cercivento war gekommen, ein Experte in dieser Materie, mit Irma, Giuliano und Manuela. Ihr Urteil war niederschmetternd ... Gewiss geeignet, aber viel zu kostspielig wegen der erforderlichen Sanierungsarbeiten, die mindestens ein Jahr und einen Ozean an Kapital erfordern würden. An diesem Punkt fand Fra' Elias Herz endlich seinen Frieden.

Am 22. Oktober wollte ich meinen einzigen verbliebenen Onkel besuchen, gut neunzig Jahre alt, der am Lago Maggiore lebt und sich schon seit langem von mir gewünscht hat, Fra' Elia kennen zu lernen. Natürlich traute ich mich nie, Fra' Elia zu fragen, auch weil er noch nicht einmal genug Zeit zum Schlafen fand ... Er selbst war es, der mir anbot, mich zu begleiten, kaum dass er von Umbrien zurückgekehrt war. Ich erzähle das nur, um noch einmal zu unterstreichen, dass Fra' Elia sich nie schont und niemals eine Gelegenheit auslässt, sich anderen Menschen zu schenken.

Am 23. Oktober begleitete ein Priester aus der Toskana eine junge Schwester zu Fra' Elia, die sehr zart und leidend wirkte. Nachdem sie schon die bekanntesten Charismatiker und verschiedensten Exorzisten-Priester aufgesucht hatten, ohne das geringste Resultat, hatten sie sich entschlossen, es auch bei Fra' Elia zu versuchen, dessen Ruf auch bei ihnen angekommen war. Schwester N., ich ziehe es vor, ihren Namen nicht zu nennen, ging es seit vielen Jahren äußerst schlecht, und zwar so sehr, dass sie sich gezwungen sah, tagelang im Bett zu bleiben, geplagt von den schlimmsten akuten Schmerzen. Ihre Schmerzen waren psychischer, physischer und moralischer Art. Nun hatte sie keine Kraft mehr zum Leben. Wir trafen zur selben Zeit, gegen Mittag, bei Elia ein, da Elia, wenn er von seinem Engel erfährt, dass etwas Außergewöhnliches bevorsteht, mich stets anruft und zu kommen bittet.

Elia empfing uns mit seiner üblichen brüderlichen Herzlichkeit. Und weil er für den Moment das Problem, weshalb die beiden zu ihm gekommen waren, ignorieren wollte, stellte er sich sofort an den Herd, während ich den Tisch deckte.

„Setzt euch irgendwohin ... Ihr werdet gleich mein Risotto kosten können ... Erzählt mir in der Zwischenzeit etwas von euch."

Ich jedoch, die Fra' Elia gut kannte, wusste, dass er dabei ihr Innerstes erforschte. Auch die Konversation bei Tisch verlief spontan und so jovial, dass die Schwester schrittweise anfing, sich wohl zu fühlen, und wesentlich entspannter war als bei ihrer Ankunft. Sie schaffte es sogar, ein paar Löffel Reis hinunterzuschlucken.

Nach dem Essen erhob sich Fra' Elia und sagte zu uns: „Fangen wir an ... Lasst uns dort hinübergehen und zusammen ein Gebet sprechen und den Herrn um seinen Segen bitten."

Ich möchte anmerken, dass das „dort hinüber" das einzige Fleckchen bei ihm daheim ist, außer seinem Schlafzimmer und der Küche, wo er betet und arbeitet. Es ähnelt eher einer Kapelle als einem Wohnzimmer, so voll ist es mit Bildern, Ikonen, heiligen Statuen und Engeln rund um ein großes Kruzifix, und sogar einem kleinen Altar mit dem Allerheiligsten. Natürlich auch überall Kerzen und frische Blumen. Dahinter befindet sich ein großes Fenster, von dem man auf eine überdachte Terrasse blickt. Fra' Elia ging uns voraus, gefolgt von dem Priester und mir, während die junge Schwester an der Schwelle stehen blieb und nicht eintreten wollte. Ich nahm meine Position neben dem Fenster ein und konnte sehen, wie Elia sich mit seinem Kreuz für den Exorzismus wappnete. Ohne dass es jemand merkte, hatte er es aus einer zwischen den Falten seines Gewandes verborgenen Tasche hervorgezogen. Niemand schöpfte Verdacht, aber ich war auf der Hut.

„Warum kommst du nicht herein?“, fragte Fra’ Elia Schwester N. ganz ungezwungen. „Komm, schau, was ich hier für dich habe ...“

Die Schwester, vielleicht getäuscht durch sein gutmütiges Verhalten, machte ein paar Schritte zu ihm hin.

Alles spielte sich in einem einzigen Augenblick ab: Fra’ Elia zog sein Kreuz hervor. Sie hob vom Boden ab und nahm sofort eine horizontale Position ein, welche normalerweise für einen Menschen total unmöglich ist, einzunehmen. Dann - mit einem fürchterlichen Schrei - segelte sie durch die Luft und krachte dabei beinahe gegen ein Tischchen. Fra’ Elia, schnell wie der Blitz, gelang es, ihren Körper mit seinen Knien zu Boden zu drücken, und während sie wie eine Besessene um sich schlug, flößte er ihr Weihwasser ein, das er stets bei sich trug.

Die Szene dauerte nicht länger als ein paar Minuten. Genügend Zeit, um den Priester betend am Boden knien zu sehen, während die junge Schwester, keuchend und mit rotem Gesicht, vom Boden aufstand und versuchte, ihren verrutschten Schleier in Ordnung zu bringen. Elias Gesicht war schweißbedeckt.

„Ich habe doch gesagt, dass ich besessen bin, doch niemand wollte mir glauben!“, rief die Schwester mit neu gewonnener Energie aus. „Sogar N. E. (sie nannte den Namen eines bekannten Charismatikers) hat behauptet, dass ich frei sei. Stattdessen konntet auch ihr jetzt sehen, dass ich Recht hatte.“

Chronik der Treffen von Modena am 26. und 27. Oktober

Für Fra’ Elia war es eine wundervolle Rückkehr, die auch von der ungewöhnlich üppigen Natur mitgefeiert wurde, die von einer strahlenden Sonne unter einem tiefblauen Himmel erleuchtet war, übersät von intensiven Pinselstrichen warmer Goldtöne. Kein Dunst, kein Nebel, keine Feuchtigkeit wie vorhergesagt, sondern nur eine herrliche, oktoberliche Poebene.

Dieses Bild spiegelte bestimmt den Seelenzustand der Anwesenden wider, seien es die Gefühle derer, die ihm zum ersten Mal begegneten, oder die Freude derjenigen, die ihn wiedersehen und erneut hören durften. Das war mein spontanes Empfinden, das mit später zur Gewissheit wurde, als ich mit den ersten Ankömmlingen ins Gespräch kam, an jenem Samstag ab neun Uhr früh.

Wir waren von unserer Freundin Maria Rosa in die Pfarrei von Collegarola begleitet worden, unsere Kontaktperson und perfekte Organisatorin, der wir für ihre Bereitschaft und unermüdliche Hingabe danken. Eine kleine Menschenansammlung erwartete uns bereits und Fra' Elia schloss sich sofort in das kleine Büro ein, das ihm der Pfarrer Don Giancarlo zur Verfügung gestellt hatte, um gleich mit den Privatgesprächen zu beginnen: mit Gruppen von fünf Leuten auf einmal, damit jeder mit ihm reden konnte, darunter auch fünfzehn Personen, die aus Sizilien angereist waren, sowie Freunde von Freunden, die unfehlbar auch immer dazukamen. Unter ihnen waren ein paar uns schon bekannte Gesichter, vom Schmerz gezeichnet oder von den Widrigkeiten des Lebens verhärtet, jedoch alle mit einem Herzen voller Hoffnung in diesen jungen Bruder, der nach Aussage derer, die ihm schon begegnet waren, als wunderbarer Mittler fungierte, um zum Herrn zu gelangen.

Eine Stimme: „Ich wollte ihn schon seit langem treffen, doch die Umstände haben es immer verhindert. Heute morgen hat mich zufällig eine meiner Kolleginnen gebeten, mit ihr den Dienst zu tauschen."

Eine andere Stimme: „Ich bin wiedergekommen, um ihm zu danken ..."

„Ich hingegen habe das Buch über ihn gelesen und einen unwiderstehlichen Drang verspürt, ihn kennen zu lernen ..."

„Ich komme aus der Toskana, wo ich eine seiner Predigten gehört habe, und hatte den sehnlichen Wunsch, ihn noch einmal zu hören."

Und weiter: „Nachdem ich mit ihm gesprochen hatte, habe ich wieder begonnen, in die Kirche zu gehen. Jetzt habe ich endlich meinen Frieden gefunden ..."

So viele simple Glaubensbekundungen, doch fantastisch in ihrer Quintessenz in Bezug auf ihren inneren Frieden, auf ihre Gelassenheit und die damit verbundene innerliche Freude. Am erstaunlichsten ist, dass sich die Kirchen immer so füllen, dass noch weitere Sitze hinzugefügt werden müssen und die Eingangstüren weit offen bleiben, weil der Andrang so groß ist, dass viele Menschen draußen bleiben müssen. Auch die Beichten nehmen zu, und um die Eucharistie zu empfangen, muss man sich in langen Reihen anstellen. Und seine Predigten werden aufgezeichnet, obwohl Fra' Elia weder ein gebildeter noch geübter Prediger ist, doch ist er viel mehr ... Er ist ein erleuchteter Mensch, der mit dem Herzen spricht. Er spricht von Liebe und Vergebung und er rührt die Seelen mit seiner Einfachheit und offenkundigen Liebe für den Herrn, der von den Menschen mehr geliebt und respektiert werden soll ... Fra' Elia ist das lebende Beispiel für die Lehren Christi. Elia liebt wirklich alle mehr als sich selbst und das sieht man an allem, was er tut und sagt, auch wenn das gelegentlich in einer etwas brummbärigen Art geschieht, insbesondere dann, wenn er jene zurechtweist, die im Haus des Herrn schwatzen.

Am Ende der privaten Konsultationen, sei es am Samstag oder Sonntag, wird immer Heilige Messe gefeiert, zelebriert von Pater Michele, der Fra' Elia auch nach Spinea begleitet und schon Zeuge zahlreicher außerordentlicher Geschehnisse geworden ist. Diese Messen dauern mehr als zwei Stunden, stets in einer Atmosphäre tiefen Ergriffenseins. Die Gläubigen nehmen in großer Konzentration jedes seiner Worte in sich auf, jedes Detail, jede Schwingung, wobei die Kraft des gemeinschaftlichen Gebets zwischen den Duftwolken des Weihrauchs zu vibrieren scheint. Nach der Messe sind die Augen aller noch strahlender und ihren Gesichtern kann man den Ausdruck innerer Freude ablesen, die dann durch die vielen ausgestreckten Hände und die liebevollen Begrüßungen zum Ausdruck gebracht wird. Alle fühlen sich als Brüder vor dem Herrn und das ist einfach ein großartiges Gefühl.

So ein freudiges Klima umgab Fra' Elia und mich auch vom Augenblick unserer Ankunft in Modena am Abend des 25. Oktober an, wo wir Gäste der therapeutischen Gemeinschaft „L'Angelo" (Via Martignana 385, Tel. 059/464207) waren, die der Pfarrer von Collegarola Don Giancarlo mit größter Umsicht und unendlicher Liebe leitet. Abgesehen von den Mühen der Reise, die an einem Freitag stattfand, dem Tag, an dem Fra' Elias Wunden sich öffnen. Während der ganzen Fahrt musste er sich die Wunden am Fußrücken abtupfen, aus denen Blut tropfte, während die Wunde an der Brust mit Watte bedeckt und seine Handgelenke bandagiert waren. Doch abends taute er dann richtig auf, als er den Blick und das Lächeln dieser wunderbaren jungen Leute sah, die nach einem langen, düsteren Tunnel des

Drogenkonsums jetzt wieder dabei waren, ihre Würde als Menschen zurückzugewinnen, indem sie ihr Leben durch Disziplin, Arbeit und Konfrontation mit der Sucht wieder in den Griff zu bekommen versuchten. Da gab es solche, die Kinder hatten, einen Ehemann oder eine Ehefrau, weit weg, und andere, die ernsthafte Strafen abbüßten, für kriminelle Delikte, die sie im Drogenrausch begangen hatten: so viele unterschiedliche Geschichten, so viel Schmerz, aber auch sehr viel Mut und Entschlossenheit. Don Giancarlo hat diesen Weg vor 26 Jahren gewählt, die jungen Leute sind seine Familie, der Sinn seines Lebens, seine Berufung. Er teilt mit ihnen sein Leben, ihre Gefühle, und hat Heimweh nach ihnen, wenn eines seiner Kinder sich verheiratet. Doch er weiß auch über ihre Siege Späße zu machen und sich mit ihnen darüber zu freuen.

Am Samstagabend entspannte man sich beim Kartenspiel und sonntags bei Fußball. Genau an dem Samstag hatte Fra' Elia bemerkt, dass einer der Jungen sich abgesondert und traurig in ein anderes Zimmer verkrochen hatte. Er ging zu ihm.

„Ich bin hier, weil ich sonst im Gefängnis sein müsste, ich habe weder Glauben noch Hoffnung ..."

Fra' Elia: „Ich weiß, dass deine Schwester Silvia (Pseudonym) sehr jung an AIDS starb, obwohl sie keine Drogen nahm ... Sie hat ihr Kind angesteckt ..."

„Woher weißt du das?"

„Mach dir keine Gedanken, ... du musst Gott nicht zürnen ... Er weiß, warum er seinen Kindern manchmal harte Prüfungen auferlegt ..."

Und ihre Unterhaltung über intime Dinge ging weiter und niemand kann sagen, was geschehen ist ... Aber ich kann sagen, dass ich den Jungen am Sonntag in der Messe sah, zusammen mit anderen Jungen, und dass er sich von Fra' Elia einen besonderen Segen gewünscht hat.

In Kürze sollen noch zwei weitere dieser Gemeinschaften eröffnet werden. „Il Mosaico" und eine weitere, mehr Klinik als Gemeinschaft, geleitet von Psychiatern, für die Opfer von Ecstasy, die leider manchmal irreparable Schäden davontragen.

„Pater Giancarlo, ich weiß, dass sie ein Mitglied der nationalen Drogenkommission sind und für das Europäische Parlament vorgeschlagen wurden. Warum haben sie den Posten nicht angenommen?"

„Ich bin kein Schreibtischmensch ... Ich liebe das Evangelium, den

Rosenkranz und ... ein gutes Buch. Deshalb ziehe ich es vor, meinen Jungs beim Kultivieren des Gewächshauses zu helfen, wo sie ihre Kreativität erproben können und zur selben Zeit lernen, die Natur zu lieben und zu respektieren ...“

Zeugenaussagen

„Ich habe das Buch von Fiorella Turolli *Un angelo con le stigmate s' è fermato a casa mia* (Der Engel mit den Wundmalen Christi) gelesen und wollte ihr ein Kompliment machen, dass sie den Menschen die Möglichkeit gibt, eine so mystische Person kennen zu lernen.“

Angelo Comi

„Fra' Elia traf Andrea an einem Nachmittag im September im Zentrum Ignatium in Messina. Andrea hatte sich bereits zwei Herzoperationen unterziehen müssen, einer Bypassoperation und einer Gefäßplastik. Eineinhalb Jahre nach dem letzten Eingriff, vor etwa einem Monat, klagte er über Beschwerden hinter dem Brustbein und bat Fra' Elia um Hilfe. Fra' Elia legte seine Hand auf Andreas Brust, wobei er der Linie dessen Zwerchfells folgte, und fragte: „Bist du operiert worden?“

„Ja“, antwortete Andrea.

„Hab keine Angst, du musst noch einmal einen chirurgischen Eingriff vornehmen lassen, weil das herausgeholt werden muss, was man drinnen gelassen hat.“

Er empfahl ihm deshalb, eine Röntgenaufnahme machen zu lassen. Andrea beteuerte, diese schon gemacht zu haben, genauso wie eine Szintigrafie, die das Vorhandensein eines seltsamen Gegenstandes hatte erkennen lassen.“

„Zu diesem Zeugnis gibt es reelle Fakten, die Fra' Elia schon sah, bevor er sie bestätigt bekam.“

Dr. Liliana Sanni.

Ich schreibe dauernd Notizen in meinen Notizkalender, Notizen in Eile ... Manchmal dienen mir nur ein paar Zeilen, um mich zu erinnern ... Es gibt so viele unterschiedliche Zeugnisse, dass es schwierig für mich ist, eine Auswahl zu treffen, auch weil ich riskiere, mich zu wiederholen oder zu langweilen. Um nicht zu weit auszuschweifen, möchte ich einfach ein paar der zwischen Oktober und November gemachten Notizen abschreiben, um meine Arbeit verständlicher zu machen.

Palazzolo, 29. Oktober: Mädchen, zwei Mal an einem Tumor operiert, sie sollte eine Spinalpunktion bekommen. Nach dem Besuch bei Fra' Elia gibt es keine Spur mehr von dem Tumor.

Ein Vater, im Krankenhaus operiert. Seit zwei Tagen konnte er kein Wasser mehr lassen. Elia hatte zur Tochter gesagt: „Bleib ganz ruhig." Sie rief im Krankenhaus an. Beim Vater wieder alles in Ordnung.

Mailand, 6. November: Eine Frau aus Malta kam zu Elia mit dem Foto einer Frau, die im Sterben lag (Herzoperation, Iktus, Epilepsie). Jetzt geht es ihr wieder gut.

Eine Frau mit schwerem Morbus Parkinson, nach dem Besuch bei Elia geht es ihr wieder gut.

Junge, schwere psychische Störungen. Jetzt geht es ihm wieder viel besser.

Roberto Marino, der die Depression immer als eine typische „Quatsch-Krankheit" bezeichnet hat (seine exakten Worte), erzählte mir Folgendes: „Ich habe so etwas noch nie erlebt, aber eines Morgens fühlte ich mich so miserabel, dass ich nicht einmal mehr das Haus verlassen konnte. Ich war nicht mehr fähig aufzustehen, wollte keinen Menschen mehr sehen, klammerte mich jedoch irgendwie die ganze Zeit an Jesus ..., obwohl meine Beichten eine Farce gewesen waren ... und ich ein ganz miserabler Beter war ... Ich gab mich wie ein abgezockter Schauspieler, weil ich nicht wollte, dass meine Freunde meinen wahren Zustand bemerkten. Fra' Elia habe ich teils aus Neugier, teils aus Glauben aufgesucht, und da ich gewohnt war, meinen Zustand zu verheimlichen, brachte ich keine zwei Worte in seiner Gegenwart heraus. Doch er sagte zu mir: 'Darf man wissen, wieso du so sauer auf die ganze Welt bist?' Er wusste alles von mir ... und von dem Moment an war ich geheilt."

Freitag, 15. November: Wir trafen Elisabetta mit ihrem zweiten Kind, das mit einer gravierenden Deformation aufgewachsen ist. Heute ist sie gesund und wunderschön.

Ich erhielt sehr viele Anfragen bezüglich Exorzismen, auch in Bergamo. Fra' Elia schafft es nicht, allen nachzukommen.

Nachdem Fra' Elia das Haus gesegnet hatte, blieb der Duft Fra' Elias noch tagelang in dem Haus.

Ich hoffe, dass ich mit diesen wenigen, kurzen Beispielen zumindest eine ungefähre Vorstellung von der immensen Mission Fra' Elias vermitteln konnte, genauso wie von seiner Hingabe.

Gegen Ende November, genauer gesagt in Umbrien, bekamen wir unerwartet Hilfe. Simona hatte die Absicht, zusammen mit einigen neuen Freunden Fra' Elias, Letizia und Gianpiero, ein großes Wohlfahrtsdinner zu organisieren, das allen zugänglich sein sollte, die daran teilnehmen wollten. Ihre brillante Idee war, einem gewissen Kreis von Leuten in ihrer Gegend ihr großes Wohnzimmer für einen Abend zur Verfügung zu stellen, völlig gratis, und freiwillige Helfer für die Tischdekoration, den Service und die Küche zu suchen. Wie durch Zauberhand fanden sich ausgezeichnete Köche und höchst effiziente Kellner, ebenso erstklassige Zutaten wie Öl, Pasta, Fleisch, Gemüse, Obst, Wein und Liköre. Alles umsonst. Sogar Flugblätter waren gedruckt worden, die Fra' Elias Projekt beschrieben und rasch in der ganzen Stadt verteilt wurden. Ein unglaublicher Wettstreit an Solidarität und Effizienz entstand, den wir nie vergessen werden und der zu einem überwältigenden Erfolg führte. Bedenkt man, dass die Kosten für den Eintritt und das Essen wirklich lächerlich und die zahlreich angereisten Priester Gäste der Organisatoren waren, kann man leicht verstehen, dass jeder Platz ausverkauft war, wobei noch cirka hundert Personen außen vor bleiben mussten, denen es leider nicht mehr gelang, einen Platz zu bekommen.

Man kam überein, das Abendessen am Donnerstag, dem 12. Dezember anzuberaumen, während der Reise durch Umbrien, auf unserem Weg nach Neapel und Benevento. Mit dabei war auch unser inzwischen unersetzlicher Pater Michele, der zwischen den Gängen Fra' Elia vorstellte und seine Lebensgeschichte erzählte, und zwar mit einer solchen Fülle an Einzelheiten und einer solchen Leidenschaft, dass er fast eine Stunde lang die Aufmerksamkeit der Gäste in seinen Bann zog. Fra' Elia dagegen, der häufig seinen Ehrenplatz am Tisch verließ, umgeben von einer beachtlichen Zahl von Priestern, Ordensbrüdern und mir, bewegte sich ungeniert zwischen den Tischen hin und her, wobei er jedem brüderlich zuhörte und sich mit jedem unterhielt. Natürlich durfte auch, bevor jeder sich verabschiedete, das Wort Gottes nicht fehlen, das wie ein erquickender Trunk unsere Herzen labte.

„Gott hat uns die Gabe des Gebets geschenkt, vor allem auch die, für andere zu beten. Legen wir die Hand auf unseren Bruder und beten wir für ihn. Auch für jene Brüder, die uns unrecht getan haben. Überlassen wir uns der wahren Liebe: Ich liefere mich dir aus, Herr, nicht den eigenen Wünschen, sondern deinem heiligen Willen. An jedem Tag, der anbricht, ist die Sonne ein Gebet für Gott. Er ist es, der alle Tage unseres Lebens bei uns ist. Die ersten Apostel waren die Wachposten Gottes und in diesem Sinn müssen die jungen Leute von heute sie nachahmen. Jesus sprach: ‚Ich habe euch nicht Sklaven, Freunde, Wegbegleiter genannt, sondern meine Kinder.'... Von diesem Punkt aus müssen wir ausschwärmen, mit der Pflicht, ebenfalls ein Wachposten für Gott zu sein, ein Licht in der Welt und das Salz dieser Erde, ... weil jene, die Gott folgen, wie Salz sein werden, das Würze verleiht, und wie ein Licht, das wärmt und tröstet ... Wie stellen wir es an, Jesus zu begegnen? Das Gebet, der heilige Rosenkranz sind Mittel ... Man begegnet Jesus in seiner Kirche und in den Gesichtern der Hungernden, der Notleidenden, der Kranken. Erinnert euch daran, dass die Hilfe, die ihr ihnen gebt, genauso ist, als würdet ihr sie IHM geben ... Pace e Bene (Frieden und Heil; franziskanischer Gruß) euch allen!"

Gleich darauf kam er zu mir und machte mich ziemlich besorgt darauf aufmerksam, dass es schon sehr spät war, kurz vor Mitternacht, und er eigentlich schon zurück in seinem Zimmer im Kloster von San Martino sein sollte.

„In Kürze wird es Freitag sein ...“, flüsterte er und erst in dem Augenblick wurde mir bewusst, dass seine Wunden sich von einem Moment zum anderen öffnen würden, kaum dass Mitternacht vorbei war.

In einer Sekunde hatte ich Pater Michele und Simona in die Sache eingeweiht, und versuchte, mich für die Eile entschuldigend, mich bei allen zu bedanken und zu verabschieden, ohne dass ich jemand vergaß. Danach folgte ich sogleich Fra' Elia und Pater Michele, die sich in der Zwischenzeit direkt zum Wagen von Gianpiero begeben hatten, der uns zurück zum Kloster begleiten wollte. Während die Glocke Mitternacht schlug, brauste unser Wagen über die Autobahn zwischen Perugia und Trevi. Gianpiero befand sich am Steuer und Pater Michele saß vorne neben ihm. Fra' Elia und ich hinten.

Wie man sich leicht ausmalen kann, wurde der liebliche Rosenduft – inzwischen ein konstanter Begleiter Fra' Elias – merklich intensiver und anhaltender, während er betrübt erst seine Füße und dann seine Handgelenke beäugte. Er zeigte auf sie und sagte dabei demütig zu mir: „Schau nur ...“ und ich schaute und gleich darauf starrten auch Pater Michele und Gianpiero fassungslos darauf: Seine Wundmale hatten sich in unser aller Gegenwart geöffnet, vielleicht, damit wir davon Zeugnis ablegen konnten.

Am nächsten Tag, noch im Morgengrauen, brachen wir eilig nach Neapel auf, wo Fra' Elia seit dem frühen Morgen schon wieder erwartet wurde.

Wie ein Apostel
Chronik der Treffen von Neapel und Benevento

Es gibt keinen passenden Ausdruck dafür, wie unermüdlich Fra' Elia von den Aposteln Gottes fortfuhr, quer durch Italien zu reisen, um von der Liebe und der Größe Gottes Zeugnis zu geben. Der Mut, mit dem die Apostel ihren Glauben bezeugten, erwuchs aus ihrer Begegnung mit dem auferstandenen Christus und das befähigte sie, dem Willen Gottes zu gehorchen, ... und sie redeten von ihm, wo immer sie sich befanden: auf öffentlichen Plätzen, in Familien, religiösen Gemeinschaften ... als Pilger in der Welt und für die Welt. Genauso wie Fra' Elia von ihm spricht, immer und überall, von morgens bis abends, und glücklicherweise vorwiegend auch in Kirchen, wie in Neapel in der Gemeinde von Posillipo und in Benevento in der Gemeinde von San Gennaro, wo er mit Wohlwollen nicht nur vom Pfarrer, sondern auch vom Erzbischof gehört wurde.

Wie immer, ob in Neapel oder in Benevento, setzte Fra' Elia ein Zeichen, indem er alle Menschen durch seine Gabe, in den Seelen der Menschen zu lesen, in Erstaunen versetzte, wie auch durch sein energisches Eingreifen, um die Seelen wieder zum Herrn zurückzuführen, genauso wie durch seine Liebenswürdigkeit, seine Kraft und seine Hilfsbereitschaft. Im Sinn einer Chronik möchte ich pflichtgemäß auch anführen, dass auch diesmal wieder viel mehr Menschen gekommen waren als angenommen, wodurch die Organisatoren (Dr. Giuseppe di Maffutis und seine Ehefrau Silvana, denen wir danken) in Schwierigkeiten gerieten, da Leute sogar aus Sizilien und der Lombardei angereist waren. Viele davon nur, um ihm Dank zu sagen. Zu danken für eine empfangene Gnade. Während ich, wie immer in der Gefolgschaft Fra' Elias, die immense Freude hatte, bewegende Zeugnisse über Bekehrungen (auch in Neapel) zu sammeln, über Heilungen und Fälle von Bilokation. Fakten, die ich teilweise im dritten Buch über Fra' Elia anführen werde, das ich hoffe, in Kürze beenden zu können. Hier möchte ich jetzt nur zwei Beispiele vorwegnehmen, die ich in Neapel und in Benevento gesammelt habe, da die Erinnerung daran in mir noch sehr lebendig ist und ich deshalb sicher sein kann, nichts zu vergessen.

Neapel, 13. Dezember 2002

Am Nachmittag kam ein verzweifelter Vater von seinem Treffen mit Fra' Elia, mit dem Foto seiner jungen und sehr hübschen Tochter, die an einer schweren Anämie vom Mittelmeertypus erkrankt war, mit der Komplikation eines aggressiven Herpes der inneren Organe, der Lunge, Hals und Lippen befallen hatte. Die Ärzte, die verzweifelt versuchten ihr zu helfen, befürchteten jedoch ernsthaft, dass sie diese Nacht nicht überleben würde. Fra' Elia segnete ihr Foto und betete für sie. Dr. De Maffutis zeigte auch mir das Foto des jungen Mädchens mit der Frage, ob die Möglichkeit bestünde, Fra' Elia ins Krankenhaus zu begleiten, weil das Mädchen nach ihm gefragt hätte. Sie würde ihn gerne kennen lernen, da sie ja vielleicht im Sterben lag. Leider waren so viele Menschen zu ihm gekommen, dass Fra' Elia es nicht schaffte, sie am selben Tag noch zu besuchen, jedoch am nächsten Tag, nachdem er alle privaten Gespräche zu Ende geführt hatte.

Wir begaben uns gegen 17.00 Uhr in das Krankenhaus, in die Infektionsabteilung, wo ihre Eltern in banger Erwartung auf unser Kommen harrten. Leider hatten sich auch Fra' Elias Wundmale geöffnet und aus Sicherheitsgründen hatte er seine berühmten grünen Sandalen und die schützenden Halbhandschuhe angezogen. Während er durch die Abteilung schritt, entströmte ihm eine liebliche Wolke von Rosenduft, die alle wahrnehmen konnten, inklusive zweier Ärzte, die ihn mit großem Respekt empfingen.

„Gestern hatten wir Angst sie zu verlieren", erklärten sie uns, „doch am Nachmittag hat sie sich plötzlich wieder etwas gefangen ..."

Sie hatte sich in dem Augenblick wieder erholt, in dem Fra' Elia ihr Foto gesegnet und für sie gebetet hatte. Dann trat Fra' Elia ins Zimmer des jungen Mädchens und mir gelang es, einen Blick auf sie zu werfen ... Ihre Augen, die ihren ganzen Schmerz hinausschrien, glichen denen eines kleinen ängstlichen Kälbchens, während sie reglos mit einem Arm am Tropf hing und ihr ganzer Körper einbandagiert war (sogar der Mund) und ihre Mutter ihr Trost zusprach. Dann verließen wir alle ihr Zimmer, doch ich hatte gerade noch Zeit zu sehen, wie Fra' Elia ihre Stirn küsste, ohne sich um die Gefahr einer möglichen Infektion zu kümmern.

Wir warteten draußen im Flur, getröstet von diesem wunderbaren Rosenduft, der durch die geschlossene Tür des Krankenzimmers strömte. Nach einiger Zeit kam Fra' Elia zu uns heraus und sagte uns, dass das Mädchen wieder gesund werden und sich, nachdem es sich wieder erholt hatte, einem kleinen Eingriff würde unterziehen müssen.

Benevento, 15. Dezember 2002

Frau Maria Pacifico aus Benevento, 32 Jahre alt, bewegungsunfähig im Rollstuhl als Folge zahlreicher Unfälle und unter schrecklichen

Hüftschmerzen leidend, die nicht bezwingbar waren. Sie rief mich gleich nach meiner Rückkehr aus Kampanien in Bergamo an und berichtete mir Folgendes:

„Sie werden es mir nicht glauben, aber heute Nacht hat Fra' Elia mich besucht und geheilt ... Ich habe ihn gesehen und ich versichere ihnen, dass ich ihn berührt habe, und zwar an seinem Gewand ... Er stand neben meinem Bett. Natürlich habe ich zuerst geglaubt, Opfer einer Täuschung zu sein, während ich ihn fassungslos anstarrte ... Dann verschwand er und ich hörte sogar, wie die Tür zuschlug. Ich kannte Fra' Elia vorher nicht. Am Sonntag habe ich ihn zum ersten Mal in der Kirche gesehen. Während er an mir vorbeiging, hat er meinen Kopf berührt und ich habe sofort einen intensiven Rosenduft wahrgenommen. Nach seinem Besuch heute Nacht haben sich meine Schmerzen abgeschwächt und ich hatte das Bedürfnis, mich mit ihnen in Verbindung zu setzen, um ihm Dank zu sagen."

Nach Benevento fuhr Fra' Elia sofort weiter nach Apulien, während ich mit Piero Mantero heimfuhr. Leider fand ich diesmal an meinem Kamin nicht die wunderbare Krippe Fra' Elias vor, sondern nur jene, die ich in Eile noch vor meiner Abreise selbst aufbauen konnte. Ich tröstete mich damit, dass er sich trotz seiner tausend Verpflichtungen noch die Zeit genommen hatte, die blinkenden Lichter anzubringen, die meinem bescheidenen Werk Glanz verliehen.

Du bist wirklich ein Engel, Fra' Elia ..., sann ich vor mich hin. Und während ich ins Haus trat, fingen die goldenen Girlanden, die seit zwei Jahren nicht von ihrem Platz genommen worden waren, an zu tanzen, als wollten sie mir ein Freudenfest bereiten.

Für die Chronik möchte ich auch festhalten, dass sie seit zwei Jahren, das heißt von dem Tag an, an dem sie anfingen, in meiner und meines Ehemannes Gegenwart auf unnatürliche Art zu schaukeln und zu rotieren, nie mehr aufgehört haben das zu tun, besonders wenn Fra' Elia abwesend ist. Wenn mein Ehemann allein zu Hause ist, oder ich allein bin, genügt es nach oben zu blicken und auf intime Weise mit unserem Schutzengel in Verbindung zu treten, der uns umgehend ein Zeichen seiner Anwesenheit gibt. „Ich bin hier, hier bei dir, fürchte dich nicht!" Das sind die Worte, die er uns zu sagen scheint, während er zart die Girlanden bewegt.

Alles geschieht sehr behutsam, wobei die Stärke der Bewegung Schritt für Schritt zunimmt, in dem Maß, wie der Tanz andauert...

„Erinnere dich, dass du nie allein sein wirst ...“, hatte Fra’ Elia mir zigmal versichert. Ich werde ihm ewig dankbar sein, genauso wie wir ihm auch ewig dankbar sein werden für dieses so liebevolle Geschenk. Manchmal fangen sie auch an, sich in Bewegung zu setzen, ohne dass ich es mir gewünscht hätte. Sie tun es, um meine Aufmerksamkeit zu erheischen, und danach folgt immer ein lieblicher Duft. Dann weiß ich sofort, dass Fra’ Elia versucht, mit mir in Verbindung zu treten. Und in der Tat, eine Minute später kommt sein Telefonanruf. Was kann ich noch sagen? Vermutlich einfach nur „Danke schön“.

Doch an jenem Abend verriet Fra’ Elias Stimme mir seine große Sorge.

„Meiner Schwester Cristina geht es wirklich nicht gut ... Morgen werden wir sie ins Krankenhaus bringen, um ein paar Untersuchungen machen zu lassen. Der Arzt findet nichts Besonderes. Bis gestern ging es ihr noch gut ... Hoffen wir, dass es nichts Ernstes ist!“

Einige Tage vergingen und die Nachrichten, die eintrafen, waren wenig beruhigend: Obwohl noch keine präzise Diagnose vorlag und nichts das Schlimmste befürchten ließ, schien Fra’ Elia wirklich alarmiert zu sein. Er blieb den ganzen Tag bei ihr im Krankenhaus, um ihr Gesellschaft zu leisten, und in den kurzen Pausen betete er. Auch wir zu Hause beteten. Diese Nachricht hatte sich schnell zwischen Mailand und Spinea verbreitet. In Verona und Modena beteten alle Novenen, damit Cristina wieder gesund würde.

Am 28. Dezember, im Alter von nur fünfzig Jahren, flog Cristina völlig unerwartet zu den Engeln, uns alle in größter Bestürzung zurücklassend. Elia trug schwer an seiner Rolle als Tröster, als desjenigen, der Gottes Wille akzeptierte. Er, der durch sein Flehen und seine Novenen vom Herrn so zahlreiche Gnaden und Heilungen für so viele Menschen erwirkt hatte. Ihm, der gefleht und seine Leiden für die Gesundheit seiner Schwester aufgeopfert hatte, war es nicht gelungen, sie zu retten! Was wird er nicht alles versucht haben?

Und wie alle Menschen überließ auch er sich, wenn er allein war, seiner immensen Verzweiflung. Ich erinnere mich an eine seiner letzten Predigten, die das anzukündigen schien, was dann geschah:

„Warum rebellieren wir alle gegen den Tod? Wir alle müssen einmal diese Welt verlassen ... Wir alle wissen, dass wir hier nur auf der

Durchreise sind. Wenn unsere Zeit zu Ende ist, dann ruft der Herr uns. Unser Gebet sollte daher lauten: ‘Herr, wenn du willst, dass ich sterbe, dann hole mich! Lass mich nicht leiden, darum bitte ich dich’. Und der Herr hilft uns. Sogar wenn wir in der Endphase angekommen sind, sollen wir sagen: ‘Ich habe Kinder, lass mich noch ein wenig leben ... Ich möchte nur noch für sie leben ... Doch wenn du mich willst, hier bin ich: Mach mit mir, was du willst’. Wir müssen glauben, dass Gott weiß, warum er uns ruft und dass IHM alles erlaubt ist ... ER ist es, der uns rettet. Er hat es schon so oft getan! Durch unseren Glauben tritt die Liebe Gottes in unsere Herzen ein und transformiert uns. Wir müssen Glauben haben. Der Herr ist immer wachsam, er beobachtet uns mit aufmerksamem Blick. Er hat uns noch nie verletzt. Ich ihn schon, ich habe ihn schon verletzt ... Und ihr habt das vielleicht auch schon getan. Beten wir: ‘Herr, ich brauche deine Hilfe wirklich ...’ Doch in der Angst wissen wir nicht, wie wir uns verhalten sollen, und in den meisten Fällen akzeptieren wir seinen Willen nicht. Dabei würde es schon genügen, ja zu sagen, wie die Muttergottes es getan hat. Sie hat ja gesagt ... Versuchen wir es ihr gleich zu tun. Wie oft haben wir ja gesagt? Warum geraten wir dann in Aufruhr, wenn ein Elternteil von uns krank wird? Der Herr hat gesagt: ‘Bittet um Barmherzigkeit und sie wird euch gegeben werden’.“

Nach dem Jahresende errechnete die Stiftung minutiös alle Spenden, die für den Kauf des Hauses gesammelt worden waren und auf die sich, mehr als auf alles andere, unsere ganzen Illusionen gestützt hatten. Doch es blieb uns nichts anderes übrig, als diese aufzugeben. Wieder einmal schmolzen alle unsere Hoffnungen wie Schnee in der Sonne dahin und unsere Moral sank in finsterste Abgründe, auch weil am Horizont so gar nichts anderes zu sehen war. Einzig das Projekt von Cercivento ging voran. Der Bürgermeister hatte den Beitrag für den Kauf und die Sanierung des Hauses, das Jugendlichen gewidmet sein sollte, bekommen. Das tröstete uns enorm, doch vorher musste Fra’ Elia noch ein Haus für seine religiöse Gemeinschaft finden, eine unerlässliche Vorbedingung für die Anerkennung durch den Bischof. Und nun, nach so vielen Mühen, waren wir wieder am Nullpunkt angekommen!

Aber im Augenblick wollte ich daran gar nicht denken. Was mir viel größere Sorge bereitete, war Fra’ Elias Gesundheit nach der furchtbaren Prüfung, die er durchgemacht hatte. Der Tag seiner Rückreise rückte näher und mir gefiel es gar nicht, dass er die lange Fahrt alleine machen sollte. Ein paar Tage davor fragte ich ihn schüchtern, ob ich ihn abholen kommen sollte. Ich würde mit dem Flugzeug nach Apulien kommen und wir könnten dann gemeinsam in seinem Wagen zurückfahren.

„Komm“, sagte er sofort und ich machte mich auf den Weg. Ich fand ihn sehr mitgenommen vor, was nicht anders zu erwarten war. Noch am Abend meiner Ankunft bekam Fra' Elia einen Anruf von Pater Filippo aus San Felice in Umbrien. Es handelte sich um einen Priester, der während des Wohltätigkeitsabends im Dezember an unserem Tisch gesessen und Elias Telefonnummer von Pater Michele bekommen hatte.

„Hast du dein Mutterhaus schon gefunden? Nein? Hier in der Nähe von Narni ist eines zu verkaufen. Als ich das hörte, habe ich sofort an dich gedacht. Wenn du kommen möchtest, um es zu besichtigen, bist du mein Gast.“

Wie gewöhnlich konsultierte Fra' Elia in seiner unendlichen Demut auch mich. Und so beschlossen wir, auf dem Rückweg bei Pater Filippo vorbeizufahren. Ein kleiner Umweg würde dafür genügen.

Wir fanden ihn auf uns wartend an der Autobahnausfahrt von Orte, und im Hinblick darauf, dass die Zeit für ein Mittagessen bereits weit überschritten war und unser Appetit sich rührte, lud er uns für einen Bissen in das Haus zweier Gemeindemitglieder ein. Nach dem Essen rief Pater Filippo die Eigentümer des Klosters an, um diese über unser Kommen zu benachrichtigen. Doch zu seiner großen Überraschung und meiner großen Enttäuschung hörte ich, wie er in seinen Stuhl sinkend ausrief: „Sie haben es bereits verkauft? ... Wann? ... Nein, niemand hat mich informiert ... Das bedaure ich aber sehr ...“

Fra' Elia und ich wechselten einen Blick, der nur schlecht unsere Niedergeschlagenheit verbarg, doch es gelang uns, kein Wort zu verlieren, ohnmächtig gegenüber so viel Ironie des Schicksals.

Während Pater Filippo sich noch bemühte, uns Erklärungen zu geben, traten zwei Herren ein, wahrscheinlich Freunde des Hausherrn, die ungezwungen neben uns Platz nahmen. Einer war ein Pfarrer aus der Nachbarschaft und der andere niemand anderer als der Bürgermeister von Calvi in Umbrien. Der Bürgermeister hörte unser Gespräch mit und schaltete sich ein: „Wenn ich richtig verstanden habe, sind Sie auf der Suche nach einem Kloster ... Wenn es sie interessiert, ich hätte eines, das ich Ihnen überlassen könnte ... Es befindet sich auf meinem Grundstück, sechs Kilometer von hier ... Möchten Sie es sehen? Ich könnte Sie sofort dorthin begleiten."

Wie der Nebel sich in einer Sekunde aufzulösen vermag, lichtete sich von diesem Moment an unser verworrener Weg und ließ uns dort sogar den Pfarrer Don Marco antreffen, der an dem Ort nur auf uns zu warten schien. Zufällig hatte er auch die Schlüssel bei sich, sodass wir gleich in den wunderbaren franziskanischen Kreuzgang eintreten konnten, der geradewegs für Fra' Elia gemacht zu sein schien, wenn auch verlassen und baufällig. Nicht zu groß, mit einem klassischen, mit den Fresken aus dem Leben des Heiligen bemalten Laubengang, der, jetzt zum Teil verfallen, um den großen Brunnen herumlief; und daran angrenzend eine schöne große Kirche, die leider nach dem berühmten Erdbeben noch nicht wieder benutzbar war.

„Gerade in dieser Woche bekam ich die Zusage, dass der Zuschuss für die Renovierungsarbeiten bald eintreffen wird", informierte uns Don Marco. Und nachdem er dem Bürgermeister aufmerksam zugehört hatte, der ihn über die ungefähren Bedürfnisse Fra' Elias informierte, erklärte er sich bereit, ihn für einen eventuellen Kauf zu favorisieren.

„Das Kloster gehört zum Teil meinen Eltern ... Der andere Teil, jener, der an die Kirche grenzt, gehört der Pfarrgemeinde. Ich begreife nicht, wie das alles passieren konnte! Man sieht, dass das Gemäuer schrittweise eingefallen ist ... In jedem Fall sind meine Eltern bereit, es zu verkaufen, und so viel steht fest, wenn niemand sich findet, würden der Bürgermeister und ich es kaufen, um es einem wohltätigen Zweck zu widmen."

Als wir den Preis hörten, der um ein Drittel geringer war als der des vorigen Objekts, schien wieder neues Leben in Fra' Elia einzukehren. In der Begleitung zweier Freunde besichtigte er das Haus von vorn bis hinten, während ich, da ich ihn bei seiner Schicksalswahl in keinster Weise beeinflussen wollte, im Kreuzgang blieb, um die einstigen Fresken zu bewundern, die so ehrlich von ihrem stattlichen Alter zeugten. Immer wieder schaute ich zum Himmel, wie um Rat zu suchen, doch stattdessen erblickte ich Fra' Elia, der mir aus einem Fenster mitzuteilen versuchte, dass das Kloster ihm gefiel.

„Ich habe sogar Wasser gefunden“, sagte er mir unter anderem, aber dem wollte ich nun keine große Bedeutung beimessen. Im Übrigen war ein kleiner Teil des Klosters bereits renoviert und bis vor wenigen Jahren bewohnt worden. Einmal Überstreichen würde daher genügen, um ein paar Brüdern als Wohnsitz zu dienen.

Ich betrachtete Elias Gesicht, das auch diesmal seine Gefühle nicht verbergen konnte. Ich dagegen bemühte mich, kühl und distanziert zu bleiben, auch wenn mein Herz mir Zeichen gab, die ich nicht ignorieren konnte. Ohne dass er gefragt hätte, bot Don Marco Fra' Elia die Kirche als Darlehen an.

„Wie du siehst, ist sie noch nicht wieder in Ordnung, aber sie wird es bald sein. Für mich ist es sehr schwierig, sie zu unterhalten, weil ich fünf Kirchen leite und diese am weitesten entfernt liegt ... Wenn du sie übernehmen würdest, würdest du mir einen großen Gefallen tun.“

Danach lief alles wie am Schnürchen: das Treffen mit einigen Eigentümern und die Übereinkunft in Bezug auf den Preis. Nur ein Onkel aus Rom war nicht anwesend, doch würden wir ihn beim nächsten Mal treffen. Fra' Elia bat um ein wenig Zeit zum Nachdenken. Er wollte mit seiner Wahl ganz sicher gehen, und vor allem wollte er mit Personen seines Vertrauens wiederkommen, um den Zustand des Baus und die Machbarkeit des Projekts einschätzen zu können. Der Bürgermeister seinerseits gab sich alle Mühe, die nötigen Dokumente zu beschaffen, sowie sämtliche Informationen bezüglich der Hypothekenlasten auf Kunstobjekten. Glücklich und zufrieden gingen wir auseinander.

Während der Heimreise wagte ich ein paar Bemerkungen über die immensen Sanierungsarbeiten zu machen, die auf uns zukommen würden.

„Hast du immer noch kein Vertrauen in die Göttliche Vorsehung?“, zwinkerte Fra' Elia mir mit felsenfest überzeugter Miene zu. „Ich bin sicher, dass wir es schaffen ... Du wirst sehen ...“

Und von dieser Nacht an konnte ich endlich wieder ruhig schlafen.

Gegen Mitte des Monats entschloss sich Fra' Elia, mich zu seinen früheren Vorgesetzten im Kloster mitzunehmen, sowohl zu seinem Prior aus der Noviziatszeit als auch aus der Zeit danach.

„Du sollst alles über mich wissen ... Das Buch, das du schreibst, muss die Wahrheit erzählen ...“

Und obwohl ich ihm versicherte, dass das wirklich nicht nötig war, da mir im Hinblick auf alles, was ich gesehen, gehört und mit ihm zusammen erlebt hatte, auch nicht der geringste Zweifel kam, bestand er auf dieser Begegnung. Wahrscheinlich war dieser Entschluss von dem jüngsten Gerede und den Verleumdungen über ihn beeinflusst, die genau von diesen seinen Brüdern zu kommen schienen. Außer ihnen waren nur wenige Leute auf dem Laufenden über seine Geschichte, und wenn man die kurze Zeit bedenkt, die zwischen seinem Weggang von den Kapuzinern und der Gründung der neuen religiösen Gemeinschaft verstrichen war, müsste es im Kloster auch noch jemanden geben, der sich an ihn erinnerte. Vielleicht war es ihnen, erstaunt über seinen Ruf, unmöglich erschienen, dass es sich bei diesem einfachen Bruder, der einmal zu ihnen gehört hatte, um dieselbe Person handeln könnte ... Wer weiß!

Doch die Tatsache blieb, dass eine simple Bemerkung, von Mund zu Mund weitergetragen, erst zu einer üblen Nachrede und danach zur Verleumdung wurde. Ausgerechnet in Bergamo konnte ich von einer so genannten gut informierten Frau vernehmen, dass Fra' Elia ein Gauner sei, ein Schwindler, ja sogar ein Dieb. Natürlich, nach ein paar Dementis, regte ich mich nicht mehr zu sehr darüber auf, war doch bekannt, dass die Verfolgung solcher Personen beinah die Norm war und sicherlich war Fra' Elia da keine Ausnahme. Dieses Geschwätz kam auch einem Journalisten zu Ohren, der uns sehr nahe steht. Er war so wütend, dass er auf der Stelle Anklage erheben wollte. Fra' Elia, in seiner Weisheit, hielt ihn jedoch davon ab.

„Mach dir keine Sorgen, ich möchte in der Kirche bleiben ... Ich werde nichts gegen diese Leute unternehmen ... Viele von ihnen haben mich sehr gern ... Bleibt ganz ruhig."

In jedem Fall wollte Fra' Elia aber jegliche Zweifel ausräumen.

Die Begegnung mit seinen Ex-Vorgesetzten war wirklich herzlich und allen eine Freude. Pater E. lud uns sogar zum Mittagessen ein, und als Fra' Elia ihm anvertraute, dass ihn jemand sogar als Dieb bezeichnet hatte, rief er aus: „Ja, Elia, du bist ein Dieb ... Ein Dieb der Herzen!"

Unmittelbar danach folgten die Treffen von Verona und Spinea, wo Fra' Elia versprach, beim nächsten Mal auch einen seiner jungen Mitbrüder mitzubringen. Danach Treffen in Mailand, in Feletto Umberto und in einer großen Basilika in Modena, zwei Tage, auf Einladung der Benediktinerpatres. Wie immer, wenn Fra' Elia sich in dieser Gegend befand, wollte er bei der Gemeinschaft „L'Angelo“ übernachten, bei seinen geliebten Jugendlichen. Wenn er mitten unter ihnen eine Rede hielt, waren alle immer voller Staunen. Denn es gelang ihm, jedem von ihnen eine persönliche Botschaft zu übermitteln, eine, die jeder von ihnen nur für sich selbst verstand.

Einige Ausschnitte aus seinen Predigten, zusammengestellt von den Gebetstreffen im Januar, Februar und März 2003:

Wenn wir eines Tages vor dem Herrn stehen, wird er uns nicht fragen, wie viele Sünden wir begangen haben (sonst würde niemand erlöst werden), aber er wird uns fragen, was wir in unserem Erdenleben gemacht haben. Er wird uns fragen, was wir mit unseren Talenten gemacht haben. Jeder von uns hat eine Mission, deshalb tut Gutes. Haben wir den anderen das Gute getan, das wir von ihnen empfangen haben? Haben wir unsere Talente, die uns von Ihm gegeben wurden, für unsere Mission eingesetzt?

Unsere Sünden verletzen uns leider nicht nur selbst, sondern sie zerstören uns auch. Eine Hilfe von Herz zu Herz tut Not, um jene Personen zu heilen, die Hilfe benötigen ... Ich schicke meinen Schutzengel. Rufen wir die Hilfe unseres Schutzengels an. Wir müssen uns gegenseitig helfen, mit Worten, mit gutem Beispiel und vor allem mit dem Gebet ... Wir müssen uns anstrengen, die verirrten Schäfchen in Sicherheit zu bringen, auch jene, die Gott zürnen, weil sie nicht begreifen, dass Gott diejenigen korrigiert, die er liebt, und jeden, den er als Kind anerkennt, gelegentlich auch Schläge zukommen lassen muss ...

Leider hängt der Glaube manchmal auch mit der Verehrung einer Person zusammen ... Priester, Charismatiker ... Das christliche Leben besteht aus Liebe, Schmerz, Wachstum, Mühen und auch Freude. Sagt das der Jugend. Sie müssen das alles wissen, sie müssen auf das Leben vorbereitet werden.

Ein Zeugnis

Ich beziehe mich auf ein Zeugnis, das im Februar 2003 in *Segno del Soprannaturale* auf Seite 20 veröffentlicht und von mir am 13. Dezember in Neapel (in diesem Buch auf S. 170) gesammelt worden ist.

Die Frau, von der ich hier spreche, heißt Ottavia und befand sich damals im Krankenhaus wegen einer so schweren Erkrankung, dass die Ärzte befürchteten, sie zu verlieren. Fra' Elia besuchte sie und sagte ihr, dass sie geheilt werden würde. Besser noch, er sagte: „Das Mädchen wird gesund werden, doch nachdem es sich erholt hat, wird es sich einem kleinen Eingriff unterziehen müssen."

Vor etwa einer Woche rief Ottavia mich an: „Ich bin verzweifelt. Der Herpes frisst mich noch immer auf, aber nur äußerlich, zum Glück. Der beste Spezialist auf diesem Gebiet möchte mich nicht mit Antibiotika umbringen. Er will die Ursache dafür herausfinden, der seiner Ansicht nach in den Zähnen liegen könnte. Vier Monate lang ging ich aber bereits zum Zahnarzt. Und habe auch eine Reihe von Röntgenaufnahmen machen lassen: Meine Zähne sind absolut gesund. Ich habe Angst, weil wieder alles von vorn anfängt, wenn sich nicht schnell die Ursache für den Herpes findet. Ich bitte dich, ruf Fra' Elia an und frag ihn, was ich tun soll."

Ich sprach mit Fra' Elia. Nach kurzem Nachdenken sagte er: „Möglicherweise liegt der Grund wirklich in ihren Zähnen, im Metall einer Füllung. Die Untersuchung muss fortgesetzt werden."

Ich gab das sofort an Ottavia weiter, die von der Nachricht gleich ermutigt schien. Nach ein paar Tagen rief sie mich zurück: „Bitte danke Fra' Elia für mich! Am nächsten Mittwoch muss ich mich einem Eingriff unterziehen ... Man wird mir einen Weisheitszahn ziehen und einen Zahn mit einer Plombe ... danke, danke."

Weitere Zeugnisse

Giorgio Bortoletti mit arthropatischer Psoriasis im Knie, mit Deformationen und ohne Gelenkknorpel, der zwei Heilungsmessen von Fra' Elia besucht hatte, spürte, dass Jesus sein Knie geheilt hat. Er lebte bisher in einem Zimmer im Erdgeschoss, weil er keine Treppen steigen konnte. Jetzt ist er wieder wie früher ins obere Geschoss zurückgekehrt, um dort zu schlafen. Und endlich gelingt es ihm wieder, ohne Probleme seine Freunde im vierten Stockwerk zu besuchen. „Das Schönste daran ist, dass ich mich heute wieder niederknien kann, um Gott zu danken!"

Eine Lehrerin erzählt: „Ich habe in der Schule ein Kind mit einer defekten Herzklappe. Gleich nach der Geburt wurde das Kind am offenen Herzen operiert. Im Alter von acht Jahren sollte es seine vordere Herzklappe ersetzt bekommen. Ich nahm sein Foto mit zu Fra' Elia. Nach den danach durchgeführten Untersuchungen war eine Besserung deutlich erkennbar. Der Eingriff war nicht mehr nötig."

Ein kleines Kind, nervös und rebellisch, wurde deutlich ruhiger und seine schulischen und motorischen Leistungen verbesserten sich, nachdem Fra' Elia sein Foto gesegnet hatte. Jetzt geht das Kind sogar zum Schwimmen, ein Sport, den es früher immer abgelehnt hatte.

Drei Lehrer, Kollegen von mir, erfuhren unerwartete Gnaden; besonders eine Frau mit einer Makula-Degeneration der Augen, die sich fünf Eingriffen hätte unterziehen müssen, ohne eine Garantie auf Erfolg und sehr kostspielig. Sie musste nur zwei Eingriffe machen lassen, die perfekt gelangen, weitere waren nicht mehr nötig.

Indessen kam das Projekt in Umbrien nur sehr langsam voran, wegen der Frage der Kunstobjekte und der vielen Eigentümer, die unterschiedliche Probleme hatten, doch Fra' Elia, gewappnet mit Geduld und vor allem unerschütterlichem Glauben, wartete gelassen ab. An einem gewissen Punkt hatte es sogar den Anschein, als ob ein neapolitanischer Wohltäter sich mit einer beträchtlichen Summe einschalten würde, doch nachdem er die Baupläne geprüft und hin- und hergewälzt hatte, nahm er davon Abstand. Auch dieses Hin und Her ließ uns einen weiteren Monat lang auf glühenden Kohlen sitzen, doch gleichzeitig erlaubte es uns, noch letzte Spenden zu sammeln, um endlich die erforderliche Summe für die Anzahlung zusammenzubekommen.

Auf einmal war der Aschermittwoch gekommen. Fra' Elia war total übermüdet und bereits sehr mitgenommen, sodass er sich entschloss, ein paar Tage bei seiner Mutter zu verbringen und danach einige Zeit in Klausur zu gehen, bevor es wieder zu den Gebetstreffen nach Civitavecchia ging.

Auch bei dieser Gelegenheit, sowohl am Samstag als auch während der vier Sonntagsmessen, randvoll mit Gleichgesinnten, redete Fra' Elia pausenlos, segnete und legte Hände auf. Obwohl er von dem langen Fasten erschöpft war, schonte er sich keinen Moment, noch gab es irgendwelche Anzeichen, dass seine Kräfte nachließen.

„Man bräuchte zwanzig wie ihn", sagten die Leute. Und eine Frau betonte: „Ich komme jedes Mal hierher, um ihn zu sehen, wenn ich kann, weil das Hierherkommen für mich wie das tägliche Brot ist."

Nach Civitavecchia wollte Fra' Elia einen Abstecher nach Rom machen, um Pater Amorth Guten Tag zu sagen. Da es ein Freitag war, der Tag, an dem sich bei Fra' Elia die Wundmale öffneten, war der Duft, der ihm entströmte, besonders intensiv. Auch Pater Amorth, der sich im Augenblick unserer Ankunft mit einem seiner Assistenten in seinem Büro aufhielt, beschäftigt mit seiner Arbeit als Exorzist, nahm den Duft wahr, der ihm sagte, dass wir eingetroffen waren. Wenige Minuten später gesellte er sich zu uns.

„Wie geht es dir, Fra' Elia? Hast du große Schmerzen?"

Fra' Elia zog als Antwort seine Kutte hoch, um ihm die glühend heißen Wundmale zu zeigen, die seine Füße peinigten. Dann begann zwischen ihnen ein ganz besonderer Dialog, der sich aus gemeinsamen Ansichten und profundem Glauben zusammensetzte.

„Wie geht es mit deinem Apostolat, Fra' Elia?"

„Wenn wir gemeinsam dafür beten, wird es Erfolg haben, ... aber wenn ich nur alleine dafür beten muss, dann ist es wie die dünne Rauchfahne eines riesigen Vulkans, die nur langsam zum Himmel steigt. Das gemeinsame Gebet dagegen ist wie ein Schmelzofen aus Lava, die im Inneren kocht, um dann in tausend üppigen Bächlein herauszuquellen, mit ungeheurer Kraft. Das ist es, was ich dazu zu sagen habe!"

„Bravo!", sagte Pater Amorth und Fra' Elia fuhr fort: „Alle bitten um Gnaden. Der Herr gewährt sie ... Aber vorher müssen sie ihre Herzen öffnen, um das Licht eintreten zu lassen!"

Und Pater Amorth: „Sprechen wir beispielsweise vom Krieg. Die Prophezeiungen von Fatima haben sich noch nicht erfüllt: 1.

Verschiedene Nationen werden zerstört werden. 2. Mein unbeflecktes Herz wird triumphieren. 3. Russland wird sich bekehren. 4. Es wird eine lange Zeit des Friedens geben. Kriege werden durch die Sünden der Menschen verursacht. Hoffen wir, dass die Madonna den jetzigen Krieg beendet!“ Pater Amorth fügte noch betrübt hinzu: „Aber wie soll das geschehen angesichts einer Gesellschaft, die sich von spiritistischen Sitzungen, von Magie und Satanismus nährt. Es gibt hier 800 satanistische Sekten ... Hier befindet sich der Schwanz des Teufels ... Und leider fehlt manchmal auch der gute Hirte.“

Sie unterhielten sich ruhig und gelassen wie zwei alte Freunde, die Vertraulichkeiten austauschten und von einem Thema zum anderen sprangen.

Fra' Elia: „Wir sind alle so klein wie ein Sandkorn. Und alle gleich vor Gott. Es muss keine Rivalitäten geben. Warum redet einer vom anderen schlecht? Wir lesen das Evangelium und oft verstehen wir es nicht. Die Menschen kommen nur, um Gnaden zu erflehen ... Und ich sage zu ihnen: Gnaden sind kein Fruchtkorb, den ich euch bringe. Bekehrt euch. Wenn ihr euch bekehrt, wird der Herr euch Gnaden gewähren. Euer Glaube wird euch retten! Und sie antworten mir: 'Für dich, Fra' Elia ist es leicht ...' 'Heißt das, dass es für dich schwierig ist zu beten?', widerspreche ich ihnen. Doch sie wollen nicht verstehen und gehen nicht zu den Heiligen Messen ... Warum nehmen sie nicht am Opfer Jesu teil?“

Pater Amorth: „Der einzige Unterschied zwischen dem Kreuzesopfer Jesu und der Messe ist, dass Ersteres ein blutiges Opfer gewesen ist und das Zweite unblutig ist ... Doch es ist genau dasselbe. Warum verstehen sie das nicht? Auch Pater Pio hat das gesagt, auch wenn für ihn die Heilige Messe immer ein blutiges Opfer war. Wenn die Menschen begreifen würden, dass es derselbe Jesus ist, der sich während der Messe auf dem Altar für ihre Errettung aufopfert, vielleicht würden sie dann einmal in der Woche an diesem Opfer teilnehmen.“

Auf diese Weise unterhielten sie sich eineinhalb Stunden, bis Pater Amorth zu einer anderen Aufgabe gerufen wurde. Nie werde ich vergessen, wie sie sich voneinander verabschiedeten: Pater Amorth küsste Fra' Elia mit großer Demut erst auf die Hände und dann auf sein Herz.

Fra' Elias Passion
Chronik der Tage des Leidens

Ich will versuchen, die Passionswoche Fra' Elias wie eine echte Chronistin zu beschreiben, ohne emotionale Einflüsse. Es ist das dritte Mal, dass ich ihm beistehen darf, und stets werde ich dabei von heftigen Gefühlen überwältigt, wenig passend für eine sachlich denkende Journalistin, die beabsichtigt, jene langen Stunden des Todeskampfes minutiös zu beschreiben, kühl, ohne auch nur die kleinste Einzelheit zu übersehen. Ich befürchte, dass es diesmal für mich ein zu schwieriges Unterfangen sein wird, doch ich will es wenigstens versuchen.

Bereits im Monat März hatte Fra' Elia zu der Ärztin seiner Mutter gesagt, dass er diesmal die Karwoche in Rom in der Nähe des Vatikans verbringen würde, etwas, was mich ziemlich perplex gemacht hatte, weil mir gesagt worden war, dass wir ins Kloster von San Martino in Trevi fahren würden. Um den 10. April herum, als ich Fra' Elia deswegen befragte, schien er sich an die Sache gar nicht mehr zu erinnern. Doch mit nachdenklicher Miene erwiderte er mir: „Wenn ich das gesagt habe, dann wird es einen Grund geben ... Was meinst du dazu?

Ich dachte einen Augenblick nach und trug ihm dann meine Idee vor: „Es wäre schön, wenn du Priestern und Wissenschaftlern in Rom zur Verfügung stehen könntest, doch ich denke, dass es nun zu spät sein wird, eine passende Unterkunft zu finden. Möchtest du, dass ich mit Piero Mantero darüber spreche?“

„Ja”, antwortete er.

Piero war sofort begeistert von der Idee und innerhalb weniger Tage gelang es ihm, uns die Einladung eines bekannten römischen Geistlichen zukommen zu lassen, der die Situation vollkommen verstand und uns beherbergen wollte, und zwar genau wie Fra' Elia es vorhergesehen hatte in der Nähe des Vatikans.

„Ich erinnere euch daran“, sagte er zu mir, kaum dass der Don eingetroffen war, „die Sache muss streng vertraulich behandelt werden. Auch innerhalb dieses Hauses. Noch nicht einmal die Direktorin ist auf dem Laufenden. Ihr dürft niemanden vorbeikommen lassen, außer natürlich die Priester und Professor Margnelli.“

Das ist der Spezialist, der Fra' Elia nunmehr seit vielen Jahren medizinisch begleitet, ihn aber bedauerlicherweise noch nie während der Passion erlebt hatte. Gut, dachte ich also, endlich kann auch die Wissenschaft ihr Urteil darüber fällen. Gut so.

Fast zur selben Zeit bekam ich einen Anruf eines bekannten Journalisten von *Miracoli*, Dr. Piero Vigorelli. Er kündete mir an, dass er im Einverständnis mit dem Geistlichen, dessen Gäste wir waren, und dem Professor mit Fernsehkameras kommen und die ganzen drei Tage hier bleiben würde, um das gesamte Geschehen zu dokumentieren. Diese Ankündigung war für mich eine echte Überraschung. Doch ergab sich für mich sofort das Problem, es Fra' Elia mitzuteilen, von dem ich annahm, dass er nie seine Zustimmung geben würde.

Stattdessen willigte er gut gelaunt ein: „In diesem Jahr werde ich ihnen voll und ganz zur Verfügung stehen, doch es wird das letzte Mal sein. Das nächste Jahr werde ich mit meinen Brüdern in meinem Haus verbringen."

Wir kamen am 15. April in Rom an. Fra' Elia wurde sofort in sein winziges Zimmer geführt, während ich beschloss, wenigstens bis Gründonnerstagmorgen bei meiner Schwiegermutter zu übernachten, die in der Nähe des Petersdoms wohnt. Der Don erwartete Elia schon, sodass ich mich gleich zu ihr auf den Weg machte.

Gegen 19.00 Uhr schellte bei ihr die Glocke. Meine Schwiegermutter ging zur Sprechanlage.

„Fra' Elia, bist du das?! Ich kann es nicht glauben!"

Auch ich konnte es nicht glauben, während ich zur Tür eilte. Ich sah ihn die Treppen hochsteigen, zwei Stufen auf einmal nehmend, seine Kutte mit den Händen festhaltend. Mit einem Satz stand er vor mir, mit der glücklichen Miene von jemandem, dem eine wunderbare Überraschung für uns gelungen war. Ich stand natürlich stumm und mit offenem Mund da.

Er trat ein, und nachdem er meine Schwiegermutter begrüßt hatte, die er von unseren früheren Reisen nach Rom bereits kannte, nahm er auf dem Sofa im Wohnzimmer Platz und sagte: „Macht euch keine Gedanken wegen des Abendessens, ich trinke nur eine Gemüsebrühe."

Dann wandte er sich lächelnd an mich: „Ihr habt mich nicht erwartet, eh? Ich habe mit dem Don bereits gesprochen und nun muss ich die Wartezeit totschlagen, die vor mir liegenden Tage sind lang."

Und während meine Schwiegermutter in die Küche ging, bekam Fra' Elia einen Telefonanruf. Gleichzeitig ertönte auch mein Handy mit seiner Rufmelodie. Ich antwortete ebenfalls. Fra' Elia blieb während des Gesprächs auf dem Sofa sitzen, während ich hin- und herging. Dabei fiel mein Blick in den Flur. Ich sah hinten an der Wand, gegenüber der geöffneten Schlafzimmertür meiner Schwiegermutter, den Schatten von etwas, das rasend schnell hin- und herschwankte. Auch die Lampe in der Mitte des Flurs schwankte. Genauso wie die im Esszimmer. Da ich nicht sprechen konnte, machte ich Fra' Elia mit der Hand Zeichen, doch er verstand mich nicht. Während ich mich weiter am Handy unterhielt, lief ich in die Küche, nahm meine Schwiegermutter am Arm und zeigte ihr die Lampen. Sie verstand. Sie öffnete schnell alle Türen der Wohnung, damit wir sehen konnten, dass wirklich alle Lampen beeindruckend hin- und herschaukelten.

Inzwischen hatte Fra' Elia sein Telefonat beendet und versuchte sofort, wenigstens eine der Lampen zum Stoppen zu bringen, die größte. Danach beeilten wir uns, die im anderen Zimmer zu stoppen, doch schon fing die große im Wohnzimmer wieder mit ihrem Tanz an. Und während es Fra' Elia gelang, eine anzuhalten, fing die andere wie durch Zauberhand wieder an sich zu beleben. Wir dachten an ein Erdbeben. Meine Schwiegermutter rief meine Schwägerin an, die ihr gegenüber wohnt, und wollte wissen, ob ihre Lampen ebenfalls schwankten.

„Absolut nicht", sagte sie.

Zu guter Letzt dankte meine Schwiegermutter dem Himmel für diesen Beweis und das sagte sie auch Fra' Elia.

„Obwohl ich Fiorella vertraue", verriet sie ihm, „war es mir manchmal wirklich fast nicht möglich, all das zu glauben, was sie mir erzählt hat. Jetzt weiß ich, dass alles wahr ist."

Fra' Elia lächelte, ohne Kommentar. Gegen 21.30 Uhr verließ er uns.

Mittwoch, 16. April 2003

Gegen neun Uhr begab ich mich zu Fra' Elia. Er hatte nicht geschlafen und auf seinem Gesicht waren bereits kleine rötliche Male zu erkennen. Der Don empfahl uns, zur Audienz des Heiligen Vaters zu gehen. Wir fanden zwei leere Plätze genau vor dem Thron, von dem aus der Papst bereits seine Ansprache verlas. Wir blieben während der ganzen Zeremonie hier, während eine leichte Brise unter einem besonders strahlenden Himmel sanft über unsere Haut strich. Fra' Elia wirkte abwesend, ich möchte fast sagen unruhig. Danach besuchten wir die Basilika und stiegen zum Grab des Heiligen Petrus hinab. Ich begleitete ihn zu Fuß zurück zu dem Haus. Kaum angekommen, wurde mir sofort klar, dass es Fra' Elia gar nicht gut ging. Er wollte noch nicht einmal die übliche Gemüsebrühe trinken, sondern legte sich gleich ins Bett. Wir vereinbarten, dass er bei meiner Schwiegermutter anrufen würde, falls er mich benötigen sollte. Am Nachmittag hatte Fra' Elia sein erstes Blutschwitzen und einen Anfall von Mutlosigkeit. Ich weiß nicht, wie es sich anfühlt, allein in diesem Zimmerchen auf diese unmenschlichen Schmerzen zu warten, die nur er allein sich vorstellen kann. Eines jedoch weiß ich, nämlich dass er sich dabei die Seele aus dem Leib weint.

Donnerstag, 17. April 2003

Ich stand um 6.30 Uhr auf, um nicht zu spät bei ihm zu sein. Die Straße war lang und der römische Verkehr würde bald losbrechen. Meine Verabredung mit Fra' Elia war um 8.30 Uhr, doch musste ich etwas früher dort sein, um mein Zimmer in dem Haus in Besitz zu nehmen. Die nächsten drei Tage würde ich bei ihm bleiben. Als ich an die Rezeption des Gästehauses kam (Fra' Elia wohnte nicht hier, sondern in einem anderen kleinen Palast etwa fünfzig Meter entfernt), nahm ich sofort seinen Duft wahr. Ein Gast, ich glaube ein junger Priester, fragte die Damen an der Rezeption, ob in dem Haus irgendetwas Übernatürliches vorging.

„Absolut nicht", sagten sie. Und in der Tat, sie konnten es nicht wissen.

Doch der junge Mann insistierte, überzeugt davon. „Das ist der identische Duft, den ich Gelegenheit hatte wahrzunehmen, als ich einmal neben einem großen Charismatiker stand."

Später erfuhr ich, dass er der Duftwolke folgend den Garten durchquerte und einen langen Korridor entlangging, der vor der Tür zu Fra' Elia endete, wo der Duft besonders stark war.

Zurück zu mir: Auch ich wusste, dass alles im Begriff war, sich zu vollziehen. Ich ging den gleichen Weg entlang wie der junge Mann, mit dem Unterschied, dass ich im Besitz des Schlüssels war. Mit zitternder Hand öffnete ich die Tür und sah ihn. Die bekannten Zeichen der Passion hatten sich in sein Gesicht eingekerbt. Das Kissen, sein T-Shirt, die Verbände, alles war mit Blut getränkt. Er öffnete die Augen, lächelte mich aber nicht an. Er bat mich, seine Mutter anzurufen, um sie zu beruhigen. Mir kam es so vor, als würde er sich in einer anderen Dimension befinden. Als ich von dem Telefonat zurückkam, schaute er mich mit seinen fiebernden Augen an und sagte: „Geben ist schön. Das, was man gibt, gehört uns nicht. Geben ist eine Freude, eine große Freude. Man muss die Gelegenheiten schaffen, um einem Bruder Freude zu bereiten. Man muss bescheiden im Bitten sein und darf einen Bruder der Freude des Gebens nicht berauben."

Fra' Elia ist das lebende Beispiel für diese göttlichen Lehren und die Interpretation seines Willens. Wie ich schon mehrmals wiederholt habe, demütigt er sich für die anderen. Er hat sein Sofa hergeschenkt, sogar sein Bett. Er lässt keine Gelegenheit aus, für andere Gnaden zu erbitten. Er erinnert sich stets eines jeden, der sich in Not befindet, und vergisst niemanden.

„Und wer soll an dich denken, Fra' Elia?", fragte ich ihn von Zeit zu Zeit.

„Die göttliche Vorsehung", sagte er.

„Jetzt, wo du dein Kloster kaufen musst, wie willst du das je schaffen, wenn du alle deine Spenden an andere verteilst?"

„Denk nicht daran", sagte Fra' Elia darauf, „wenn Gott will, dass ich das Kloster bekomme, dann werde ich es bekommen."

Am Morgen trafen die ersten Monsignori ein, ein Senator und andere an diesen Phänomenen Interessierte. Ich ließ sie allein, doch alle kamen mit Tränen in den Augen wieder aus seinem Zimmer. Für jeden hatte er ein besonderes Wort, das ihr Herz anrührte. Nur ein Monsignore bat mich nicht hinauszugehen, sondern mit ihm im Zimmer zu bleiben. Hier ihr Gespräch:

„Fra' Elia, hilf mir den Plan Gottes nicht zu verderben. Hilf mir, dass ich verstehe."

Fra' Elia: „Du wirst alles tun, was Er dir aufgetragen hat ..."

„Ich opfere ihm meine Augen und meine Gesundheit auf, ihm, der mich niemals im Stich gelassen hat ... Heute ist das Fest der Priesterschaft und wir werden eine eucharistische Vigil veranstalten zur Wiedergutmachung für alle unsere Sünden. Auf dass er erkannt und geliebt werden möge ... Ich möchte dir auch sagen, dass jene Person, die du vor einem Monat besucht hast, sich operieren lassen wird, wie du ihr geraten hast. Hätte er noch einen Monat gewartet, wäre keine Hilfe mehr möglich gewesen. Die Professoren haben die Operation vorverlegt, genau wie du es gesagt hast ... In Kürze werden wir ein Haus bauen und auch du wirst dort ein Zuhause haben ..."

Da flüsterte Fra' Elia: „Er liebt dich und vor drei Jahren hat er dir eine große Gnade gewährt, erinnerst du dich?"

Kurze Pause.

„Ja, vor drei Jahren war ich dabei, mein Augenlicht zu verlieren, und dann ist alles gut gegangen."

An diesem Punkt schien Fra' Elia sein Bewusstsein zu verlieren; es schien, als würden seine glasigen Augen etwas über unseren Köpfen sehen. Er lächelte strahlend.

Der Monsignore fragte: „Hast du Jesus gesehen?"

Er antwortete: „Ja, wie in einer Sonne, da, gib mir deine Hand."

Dann nahm er die Hand des Monsignore und legte sie auf seinen Brustkorb.

„Danke Jesus."

Gegen 11.00 Uhr traf Professor Margnelli zusammen mit Dr. Vigorelli und zwei Kameraleuten ein. Ich ließ sie eintreten und sofort war der Professor verblüfft von dem, was sich da seinen Augen präsentierte. Augenblicklich sagte er, dass es das erste Mal in seinem Leben sei, dass er so etwas zu Gesicht bekam. Er untersuchte Fra' Elia, legte ihm die Elektroden an, um die Stadien seines Bewusstseins und seiner Bewusstlosigkeit zu kontrollieren, und stimulierte ihn mit einer elektrischen Ladung maximaler Potenz, wenn er das Bewusstsein verlor, was Fra' Elia noch nicht einmal mitbekam.

Auch der berühmte Don kam ihn mehrmals am Tag besuchen. Ich glaube, er war besonders beeindruckt von den Wundmalen am Kopf, die langsam immer deutlicher wurden, je mehr Stunden verstrichen. Er schaute ihn an, berührte ihn. Wie auch seine Schulter und seinen Nacken, Stellen, die besonders schmerzhaft waren. Und alles wurde von den Filmkameras aufgenommen.

Freitag, 18. April
Der Tag des Leidens

„Wo sind wir?“

„Du bist in einer anderen Welt, Fra’ Elia.“

„Meine Hände sind so schwer ... Meine Füße schwer ... Ich schaffe es nicht herumzulaufen ... Mir ist heiß ... Heute dürfen sie mich nicht anfassen ... Der Rücken tut mir weh ... Jetzt bin ich in einer Wolke aus Licht.“

Dann erhob er seine Stimme, als wollte er jemanden rufen: „Madonna ... Maria ... Aua, es tut so weh ... au, au, au, au ...“ Ein Schrei. „Mama! Ich sehe euch jenseits des Lichts. Ich kann eure Gesichter nicht unterscheiden. Mir tut der Kopf weh, er brennt. Er wiegt so schwer, wo bin ich hier ... Ciao Titina (die Schwester, die im vergangenen Dezember starb). Bald komme ich ...“

Diese Worte flüsterte er mit einem bezaubernden Lächeln vor sich hin. Um zehn Uhr kehrte Fra’ Elia wieder zu uns zurück.

„Hast du deine Schwester gesehen?“, fragte ich ihn.

„Ja“.

„Wenn du fortgehst, versuche schnell wieder zurückkehren“, sagte ich stupide.

Und dann kam Prof. Margnelli zurück und Dr. Vigorelli mit den Kameraleuten, die uns bis Samstagnachmittag nicht mehr verließen.

Kurze Zeit später rief mich die Rezeptionistin an, um mir den Besuch des Vizepfarrers von Civitavecchia anzukündigen (den wir gut kennen) und den meines Ehemanns. Ich ging zu ihnen hinunter. Kaum in der Halle angekommen sagte die Frau an der Rezeption zu mir, dass die Reinigungsfrauen wissen wollten, wer dieses gute Raumspray versprüht hatte. Im Übrigen erkundigte sie sich, warum so viele religiöse Autoritäten hierher gekommen waren, das Fernsehen, der Professor und Dr. Vigorelli. Das Personal des Hauses war in heller Aufregung. An diesem Punkt, und nur ihr, gab ich ihr ein paar Erklärungen, mit der Bitte, niemandem ein Wort weiterzusagen, andernfalls würde ihre Vorgesetzte Donna Cristina ihr den Kopf waschen. Und wirklich sprach sie mit niemandem darüber, aber wie man weiß, sind die Wege des Herrn unergründlich und von dem Augenblick an gab es ein konstantes Kommen und Gehen von Personen, die an unsere Tür klopften. Sie wollten ihn nur kurz sehen und zusammen ein Gebet sprechen. Auch Muslime kamen, Hindus, Orthodoxe, die sagten, ihren Glauben bekennend: „Es gibt für alle nur einen Gott."

Natürlich fragte mich der Don nach all diesen Menschen.

„Ich weiß es nicht, Don ... Hast du sie etwa geschickt?"

Indessen wechselten bei Fra' Elia Momente der Klarheit mit Momenten der Ekstase und sogar mit kurzen Augenblicken, in denen er mir für einige Personen Botschaften auftrug.

„Sag Pater Damiano, er soll nicht hier bleiben, sondern nach Civitavecchia zurückkehren, um sein Amt wahrzunehmen. Er muss Beichte hören ... Sie dürfen nicht hier bleiben ... Sag Gualtiero, er soll in die Kirche gehen, sein Platz ist dort."

Und inzwischen waren jene schicksalsträchtigen Stunden gekommen, so sehr gefürchtet, jene des größten Leidens, jene der Kreuzigung und des Todes. Von 12.00 bis 15.00 Uhr. Ich erinnere mich, dass Fra' Elia in den vergangenen Jahren nie wollte, dass ich bis zum Ende bei ihm blieb. Freitags gegen 14.00 Uhr hatte er mir stets angekündigt, dass seine Engel darauf warteten, ihn mit sich fortzutragen, und ich gegen 14.30 Uhr das Zimmer verlassen und die Tür verschlossen halten sollte.

„Lass niemanden mehr eintreten bis 15.30 Uhr", hatte er mir gesagt. „Ich werde um diese Stunde schon fortgegangen sein. Die Stimme, die ihr dann mit Hilfe meines Körpers sprechen hört, wird nicht die meine sein ... Es wird zwar den Anschein haben, dass ich es bin, doch es wird jemand anderer sein, der an meiner Stelle spricht."

Und ich habe genau das getan, was er von mir wollte. In diesem Jahr aber baten Prof. Margnelli und die ganze Truppe ihn, bleiben zu dürfen, und Fra' Elia willigte ein. Gleich nach Mittag liefen ihm erneut dicke Tropfen Blut von der Kopfmitte kommend übers Gesicht. Mit viel Mühe musste ich das durchtränkte Tuch unter seinem Rükken und das weiße Frotteetuch unter dem Kopf erneuern, doch im nächsten Augenblick war es schon wieder mit rosa Flüssigkeit getränkt. An seiner Seite sitzend wartete ich auf die Rückkehr der Kameraleute, die vor die Tür gegangen waren, um etwas Luft zu schnappen, während ich mich fragte, was hier in Kürze passieren würde.

Wenige Minuten vor 15.00 Uhr, in Gegenwart der ganzen Truppe, schrie Fra' Elia: „Helft mir, helft mir ... Marco, hilf mir, gib mir deine Hand, Marco hilf mir!" (Marco ist der Vorname von Prof.

Margnelli). Der Professor sprang an seine Seite, nahm seine Hand und streichelte sie, auch er machtlos bei einer so ungeheuren Verzweiflung. Dann wurde Elia ganz steif, schluckte dreimal geräuschvoll und blieb dann reglos liegen. Waren das die drei berühmten Seufzer vor dem Übergang? Wir standen alle stumm und entgeistert um ihn herum an seinem Bett, während die Kameraleute ihre Pflicht taten. Unmittelbar darauf untersuchte ihn der Professor noch einmal und stellte fest, dass seine Füße viel kälter waren als sein Körper. Auch er hatte genau wie ich das Gefühl gehabt, die Hände Christi im Augenblick seines Todes zwischen den seinen gehalten zu haben. Sie verließen ihn gegen 16.30 Uhr.

Als Fra' Elia erwachte, bat er mich, ihm den Rosenkranz zu reichen, und wir begannen ihn gemeinsam zu beten.

„Beten wir ihn für die Kranken mit Krebs im Endstadium. Vater unser ... Gegrüßet seist du, Maria ... Bei dem zweiten Mysterium kontempliert man ... Wir beten für Alice, für Irene, Marco, Manuele ... Gegrüßet seist du, Maria ..."

Aber wir schafften es nicht, ihn zu Ende zu beten, weil Pater Romolo, der Kaplan des Hauses, mit einer Gruppe von Personen hereinkam.

„Ich konnte das Geheimnis nicht verbergen, der Duft war zu stark."

Als sie wieder gingen, erzählte Fra' Elia mir: „Ich wurde mit meiner Schwester in einen Lichtwirbel gezogen. Sie nahm mich bei der Hand, gekleidet in ein geblümtes schwarzes Kleid, und lächelte mich glücklich an. Wir sind unter einem schimmernden Regenbogen hindurchgegangen, wo noch andere Menschen waren, die es sehr eilig hatten. Es existiert dort weder Tag noch Nacht, nur Licht."

Als ich sah, dass er ruhiger wurde, verließ ich ihn für ein knappes Stündchen, in der Absicht, kurz auf mein Zimmer zu gehen. Doch in der kleinen Eingangshalle fand ich eine Menge Leute vor, die auf mich warteten und etwas von mir erfahren wollten. Also berichtete ich ihnen.

Samstag, 19. April

Ich verbrachte eine unruhige Nacht. Ich wurde häufig wach, mit dem Gefühl eines starken Kribbelns in den Händen. Und tatsächlich, beim Abtasten des schmerzenden Fingers bemerkte ich, dass ich den Rosenkranz-Ring mit den zehn kleinen Perlen, den Fra' Elia mir geschenkt hatte, nicht vom Finger abgenommen hatte. Wahrscheinlich hatte ich den Finger mit dem Gewicht meines Körpers gequetscht und dabei einen kleinen Blutstau verursacht. Ohne mir dessen überhaupt bewusst zu sein, nahm ich den Ring ab und legte ihn in das Nachtschränkchen. Am nächsten Morgen erinnerte ich mich nicht mehr daran und nahm alle Gegenstände, die ich ins Nachtschränkchen gelegt hatte, heraus, inklusive der Tageszeitung. In dem Augenblick hörte ich etwas klimpern, irgendetwas Winziges auf dem Fußboden, das unters Bett rollte, und dabei mehrfach hüpfend mit einem klopfenden Geräusch aufschlug. Ich konnte mir nicht im Geringsten erklären, was das war. Neugierig kniete ich mich nieder und suchte alles sorgfältig unter dem Bett ab, fand jedoch nichts.

„Was könnte das wohl gewesen sein?"

Bevor ich mein Zimmer verließ, öffnete ich das Fenster, um das Bett frische Luft holen zu lassen, wie meine Mutter immer zu sagen pflegte. Und dabei entdeckte ich auf der schmalen Kante rund um die Matratze meinen Ring. Den Ring, den ich am Fußboden klimpern gehört hatte, der sich jetzt aber oben auf einer schmalen hellen Holzkante direkt vor meinen Augen befand. Also für mich war das wieder einmal ein Beweis, dass unsere Engel uns helfen.

„Danke, Schutzengel!"

Es war erst acht Uhr morgens, als Fra' Elia mich anrief und um kohlensäurehaltiges Wasser und Verbandswatte bat. Ich ging hinunter zum Frühstück. Dort warteten schon der Don und Pater Romolo und eine brasilianische Schwester, Generalin einer religiösen Institution. Sie wollten Fra' Elia besuchen. Ich begleitete sie zu ihm. Fra' Elia war am Ende seiner Kräfte und sagte, ihm sei kalt. Ich berührte seine Füße und spürte, dass sie wie Eisblöcke waren. Der Don untersuchte ihn und Fra' Elia klagte über die Schmerzen.

„Rührt mich nicht an!"

„Ganz ruhig, ich bin es nur, der Don. Ich bin es, der dich berührt."

Er untersuchte ihn am Kopf, die Stirn, die Brust. „Unglaublich!", rief er aus. „Die Wunden sind bereits viel blasser!"

Dann verabredeten wir uns für den Nachmittag. Mit zwei Worten erklärte ich, was dann geschehen würde. Fra' Elia würde sich eine Gemüsebrühe wünschen, mit passierter Babynahrung aus Huhn. Wenig später kam der Don mit Freunden wieder zurück. Was mich überraschte, war zu sehen, wie sich sein strenger Gesichtsausdruck vom ersten Tag nun in einen von großer Milde verwandelt hatte.

Auch Pater Romolo kehrte mit einer Person zurück. „Dieser Herr", erzählte er lächelnd, „der das Zimmer unter Fra' Elia bewohnt, hat sich bei mir beklagt, dass es ihm die ganze Nacht nicht gelungen sei zu schlafen, wegen eines intensiven Duftes. Er hat eine sehr kranke Tochter, wenige Monate alt, und darum habe ich mir erlaubt ihn mitzubringen. Hier ist ihr Foto."

Fra' Elia schaute es an, fragte nach ihrem Namen und sagte, sie sei ein kleiner Engel. Dann betete er zusammen mit ihrem Vater, der danach sehr erleichtert wegging.

Gegen 11.00 Uhr kontrollierte Prof. Margnelli ihn noch einmal. Seltsamerweise flossen immer noch blutige Tränen und aus dem linken Ohr trat ein dicker Fluss Serum aus.

„Schaut nach, was ich im Ohr habe!", schrie er an einem gewissen Punkt. „Mein Hals! Was für ein Brennen!"

Mit einem Satz war ich bei ihm und sah, wie auf seinem Hals breite, feuerrote Striemen erschienen, als hätte er sich verbrüht, oder schlimmer noch, als hätte man ihm eine Schlinge um den Hals gezogen. Im Ohr fand sich ein großer Klumpen schwarzes Blut. Fra' Elias Gesicht war eine einzige Schmerzensgrimasse. Aber wie viel würde er noch erdulden müssen?

Prof. Margnelli hob die Decke hoch und kontrollierte seine Füße. Sie befanden sich in der typisch gekreuzten Position wie bei der Kreuzniederlegung. Eiskalt und ohne Gefühl. Es folgten weitere Kontrollen und wieder weitere Kontrollen bis um 12.30 Uhr, als wir Fra' Elia verließen, um ein kleines Mittagessen zu uns zu nehmen.

Um 13.30 Uhr kamen wir alle für einen letzten Besuch zurück. Wir fanden ihn noch sehr leidend vor, den Rosenkranz in den Händen. Er begrüßte uns mit den Augen. Er wollte jetzt mit seinem Engel allein bleiben. Danach nahm Lechitiel ihn in die Arme, tröstete ihn, verband ihm die Wunden, pflegte ihn und half ihm schließlich, aufzustehen, sich zu waschen und sogar das Bett zu machen.

Wir warteten inzwischen im Garten, bis er uns wieder rief. Um 15.10 Uhr kam ein Bote zu uns und sagte, dass Fra' Elia mich sehen wollte. Im Eiltempo lief ich die Treppe hoch und öffnete die Tür. Er war auf den Beinen, strahlend, lächelnd, mit einer blauen Hose und einem weißen T-Shirt bekleidet. Er schien eine vollkommen neue Person zu sein.

Ich umarmte ihn, ohne ein Wort zu sagen. Ich lief den Weg zurück, um den Professor und die anderen zu rufen, und wie der Blitz fanden sich alle erneut in seinem Zimmer ein. Der erste, der ihn erblickte, war der Kameramann, der mit Tränen in den Augen sagte: „Das ist unmöglich ..."

Niemand vermochte seinen Augen zu trauen. Prof. Margnelli untersuchte ihn erneut. Alle seine Wunden waren vernarbt: Die Wundmale an den Händen und Füßen hatten sich geschlossen, die Brustwunde war wieder verheilt. Auf seinem Rücken hatten die Zeichen der Geißelung breiten rötlichen Striemen Platz gemacht. Seine Schulter hatte sich wieder in ihre Position eingerenkt und die unregelmäßigen Einkerbungen an seiner Stirn hatten sich abgeschwächt. Margnelli erklärte, dass alles so aussah, als hätte der Heilungsprozess schon vor zwei Tagen eingesetzt, und nicht erst vor zwei Stunden.

Gleich danach zog Fra' Elia, vollkommen wiederhergestellt, sein weißes Gewand mit den grünen Borten an und ging hinunter in den Garten, während er sich mit Dr. Vigorelli unterhielt. Kaum angekommen schaute er sich um, als suchte er einen Ort unweit von hier. Dann erzählte er uns: „Heute Nacht hat mich mein Schutzengel dort hinten hingeführt, wo die Obdachlosen schlafen. Dort befanden sich Pappkartons und Zelte. Ich habe auch eine blonde Frau gesehen, die früher einmal eine gute Ärztin war, die Arme. Wir haben zusammen gebetet."

„Fra' Elia, wann denkst du, dass du wieder in die Normalität zurückkehrst?" Vigorelli stellte ihm die Frage.

„Das ist die Normalität für mich. Das ist mein Leben. Jeden Freitag mit geöffneten Wundmalen. Jeden Tag im Gebet, gemäß dem Willen des Herrn."

Samstagabend, 21.00 Uhr

Bevor er sich zurückzog, suchten Fra' Elia und ich noch das Firmament ab, auf der Suche nach seinem berühmten Stern ... Jener, der ihm überallhin folgt und während seiner Passion viel leuchtender erscheint als sonst, gleichsam als wollte er ihm Gesellschaft leisten und ihm versichern, dass der Himmel ihn nicht vergessen hatte. Er war da, als einziger zwischen den dunklen Wolken ... Er schien nur auf uns gewartet zu haben, um mit seinem üblichen Festtanz zu beginnen, gemäß seinem gewohnten Ritual. Und genauso geschah es.

15. - 18., Malta

Wie seinerzeit Noel versprochen erwiderten wir den Besuch der jungen Leute, die uns schon seit ein paar Monaten auf ihrer Insel erwarteten. Bedauerlicherweise war dieser Besuch Fra' Elia erst jetzt möglich. Es war kein offizieller Besuch mit Gebetstreffen in einer Kirche, sondern man wollte nur zusammen sein, sich besser kennen lernen und jene wunderbaren Gespräche fortführen, die vor sechs Monaten in Trevi begonnen hatten.

Bereits am Flughafen fanden wir eine ansehnliche Truppe vor, die uns erwartete. Gut aussehend, lächelnd, mit einem Licht in den Augen, dankbar dem Leben gegenüber, trotz aller Schwierigkeiten. Das Projekt spulte sich wie geplant ab, jeden Tag mit einer Messe beginnend, gefolgt von Besuchen und im Voraus vereinbarten persönlichen Begegnungen, die auch längere Gespräche mit jedem einzelnen dieser großartigen dreißig jungen Menschen erlaubten, die wirklich nach höherer Erkenntnis und Auseinandersetzung mit ihm dürsteten, einzig von dem Wunsch beseelt, den Weg, den sie gewählt hatten, fortzusetzen: nämlich zu evangelisieren.

Elia sagte zu ihnen: „Wir müssen den Weg vorbereiten, für jene, die nach uns kommen. Sie wandern auf unseren Fundamenten. Wir sind dabei, die richtigen Dinge zu tun. Sie müssen genauso stark werden wie wir."

Und diese seine Worte kerbten sich in ihren Geist ein wie eine Prophezeiung. Indem er auf das Kruzifix einer Kirche in Malta

Bezug nahm, sagte Fra' Elia: „Er sieht viel zu leidend aus. Mir gefallen die Kreuze mit Jesus nicht, auf denen er so verzweifelt aussieht. Er ist heiter gestorben. Sein Ausdruck soll das Leid zeigen, ja, aber auch seine heitere Annahme. Der Vater dagegen hat geweint, und der Himmel hat sich geöffnet."

Sich an die Jugendlichen wendend, die seine Meinung über Priester hören wollten, sagte Fra' Elia: „Ein Priester muss sich zwischen Jung und Alt aufteilen ... Er muss die Familien einen, vor allem Katechese lehren und Berufungen stimulieren ... Und er muss den Seelen antworten, die seiner bedürfen. Leider ist die Kirche heute heilig und sündig zugleich. Heilig, weil das Göttliche in ihr wohnt, sündig, weil sie manchmal von irrenden Menschen fälschlich interpretiert wird. Die Familie ist das Herz der Kirche. Ohne die Familie gäbe es auch keine Berufungen ... Bald werden ALLE MENSCHEN EVANGELISIEREN MÜSSEN ... Gott hat es eilig. Man muss den Unterricht in den Schulen mit dem Evangelium verschmelzen, und zwar so, dass man darüber spricht, Stellen aus der Bibel zitiert, lehrt, wie man sie anwendet, wie man betet, meditiert und gemäß dem Gesetz der Liebe Gottes und der Lehren Jesu lebt. Auch Jesus hat aus den Schriften zitiert und seine Apostel gelehrt, wie man Herz und Verstand gebraucht ... 'Seid lauter wie die Tauben und listig wie die Schlangen', hat er zu ihnen gesagt. Ihr jungen Leute, bereitet euch darauf vor, ihr müsst Herz und Verstand zugleich sein. Wir alle haben ein Herz und zugleich den freien Willen ... Und erinnert euch daran: Wenn der Mensch die Tür verschließt, dann öffnet der Herr das ganze Universum."

Und so fuhr man fort, sich miteinander zu unterhalten, alle zusammen, auch während der Mahlzeiten, wobei sich Momente der Ausgelassenheit mit kurzen Besuchen in den zahlreichen und herrlichen Kirchen Maltas abwechselten. Während dieser Gespräche erzählte uns Noel, dass eine alte Prophezeiung, die in England gefunden worden war, besagte, dass um das Jahr 2000 herum, eine kleine Gruppe junger Leute von einer kleinen Mittelmeerinsel kommend Italien der Länge nach hochwandern würde, die sich wie ein Ölfleck ausbreitend das Wort Gottes nach Europa zurückbringen würde.

„Könnten wir das sein, was sagst du dazu, Fra' Elia? Wir gehören keiner Gruppe an und sind auf der Suche nach spiritueller Führung. Vielleicht brauchen wir einander, um eine neue Armee Gottes zu bilden."

Und so wurde die Idee geboren, eine Gruppe junger Männer und Frauen zu formieren, die bereit waren, als spirituelle Söhne und Töchter von Fra' Elia von den Aposteln Gottes zu evangelisieren. Und Fra' Elia, gerührt, konnte nur mit Mühe ihren Enthusiasmus und die Eile seiner zukünftigen Kinder bremsen.

„Der Moment ist noch nicht gekommen ... Bereitet euch inzwischen vor ... Im kommenden Jahr, wenn ich mein Haus gekauft habe, sprechen wir erneut darüber ... Sobald es möglich ist, kommt ihr alle dreißig mich besuchen und ich werde euch anlässlich eines großen Treffens vorstellen."

Und ich konnte in meiner Aufgabe als Chronistin nur glauben, dass die Hauptmission von Fra' Elia genau darin bestand, nämlich eine große Armee heranzubilden, welche das Böse bekämpft, womit er im Übrigen ja bereits begonnen hat ... Und nun hatte der Herr ihn mit einer Gruppe „Soldaten" zusammengeführt, die schon dafür ausgebildet war. Der Herr hatte es wirklich eilig!

6. Juni 2003 – „MIRACOLI"
Fernsehübertragung auf Kanal 4, früher Abend

Der sehnlich erwartete Dokumentarfilm, der die letzten Zweifel und Vorbehalte ausräumen und die Authentizität und Charismen Fra' Elias bestätigen würde, wurde an einem schwülen Freitag im Juni ausgestrahlt, während Fra' Elia in Verona am Sitz der Stiftung weilte, und ich in Bergamo in Gesellschaft meiner Schwester. Und es war so, dass ich den Erfolg der Dokumentation während dieser Sendung förmlich mit Händen greifen konnte, fortlaufend unterbrochen von Telefonanrufen, die mich aus allen Teilen Italiens erreichten. Meine Nummer war im Telefonbuch verzeichnet und für jeden war es leicht, sie herauszufinden. (Seit September wohne ich in einem neuen Haus und aus tausenderlei Gründen ist meine Telefonnummer jetzt geheim).

Ich schätze, dass uns nach diesem seinem letzten Auftritt in der Sendung *Miracoli*, die gut eineinviertel Stunden dauerte, bewundernswert moderiert von Piero Vigorelli und bekräftigt durch das bewegende Zeugnis von Prof. Margnelli und die Kommentare eines fähigen Psychologen und Theologen, viele doppelzüngige Leute ein wenig Waffenruhe gönnen werden; obwohl es bekanntlich Leute gibt, die glauben ohne zu sehen, aber auch solche, die obwohl sie sehen, dennoch nicht glauben. Macht nichts. Fra' Elia ist in den Händen Gottes und setzt heiter und gelassen seinen Weg fort, in der Gewissheit, genau dort anzukommen, wo Gott ihn haben will.

Die blutigsten Bilder seiner Passion wurden wegen der Kinder erst zu einer späten Sendezeit gezeigt, auch um die allzu sensiblen Zuschauer nicht zu erschüttern, genauso wie das Zeugnis unseres Verlegers und unserer Irma, die unbedingt dabei sein wollte, um öffentlich zu demonstrieren, dass auch eine schwere Krankheit mit Hilfe des Glaubens besiegt werden kann. Außer mir war noch eine andere Gruppe von Personen im Raum, die gerne Zeugnis abgelegt hätten, jedoch blieb dafür keine Zeit mehr.

Jedenfalls waren alle mit der Sendung zufrieden, sogar Fra' Elia, dem es neben einigen Zwischenfällen, die sich aus seiner inzwischen enormen Popularität ergeben hatten, trotz allem gelang, seine geplanten Aufgaben wahrzunehmen, sowohl in Sardinien (wo er sich wegen des enormen Ansturms gezwungen sah, fünfzig Personen auf einmal zu empfangen, die von überallher gekommen waren, auch aus dem Aostatal und aus Neapel) wie auch in Ligurien (wohin er auch seine ersten beiden jungen Postulanten mitnahm). Genauso wie er sie in all den anderen Orten wahrnahm, wo die Menschen ihn erwarteten, um sein Wort zu hören. Und natürlich hat er sich geweigert, irgendwelche Interviews zu geben, und verbot auch mir, es zu tun. Unser Leben musste wie gewohnt weitergehen. Der einzige Unterschied war, dass man uns jetzt erkannte, sei es am Flughafen, beim Friseur oder im Supermarkt ... Und was mich anging, so mussten Anna in Verona, Mariucca, Piero Mantero, Maria Rosa und alle anderen Organisatoren jetzt den ganzen Tag am Telefon verbringen, um nicht zu sagen, Tag und Nacht ..., aber man gewöhnt sich an alles. Wir hatten einen Dienst zu leisten und mussten einsatzbereit sein. Allen voran Fra' Elia, der jeden Tag an seinen Nächsten denkt, auch indem er versucht, eine Arbeit für jene zu finden, die keine haben, und jede Nacht für die Anliegen derer betet, die in Not sind und für deren Bekehrung er seine Leiden aufopfert. Und häufig fliegt er mit seinem Engel an das Krankenbett zahlreicher Kranker, um bei ihrer Heilung mitzuhelfen und sie zu segnen ... Und bei all dem verliert er auch seine Freunde nicht aus den Augen.

In diesem Zusammenhang kommt mir eine Episode in den Sinn, die uns allen sehr viel Freude bereitet hat. Kurz vor den Sommerferien, während des letzten Abendessens mit der ganzen Truppe im Haus von Ugo in Spinea, auf die vielen Pflichten Fra' Elias anspielend, trauerten wir im Gespräch den guten alten Zeiten nach, den langen Stunden, in denen wir über Engel oder unbeschwert über tausend andere das Herz erwärmende Dinge diskutiert hatten.

„Jetzt haben wir dafür keine Zeit mehr, Fra' Elia", beklagte sich jemand.

Elia, überrascht von dieser Aussage, wandte sich an Ugo und sagte lächelnd: „Und du, Ugo, anstatt dich darüber so aufzuregen, verlegte Sachen zu finden, solltest dir lieber öfter eine Ruhepause gönnen ... Erst gestern Abend, genau hier in dieser Küche, hast du einen Korb mit Nüssen umgeworfen ... Erinnerst du dich?"

Ugo war sichtlich verblüfft über diese Aussage, die zeigte, dass Elia oft bei ihm weilte, wenn auch nicht mit dem Körper. Danach wandte Elia sich an Mariucca und sprach liebevoll auch mit ihr über eine Sache, die erst vor ein paar Tagen passiert war und die nur Gott wissen konnte, sodass wir alle perplex und glücklich zurückblieben. So ist Elia ... Einfach, reserviert, aber stets wachsam. Er redet nicht gern über das, was er tut, aber er tut alles für alle, andauernd.

In der zweiten Hälfte des Juni bat Fra' Elia mich, ihm Pappkartons vorbeizubringen, um seine Sachen einzupacken.

„Ist das nicht ein wenig zu früh?", fragte ich ihn, an die Erlaubnis des Bischofs denkend, die noch auf sich warten ließ.

Und er: „Nein, im Gegenteil ... In Kürze wird mein Umzug sein und ich habe noch nichts gemacht."

„Gibt es Neuigkeiten?", wagte ich zu fragen.

„Noch nicht ..., du Frau mit wenig Glauben ... Hab Vertrauen!"

Am 20. Juni brachte ich ihm die zehn erbetenen Kartons vorbei. Wie groß war meine Überraschung, Elia glückstrahlend vorzufinden, die Erlaubnis des Bischofs hin- und herwedelnd, die am Abend zuvor eingetroffen war ... Und mir hatte er nichts verraten!!!

Wieder einmal hatte er mir demonstriert, dass er immer ganz genau wusste, was er tat, und nur ich mich wieder einmal wie gewohnt verhalten hatte.

„Halte dich bereit", sagte er zu mir, ohne lange Vorrede. „Nächste

Woche werden wir nach Umbrien fahren ..., auch Dario und Giuliano werden hinkommen, um uns zur Hand zu gehen ... Diesmal haben wir's geschafft!"

Nach dem wunderbaren Gebetstreffen im Haus der Kapuziner von Forli am 23. Juni fuhren wir weiter nach Calvi dell' Umbria, wo bereits unsere Freunde Dario (der Bürgermeister von Cercivento) und Giuliano, der Bürgermeister des Ortes, sowie der Pfarrer und die verschiedenen Eigentümer auf uns warteten, bereit für den endgültigen Abschluss. Und so kam es, dass Fra' Elia von den Aposteln Gottes am 25. Juni 2003 den Vertrag für den Kauf des Klosters San Francesco in Calvi dell' Umbria unterschrieb, das genau zehn Kilometer von der „Autostrada del Sole" entfernt liegt, Abfahrt Magliano Sabina, exakt in der Mitte unserer Halbinsel und sowohl von Norden als auch von Süden sehr leicht zu erreichen ist. Gelobt sei Gott!

Wie hatte der Bischof von Assisi so weise vorhergesagt: „Wenn du wirklich von Gott gesandt bist, dann musst du alles ganz alleine bewerkstelligen", und in der Tat, so war es. Alles was von Menschen vorgeschlagen worden war, führte zu keinem guten Ende, weil nur Gott uns im günstigsten Moment das geeignetste Haus zeigen und zu ihm hatte hinführen wollen, wie er es geplant hatte.

Das Kloster wurde der Stiftung Fra' Elias von den Aposteln Gottes überschrieben, die alles, was sie besaß, als Anzahlung überwies, das heißt, alle Spenden von allen Gemeinden, die Fra' Elia in ihre Kirchen eingeladen hatten, private Spenden und alle Tantiemen vom ersten Buch der Autorin und alle Einnahmen von Wohltätigkeitsessen. Allen von Herzen Dank.

Für den Rest der Summe wollte Fra' Elia sich eine Schuld aufhalsen, die, wenn alles gut ging, in den kommenden Jahren getilgt werden konnte. Und er hat das glücklich und heiter getan, ohne einen Augenblick zu zögern, überzeugt, dass die göttliche Vorsehung ihn nicht im Stich lassen würde. Gott hatte es so für ihn geplant und so würde es auch geschehen. Später würde man die großen Renovierungsarbeiten in Angriff nehmen ... die Bildung der jungen Bruderschaft ... und der Schwestern ... ihre Unterbringung ... und wie man es schaffte zu leben ... die üblichen Schwierigkeiten und Hindernisse ... aber das spielte keine Rolle.

Jemand, der viel größer ist als der Mensch und alle Wissenschaft, befindet sich schon seit Ewigkeit an seiner Seite und ich bin mir sicher, dass er ihm auch in diesem seinem neuen Leben beistehen wird. In seinem wahren Leben, das jetzt beginnt.

Segne ihn, Herr, jetzt liegt es vor allem an dir.

Segne ihn und führe ihn mit deiner Erleuchtung wie auch bisher, in jedem Moment seines Lebens. Beschütze ihn und hilf ihm, weil er nur mit dir, im Vertrauen auf dich, immer und überall wird hingehen können, als ein Pilger in der Welt und für die Welt.

* * *

Wer Fra' Elias Kloster eine Spende zukommen lassen möchte, kann dies an die Stiftung: „Fra' Elia Congregazione degli Apostoli di Dio onlus", unter dem Stichwort: „Spende für die Renovierung des Klosters S. Francesco", tun.

Gelesen und gebilligt von Fra' Elia von den Aposteln Gottes
Convento S. Francesco
loc. S. Francesco – Via Provinciale
I-05032 Calvi dell' Umbria (Terni), Italien
Stiftung: c/c Postscheckkonto 40115438

ANHANG

Lassen wir die Menschen zu Wort kommen

Hier handelt es sich um Zeugenaussagen, die aus Platzgründen möglichst zusammengefasst worden sind. Die Originale mit den beigefügten klinischen Befunden stehen für eventuelle wissenschaftliche und kirchliche Prüfungen zur Verfügung.

Die Geschichte von Peppino

Die Geschichte von Peppino erzählt von einem Kind, das so sehr herbeigesehnt worden war, dass es mir, noch bevor ich es empfing, am ersten Freitag im Monat Dezember, von einer Seliggesprochenen, nämlich der Schwester Elena Aiello, schon im Voraus angekündigt worden war.

Am 6. November 2001, um 15.10 Uhr, wurde Giuseppe Maria Mazzocchi geboren. Der Kleine entwickelte sich jenseits aller Vorgaben, an Größe, an Gewicht und an Fröhlichkeit. Dann kam jener schicksalhafte 26. April 2002, der dazu führte, dass er mit nur fünf Monaten und mitten aus dem Leben durch ein plötzliches Unglück ins Krankenhaus eingeliefert werden musste.

Die Entdeckung des Tumors

Das Krankenhaus von Caltagirone stellte eine erste Diagnose. Man verstand nicht, warum der Kleine trotz des Fehlens von Fieber von Krämpfen geschüttelt wurde. Sofort wurde eine Computertomografie durchgeführt. Es folgten endlose Momente, bis wir von der Ärztin erfuhren, dass es sich um eine „Masse“ im Gehirn handelte, deren Ursache man nicht kannte, die aber die normale Funktion des Liquors unterband und dadurch einen Anstieg des Gewebewassers verursachte. Wir standen wie versteinert da, um uns herum erschütterte Gesichter.

Wir wurden dringend an das neurochirurgische Zentrum „Cannizzaro“ in Catena überwiesen. In dem Krankenhaus angekommen wurde mir sofort klar, was für ein Klima hier herrschte: zu viel Stillschweigen und eine Hierarchie, die es unmöglich machte, zum Chefarzt vorzudringen, der den Ruf hatte, einen unangenehmen Charakter zu haben. Ich ermahnte die Ärzte, sich den Fall endlich zu Herzen zu nehmen, und erst nach Tagen erhielten wir ihre grauenvolle Antwort.

Giuseppe war Opfer einer seltenen Anomalie, eines Tumors, der im endoventrikolären Areal angesiedelt war, der tiefsten Schicht im Gehirn. Die Prognosen der Ärzte waren beängstigend und das Risiko, vor oder nach einer Operation zu sterben, war extrem hoch. Im günstigsten Fall würden wir Kompromisse hinsichtlich körperlicher und intellektueller Fähigkeiten unseres Kleinen hinnehmen müssen.

Wieder das Gefühl, einen Dolchstoß ins Herz bekommen zu haben. Wir äußerten die Absicht, den Kleinen mitnehmen zu wollen, da wir für ihn das beste Zentrum für Neurochirurgie aufsuchen wollten. Der Arzt machte sofort unsere Hoffnungen zunichte, indem er uns daran erinnerte, dass die körperliche Verfassung des Kindes keinen sicheren Transport gewährleisten würde und in jedem Moment ein Noteingriff nötig sein könnte.

Ich erwartete das Morgengrauen, zwischen meinen Händen den Rosenkranz von Pater Pio, betete, betete, streckenweise total geistesabwesend, während ich Peppino betrachtete; er war so wunderschön! Er schlief und lächelte im Traum, von all dem nichts ahnend. Ich bezog alle Kraft, die ich für die kommenden Tage brauchte, aus seinen zarten Händchen, die ich jetzt fest drückte.

Endlich der Termin mit dem Doktor, jemand hatte wohl sein Herz erweicht, sodass ich schließlich vor einem Menschen stand, der uns konkrete Lösungen von großem Wert vorschlug. Eine seiner Empfehlungen führte uns auf den Weg nach Neapel, sodass mein Ehemann, der zufällig Neapolitaner war, dort sofort Kontakte aufnahm. Anfangs nur er, ausgestattet mit den CT-Aufnahmen, aber eine Art Erleuchtung wies uns ein neues Ziel: das Krankenhaus von Santobono.

Wir trafen dort am 30. April ein, um sechs Uhr morgens. Kaum angekommen, atmeten wir erleichtert auf, denn Gott sei Dank war die Reise gut gegangen. Peppino bekam eine intensive diuretische Therapie, um den endokraniellen Druck (im Schädel) zu bekämpfen, dessen auffallendste Symptome die schweren Augenlider sind. Trotz allem lachte er jeden immer an.

Der verzweifelte Ruf um Hilfe

Zwischen all dem sprach ich mit meinem Onkel Turi, der in Treviglio lebt, und während ich mich mit ihm am Telefon unterhielt, kam mir ein Bruder in den Sinn, über den man in der Fersehsendung *Miracoli* gesprochen hatte und von dem ich nur den Namen wusste: Elia. Ich bat meinen Onkel, ihn ausfindig zu machen, weil ich spirituellen Trost nötig hatte. Turi war ein Atheist, doch angesichts meiner Bitte versprach er, ihn für mich zu suchen. Bevor wir noch eine Nachricht von ihm bekamen, erinnerte sich ein Herr vom Reinigungspersonal des Sanktuariums von Caravaggio daran, dass in dieser Sendung auch der persönliche Arzt von Fra' Elia anwesend war, der zufällig im Krankenhaus von Treviglio arbeitete.

Nach ein paar Tagen gab mein Onkel mir ein paar Telefonnummern durch, darunter auch die Nummer von Fra' Elia, doch ohne jede Hoffnung, mit ihm in Kontakt treten zu können: Die Resonanz auf die Fernsehsendung machte ihn unerreichbar. Also entschloss ich mich, ihm eine Botschaft auf seinem Handy zu hinterlassen, mit der Bitte, für uns zu beten.

Dann kam der Tag der Operation, wir erwarteten harte acht bis zehn Stunden, aus denen stattdessen zweieinhalb Stunden wurden. Geduldig warteten wir darauf, dass Peppino die schwierigen Stunden der Reanimation überleben würde, die für die Dauer von 72 Stunden vorgesehen war. Stattdessen wurde er bereits am folgenden Tag von der „Sterbestation“ entlassen: Das Kind wachte auf und riss sich von allein die Sauerstoffmaske vom Gesicht. Das postoperative Stadium war trotz allem sehr heikel und weitere Krampfanfälle folgten.

Am Sonntagmorgen traf der Onkel aus Bergamo mit einem geweihten Rosenkranz von Fra' Elia ein, und mit einem Buch, das seine Geschichte erzählte, aus den Händen eines Arztes. Genau von diesem Augenblick an hatte Giuseppe keine Krampfanfälle mehr und sein Zustand verbesserte sich von Tag zu Tag.

Von Signora Mariucca, die zur Gebetsgruppe von Fra' Elia gehört und die ich nur vom Telefon her kannte, habe ich von ihren Gebeten gehört und vom Lächeln des Fraters, als er die Heilung eines gewissen Peppino bekannt gab. Elia war sich ihrer ganz sicher gewesen und hatte sie deshalb allen in der Gruppe schon vorweg mitgeteilt. Gleichzeitig bestätigten mir zahlreiche Anzeichen, dass er interveniert hatte.

Eines Tages, während eines Moments des Gebets in der Kapelle des Krankenhauses, hatte ich das Gefühl, dass mich jemand streichelte, doch ich dachte bei mir, dass es sich vielleicht um eine Einbildung handelte ... Zwei Tage nach Peppinos Entlassung aus dem Krankenhaus nahm ich einen wunderbaren Rosenduft wahr. Vielleicht wollte Fra' Elia nur meine Ängste besänftigen ...

Danke, Herr, für deine unendliche Barmherzigkeit, danke, Allerheiligste Mutter, für deinen liebevollen Schutz und dass du uns auf die Spuren von Fra' Elia geführt hast, der für uns und mit uns gebetet hat.

In großer Dankbarkeit Enza

„Du bist nicht allein“

Heute, am 12. Mai 2002, am Muttertag, bin ich zum ersten Mal zu Fra' Elia gegangen. Ich kannte diesen Menschen nicht, sondern habe nur sein Gesicht und seine Stimme im Fernsehen gesehen und gehört, und zwar während der Sendung *Miracoli.* Ich habe dieses Gesicht gesehen und sofort den Wunsch verspürt, ihn kennen zu lernen. Ich rief meinen Freund Fulvio an und fragte ihn, ob er ihn kennen würde. Er antwortete mir sofort mit einem Ja und sagte mir, dass am 12. August eine Messe mit ihm stattfinden würde. Ich ging in die Messe, und als Fra' Elia in der Menge an uns vorbeiging, nahm ich einen starken Rosenduft wahr. Ich fragte die Ehefrau meines Freundes, ob sie sich so parfümiert hätte, doch ihre Antwort war, dass jener Duft der Duft dieses Bruders sei. Es war fantastisch, dieser Mann, so demütig, dass es an mein Herz rührte.

Am Sonntag, den 9. Juni, besuchte ich mit meinem Ehemann die Heilige Messe, obwohl es mich große Mühe kostete, ihn dazu zu überreden. Ich war wirklich sehr glücklich darüber. Auch mein Ehemann roch diesen wunderbaren Rosenduft an der Hostie. In dem Augenblick, in dem Fra' Elia sagte: „Geist Gottes, segne den Leib dieser Frau.“, fühlte ich einen innerlichen Schauer. Seit ungefähr einem Jahr versuchten wir ein Kind zu bekommen und ich hatte schon Angst, keines bekommen zu können. Die folgenden Tage betete ich intensiv dafür, dass mein Ehemann und ich zu einem privaten Gespräch mit Fra' Elia kommen könnten.

Und tatsächlich: Am 16. Juni fanden wir uns wieder in Verona ein, um Fra' Elia zu treffen. Die Begegnung mit Fra' Elia war für uns eine einzigartige Freude. Er sagte mir, ich sollte ganz ruhig bleiben, da ich ein wunderbares Kind bekommen würde. Wir sprachen noch über andere Dinge und er vermittelte mir große innere Ruhe und Frieden. Bevor wir uns verabschiedeten, sagte er einen Satz zu mir, den ich nicht sofort verstand: „Du bist nicht allein.“

Am nächsten Tag ließ ich einen Schwangerschaftstest machen, mit dem Resultat: positiv. Ich erwartete ein Kind.

Adriana

Gott ist mit uns

Als ich erfuhr, dass neues Leben in mir war, war ich glücklich, aber auch erschöpft und besorgt, nach all den Leiden während des Wartens auf meine erste Tochter, Sofia. Gemeinsam mit meinem Ehemann bat ich deshalb den Pfarrer unserer Gemeinde, Don Franco, um einen Segen. Dabei erzählte er von Fra' Elia und sagte zu uns, dass er ein Treffen mit ihm vereinbaren könnte.

Der Tag der ersten Ultraschalluntersuchung kam, endlich würde ich mein Kind sehen! Doch der schönste Tag verwandelte sich in einen Augenblick größter Tragik. An meinem Kind war etwas, das nicht in Ordnung war; die Diagnose lautete: „Zystische Wasseransammlung im Bereich des Nackens". In wenigen Worten, das Kind hätte nur eine geringe Chance, gesund zur Welt zu kommen. Die Ärztin, sehr professionell, empfahl uns genauere Untersuchungen, bevor wir irgendeine Entscheidung träfen.

Mein Geist galoppierte, ein „behindertes" Kind, ... Mir schien, dass ich schon den Gedanken daran nicht würde ertragen können. Dann im Gebet, betend und weinend, kamen wir zu dem Entschluss, wenn Gott wollte, dass wir so ein Kind haben sollten, dass er wohl Vertrauen in uns haben musste, Vertrauen, dass wir dieses Kind nicht wegwerfen würden: ein besonderes Kind für eine besondere Familie!

Der Tag des so sehnsüchtig erwarteten Termins für die Begegnung mit Fra' Elia kam. Der Blumenduft in der riesigen Halle war das konkrete Anzeichen, dass er schon eingetroffen war. Ich sah ihn: ein leidendes Gesicht (wir befanden uns in der Karwoche), auf der Stirn kleine offene Wundmale. Wir näherten uns, erklärten ihm unser Problem und er schien uns etwas verlegen zu sein, sagte aber dann: „Ich bin kein Arzt, ihr müsst die Wahl treffen."

„Welche Wahl?", widersprach ich ihm. „Wenn Gott es will, dann wird dieses Kind geboren werden!"

Sein Blick hellte sich einen Augenblick lang auf und er sagte: „Rufen wir gemeinsam die Madonna an."

Ich war jetzt noch beunruhigter als vorher. Elia hatte nicht zu mir gesagt: „Bleib ganz ruhig, alles wird gut gehen." Nun hatte ich die Gewissheit, dass mit dem Kind etwas nicht in Ordnung war, doch gleichzeitig wuchs auch die Hoffnung, dass meine Gebete ein Wunder bewirken könnten. Mein Baby war jetzt eine ganz besondere Person, für die ich betete.

Die nachfolgenden Untersuchungen bestätigten, dass das Baby ordnungsgemäß wuchs, auch wenn noch weitere Anzeichen auftauchten, welche die Anfangsdiagnose hätten bestätigen können. Anzeichen, die langsam, je mehr Monate vergingen, komplett verschwanden.

Währenddessen empfing Fra' Elia uns erneut, und diesmal hatten mein Ehemann und ich unsere Tochter Sofia mitgebracht. Das

Gesicht Fra' Elias hellte sich sofort auf, er nahm die Kleine in den Arm und sagte lächelnd zu ihr, dass sie mit so kurzen Haaren einem Jungen ähneln würde und dass, wenn ihre Mama sich einen Jungen wünschte, sie ihr ein Brüderchen schenken würde. Er sah mich lächelnd an: Er wusste alles, auch dass ich schwanger war (ich weiß nicht, ob er sich überhaupt an unseren vorigen Besuch erinnerte, bei all den vielen Menschen, die er jeden Tag trifft) und dass ich jetzt einen Jungen erwartete. Er verabschiedete sich fröhlich und schenkte dem Kind einen Rosenkranz, mit der Bitte, ihn der Großmutter als Geschenk mitzubringen. Niemand von uns hatte ihm gesagt, dass mein Papa vor wenigen Monaten gestorben und meine Mama deshalb verständlicherweise sehr bedrückt war und dass eine solche Geste für sie sehr tröstlich sein würde.

Am 4. September 2002 wurde Emmanuele geboren, ein völlig gesundes Kind ... Wir hatten ihm in all diesen Monaten die Chance zu leben gegeben, und unserem Herrn die Möglichkeit, ihn zu heilen. Wir nannten ihn Emmanuele, was so viel heißt wie: Der Herr ist mit uns. Und jedes Mal, wenn ich ihn ansehe, bin ich mir dessen sicher.

Elisabetta

„Wohin willst du gehen?"

Es ist eine Periode des Übergangs in meinem Leben. Ich habe gerade erst meine Arbeit gewechselt, aber ich weiß nicht recht, was ich mit meinem Leben anfangen soll. Mein Papa hat mir empfohlen, zu beten und den Herrn zu bitten, mir den Weg zu weisen. Auch wenn ich kein großer Besucher der Kirche bin, so hörte ich auf den Rat meines Vaters.

Das Wochenende verlief ruhig und Sonntagabend ging ich früh ins Bett, weil ich am nächsten Tag zeitig aufstehen musste, da ich für meine Arbeit sehr früh in Cortina zu sein hatte. Ich wachte etwa eine Stunde vor der festgesetzten Zeit auf, schaute auf die Uhr und schlief wieder ein. Alles, an das ich mich erinnere, ist, dass ich das lächelnde Gesicht von Fra' Elia sah und so tief schlief, wie es schon lange nicht mehr vorgekommen war.

Plötzlich wachte ich auf und die Stimme meines Vaters zerriss die Stille: „Es ist acht Uhr, du bist verspätet!"

Das konnte doch gar nicht sein, der Wecker sollte um 6.30 Uhr läuten, aber er schien um einige Stunden verspätet zu sein, obwohl es einer jener Funkwecker war, die das Signal via Satellit bekommen. Auch mein Vater besitzt so einen, doch seiner funktionierte normal!

Ich stand auf, jedoch ohne Sorge wegen der Verspätung, im Gegenteil, ich war glücklich, so wunderbar geschlafen zu haben. Dann plötzlich ein Flash: Ich erinnerte mich, dass ich das lächelnde Gesicht von Fra' Elia gesehen hatte. Ich bekam Gänsehaut, verstand es nicht und entschloss mich, Fra' Elia anzurufen, der zu mir sagte: „Hast du gut geschlafen? Ich will damit sagen, dass du es dringend nötig hattest! Und im Übrigen, wo wolltest du in dem Nebel hinfahren? ... Jetzt beweg dich und geh arbeiten!"

Ich war überzeugt, dass ich zu spät kommen würde, weil ich durch die gebührenpflichtige Autobahn-Mautschranke von Mestre fahren musste, doch stattdessen kam ich praktisch pünktlich zu meinem Termin.

Zwei Wochen vergingen und ich entschloss mich, Fra' Elia zu besuchen, der sich in Verona befand. Ich trat in sein Zimmer und fand ihn an die Wand gelehnt vor, er lächelte mich an, ich redete mit ihm, aber er schien mich nicht zu hören, bis er schließlich sagte: „Du musst mit dem Auto langsam fahren! Du musst aufhören, so zu rasen! Und diese Geschichte mit dem Telepass?" (Das automatische System zur Abbuchung der Autobahngebühren in Italien).

Vor etwa einem Jahr habe ich mir die Frontscheibe am Wagen zertrümmert, weil die Schranke nicht hochging. Ich wollte etwas entgegnen, aber er fing wieder an: „Und dieses riskante Überholmanöver am Meer?"

Niemals habe ich diese Dinge irgendjemandem erzählt!

Ricky

Rosenduft im Krankenhaus

In der Nacht vom 16. auf den 17. März 2003 befand ich mich bei meiner Mutter Caterina im Krankenhaus, um ihr zu helfen. Sie war am 20. Februar in sehr ernstem Zustand eingeliefert worden, und zwar in die Kardiologie. Ich hatte mich auf drei Stühle längs hingelegt und jedes Mal, wenn ich aufstehen musste, setzte ich mich auf den mittleren davon.

Auf einmal roch ich einen besonderen Duft und schaute mich um: zu meiner Linken, nichts, zu meiner Rechten, der Duft. Der Duft kam sehr stark von meiner rechten Seite und ich erkannte ihn: Es war der Duft von Fra' Elia. Ein wenig verwirrt, vielleicht sogar ungläubig, sagte ich zu mir selbst: „Fra' Elia, wenn du es bist, dann beten wir jetzt einen Rosenkranz zusammen."

Als der Rosenkranz beendet war, war der Duft verschwunden. Während des Gebets hatte ich Fra' Elia gebeten, für die Mama Fürsprache einzulegen, damit sie am nächsten Tag nicht zur Dialyse müsste, für die der Termin bereits festgelegt war, trotz des hohen Risikos. Bis zu dem Tag war sie noch an der Dialyse gewesen.

Als ich Fra' Elia am 24. März traf, fragte ich ihn, ob er uns im Krankenhaus besucht und mit uns gebetet hätte. Seine Antwort: „Deine Mutter konnte nicht schlafen."

(Brief mit Unterschrift)

Der Sohn, der er immer war

Ich bin mit dem Wunsch zu einem Treffen mit Fra' Elia gegangen, meinem Sohn zu helfen, aus seiner Depression herauszufinden. Ich erinnere mich, dass er zu mir sagte: „Geh nach Hause, setz dich an den Tisch und sprich mit deinem Sohn."

Ich tat es und alles spielte sich sehr ruhig und heiter ab.

In der folgenden Nacht traf ich Fra' Elia im Traum, der mir unten an der Treppe entgegenkam, um mir seinen Segen zu erteilen. Er umarmte mich und drückte sein Knie auf meinen Magen, als wollte er ein Gewicht entfernen. Dann wachte ich auf, machte das Licht an und hörte, wie mein Sohn im Traum redete, etwas, das noch nie vorgekommen war.

Von dem Tag an veränderte sich der Gesundheitszustand meines Sohnes, sein Humor, sein Lachen und sein Lebenswille. Tag für Tag gab es immer mehr positive Momente, Momente der Freude, und mein Sohn wurde wieder zu dem Sohn, den ich mir gewünscht hatte: heiter, glücklich, der Sohn, der er vorher immer gewesen war.

Ich würde gerne anderen Menschen von dem Frieden und der Heiterkeit erzählen, die mir durch all das innerlich gewachsen sind.

Laura Moschetti

Hilfe bei Anorexie (Magersucht)

Ich habe zwei Töchter und den Wunsch, sie gesund und glücklich aufwachsen zu sehen. Leider verweigert eine seit Monaten die Nahrung, mit gravierendem Gewichtsverlust und schwer wiegenden körperlichen Folgen. Sie verweigert jede medizinische Hilfe oder Medikamente und befindet sich auf dem Weg in eine Anorexie. Sie fängt an, bösartig und aggressiv zu sein, schreit alle an, dass sie sie hasst, und ich darf sie nicht anfassen, ohne dass sie mich beschimpft.

Man erzählte mir von Fra' Elia. Ich bin etwas zaghaft, ging aber dennoch zu ihm. Ich hatte ihm das Foto und einen Pullover meiner Tochter mitgebracht, die Fra' Elia segnete. Er sagte mir, ich solle ganz ruhig bleiben, und so fühlte ich mich auch nach dem Besuch. Am Abend, zu Hause, ließ meine Tochter sich plötzlich von mir umarmen, statt mich wegzujagen, und sagte zu mir, dass sie wieder gesund werden möchte. Ich weiß nicht, wann das sein wird, aber ich habe das sichere Gefühl, dass sie es schafft.

Mara

Von einer Schilddrüsenüberfunktion geheilt

Zufällig habe ich bei einer medizinischen Untersuchung erfahren, dass ich eine Schilddrüsenüberfunktion vom Typ Hashimoto habe. Die Endokrinologen, die ich konsultierte, haben mir ein Heilmittel verschrieben, das ich lebenslang einnehmen sollte, auf der Basis synthetischer Hormone.

Ich bat Fra' Elia um Hilfe. Nachdem ich ihm die Fakten mitgeteilt hatte, sagte er mir, ich sollte mir keine Sorgen machen. Ich ließ die Blutanalyse wiederholen und alle Werte waren zur Norm zurückgekehrt.

Nach einer zweiten Kontrolle zeigte ich den Befund dem Arzt, der völlig verblüfft war und sagte, er hätte noch nie etwas Vergleichbares gesehen und auch noch nie erlebt, dass jemand von einer Schilddrüsenüberfunktion geheilt worden wäre.

Annalisa Longhi

Eine ganze Familie begnadet

Wir haben Fra' Elia in Spinea kennen gelernt, auf der Suche nach einem „Rezept" gegen das Fieber meiner Tochter, das nun schon seit vier Jahren andauert. Mit dabei waren auch mein älterer Sohn, meine Frau und meine Schwägerin. Das Gespräch mit ihm verlief so, dass ich nicht weiß, wie ich die richtigen Worte dafür finden soll ... Es war, um es milde auszudrücken, total außergewöhnlich! Zuerst bekam mein Sohn ganz ordentlich und streng die Ohren lang gezogen! Gelobt sei Gott. Meine Frau, eine Ungläubige, war völlig verblüfft. Jesus sei Dank! Meiner Schwägerin, schwer krank, wurde geholfen, indem sie von ihrer schrecklichen Krankheit geheilt wurde. Jesus sei Dank! Ich wollte etwas für mich erbitten, aber es gelang mir nicht, weil ich es einfach vergaß! Aber trotzdem, Jesus sei Dank! Dennoch gelang es mir, allein mit Fra' Elia zu sprechen, und ich ersuchte ihn dafür zu beten, dass ich, wenn es Gott gefiel, viel Geld verdiente. Das Geld würde mir erlauben, für das Wohl der ganzen Familie zu sorgen und den Armen zu helfen, Kindern, die an Hunger starben. Alles unter der Führung von Fra' Elia. Ich bin Diabetiker, leide an einer verstopften Vene in der linken Wade, bin ein Sünder, der keine Gnade verdient, aber Gottes Barmherzigkeit ist groß. Besonders in der letzten Zeit habe ich dem Herrn versprochen, wieder seinen Willen zu tun, vor allem von ihm zu reden und Werke der Evangelisierung zu tun. Ich bin überzeugt, dass diese Begegnung, mit Erlaubnis des Herrn, durch Pater Pio vermittelt worden ist.

Pietro Ranieri, Anone

Geheilte Ovarien

Ich danke Fra' Elia, dass er mir geholfen hat. Während der Messe im Juni hat der Herr mit seiner Hilfe meine Eierstöcke geheilt. Ich leide seither nicht mehr an diesen furchtbaren Schmerzen. Manchmal habe ich den Wunsch, mich mit dir zu unterhalten, so wie mit einem Freund, doch ich weiß, dass du sehr beschäftigt bist. Also denke ich alleine über alles nach und es ist, als ob du mich hören könntest.

Silvia und Leonardo

Ein unsichtbares Wesen hat mich aus einer zu tiefen Narkose aufgeweckt

Der „Feind" hat mehrmals seine Tatzen während meiner Krankheiten im Spiel gehabt. Mehr als achtzehn Mal musste ich wegen schwerer gesundheitlicher Probleme ins Krankenhaus eingeliefert werden. Während meiner letzten Operation hatten die Ärzte sich in der Dosis geirrt, und zwar so, dass ich, als ich die Augen aufmachte, größte Schwierigkeiten mit der Atmung hatte. Ich konnte gerade noch die Infusion mit dem Beutel Blut sehen, als mir die Augen schon wieder zufielen. Auf einmal wurde ich von einem unsichtbaren Wesen geweckt, das mich am Arm nahm, mich hochzog und aufrecht hinsetzte. Es war in jenem Moment, dass ich wieder in meinen Körper eintrat und wach wurde. Ich danke Fra' Elia von Herzen, dass er dank meiner Bitten so schnell eingegriffen hat, auch bezüglich des Problems meiner Schwester Antonia, die ihre schwierige finanzielle Situation inzwischen gelöst hat.

Agnese Masura, Marcon

Auf dem Antlitz von Jesus erscheint das von Fra' Elia

Ich dachte sofort: Was für ein schönes Foto Fratello Elia da gemacht hat. Es ist das Gesicht von Jesus! Ich war sofort davon überzeugt und nahm das Foto mit nach Hause, wo ich es im Schlafzimmer aufstellte. Nach einiger Zeit sagte jemand zu mir: „Du musst dieses Jesusbild wegtun, es ist nicht echt, das ist ein Schauspieler!“ Ich fühlte mich auf der Stelle elend, doch in meinem Herzen war ich mir ganz sicher, dass mein Fratello Elia nicht jemand war, der unehrlich ist. Also blieb das Foto dort, wo es war. Einige Wochen vergingen und eines Abends, als ich mich wegen eines speziellen Problems, das mich seit einiger Zeit bedrückte, ziemlich unten fühlte, schaute ich den Herrn auf jenem Foto an und bat ihn um Hilfe. Plötzlich nahm ich ganz stark den Duft von Rosen wahr und bemerkte ein wunderschönes Lächeln auf dem Foto. Und dann sah ich, direkt über dem Gesicht von Jesus, das Gesicht von Fra' Elia. Ich versichere ihnen, dass ich seit jener Offenbarung sehr viel Hilfe bekam. Fra' Elia hat Recht, wenn er sagt, dass jenes Bild ein Abbild von Jesus ist. Seitdem kommt der Duft immer wieder und er ist auch draußen wahrnehmbar. Mehr als irgendjemand anderes, meinen Ehemann inbegriffen, kann ich für Fra' Elia Zeugnis ablegen.

(Brief mit Unterschrift)

Körperlich geheilt und mit großer Kraft begnadet

Es war der Herr, der mir den lieben Fra' Elia auf meinem Weg geschickt hat, um mir zu helfen, den enormen Druck der letzten Wochen von mir zu nehmen. Ich hätte es nie geschafft, wäre mir Fra' Elia nicht Anfang November 2001 auf meiner Pilgerfahrt begegnet. Während der Nachmittagsmesse in Spinea hat mich eine unsichtbare Hand buchstäblich angeschubst, in dem Moment, in dem Fra' Elia hinter mir mit einer gestörten Person vorbeiging. Dann, noch vor der Messfeier, habe ich mit voller Lunge seinen Duft eingeatmet. Als ich dann nach Hause zurückkehrte, hatte ich wesentlich weniger Beschwerden wegen meines Helicobacterbefalls im Magen, meiner Rachenentzündung, meiner Kopfschmerzen, meiner Schwäche (seit sechs Jahren muss ich immunstimulierende Substanzen nehmen). Ich kann bezeugen, dass mir durch den Segen und die Gebete Fra' Elias sehr viele Gnaden geschenkt worden sind.

Antonietta Miotto, Cadoneghe

Das Vertrauen in Elia für das Wesen, das im Kommen ist

Die Ärzte wollen uns nicht beruhigen in Bezug auf das Kind, das ich in meinem Bauch trage. Aus dem Ultraschallbild geht hervor, dass der Kleine Probleme mit der Motilität hat, Symptome einer möglichen, schwer wiegenden Erkrankung. Man hat uns sogar geraten, einen Spezialisten in Frankreich zu konsultieren. Doch wir entscheiden uns dafür, einfach nur die üblichen Ultraschalluntersuchungen machen zu lassen. Wir vertrauen auf die göttliche Vorsehung und auf die Gebete Fra' Elias.

Maria und Daniele, Bologna

Elia vermittelt mir Freude

Es ist das dritte Mal, dass mir die Gnade gewährt wird, Fra' Elia zu begegnen. Teils fühle ich mich einer so großen Gunst gar nicht würdig: Es gibt so viele bedürftigere Menschen als mich. Aber wie Fra' Elia sagt, es liegt nicht an uns zu beurteilen, wer mehr oder weniger bedürftig ist. Doch die Freude, die er mir vermittelt, ist so groß, dass ich gar nicht anders kann, als ihn jedes Mal zu sehen, wann immer es möglich ist. Während dieser Treffen habe ich gelernt, jeden auch noch so kleinen Tropfen Gnade zu beachten, den Fra' Elia in die Herzen der Menschen senkt. Zu zahlreich sind die Heilungen, die Wunder, zu eklatant die Geschehnisse vor aller Augen, die der Herr durch ihn wirkt. Dafür reicht es schon, nur den Menschen zuzuhören, die einen ganzen Tag im Gebet mit ihm verbracht haben.

Nadia, Casinalbo

Eine große Hilfe während einer Krankheit (Bilokation?)

Im Monat Februar habe ich Fra' Elia angerufen, weil ich einen Chirurgen aufsuchen mußte. Wir haben zusammen ein Ave Maria gebetet und dann gab er mir seinen Segen. Es war eine sehr schöne und innige Angelegenheit. Am nächsten Tag ging ich dann zu meinem Termin. Man sagte mir, dass irgendetwas nicht in Ordnung sei und ich mich noch zwei weiteren Untersuchungen unterziehen müsste. Auch eine Ultraschalluntersuchung müsste noch gemacht werden. Mir ging es sehr schlecht. An jenem Abend ging ich sehr früh zu Bett. Ich war verzweifelt.

Wie gewöhnlich nahm ich meinen Rosenkranz in die Hand, und nachdem ich zwei Ave Maria gebetet hatte, hörte ich die Stimme Fra' Elias, die sagte: „Ciao, ich bin Elia." Ich wandte mich mit einem Ruck um und sah das leuchtende Gesicht Fra' Elias, das aber wieder verschwand, als ich das Licht anknipste.

Als ich wieder in die Chirurgie ging, um das Ergebnis meiner Untersuchungen zu erfahren, hielt ich ein Heiligenbildchen von Pater Pio in meinen Händen und rief alle Heiligen an, mir beizustehen. Ich danke dem Herrn, dass die ganze Sache sich als „sehr geringfügig" herausgestellt hat. Ich danke Elia und preise den Herrn!

Angelina Bosco, Castelfranco Veneto

Die Rettung eines Kindes von 14 Monaten (Bilokation)

Am 24. Mai 2002 befand ich mich in Padua in der Wohnung meiner Eltern, gemeinsam mit meinem 14 Monate alten Sohn Ricardo. Ich bereitete wie gewohnt das Mittagessen vor, als ich bemerkte, dass er an etwas Merkwürdigem herumkaute. Es handelte sich um eine Zigarette ... Gemeinsam mit meinem Ehemann rief ich das Zentrum Veleni an und danach eilten wir in die Notaufnahme für Kinder. Während ich ihn in meinen Armen hielt und auf die Ankunft des Arztes wartete, erbrach Ricardo alles, was er geschluckt hatte, sodass keine Therapie mehr nötig war. Er war jedoch erschöpft, und deshalb trug ich ihn in die Toilette, um ihn zu säubern, wobei ich mich bei dem für die Reinigung zuständigen Mann entschuldigte, dass der Fußboden verschmutzt worden war. Ich hörte ihn antworten: „Mach dir keine Gedanken, derjenige, der reinigt, ist hier." Danach wurde Riccardo untersucht und einige Stunden später traf ich den Mann von der Reinigung wieder, mit dem ich zuvor gesprochen hatte. Das Blut gefror mir in den Adern und ich blieb reglos im Flur stehen: Das Gesicht jener Person war das Gesicht Fra' Elias.

Emanuela, Padua

Fra' Elia legt seine Hände auf und befreit vom Leiden

Ich war unterwegs, um Fra' Elia zu treffen, mit meiner Mutter und einer Freundin. Als wir vor ihm standen, fing meine Mutter an zu weinen und der Bruder hat ihr die Hände auf den Kopf gelegt. Dann, nach ein paar Minuten, als ich mich für einen Moment entfernt hatte, hörte ich sie schreien. Sie lag auf dem Boden und hielt sich den Kopf. „Paola ... mein Kopf ... ich sterbe ... ich sterbe ..." Nachdem sie sich auf der Toilette übergeben hatte, brachten wir sie in das Krankenhaus, wo sie sich einer Therapie unterziehen sollte. Meine Mutter wollte der ärztlichen Anweisung nicht folgen und unterschrieb, um entlassen zu werden. Kaum zu Hause, ging es ihr wieder gut. Es war ein kleines Wunder.

Paola Montaldo, La Spezia

Von starken Schmerzen geheilt

Gianluca ist vier Jahre alt. Seit eineinhalb Jahren hat er furchtbare Schmerzen am Knie und es gelingt ihm nicht mehr, die Treppe hochzugehen. Die Ärzte diagnostizierten keinerlei Erkrankung. Er lief nicht mehr herum und gehen konnte er nur noch hinkend. Die Eltern wandten sich an Don Franco von der Gemeinde in Dolo, mit der Bitte um Gebete. Gianlucas Zustand jedoch verschlechterte sich immer mehr. Seine Hände und Füße schwollen an. Nachts konnte er keine Ruhe finden und nicht mehr schlafen. Er jammerte ununterbrochen und weinte. Völlig hilflos machten die Eltern einen Termin mit Fra' Elia aus. Fra' Elia umarmte ihn und machte sanft auf ihn einredend am ganzen Körper Kreuzzeichen. Nach zwei, drei Tagen bemerkte Gianluca, dass seine Schmerzen nicht mehr so stark waren. Er fing wieder an zu spielen und voller Lebensfreude zu sein. Heute läuft er wieder schnell wie ein Wiesel herum, völlig normal, ohne zu klagen.

Zeugnis, erzählt von Gianluca Giosato, Vigonza

Eine sehr schnelle Heilung

Nach einer Operation am Fuß kehrte ich nach Hause zurück. Ich hatte 38,2 Grad Fieber und einen Nagel ins Fleisch eingeschlagen. Die Schmerzmittel halfen nicht. Mein Ehemann rief Fra' Elia an und bat ihn um Hilfe. Nach zehn Minuten roch ich seinen Duft und das Fieber und die Schmerzen verschwanden dauerhaft. Auch habe ich eine Hand auf meinem Bein gespürt, wie Elektrizität, als hätte ich eine Turbine in mir. Die Heilung geschah sehr schnell, und so nachhaltig, dass der Nagel mir zehn Tage früher als vorgesehen gezogen werden konnte. Ich bin überzeugt, dass Jesus mir mit Hilfe von Fra' Elia geholfen hat.

Nicla

Die Segnung des Olivenöls

Ich habe Fra' Elia gebeten, die heiligen Paramente zu segnen, die ich in San Cosimo gekauft hatte. Er tat es mit einem besonderen Gebet. Danach haben wir das Vaterunser gebetet, das Ave Maria und die Engel angerufen. Wir baten um ein Zeichen für diese Segnung der Paramente sowie auch des Olivenöls. Dann verließen wir das Zimmer, um den Altar für die Heilige Messe vorzubereiten. Als wir wieder zurückkamen, um die heilige Ausrüstung zu holen, unter denen sich auch der Kelch befand, rochen wir einen Rosenduft, der durchs Fenster hereinströmte. Wenig später, als wir zum zweiten Mal wieder das Zimmer betraten, bemerkten wir, dass das ganze Zimmer mit einem sehr starken Duft durchtränkt war. Fra' Elia machte mich darauf aufmerksam, dass auch die Farbe des Olivenöls sich verändert hatte, und er bat mich, die Flasche nicht zu öffnen.

(Brief mit Unterschrift)

Die Vision eines Kindes

Ich habe viele Engel gesehen, voller Licht. Einen mit einem Körper und Flügeln, so groß wie ich. Ich dachte, dass dies mein Schutzengel sei. Auch alle anderen strahlten. Dann habe ich die Madonna gesehen, mit ihrem himmlischen Schleier und mit himmlischen Bändern auf ihrem weißen und violetten Gewand. Sie war voller Licht und wunderschön. Sie strahlte noch viel mehr Licht aus als die Engel. Sie fragte mich: „Warum schläfst du nicht?"

Ich sagte: „Weil ich nicht kann ..."

Daraufhin sagte sie zu mir: „Wenn du nicht schlafen kannst, schikke ich dir Jesus."

Und so erschien Jesus, in einem ebenso strahlenden Licht wie die Madonna. Er schien wie von einer Sonne erleuchtet. Er trug ein weißes Gewand, einen Umhang wie Fra' Elia.

Auch er fragte mich: „Warum schläfst du nicht?"

Und ich wieder: „Weil ich nicht kann..."

Darauf sagte er: „Warum kannst du nicht, um dich herum sind doch Engel, die dich beschützen!"

Daraufhin fingen die Engel an zu singen, und zwar so: „Schlafe mein Kind und wisse, wir sind ganz nah bei dir. Wir beschützen dich. Wir sind immer für dich da!"

Francesco

Der strahlende Rosenkranz Fra' Elias

Ich lag im Krankenhaus, als Fra' Elia mich besuchte. Bei dieser Gelegenheit hat er mir einen blauen Rosenkranz dagelassen, eine Statue der Madonna von Lourdes und einen intensiven Rosenduft, der seinem Körper entströmte. Während der Heiligen Messe, als ich den duftenden Rosenkranz fest mit den Händen umklammert hielt, entströmten meinen Fingern auf einmal blaue Strahlen, die sich vor mir ausbreiteten. Ich begriff, dass dieses Geschenk wirklich etwas ganz Besonderes war.

Eines Abends war ich sehr traurig wegen eines lieben Menschen, den ich verloren hatte. Ich betete im Geiste zu Fra' Elia, seinen

Engel Lechitiel zu beauftragen, Gott zu bitten mir zu helfen diesen Schmerz zu ertragen. Ich war im Gebet versunken, als ich plötzlich den Rosenkranz Elias leuchten sah, und einen blauen Funken, der aus dem Rosenkranz kam, der mir so sehr ans Herz gewachsen war. Es war ein intensives Gefühl und mit großem innerem Frieden spürte ich, wie der Schmerz nachließ, durch den ich so verletzt worden war.

Clementina Vapore, Messina

Eine Bekehrung

Eine Person wie ich, die niemals in die Kirche ging, auch nicht an Weihnachten oder Ostern, hat heute den wahren Glauben und die Liebe zu Gott wiedergefunden. Die Begegnungen mit Fra' Elia führten dazu, dass ich oft in Tränen ausbrach, weil er in meiner Seele gelesen und meinen Stolz gesehen hat, meine Oberflächlichkeit, meine mangelnde Demut. Ich hatte mich an Fra' Elia mit der Bitte gewandt, mir zu helfen, dass mein Ehemann wieder nach Hause zurückkehrt. Jetzt hat auch er sich verändert. Ich bin fünfzig Jahre alt und begreife nun die Worte des Evangeliums, versuche sie in die Praxis umzusetzen und jedes Mal, wenn mir das gelingt, bemerke ich, dass unser Zusammenleben viel besser gelingt. Auch der Friede ist in mein Herz eingekehrt. Ich habe erkannt, dass ich es bin, die sich den anderen gegenüber ändern muss, auch meinen Kindern gegenüber. Der Schlüssel ist, Liebe zu geben, und nicht, Liebe zu bekommen oder darum zu betteln, das ist das Geheimnis. Auf diese Weise habe ich meinen Ehemann verstehen gelernt und auch sein Bedürfnis nach Liebe.

Rosanna

Zeuge des Leidens
(in der Nacht zwischen Donnerstag und Freitag)

Ich befand mich mit Fra' Elia im Wagen, auf der Fahrt nach Trevi. Um Mitternacht herum sah ich, wie seine Wundmale an den Händen sich zu öffnen und zu bluten begannen, zusammen mit einem

Rosenduft von berauschender Heiligkeit. Während ich das sah, ich saß am Steuer des Wagens, war ich beim Fahren einen Moment lang unaufmerksam. Elia sagte mit einer unerschütterlichen Ruhe: „Gianpiero, bleib ganz ruhig, mach dir keine Sorgen, wir sind ja schon fast am Ziel, alles wird gut gehen."

Sogleich verspürte ich eine große innere Ruhe in mir, eine Ruhe, wie ich sie noch nie erlebt hatte. In kurzer Zeit erreichten wir unser Ziel. Nie in meinem ganzen Leben werde ich diesen Tag vergessen. Ich werde ihn fest in meinem Herzen verwahren, vor allem für jene, die ihren Glauben an Gott wieder zurückgewinnen müssen.

Gianpiero

Die Bekehrung einer Familie

Wir waren die klassischen lauen Christen und lebten unser Leben ohne besondere Freuden oder Leiden, wie so viele andere Zeitgenossen. Dann plötzlich die Gnade. Im Jahr 1998 erhielten wir mit der Post einen ganz besonderen Brief. Es war eine Verwünschung. Meine Mutter brachte diesen Brief zu einem Priester, der ein Exorzist war. Er zerriss ihn und sagte zu uns, dass wir vergeben und vergessen müssten. Der Brief war an meinen Bruder adressiert gewesen, der in dem Augenblick sehr geschwächt war und schon seit langem der Kirche und den Sakramenten ferngeblieben war. Ein wahres Kalvarien begann: Tod meines Vaters, die Verschlimmerung der Krankheit meines Bruders, erneute schwere Erkrankung meiner Mutter. Wir sind zum Petersdom gefahren und nach Medjugorje, doch nach einer kurzen Erleichterung begann die Odyssee erneut.

Dann begaben wir uns zu Fra' Elia. Als mein Bruder von dem Gespräch mit ihm aus dem Zimmer kam, war er in Tränen, doch er hat mir nie gesagt, worüber sie miteinander gesprochen haben. Von dem Tag an habe ich, durch Fra' Elia, denjenigen entdeckt, der uns führt und begleitet: Es ist Gott, der uns niemals verlässt. Er nimmt sich unserer an, durch die vielen Schwestern und Priester, und er stellt uns Fra' Elia zur Seite. Ich finde in ihm echte Menschlichkeit, bei dem die Liebe über allem steht, und jemanden, bei dem Geist, Seele und Körper einzig und allein auf Gott ausgerichtet sind. Der Herr hat uns nicht nur geheilt und geliebt, sondern uns auch einen Freund geschenkt, einen Bruder, eine mit den Händen greifbare Bestätigung für seine Liebe.

Saverio Sergio Grimaldi, Verdellino

Fra' Elia im Traum

Nach kaum einem Jahr Ehe mit Giovanni wurde uns ein Kind geboren, doch bei meinem Mann hat man ein Lymphom vom Typus Hodgkin diagnostiziert. Nach zwei Jahren Therapie stellte man eine Besserung fest. Eines Abends war ich dabei, die Sendung *Miracoli* von Piero Vigorelli anzuschauen, genau in dem Moment, als er sagte, dass am nächsten Freitag über Fra' Elia berichtet werden würde. Während der Vorschau sah man weder die Gestalt noch das Gesicht Fra' Elias. Man sah nur einen Mann, Fra' Elia, in einem Bett, fast vollständig von einem Leintuch bedeckt, nur ein paar Sekunden lang, und dann nichts mehr. In der Nacht hatte ich dann einen Traum.

Ich begab mich mit meinem Ehemann in eine Kirche in Bergamo und vom Seitenschiff der Kirche kam uns ein Mann entgegen, der mit einem weißen Gewand bekleidet war. Ich gab meinem Mann einen Stups und nach ein paar Minuten näherte er sich und fragte mich: „Was wolltest du mir sagen?"

Und ich: „Seit zwei Jahren hat mein Mann eine furchtbare Krankheit und es gelingt nicht, sie zu heilen."

Wir unterhielten uns im Gehen und kamen zu einem an die Kirche angrenzenden Raum. Da sagte ich: „Gestern Abend habe ich versäumt, dich in der Sendung anzuschauen."

Er schaute mich an und lächelte, mit dem Blick von jemandem, der bereits alles wusste. Es war ein junger Mann, nicht sehr groß, dunkelhaarig und mit einem rundlichen Gesicht. Seine Gesichtszüge erschienen mir einen Moment lang klar, dann wieder verschwommen. Dann sind wir in das Zimmer eingetreten und ich erblickte auf dem Bett Kleidungsstücke: Jeans und ein T-Shirt. Ich hatte das Gefühl, dass es seine abgelegten Kleider waren.

Ich sagte: „Ich bitte nicht, dass die Krankheit schnell vorbei ist, aber ich möchte, dass wir beide zusammen weiterleben dürfen, selbst wenn wir viel zu kämpfen haben."

Er sagte: „Es ist in der Tat so, je weiter die Krankheit fortschreitet, desto mehr gewöhnt sich der Körper an seine Medizin. Aber wie auch immer, die Krankheit wird in jedem Fall vorübergehen."

Dann wechselten wir noch ein paar weitere Worte und ich wachte sehr aufgeregt aus dem Traum auf. Ich erzählte ihn sofort meinem Mann. Mir war sofort klar, dass der Traum eine bedeutende Botschaft enthielt, und dachte, dass Gott mir ein Zeichen geben wollte, das mir Mut machen sollte voranzugehen, obwohl die Situation nicht leicht war, genau wie ich es in der letzten Zeit oft in meinen Gebeten erfleht hatte. Kaum aufgestanden lud mein Ehemann mich ein, mit ihm in eine Buchhandlung zu fahren, die ziemlich weit von unserem Zuhause entfernt lag, in der Nähe meiner Arbeitsstelle. Er wollte ein Buch abholen, das er vor einiger Zeit dort bestellt hatte, was wir bereits mehrfach verschoben hatten, obwohl wir beinahe jeden Tag an dem Laden vorbeifuhren. An diesem Morgen machten wir uns mit der festen Absicht auf den Weg, das Buch abzuholen.

Als ich die Buchhandlung betrat, fiel mein Blick sofort auf das Buch von Piero Vigorelli, *Miracoli* (Wunder). Einem Impuls folgend kaufte ich es. In dem Buch erzählte er unter anderem auch von Fra' Elia. Ein Satz machte mich sehr betroffen und ich brachte ihn sofort mit meinem Traum in Verbindung. Der Satz lautete: „Man kann ihn mit einem weißen Gewand mit grünen Borten antreffen, aber auch in Jeans und T-Shirt." Das war genau die Kleidung, in der ich ihn im Traum sah, obwohl ich von ihm absolut nichts gewusst hatte. Ich dachte ein paar Tage darüber nach, sprach mit einem befreundeten Bruder darüber und dann entschloss ich mich, Frau Fiorella Turolli anzurufen, um zu hören, wie man diese außergewöhnliche Person treffen könnte. Sie gab mir einige Hinweise und sagte am Telefon auch einen Satz zu mir, der mich nicht wenig berührte: „Drei- oder viermal in der Woche begegnet Fra' Elia den Menschen im Traum!"

Ein paar Wochen später hatten wir ein Gespräch mit ihm und er sagte uns, dass wir viel beten sollten, um diese Gnade zu erhalten, und dass uns auch das Jesuskind von Prag, dem wir uns anvertraut hatten, beistehen würde. Ich war wirklich verblüfft, als ich sah, dass Fra' Elia sehr stark jenem Mann ähnelte, den ich im Traum gesehen hatte. Ein intensiver Rosenduft entströmte ihm, aber besonders sein

Blick hat in gewissen Momenten (in denen er betet oder wenn er die Kommunion austeilt) eine solche Strahlkraft, die wie ich glaube kein menschliches Auge besitzt.

Enza Fricano, Genua

Zeugnisse über die Charismen Fra' Elias

Gianluca, ein Kind von viereinhalb Jahren, litt unter furchtbaren Schmerzen in den Knien, ohne dass die Ärzte den Grund dafür herausfinden konnten. Es konnte nicht mehr laufen, ging nur hinkend und sein Zustand wurde immer schlimmer. Aus diesem Grund brachten die Eltern das Kind zu Fra' Elia, der es liebevoll umarmte und sich mit ihm unterhielt, dabei auf seinem ganzen Körper Kreuzzeichen machend. Nach wenigen Tagen hatte Gianluca keine Schmerzen mehr und seine Lebensfreude kehrte zurück.

Zeugnis, gegeben in Spinea am 14. April 2002

Ich kenne Elia schon von Anfang an, aus der Zeit, als er in den Orden der Kapuziner eingetreten ist. Vor einigen Jahren hatte er mir einige besondere Phänomene anvertraut und ich wurde auch Zeuge von Tränen an einer Madonnenstatue, die vor ihm stand. Ich möchte mich nicht dadurch verdient machen, eine theologische Bewertung abzugeben; was mich viel mehr interessiert, ist sein spirituelles Regime. Möglicherweise ruft der Herr ihn in das Leben eines Pilgers? Ich bin für jede Bewertung offen, denn ich schließe die Hand des Herrn keineswegs aus.

P. Franco Fusar Bassini

Ich habe *Un angelo con le stigmate s'è fermato a casa mia* (Der Engel mit den Wundmalen Christi) gelesen und war fasziniert, sowohl von der ergreifenden Erzählung als auch von der überaus reinen und außergewöhnlichen Gestalt dieses „demütigen, jedoch großartigen Mystikers."

Das Buch fand über „spezielle“ Wege zu mir und es hat mir etwas gegeben, das mich in höhere und von mir intuitiv stark gefühlte Ebenen fliegen ließ, da ich ein Erforscher und Studierender spiritueller Phänomene bin.

Vincenzo P.

Hinweis

Wenn Sie ein Gebetsanliegen haben, bitten wir Sie dieses mit kurzen Worten direkt an Fra' Elia unter folgender Adresse zu richten. Es ist hilfreich, ein Foto mit Namen des Hilfesuchenden beizufügen.

Kloster S. Francesco
Loc. S. Francesco
I-05032 Calvi Dell' Umbria (Terni)
Italien

Anrufzeiten:
9:00 - 12:00 Uhr und 15:00 - 18:00 Uhr

Telefon und Fax: 0039/0744710322
E-Mail: apostolididio@virgilio.it

Die Nummer des Klosters darf nur zu diesem Zweck und in dieser Zeit benutzt werden. Wir bitten Sie, zu berücksichtigen, dass es sich um ein Kloster handelt, dessen Regeln respektiert werden sollten.

Wir bitten um Verständnis, dass wegen der Flut der Anfragen Fra' Elia nicht persönlich antworten kann, aber er versichert, dass er für alle, die sich an ihn wenden, beten wird.

FRA' ELIA

der Engel mit den Wundmalen Christi

Leseprobe

„Da sind viele Engel mit uns!“, rief Elia aus, während er umherschaute.

„Wirklich Elia? ... Wo sind sie?“

„Einer lehnt am Rand des Kamins und beobachtet uns, ein anderer ist hier neben dir und wieder ein anderer sitzt da hinten auf dem Sofa ... Beobachte einmal die Kette am Kamin ...“

Ich schaute hin und bemerkte, dass sie sich langsam um sich selbst drehte.

„Du hast richtig gesehen, sie dreht sich, ... und jetzt schau nach oben ...“

Auch die Girlanden an der Eisenstange begannen sich auf unnatürliche Weise zu bewegen. Jene, die herunterhing, drehte sich um sich selbst, während die in Kettenform nach vorn und hinten schwang, als sei sie eine Schaukel. Ich traute meinen Augen nicht, aber ich fühlte mich zum Zerplatzen glücklich. Dann fuhr Elia fort: „Sie möchten dir ihre Liebe demonstrieren und dir gleichzeitig ein Geschenk machen ..., aber du hast ja keinen Glauben ...“

„Natürlich glaube ich ... und ich bedanke mich bei allen.“

Ich erinnere mich an viele solcher Abende, alle überaus liebenswert, alle erfüllt von unendlicher Gnade. An einem anderen Abend, an dem wir beide noch allein waren, forderte Elia mich auf, ein Bild in unserem Wohnzimmer zu betrachten. Ich erinnere mich, wie wir im Wohnzimmer waren und ein paar Stufen hinabsteigen mussten, um es aus der Nähe begutachten zu können. Elia befand sich vor mir, und während ich ihm folgte und mich auf den Punkt konzentrierte, den er mir anzeigte, spürte ich ganz deutlich, wie mir eine Hand übers Haar streichelte. Es schien eine große Männerhand zu sein.

„Oh Gott, Elia, jemand streichelt mir über die Haare!“

Und er hob die Hand, um meinen Kopf an der Stelle zu berühren, an der ich das Streicheln gespürt hatte. Elia drehte sich um und lachte. „Siehst du, Frau mit wenig Glauben? Es ist dein Engel ...“

Dann erklärte er mir, dass man mit den Techniken der Entspannung viele übernatürliche Dinge wahrnehmen könne: „Indem du das Bild anschautest, hast du dich von deinem Verstand frei gemacht und in dem Augenblick konntest du das Streicheln spüren.“

An einem anderen Abend beschrieb er mir meinen Vater, den er in anderen Dimensionen kennen gelernt hatte, und an einem anderen Tag erzählte er wiederum, wie ihm, als er die Treppe unseres Hauses hinabstieg, meine kleine Schwester folgte, die im zarten Alter gestorben war.

„Heute Nacht wird dein Vater dich ein Gebet lehren ..."

Und in derselben Nacht erhielt ich im Traum eine wunderbare Botschaft, die ich leider nicht gleich aufgezeichnet habe. Hin und wieder sprach er auch von meinen Kindern, ohne mir ihre Geheimnisse zu verraten, aber er gab mir zu verstehen, dass er alles über sie wusste und ihnen helfen würde. Als mein Sohn nach seiner Rückkehr aus Frankreich die Gelegenheit hatte, ihn kennen zu lernen, kann ich – milde ausgedrückt – nur sagen, an einer wirklich erstaunlichen Begegnung teilgenommen zu haben.

Mein Schwiegersohn indessen, der oft zu uns ins Haus kam und daher mehrmals den Duft gerochen hatte, blieb lange Zeit skeptisch. Da ich seine Ansichten respektierte, machte ich keine diesbezüglichen Andeutungen mehr, sondern beschränkte mich lediglich darauf, zu bestätigen, dass ich immer noch an dem Buch über Elia schrieb. Seit vielen Jahren litt mein Schwiegersohn unter Magenbeschwerden mit akuten Schmerzen und heftiger Übelkeit, die ihn zwangen, tagelang im Bett zu bleiben. Diese Krisen wiederholten sich in regelmäßigen Abständen, und obwohl mein Schwiegersohn verschiedenste Spezialisten konsultiert und jede nur mögliche Behandlung versucht hatte, ist es niemandem gelungen, ihn zu heilen. Genau in dieser Zeit rief mich meine Tochter an, die nicht mehr wusste, wie sie seine Beschwerden lindern sollte. Sie fragte, ob Elia ihrem Mann nicht helfen könnte.

„Sieh zu, dass er hierher kommt ... Ich habe ihn schon erwartet, ich wusste, er würde kommen ...", erwiderte Elia mir mit einem zufriedenen Lächeln.

Nicht nötig zu sagen, dass es meinem Schwiegersohn heute bestens geht, und seit Elia ihm die Hand aufgelegt hat, leidet er unter keinerlei Beschwerden mehr. Natürlich hat er mit seinen Freunden darüber gesprochen, auch um einzugestehen, dass gewisse unerklärliche Phänomene manchmal vorkommen können. Und nach meinem Schwiegersohn kamen seine Schwester, seine Arbeitskollegen, weitere Freunde Elia besuchen, und er gewann sie alle mit seiner Gabe, Harmonie und Ruhe zu schaffen.

Was mich am meisten berührte, war die Entschiedenheit, mit der er all jene abwies, die an so genannter nervöser Erschöpfung litten. Ungeachtet meiner Empfehlungen und der Bitten seiner besten

Freunde wollte er davon nichts wissen. Er wurde schon ärgerlich, wenn man nur davon sprach.

„Bringt mir bloß nicht die Erschöpften! Ich will sie nicht sehen!"

„Warum, Elia? Sind sie nicht genauso krank wie die anderen?"

„Sie sind selbst an ihren Beschwerden schuld. Sie wollen krank sein, was kann ich da für sie tun? Die Erschöpfung resultiert aus ihrem Drang nach Besitztum, das ist nicht heilbar. Es ist gerechtfertigt, ein Haus besitzen zu wollen, ein Auto, seine eigene Existenz verbessern zu wollen, aber das allein kann nicht das Ziel des Lebens sein. Die einzig gerechtfertigte Erschöpfung ist die, welche durch eigene Schmerzerfahrungen verursacht wird."

Durch eine Reihe von Umständen war meine Schwester Sandra die letzte aus der Familie, die Elia kennen lernte. Das fand im Monat Dezember statt, nach ihrer Rückkehr aus Afrika. Ich erinnere mich noch, wie Elia am Abend zuvor zu mir sagte: „Morgen wird deine Schwester dir sagen, dass es ihr nicht gut geht ... Aber mach dir keine Sorgen, das Schlimmste ist überstanden. Sie war während ihres ganzen Urlaubs krank, hier wird sie sich wieder erholen."

Am nächsten Tag rief Sandra mich an, und ihre ersten Worte waren genau die, die Elia vorhergesagt hatte.

„Weißt du, dass ich die ganze Woche lang krank gewesen bin? Ich hatte andauernd Fieber und konnte nicht einmal zum Schwimmen gehen."

Ich wunderte mich kaum noch über etwas, denn wie gewöhnlich hatte Elia richtig prophezeit. Ich sagte ihr, dass ich alles schon wisse, und lud sie ein, mich zu besuchen, sobald es ihr besser ging. Bei der Gelegenheit würde ich ihr endlich Elia vorstellen können. Die Begegnung fand ein paar Tage später statt, und wie immer gab Elia sich ausgesprochen herzlich und erteilte ihr so manchen Rat. Es geschah jedoch nichts, was an ein Wunder grenzte, wie ich erwartet hätte, und wieder einmal fragte ich mich, warum.

Wie auch immer, man unterhielt sich über viele interessante Dinge, auch darüber, dass meine Schwester vor ihrer Abreise nach Afrika zur Feier des Stapellaufs eines Schiffes eingeladen gewesen war. Unter den anwesenden Persönlichkeiten hatte sie auch einen „Hohen Prälaten" aus der Gegend kennen gelernt, und da sie am Tisch ausgerechnet neben ihm platziert worden war, hatte sich ihr die Gelegenheit geboten, sich den ganzen Abend lang mit ihm zu unterhalten.